Christoph Schäfer
Kleopatra

GESTALTEN DER ANTIKE

Herausgegeben von
MANFRED CLAUSS

Christoph Schäfer

# Kleopatra

Die Deutsche Nationalbibliothek verzeichnet diese Publikation
in der Deutschen Nationalbibliografie;
detaillierte bibliografische Daten sind im Internet über
http://dnb.d-nb.de abrufbar.


Die Herausgabe des Werkes wurde durch
die Vereinsmitglieder der WBG ermöglicht.
Satz: Setzerei Gutowski, Weiterstadt
Gedruckt auf säurefreiem und alterungsbeständigem Papier
Printed in Germany



ISBN-13: 978-3-534-15418-0
ISBN-10: 3-534-15418-5

# Inhalt

# Vorwort zur Reihe

„Gestalten der Antike" – die Biographien dieser Reihe stellen herausragende Frauen und Männer des politischen und kulturellen Lebens jener Epoche vor. Ausschlaggebend für die Auswahl war, dass die Quellenlage es erlaubt, ein individuelles Porträt der jeweiligen Personen zu entwerfen, und sie konzentriert sich daher stärker auf politische Persönlichkeiten. Sie ist gewiss auch subjektiv, und neben den berühmten „großen Gestalten" stehen interessante Personen der Geschichte, deren Namen uns heute vielleicht weniger vertraut sind, deren Biographien aber alle ihren je spezifischen Reiz haben.

Die Biographien zeichnen spannend, klar und informativ ein allgemeinverständliches Bild der jeweiligen „Titelfigur". Kontroversen der Forschung werden dem Leser nicht vorenthalten. So geben auch Quellenzitate – Gesetzestexte, Inschriften, Äußerungen antiker Geschichtsschreiber, Briefe – dem Leser Einblick in die „Werkstatt" des Historikers; sie vermitteln zugleich ein facettenreiches Bild der Epoche. Die Darstellungen der Autorinnen und Autoren zeigen die Persönlichkeiten in der Gesellschaft und Kultur ihrer Zeit, die das Leben, die Absichten und Taten der Protagonisten ebenso prägt wie diese selbst die Entwicklungen beeinflussen. Die Lebensbeschreibungen dieser „Gestalten der Antike" machen Geschichte greifbar.

In chronologischer Reihenfolge werden dies sein:

***Hatschepsut (1479–1457)***, von den vielen bedeutenden Königinnen Ägyptens nicht nur die bekannteste, sondern auch die wichtigste, da sie über zwei Jahrzehnte die Politik Ägyptens bestimmt hat;

***Ramses II. (1279–1213)***, der Pharao der Rekorde, was seine lange Lebenszeit wie die nahezu unzähligen Bauvorhaben betrifft;

der spartanische König ***Agesilaos (398–361)***, sein Engagement in Kleinasien, seine Auseinandersetzungen mit Athen und Theben veränderten nachhaltig das Erscheinungsbild Spartas und ganz Griechenlands;

***Alexander (356–323)***, der große Makedonenkönig, dessen Rolle in der Geschichte bis heute eine ungebrochene Faszination ausübt;

***Hannibal (247–183)***, einer der begabtesten Militärs der Antike und Angstgegner der Römer; seine Kriege gegen Rom haben Italien mehr geprägt als manch andere Entwicklung der römischen Republik;

***Sulla (138–78)***, von Caesar als politischer Analphabet beschimpft, weil er die Diktatur freiwillig niederlegte; versuchte, in einem eigenständigen Konzept, den römischen Staat zu stabilisieren;

***Cicero (106–43)***, Philosoph, Redner und Politiker, von dem wir durch die große Zahl der überlieferten Schriften und Briefe mehr wissen als von jeder anderen antiken Persönlichkeit; sein Gegenpart,

***Caesar (100–44)***, ein Machtmensch mit politischem Gespür und einer ungeheuren Energie;

***Kleopatra (69–30)***, Geliebte Caesars und Lebensgefährtin Marc Antons, die bekannteste Frauengestalt der Antike, die vor allem in den Darstellungen ihrer Gegner unsterblich wurde;

***Herodes (73–4)***, der durch rigorose Anpassung an die hellenistische Umwelt die jüdische Monarchie beinahe in den Dimensionen der Davidszeit wiederherstellte, dem seine Härte jedoch letzten Endes den Ruf des „Kindesmörders“ eintrug;

***Augustus (43 v.–14 n. Chr.)***, der mit unbeugsamer Härte, aber auch großem Geschick das vollendete, was Caesar angestrebt hatte; da er den Bürgerkriegen ein Ende setzte, wurde er für die Zeitgenossen zum Friedenskaiser;

***Nero (54–68)***, der in der Erinnerung der Nachwelt als Brandstifter und Muttermörder disqualifiziert war, auch wenn ihn die zeitgenössischen Dichter als Gott auf Erden feierten;

***Marc Aurel (161–180)***, der so gerne als Philosoph auf dem Thron bezeichnet wird und doch immer wieder ins Feld ziehen musste, als die ersten Wellen der Völkerwanderung das Römische Reich bedrohten;

***Septimius Severus (193–211)***, der erste „Nordafrikaner“ auf dem Thron, aufgeschlossen für orientalische Kulte; er förderte die donauländischen Truppen und unterwarf das Reich zahlreichen Veränderungen;

mit ***Diocletian (284–305)*** lässt man die Spätantike beginnen, die sich vor allem durch konsequente Ausübung der absoluten Monarchie auszeichnet;

***Konstantin der Große (306–337)***, der im Zeichen des Christengottes in die Schlacht zog und siegte, hat den Lauf der Geschichte nachhaltig verändert; dem Christentum war nun der Weg zur Staatsreligion vorgezeichnet;

***Athanasius (295–373)***, unter den großen politischen Bischöfen der Spätantike einer der radikalsten und erfolgreichsten in dem Bemühen, den neuen Glauben im und gegen den Staat durchzusetzen;

***Julian (361–363)***, dessen kurze Regierungszeit vieles von seinen Plänen unvollendet ließ und deshalb die Phantasie der Nachwelt anregte;

***Theodosius der Große (379–395)***, von dem man sagt, er habe mit einer rigorosen Gesetzgebung das Christentum zur Staatsreligion erhoben; er bewegte sich mit Geschick durch eine Welt religiöser Streitigkeiten;

***Galla Placidia (390–450)***, seine Tochter, eine jener spätantiken Herrscherinnen, die nicht länger hinter den Kulissen, sondern auf der politischen Bühne agierten;

***Theoderich der Große (474–526)***, der bedeutendste jener „barbarischen“ Heerführer, die das Weströmische Reich beendeten,

und schließlich Kaiser ***Justinian (527–565)***, der zusammen mit Theodora die Größe des alten Imperium Romanum wiederherstellen wollte; die Beschreibung seiner Herrschaft kann insofern einen guten (chronologischen) Abschluss bilden.

Manfred Clauss

# Vorwort des Autors

„Vor allem aber beheimatete Alexandria die faszinierendste Frau der Geschichte: Kleopatra. Hier traf und verzauberte sie Julius Cäsar. In den heute versunkenen Straßen dieser Stadt feierte sie als Siegerin unter Siegern mit Mark Anton. Schließlich entschied sie sich hier für den Freitod, um ihrer Entehrung zu entgehen. Jenes Drama um Kleopatras Leben und Liebe bewegte mich letztendlich dazu, 1992 nach Alexandria zu reisen, um mich an die spannende Aufgabe der Lokalisierung, Kartierung und Erforschung der Überreste der versunkenen Stadt zu wagen."[1] Mit diesen Worten beschrieb vor wenigen Jahren Franck Goddio Ausstrahlung und Anziehungskraft der Königin vom Nil und drückte zugleich seine von Sympathie getragene Motivation aus für die wissenschaftliche Beschäftigung mit ihrer Person und ihrer Hauptstadt über und unter Wasser.

Damit steht Goddio keineswegs allein. Auch zu Beginn des dritten Jahrtausends lassen sich Wissenschaftler, Literaten und Künstler von ihr in den Bann ziehen. Angesichts der Parteilichkeit zahlreicher Quellen- und Forschungsaussagen fällt es schwer, neutral zu bleiben. Und so geht auch der vorliegenden Studie eine gewisse Subjektivität nicht ab. Im Folgenden wird zuerst nach rationalen Erklärungen für das Verhalten, die Politik und die Entscheidungen der Protagonisten gesucht, ehe emotionale Momente ins Feld geführt werden. Das bedeutet keineswegs, eine solche Seite habe es nicht gegeben, in ihrer Wirkung lässt sie sich jedoch von Außenstehenden ungeheuer schwer gewichten. Erstaunlich oft genügt bereits das Überprüfen der Handlungsspielräume, um gerade Kleopatras Vorgehen plausibel zu machen. Trotzdem entsteht keine gänzlich „rationale Kleopatra", sie lässt sich weder herauslösen aus den Strukturen ihrer Zeit noch aus der Interaktion vor allem mit den Großen Roms. In ihren Beziehungen zu Caesar und Antonius ergreifen wir gelegentlich die andere, emotionale Komponente.

Im Leben wie im Tod voller Rätsel und Widersprüche scheint bezüglich der Person Kleopatras nahezu alles umstritten, sogar die Zählung, nach der die Forschung die Trägerinnen dieses Namens zu ordnen sucht. Insbesondere ihr Selbstmord hat die Menschen fasziniert. Die Sichtweise des Siegers prägte jedoch die antike Überlieferung, so fassen wir die Frau hinter den Aussagen der antiken Geschichtsschreiber wie durch einen Schleier. Einerseits schuf dies Interpretationsspielräume für die Vielzahl von Autoren, die sich ihrer bis in die Gegenwart „angenommen" haben, nur zu oft erfährt man jedoch mehr über den Verfasser beziehungsweise die Verfasserin als über Kleopatra. Ein dankbares „Opfer" wurde sie für Komponisten und Texter, Maler und Literaten. Im Film repräsentiert von Stars wie Claudette Colbert, Liz Taylor und Leonor Varela, hat sie im Gegensatz zu vielen wesentlich erfolgreicheren Gestalten der Antike ihren Platz in den Köpfen heutiger Menschen sicher.

Mein Interesse an Kleopatra hatte sich bereits in Vorarbeiten und Veranstaltungen zum Thema niedergeschlagen, der Anstoß für die vorliegende Studie ging jedoch aus von Manfred Clauss, der selbst einen einschlägigen Band verfasst hat, mir aber dennoch nahe legte, die neuen Forschungsergebnisse in einen historischen Gesamtzusammenhang zu stellen. In jeder Beziehung hat er in der Folge die Entstehung des Werkes gefördert und mir nicht nur als verständnisvoller Gesprächspartner, sondern auch in vielen praktischen Fragen wie etwa der Bildbeschaffung zur Seite gestanden.

Christina Holte und Jörg Erdtmann haben mich aufopferungsvoll bei den Recherchen unterstützt. Bei der Literaturbeschaffung engagierten sich Mark Beck, Catrin Graber, Krešimir Matijević und Stefan Geis sowie als Bibliothekarin Andrea Beilfuß-Ashour. Marion Drößler, Angelika Meier, Tatjana Timoschenko und Uta Woelke haben mir so manche Arbeiten abgenommen, die Karten hat Nico Nolden angefertigt.

Die Papyri der Zeit konnte ich mit den Kollegen Dieter Hagedorn und Kai Ruffing diskutieren, denen ich wertvolle Anregungen verdanke. Speziell bei meinen Fragen zu Bissen der ägyptischen Kobra (Naje haje) hat mir Herr Kollege Dietrich Mebs vom Zentrum der Rechtsmedizin, Klinikum der Universität Frankfurt als ausgewiesener Kenner der Materie entscheidend weitergeholfen. Eine wertvolle Expertise gab David Warrel, Oxford University. Für weitere Hinweise danke ich Volker Grieb, Beate Noack, Catharina Opitz und Roland Pauler, der auch die anstrengende Arbeit des Korrekturlesers auf sich genommen hat.

Bei der Überarbeitung des Manuskripts hat Susanne Winter wertvolle Hilfe geleistet. Für die Suche nach den Bildern hat mir Peter Grau seine ausgezeichnete Datenbank zugänglich gemacht. Harald Baulig hat als Lektor der Wissenschaftlichen Buchgesellschaft das Manuskript mit eindrucksvollem Einsatz betreut.

Gewidmet ist dieses Buch meinem Vater, dem ich nicht nur die Liebe zur Geschichte verdanke.

Hamburg, im Mai 2006 Christoph Schäfer

# Prolog

Eine Schlange windet sich über den herrlichen, reich verzierten Marmorboden, verschwindet in einer dunklen Ecke des Raumes, während die Szenerie beherrscht wird von einer in sich zusammengesunkenen Frau, nicht mehr ganz jung, aber immer noch unglaublich attraktiv … Dienerinnen werfen sich weinend vor ihr nieder, eine Königin ist gestorben, Kleopatra, die letzte Herrscherin aus dem Geschlecht der Ptolemäer!

So oder ähnlich sieht heute die erste, durch Roman und Film geprägte spontane Assoziation vieler nach Kleopatra befragter Menschen aus. Ihr immerhin doch recht früher Tod hat sie unsterblich gemacht, ein Phänomen, das wir auch im 20. und 21. Jahrhundert sehr wohl kennen, wie etwa die Beispiele James Dean, Marylin Monroe oder Lady Di zeigen. Eine Aura umgibt solche Menschen, so entstehen unzerstörbare Idole, werden Mythen geboren. Daran ändern selbst die missgünstigen Kommentare vieler Zeitgenossen nichts, im frühen Tod liegt die Chance auf Unsterblichkeit.

In besonderem Maße hat Kleopatra über die Zeiten hinweg die Menschen fasziniert, nicht zuletzt, weil sie auf höchst spektakuläre Weise aus dem Leben geschieden ist und ihr wegen der skandalträchtigen Überlieferung zu ihrer Person die Aufmerksamkeit der Nachwelt sicher war. Als Herrscherin führte sie ein Privatleben, das in fast allen Epochen als außergewöhnlich, oft genug sogar als anrüchig angesehen wurde, gerade dadurch aber ein Faszinosum darstellte. War sie wirklich der männermordende Vamp, als den sie schon die antiken Dichter, erst recht aber die modernen vielfach dargestellt haben?

Was ging in ihrem Kopf vor, als sie sich einundzwanzigjährig heimlich zu Caesar bringen ließ, um von dem mächtigen Konsul die Herrschaft im Reich ihrer Väter zu erlangen? War sie sich bewusst, dass der für seine sexuellen Ausschweifungen bekannte oder besser berüchtigte Mann mehr von ihr verlangen könnte als das Versprechen, ihm als Klientelkönigin treu zu dienen? Oder hatte sie es von vornherein darauf angelegt, ihn unter Einsatz all ihrer Reize ohne Hemmungen zu verführen? Fragen, zu denen die Forschung nur höchst unzureichende Antworten bieten kann, was allerdings neuzeitliche Autoren und selbstverständlich besonders Filmemacher nicht daran gehindert hat, ihrer Phantasie freien Lauf zu lassen und immer wieder schwüle Szenen zu konstruieren, deren erotische Schwere in antiproportionalem Verhältnis zum Informationsgehalt steht, ja in aller Regel mehr über die Tagträume des Autors oder Produzenten als über die Protagonistin aussagt.

Kleopatra war keine „Königin der Herzen“, sie griff im Innern mit harter Hand durch und nahm selbst auf die eigene Familie wenig Rücksicht. Klug und hochgebildet zeigt ihre Persönlichkeit so viele Facetten, dass sich eine

Annäherung als alles andere als einfach erweist. Widersprüchlich ist das Bild der antiken Quellen; von ihr selbst ist wenig erhalten, ihre Parteigänger und ihre Freunde – so sie überhaupt welche hatte – sind entweder mit ihr untergegangen oder im Dunkel der Geschichte verschwunden. Doch nicht allein die Umstände ihres Todes lohnen eine intensivere Betrachtung, ihr gesamter Lebensweg führt uns hinein in die Welt des letzten der drei großen hellenistischen Territorialstaaten, die – hervorgegangen aus der Konkursmasse des Alexanderreiches – für antike Verhältnisse hochmoderne Strukturen entwickelt und über lange Zeit enorme Ressourcen erschlossen haben. Kulturell, in Wissenschaft und Kunst, Wirtschaft, Technik und Verwaltung dem aufstrebenden Rom weit überlegen, bekamen sie doch nacheinander dessen Expansionsdrang sowie seine militärische Stärke zu spüren. Einzig Ägypten war durch Unterordnung und Bestechung als mehr oder weniger autonomes Reich noch erhalten geblieben, ohne dass man sich jedoch in Sicherheit wiegen konnte. Schon richteten einige der großen Männer, von denen die Späte Republik geprägt wurde, begehrliche Blicke auf das Land am Nil. Trotz aller innerer Schwierigkeiten erschien es noch immer als höchst interessante Beute, weil es, begünstigt durch die Konzentration der Landwirtschaft auf die Lebensader des Stroms und die Gebiete der Oasenlandschaft des Fayum, so perfekt verwaltet wurde, dass kein anderes Reich am Mittelmeer auch nur annähernd über Ägyptens Wirtschaftskraft verfügte. In diesem Spannungsfeld suchte Kleopatra phasenweise sehr erfolgreich nach Möglichkeiten der Konsolidierung. Zwar ist sie letztlich gescheitert, ihr Tod aber war einer großen Königin wahrhaft würdig.

# I. Kleopatra und die Ptolemäer

## Kleopatras Reich

Das Reich der Ptolemäer war nicht immer so stark auf das Land am Nil beschränkt gewesen wie im ersten vorchristlichen Jahrhundert. Gegründet von Ptolemaios I. mit dem nicht gerade bescheidenen Beinamen *Soter* (= der Retter/Messias), erstreckte sich das Gebiet unter den ersten Herrschern aus seinem Geschlecht bis tief nach Syrien hinein, Cypern, zahlreiche Inseln in der Ägäis und ganze Teile der kleinasiatischen Küste wurden zeitweise von ihnen kontrolliert; ja bis ins griechische Mutterland reichte gelegentlich der „lange Arm" der Ptolemäer. Schon der Dynastiegründer hatte als eine seiner ersten außenpolitischen Aktionen die angrenzende Kyrenaika sowie das südliche Syrien (Koilesyrien) besetzt und dem Reich einverleibt.

Ptolemaios I. hatte zuvor am Alexanderzug teilgenommen und sich dabei als hoher makedonischer Offizier bewährt. Als nach dem plötzlichen Tod des Makedonenkönigs in Babylon eine Nachfolgeregelung getroffen wurde, war er zugegen und scheint mit eigenen Vorschlägen durchaus nicht gegeizt zu haben, als es darum ging, die Macht auf die Generale zu verteilen. Damals konnte er sich zwar nicht durchsetzen, denn Alexanders schwachsinniger Halbbruder, Philipp III. Arrhidaios, und sein nachgeborener Sohn, Alexander IV., wurden als Marionetten auf den Thron gesetzt. Der Chiliarch Perdikkas übernahm die Reichsverweserschaft, aber immerhin wurde Ptolemaios bei der Verteilung der Satrapien, der Provinzen des Alexanderreiches, berücksichtigt. Dabei sollte die Reichseinheit zumindest in der Theorie gewahrt bleiben. Ob es sein persönliches Verdienst war und wenn ja, wie er es geschafft hat, Ägypten zugeteilt zu bekommen, wissen wir nicht. Fest steht allerdings, dass ihm die Reichsregierung unter Perdikkas mit Kleomenes von Naukratis einen kompetenten Verwaltungsspezialisten an die Seite gestellt hat, der offenbar seine Macht beschränken und ihn überwachen sollte. Es kennzeichnet Ptolemaios' Machtwillen und seine Skrupellosigkeit, dass er Kleomenes bereits kurz nach seinem Eintreffen in der zugewiesenen Satrapie beseitigte, eine Maßnahme, die richtungsweisend für die gesamte Dynastie werden sollte. Kaum einer seiner Nachfolger schreckte vor politischen Morden zurück, ja man machte dabei selbst vor Mitgliedern der eigenen Familie nicht halt.[1]

Ptolemaios sah sich selbst durchaus in der Alexandertradition, er mischte kräftig mit in den jahrzehntelangen Kämpfen der Generale, die das Riesenreich Alexanders oder auch nur Teile davon für sich gewinnen wollten. Ob er jemals eine Gesamtherrschaft anstrebte, ist umstritten – Ägypten als Kernland hatte er jedenfalls in der Hand und einige Außenbesitzungen in der Kyrenaika, Kleinasien, der Ägäis und Syrien hat er hinzugewinnen können. Als erfolgreicher Dynastiegründer hinterließ er seinen Nachkommen gefestigte Herrschaftsstrukturen im Reich am Nil. Von Hause aus Makedone, trat er in die Fußstapfen der Pharaonen und legte den Grundstein für die fast dreihundertjährige Regierung seines Geschlechts: Die Ptolemäer oder Lagiden, nach seinem Vater Lagos, herrschten zwar gestützt auf eine griechisch-makedonische Einwandererschicht, arrangierten sich aber umgehend mit der einheimischen Elite, insbesondere den bedeutenden Priesterfamilien. Aufgewachsen in einer polytheistischen Welt machte es ihnen keine Probleme, in die kultische Rolle des ägyptischen Pharao als König von Unter- und Oberägypten zu schlüpfen, wenngleich manche Rituale anfangs etwas gewöhnungsbedürftig gewesen sein dürften. Schon Alexander hatte dies so gehandhabt und damit den Weg zur Kontrolle des Landes gewiesen.[2]

In der *Interpretatio Graeca* konnte man Ammon als Zeus, Dionysos als Osiris und Isis als Aphrodite betrachten, und dies hat den Ptolemäern sicherlich die Adaption der ägyptischen Religion erleichtert. Schon Ptolemaios II. praktizierte nicht nur die im Alten Ägypten gebräuchliche Geschwisterehe mit seiner leiblichen Schwester Arsinoë II., sondern kombinierte den Kult für den vergöttlichten Alexander mit dem für die Dynastie, wobei er seiner Frau sogar eine gesonderte kultische Verehrung zukommen ließ.

Die pharaonische Verwaltung, das berühmte Bewässerungssystem und nicht zuletzt die Besteuerung des Landes wurden übernommen und weiter entwickelt. Ägyptens Lebensader, der Nil, garantierte wirtschaftlichen Wohlstand und machte den König zum reichsten Mann der Alten Welt. Geld regiert die Welt, und so lag es vornehmlich an den gewaltigen finanziellen Ressourcen, dass seine Nachfolger sich angesichts des zunehmenden römischen Drucks auf die hellenistischen Staaten insgesamt mit am längsten behaupten konnten. Gewaltige Bestechungsgelder halfen über manche Klippe hinweg, die stadtstaatliche Organisation des Imperiums tat ein Übriges, schließlich warfen im Lauf der Zeit zu viele römische Politiker ein Auge auf die fette Beute im Orient, als dass einer sich gegen die Konkurrenz im eigenen Lager hätte durchsetzen können.[3]

Die grandiosen Zeiten hellenistischer Großreiche waren spätestens mit Roms Eingreifen im Osten und den Siegen über Philipp V. von Makedonien (197 v. Chr. bei Kynoskephalai) und den seleukidischen König Antiochos III. (190 v. Chr. bei Magnesia am Sipylos) zu Ende. Als dann am berühmten Tag von Eleusis nahe Alexandria der römische Gesandte Popillius Laenas durch einen bemerkenswerten Auftritt lediglich mit der Androhung eines Krieges den Seleukidenherrscher Antiochos IV. zum Rückzug aus Ägypten zwang (Anfang Juli 168 v. Chr.), rettete er zwar den Ptolemäern den Thron, demonstrierte ihnen aber gleichzeitig ihre Abhängigkeit von der jungen Weltmacht im Westen.[4]

Von nun an stand die Anerkennung als „Freund und Bundesgenosse des römischen Volkes“ für die Könige Ägyptens im Mittelpunkt ihres außenpolitischen Strebens. Sogar bei innerägyptischen Problemen nahm man des Öfteren Zuflucht bei der Hegemonialmacht. So vermachte bereits im Jahr 155 Ptolemaios VIII., um sich vor Attentaten zu schützen, sein Reich dem römischen Volk – zumindest für den Fall, dass er ohne legitimen Erben das Zeitliche segnen sollte! Sein Beispiel sollte Schule machen, und auch der zehnte Ptolemäer griff möglicherweise zu diesem Mittel im Kampf um seinen Thron. Jedenfalls suchten römische Senatoren und Kapitalgeber seinen tatsächlichen oder angeblichen letzten Willen für eine Einmischung im Nilreich zu instrumentalisieren.[5]

Schon von den ersten Königen war die Hauptstadt Alexandria als Zentrum von Kunst, Kultur und Forschung ausgebaut worden. Hartgesottene Makedonen entwickelten sich rasch zu beinahe fanatischen Büchersammlern und Förderern der Wissenschaft. Neben dem Wirken als Wohltäter für die Städte und Regionen des Reiches schöpften sie wie die anderen hellenistischen Könige einen Teil ihrer Legitimität aus dem Aufbau einer möglichst umfassenden Bibliothek, die an das berühmte Museion, *das* Forschungszentrum für Wissenschaftler aus aller Welt, angegliedert war. Hierfür wurden gewaltige Summen investiert. So hinterlegte Ptolemaios III. Euergetes allein 15 Talente als Sicherheit, um das Staatsexemplar der drei großen Tragiker aus Athen zum Anfertigen einer Kopie auszuleihen. Und bezeichnenderweise zögerte er keinen Moment, dieses Pfand verfallen zu lassen und den Athenern eine Abschrift zurückzuschicken – so viel war ihm das Original wert. Kein Wunder also, wenn Museion und Bibliothek einen beispiellosen Aufschwung nahmen. Von Beginn an hatten die Ptolemäer begriffen, dass Eliteförderung adäquate Investitionen erfordert, und der Erfolg gab ihnen recht.[6]

Daneben existierte das andere Alexandria, eine pulsierende Metropole mit Handelsverbindungen in die entlegensten Gebiete der bekannten Welt, ein Schmelztiegel der Völker. Griechisch geprägt mit ägyptischen Einflüssen und einer starken jüdischen Minderheit, entwickelte die Stadt ein Flair, dem keine zweite das Wasser reichen konnte. Ebenso suchten die Dynamik des Alltags, die Lust am Leben, an Vergnügungen und Festen aller Art ihresgleichen. Was man in den verruchten Kaschemmen und Bordellen der berüchtigten Vororte von Kanopos und Taphosiris erleben konnte, spottete jeder Beschreibung, Alexandria musste man gesehen haben. Über all dem Treiben aber hing der bedrohliche Schatten Roms. Das war die Welt, in die Kleopatra hineingeboren wurde.[7]

## Kleopatras Familie und ihre Jugendzeit

Selten ist die Erinnerung an eine schillernde Gestalt der Antike so abhängig von der Retrospektive der Sieger. Kaum irgendwo sonst werden wir so deutlich mit den Folgen der im römischen Sinne ausgestalteten Überlieferung konfrontiert wie bei der Frage nach Herkunft und Jugend Kleopatras. Tatsache ist, dass uns die Quellen hier weitgehend im Stich lassen. Immerhin wissen wir einiges über ihren Vater Ptolemaios mit dem Beinamen Auletes (= Flötenspieler), dem die moderne Forschung mehrheitlich die Ordnungszahl XII zuerkennt.[8]

Die Zählung der aus der ptolemäischen Dynastie hervorgegangenen Herrscher ist ein Konstrukt moderner Forschung und sollte eigentlich einer leichteren Orientierung dienen, was leider infolge einiger Differenzen bezüglich Ptolemaios' VII. noch immer nicht ganz der Fall ist. Der antike Mensch unterschied die Ptolemäer dagegen aufgrund ihrer Beinamen, wie etwa *Soter* für Retter oder Messias beim Dynastiegründer oder *Philadelphos* im Fall seines Nachfolgers. Philadelphos heißt so viel wie „der Geschwisterliebende", was in diesem Fall durchaus wörtlich zu verstehen war, hatte doch Ptolemaios II. in zweiter Ehe seine leibliche Schwester Arsinoë II. geheiratet. Bewusst spielte er mit dieser dynastischen Heirat auf die ägyptischen Geschwistergötter Isis und Osiris an, da Arsinoë schon zu Lebzeiten mit Isis gleichgesetzt wurde und nach ihrem Tod eine besondere kultische Verehrung genoss. Derartige Konstellationen traten bei Eheschließungen späterer Generationen nicht gerade selten auf. Zum Beispiel war Kleopatra nacheinander mit ihren beiden jüngeren Brüdern verheiratet.

Auch bei ihr gibt es einen Disput um die Ordnungszahl, wozu etwa Berenike III., die Tochter des neunten und Gattin des zehnten Ptolemäers, Anlass gibt. Sie hatte sich nach ihrer Heirat Kleopatra genannt und wird daher gelegentlich als sechste Herrscherin dieses Namens gezählt, wodurch „unsere" Kleopatra auf den achten Platz rutschen würde. Zu allem Überfluss fiel Berenike unmittelbar nach ihrer Ermordung und der *damnatio memoriae* aus der offiziellen Königsliste der Ptolemäer wieder heraus. Heute wird von der überwiegenden Mehrheit der Historiker Caesars und Antonius' Geliebte als Kleopatra VII. geführt. Dabei sollten wir es belassen.[9]

Auf seine Weise gehörte auch Kleopatras Vater zu den zahlreichen Persönlichkeiten des Königshauses, die sich durch eine extravagante Lebensart auszeichneten. Dies spiegelt nicht zuletzt seine ungewöhnliche Neigung zur Musik und insbesondere zum Flötenspiel wider. Er liebte es, selbst den Chor im Theater zu unterstützen, und musste sich daher nicht wundern, wenn ihm die Bevölkerung alsbald den für einen König eigentlich wenig schmeichelhaften Namen Auletes (Flötenspieler) beilegte. Strabon fällt diesbezüglich ein geradezu vernichtendes Urteil: Nach dem dritten König aus ihrer Familie seien die Ptolemäer, korrumpiert durch luxuriöses Leben, nur noch schlechte Herrscher gewesen, am schlimmsten von allen aber der vierte, der siebte und der mit dem Beinamen Auletes, der abgesehen von seinen anderen Ausschweifungen die Flöte zur Begleitung des Chores blies und diesbezüglich so stolz auf sich gewesen sei, dass er nichts Anstößiges darin sah, Wettkämpfe (Agone) im königlichen Palast zu veranstalten, in denen er selbst wetteifernd mit den Gegnern auftrat.[10] Musische Agone waren jedoch eng verknüpft mit Dionysos, in dem die Ägypter wiederum Osiris erkannten, und so bekommt das Geschehen eine hochpolitische Note. Offensichtlich ging es keineswegs nur – wie Strabon meint – um persönliche Belustigung, sondern vielmehr um Herrscherlegitimation und -repräsentation.

Tatsächlich trug Ptolemaios XII. den (Kult-)Namen *Theos Neos Dionysos*, ein deutlicher Hinweis auf göttliches Charisma und ein Auftreten als eine Art Reinkarnation des Gottes Dionysos. Dieser war nach antiker Vorstellung nicht nur für Wein oder Erotik und sexuelle Ausschweifung, sondern auch allgemein für das Überschreiten von Grenzen in und außerhalb der Gesellschaft zuständig und spielte damit eine wichtige Rolle bei der Integration verschiedener sozialer Gruppen. Ptolemaios' Gleichsetzung mit Osiris konnten die Untertanen im Gegensatz zu den von römischem Denken geprägten Autoren unserer Quellen sehr wohl nachvollziehen, die hellenisierten hingegen verstanden die kultische wie künstlerische Anknüpfung an Dionysos ebenso gut wie die Ägypter die Anspielung auf Osiris.[11] Wie sehr der Kulttitel und das Gehabe als Auletes auf dem Hintergrund eines propagandistischen Gesamtkonzepts zu sehen sind, wird noch deutlicher, wenn man zwei weitere Bestandteile des Titels berücksichtigt: Mit der Bezeichnung Philopator, der Vaterliebende, und Philadelphos, der Geschwisterliebende, stellt er sich bewusst in die Tradition der Familie. Der erste Titel betont angesichts einer gewissen Unsicherheit im Hinblick auf die Identifikation seiner Mutter die Abstammung von seinem Vater Ptolemaios IX. und damit den rechtmäßigen Thronanspruch. Möglicherweise stellt die Tatsache, dass der immerhin in der Abwehr Antiochos' des Großen recht erfolgreiche vierte Ptolemäer ebenfalls den Beinamen Philopator trug, einen beabsichtigten Nebenaspekt der Propaganda dar, zumal Letzterer unter Königen seines Geschlechts als bislang profiliertester Verehrer des Dionysos hervorgetreten war.[12] Mit dem zweiten Titel knüpft Ptolemaios XII. ideologisch an den Sohn und Nachfolger des Dynastiegründers an, der ja den gleichen Beinamen führte und als vorbildlicher Herrscher galt.

Politisch stand er in vielerlei Hinsicht auf schwachen Füßen und so wurde Kleopatra VII. im Zeitraum zwischen Dezember 69 und Januar 68 in eine politisch aufgeladene und brisante Umgebung hineingeboren. So unübersichtlich wie die innen- und außenpolitischen Verhältnisse gestaltete sich auch die familiäre Situation ihres Vaters. Ptolemaios XII. war getreu einer in Ägypten bereits lange vor den Ptolemäern gepflegten Sitte schon seit 80/79 mit seiner Schwester Kleopatra VI. Tryphaina verheiratet. Dies hinderte ihn anscheinend nicht, daneben noch eine weitere Frau zu ehelichen. Damit stand er durchaus in der Tradition sowohl makedonischer Könige wie Philipps II. oder Alexanders des Großen als auch des eigenen Hauses. Polygamie war keine Seltenheit in diesem gesellschaftlichen Umfeld. Auffällig ist allerdings das Verschwinden Kleopatras VI. aus den Datierungszeilen der ptolemäischen Papyri zwischen August 69 und Februar 68, also genau zur Zeit der Geburt Kleopatras (VII.). Der Haussegen in der Herrscherfamilie hing anscheinend reichlich schief. Vielleicht hatte sich das Paar getrennt, möglicherweise war ihr Zorn über die zweite Ehe noch gut zehn Jahre später nicht verraucht, als sie nach der zwischenzeitlichen Vertreibung ihres Mannes für kurze Zeit die Regierungsgeschäfte in Ägypten übernahm. Dafür spricht nicht zuletzt die Orientierung ihrer Mitregentin hin auf die Seleukiden.[13]

Von seiner Schwestergemahlin hatte Ptolemaios XII. bei der erneuten Heirat bereits eine Tochter namens Berenike, die zwischen 78 und 75 geboren worden war. Die Identität seiner neuen Frau lässt sich nicht mit Gewissheit ermitteln. Höchstwahrscheinlich handelte es sich um eine Ägypterin aus dem Geschlecht der Hohenpriester von Memphis, der alten ägyptischen Königsstadt. Dies wäre im Übrigen eine gute Erklärung für Kleopatras außergewöhnliche Sprachkenntnisse, denn folgen wir Plutarch, „wusste sie ihre Zunge wie ein vielstimmiges Instrument mit Leichtigkeit in jede ihr beliebende Sprache zu fügen und bediente sich nur im Verkehr mit ganz wenigen Barbaren eines Dolmetschers. Den meisten erteilte sie persönlich Bescheid, so den Äthiopen, Troglodyten, Hebräern, Arabern, Syrern, Medern und Parthern. Noch vieler anderer Völker Sprachen soll sie verstanden haben, während die Könige vor ihr es nicht einmal fertiggebracht hatten, die ägyptische Sprache zu beherrschen, einige sogar das Makedonische verlernt hatten.“[14] Selbst wenn die Nachricht auf Kleopatra selbst oder eine ihr gewogene Quelle zurückgehen sollte, wirkt sie recht glaubwürdig, weil außer der Sprache ihrer einheimischen Untertanen noch erheblich weiterreichende Kenntnisse aufgeführt werden. Falls sie nur einigermaßen diesem Bild gerecht wurde, können wir ein gutes Niveau des Ägyptischen voraussetzen. Dazu passt im Übrigen ganz ausgezeichnet die wahrscheinliche Abstammung ihrer Mutter aus einer hervorragenden ägyptischen Familie. Viel Mühe wird Kleopatra demnach mit dem Erlernen der Landessprache nicht gehabt haben, vermutlich wuchs sie sogar zweisprachig auf.

In jedem Fall war die Ehe ihrer Mutter fruchtbar, denn sie bekam im Lauf der nächsten Jahre allein drei jüngere Vollgeschwister, Arsinoë, Ptolemaios XIII. und Ptolemaios XIV. Dabei scheint es hinsichtlich der Anerkennung der Kinder als legitime Nachkommen des Herrschers und damit auch bezüglich einer etwaigen dynastischen Nachfolge keine ernsthaften Probleme gegeben zu haben. Wenn diese tatsächlich wegen der nichtgriechischen Herkunft ihrer Mutter einen Nachteil gehabt hätten, wäre dies sicher von der kleopatrafeindlichen Überlieferung mit Genuss ausgeschlachtet worden. Insofern dürfte gegebenenfalls die althergebrachte griechische Sichtweise, die Verbindung mit einer fremdstämmigen Frau sei als illegitim zu betrachten, in der Spätzeit des Ptolemäerreiches zumindest in Bezug auf die Ehe des Herrschers keine große Bedeutung mehr gehabt haben. Schließlich war schon ihr Vater Ptolemaios XII. mit hoher Wahrscheinlichkeit von einer ägyptischen Mutter geboren worden.[15]

Hinsichtlich Kleopatras Kindheit lassen uns die weitgehend im Sinne ihres Feindes Oktavian verfassten Quellen im Stich; es fehlen die in der griechischen Geschichtsschreibung so beliebten Vorzeichen und Anekdoten aus der Kindheit, die auf die spätere Rolle als Königin hinweisen und als literarische Erklärungen für ihr Verhalten und ihre Mentalität fungieren würden. Immerhin können wir die Atmosphäre am ptolemäischen Hof und die politischen Wirren nachzeichnen, die Kleopatra zum guten Teil aus nächster Nähe erlebt hat. Wenn wir ihr politisches Streben als Königin und die Art betrachten, wie sie später die Register der Macht unter hohem persönlichem Einsatz zu ziehen versuchte, zeigt sich, wie tief sie das Geschehen bei Hofe beeindruckte und wie stark es ihre Weltsicht beeinflusst hat.

## Ptolemaios XII. Auletes

Ihr Vater war wohl nicht nur durch die bereits erwähnte Abkunft von einer Ägypterin belastet, nein, er stand seit seinem Herrschaftsantritt auch unter gewaltigem außenpolitischem Druck, hatte doch das Testament seines Onkels und Vorgängers Ptolemaios X. Alexandros I., den Begehrlichkeiten der römischen Politiker Tür und Tor geöffnet. Von den Alexandrinern vertrieben, hatte dieser 88 im Zuge der Vorbereitungen zu seiner Rückkehr als Gegengabe für römische Hilfe die stärkste Macht des Mittelmeerraumes als Erbin einsetzen müssen.[16] Ihm selbst nutzte es wenig, da er noch im selben Jahr vor Cypern Schlacht und Leben verlor, seinen Nachfolgern aber bereitete die Nachlassregelung gewaltige Probleme. Schwierig wurde es vor allem für seinen Neffen, Kleopatras Vater, den die Alexandriner nach dem Ableben des neunten und der Ermordung des nur wenige Monate amtierenden elften Ptolemäers aus Syrien herbeigeholt und noch vor dem 12. September 80 auf den Thron gesetzt hatten.[17] Ihm blieb über lange Jahre die Anerkennung durch Rom versagt, was einem völkerrechtlichen Schwebezustand gleichkam. Fast schien es, als sei das Ende des Reiches bereits gekommen.

Den ersten, seine Herrschaft unterminierenden Vorstoß im römischen Senat unternahm kurioserweise Ptolemaios' Tante, die seleukidische Königin Kleopatra V. Selene, die den ägyptischen Thron für ihre Söhne zu gewinnen suchte. Angesichts der zahlreichen Kriege zwischen Seleukiden und Ptolemäern in den vergangenen Jahrhunderten mutet diese diplomatische Offensive in Rom zwar etwas grotesk an, spiegelt aber zugleich die realen Machtverhältnisse wider: Das Ptolemäerreich war regelrecht Freiwild geworden. Während ihre Attacke schon deshalb zum Scheitern verurteilt war, weil eine Kontrolle Ägyptens durch die benachbarten Seleukiden keineswegs im Interesse der Senatsaristokratie lag, erwiesen sich die nächsten Schläge als weitaus gefährlicher. So machte Rom im Jahr 74 die Ägypten benachbarte Kyrenaika zur römischen Provinz. Damit fiel ein Gebiet, das seit den Tagen des Dynastiegründers als Domäne der Ptolemäer galt, endgültig aus deren Einflussbereich heraus. Pikanterweise leitete der Senat seinen Rechtsanspruch wieder einmal vom Testament eines Herrschers – diesmal des dortigen Königs Ptolemaios Apion († 96 v. Chr.) – ab.[18] Die psychischen Auswirkungen auf die Stimmung sowohl in den führenden Kreisen des Reiches am Nil als auch in der Bevölkerung von Alexandria dürfen nicht unterschätzt werden; die an sich schon schwache Stellung Ptolemaios' XII. wurde durch diese Ereignisse sicherlich weiter destabilisiert.

Alsbald geriet Ägypten selbst ins Fadenkreuz römischer Politik: Kein Geringerer als Caesar – damals noch kurulischer Ädil – suchte 65 mittels eines Volksbeschlusses ein außerordentliches Imperium übertragen zu bekommen, um Ägypten zu besetzen und als römische Provinz einzurichten. Schon damals stachen ihm der Reichtum Ägyptens und die günstige Lage offenbar derart ins Auge, dass er, unterstützt von Crassus, das Reich am Nil zur Ausgangsbasis seines Machtkampfs mit den Optimaten machen wollte. Diese durchschauten jedoch seine Absichten und durchkreuzten den Plan.[19] Spätestens jetzt muss Ptolemaios XII. klar gewesen sein, dass das Schicksal seines Reiches und das seiner Person auf des Messers Schneide stand. Mit hohen Summen an Bestechungsgeldern hoffte er, die Situation zu entschärfen, zunächst allerdings ohne Erfolg. Bereits gegen Ende des folgenden Jahres brachte der Volkstribun P. Servilius Rullus ein Ackergesetz ein, das Caesar als Mitglied einer Zehnerkommission doch noch die Durchsetzung seines von den Optimaten gestoppten Vorhabens ernöglicht hätte. Es erscheint fast müßig zu sagen, dass wiederum Caesar und Crassus hinter dieser Initiative standen.[20] Durch das energische Eingreifen Ciceros, der im Jahr 63 das Konsulat bekleidete, konnte allerdings diese deutlich geschicktere Attacke abgewehrt werden. Caesar wandte sich – vorerst – anderen Zielen zu.

Dies ließ wiederum Raum für seine Gegenspieler, die ihrerseits von den ptolemäischen Ressourcen zehren konnten. An erster Stelle stand sicherlich Pompeius, der seit 66 im Osten operierte, 64 das Seleukidenreich auflöste und dessen Territorium als Provinz Syria dem Imperium einverleibte. Nicht zuletzt aufgrund der geographischen Nähe signalisierte dies dem Ptolemaios das ganze Ausmaß der akuten Bedrohung durch die Begehrlichkeit Roms, und dies umso mehr, als seine Stellung von den Senatoren alles andere als hochachtungsvoll angesehen wurde. Niemand anderer als Cicero hebt fast beiläufig das schlechte Ansehen des Monarchen in den führenden Kreisen Roms hervor, indem er in seiner 63 gehaltenen zweiten Rede über das Siedlungsgesetz als nahezu einhellige Meinung des Senats konstatiert, der jetzige König – gemeint ist eben Auletes – sei weder von Herkunft König, noch habe er die Eigenschaften eines Königs.[21]

Auletes aber sah diesen Makel doch wohl anders, jedenfalls zeigte er sich nicht gewillt, so einfach das Feld zu räumen. Stattdessen ging er sogar in die Offensive, und da es ihm an Truppen mangelte, griff er in noch stärkerem Maße auf finanzielle Transaktionen als Mittel des politischen Kampfes zurück. Indem er nun dem Pompeius äußerst großzügige Zuwendungen für den Unterhalt seines Heeres zukommen ließ, wurde er für diesen zu einem wichtigen Partner, der umso wertvoller war, als der Senat auf ihn keinen direkten Zugriff besaß.[22] So muss Pompeius zu der Erkenntnis gelangt sein, dass ein autonomes Ägypten mit Auletes an der Spitze für ihn erheblich nützlicher sei als eine vom Senat kontrollierte Provinz. Ptolemaios verstärkte diesen Eindruck bewusst, indem er dem Feldherrn als persönliches Geschenk einen goldenen Kranz im Wert von 4000 Talenten nach Damaskus sandte. Um das ganze Ausmaß des Aufwands zu begreifen, muss man sich vor Augen halten, dass allein diese Gabe im Wert etwa zwei Dritteln des jährlichen Staatshaushalts entsprach.[23] Hinzu kommt die Auszeichnung mit einem solch wertvollen, im wahrsten Sinn des Wortes königlichen Präsent, dessen kultische Dimension einen Römer der späten Republik sehr wohl zum Nachdenken über die Vorteile hellenistischer Bräuche und Vorstellungen bringen konnte. Mit diesen kostenintensiven, konzertierten Aktionen gelang es Ptolemaios immerhin, die unmittelbare Gefahr zu bannen.

Von Anfang an war jedoch die Position des Königs auch im Innern nicht unumstritten. Dies zeigt schon die Tatsache, dass er erst vier Jahre nach der Machtübernahme gemäß ägyptischem Ritus inthronisiert wurde, ein Ritual, das in der alten Königsstadt Memphis praktiziert werden musste.[24] Jetzt aber verschlangen die aufwendigen Maßnahmen zur Rettung des Throns vor römischen Begehrlichkeiten Unsummen an Geld, die wiederum auf die Bevölkerung des Reiches umgelegt werden mussten. Da diese nicht zuletzt wegen der ausgefeilten Verwaltung sowieso schon unter der Abgabenlast litt, verlor Kleopatras Vater im Lauf der Jahre mehr und mehr die Unterstützung seiner Untertanen, ja selbst die der Alexandriner. Gezwungenermaßen reduzierte er die Steuern etwas und griff gleichzeitig zum Mittel der Geldentwertung, indem er den Edelmetallgehalt der Münzen reduzierte und schließlich die Silbermünzen nur noch mit einem Silbersud überziehen ließ.[25] Damit brachte er die Lage im eigenen Land wieder einigermaßen unter Kontrolle. Wie zu erwarten war, reichten aber selbst diese Maßnahmen nicht aus, den immensen Geldbedarf zu decken, der die Akzeptanz seiner Herrschaft in Rom garantieren sollte. Da entschloss sich Ptolemaios XII. zu einem fast schon selbstmörderischen Akt der Verzweiflung: Er lieh sich die benötigten Summen ausgerechnet bei römischen Bankiers. Wie schwer der innen- wie außenpolitische Druck auf ihm gelastet haben muss, kann man ermessen, wenn man sich die „normale“ Höhe der Zinssätze bei ähnlichen Verleihgeschäften vor Augen führt. So verliehen etwa zeitgleich römische Ritter als Geschäftsführer (*procuratores*) Geld an die Stadt Salamis auf Cypern zu einem Zinssatz von 48% (!). Hinter dem Geschäft steckte kein Geringerer als Brutus, dem es als Senator ja eigentlich verboten war, Bank- und Handelsgeschäfte zu betreiben. Bezeichnenderweise kam seine Beteiligung an dem Geschäft erst heraus, als Cicero, der zu jener Zeit als Statthalter von Kilikien auch für Cypern zuständig war, den Höchstsatz für die Verzinsung von Krediten auf 12% begrenzte, was dann zur Intervention des Brutus führte.[26] Einen solchen Fürsprecher aber konnte Ptolemaios XII. in Rom nicht aufweisen!

Als Auletes' Hauptgläubiger trat nun C. Rabirius Postumus auf, Adoptivsohn und Erbe des gleichnamigen römischen Ritters. Letzterer lässt sich 89 im Stab von Pompeius' Vater belegen, die Verbindung zu Pompeius Magnus reichte also schon eine Generation zurück. Rabirius Postumus scheint ein typischer Vertreter der *publicani* gewesen zu sein, jener im Deutschen oft verkürzend als Steuerpächter bezeichneten Angehörigen des Ritterstandes, die ihre Energie im Wesentlichen auf die Ausbeutung der römischen Provinzen richteten. Vielfach schlossen sie sich zu Gesellschaften (*societates publicanorum*) zusammen, um Aufgaben der öffentlichen Hand zu übernehmen oder Großprojekte wie etwa die Pacht von Bergwerken sowie die Eintreibung von Abgaben aller Art abzuwickeln.[27] Der Geldverleih an auswärtige Herrscher war durchaus nicht unüblich in der römischen Oberschicht wie etwa die durch Cicero überlieferte Klage des kappadokischen Königs Ariobarzanes III. zeigt, der aus Furcht vor den rüden Methoden der Schuldeneintreibung unter Einsatz von römischem Militär bei ihm Zuflucht vor Geschäftsführern des Brutus suchte.[28] Der Umstand, dass C. Rabirius Postumus nicht im Verbund mit anderen Standesgenossen, sondern allein als Hauptschuldner eines hellenistischen Königs auftreten konnte, wirft ein deutliches Licht auf seine herausgehobene Position im römischen Geldadel. Dabei ist es gar nicht erforderlich, dass er die gesamte Summe selbst bereitstellen musste, vielmehr steht zu vermuten, dass insbesondere Pompeius über Postumus hohe Summen investierte. Dies legt jedenfalls die Tatsache nahe, dass Pompeius über Geschäftsführer aus dem Ritterstand praktisch zur gleichen Zeit derartige Geschäfte mit dem besagten König von Kappadokien abwickelte und sich später für die Rückführung des vertriebenen Auletes einsetzte.[29]

Letzterer handelte nach der Devise: Wenn schon Schulden, dann doch bei den Leuten, die einen am stärksten bedrohen, und am besten gleich in solcher Höhe, dass sich die Gläubiger um das Wohl des Schuldners sorgen und ihn beschützen, weil sie ansonsten einen Totalverlust ihrer Investitionen befürchten müssen. Für diese raffinierte Vorgehensweise benötigte er nicht einmal besondere Phantasie, denn als gebildeter Makedone muss er mit der einschlägigen Geschichtsschreibung zur Diadochenzeit vertraut gewesen sein. Dort wird von ganz ähnlichen Maßnahmen des Eumenes von Kardia berichtet, der als Reichsfeldherr in den Kämpfen um die Alexandernachfolge bei seinen aufrührerischsten Unterführern solche Summen als Anleihen aufgenommen hatte, dass er sich ihrer Loyalität – wenn auch nicht aus Überzeugung, so doch aufgrund finanzieller Erwägungen – sicher sein konnte. Wollten sie ihr Geld jemals wiedersehen, mussten sie seinen Sturz um jeden Preis verhindern.[30]

Bald darauf erreichte Ptolemaios durch den Abschluss eines Bündnisses mit der Großmacht Rom ein lang ersehntes Ziel, zu dessen Verwirklichung kein Geringerer als Caesar entscheidend beigetragen hatte. Inzwischen hatten sich nämlich die politischen Gewichte in der römischen Metropole verschoben. Schon im Jahr vor der Anerkennung des Auletes war es zum sogenannten ersten Triumvirat gekommen, einer informellen Vereinbarung zwischen Pompeius, Crassus und Caesar. Caesars Interesse an Ägypten hatte inzwischen nachgelassen und richtete sich bereits auf Gallien; außerdem wollte er wohl seinem Verbündeten Pompeius nicht in die Quere kommen, und dieser pflegte ja besonders enge Beziehungen zu dem Ptolemäer. Entscheidend aber dürfte gewesen sein, dass – wie angedeutet – eine horrende Summe von fast 6000 Talenten (35 Mio. Denare) in Aussicht gestellt wurde, die sich Caesar mit Pompeius teilen wollte. So verschaffte er in seinem Konsulatsjahr 59 nicht nur Pompeius die Anerkennung von dessen Neuordnung im Osten, er sorgte auch für die Aufnahme des Auletes unter die Freunde und Bundesgenossen des römischen Volkes (*amici et socii populi Romani*) und den Abschluss eines Bündnisvertrages mit dem römischen Staat. Allerdings überstieg die Investition schon wieder bei weitem die aktuelle Leistungsgrenze des Königs – noch elf Jahre später schuldete er allein Caesar etwa die Hälfte der Gesamtsumme; ob er an Pompeius etwas gezahlt hat, ist zweifelhaft. Sieht man einmal von seiner mangelhaften Zahlungsmoral ab, dann hatte er mit Caesar und Pompeius als Garanten für die römische Seite seine Herrschaft zumindest nach außen hin so gut abgesichert, wie man es sich unter den gegebenen Umständen nur wünschen konnte. Dies galt allerdings nur für ihn persönlich. Seinen Nachfolgern blieb der Schuldenberg als Hypothek, der Preis für das Auskommen mit Rom war für das Ptolemäerreich an sich fast zu hoch.[31]

Wie in der Moderne der „kranke Mann am Bosporus" so steht in der späten Republik Ägypten als Synonym für die „Orientalische Frage". Aus Ptolemaios' Bemühen, den Forderungen und Begehrlichkeiten der römischen Notabeln nachzukommen, resultierten eine weiter erhöhte Steuerlast und infolgedessen innere Unruhen.

Verstärkt wurden seine Probleme noch durch einen Verlust an der Peripherie des Reiches, bei dem wiederum führende Mitglieder des römischen Senats ihre Hand im Spiel hatten. Kein Geringerer als der jüngere Cato war Ziel einer Aktion des berüchtigten Volkstribuns Clodius, die darauf abzielte, Ersteren aus Rom zu entfernen. Um dies zu erreichen, warf Clodius Ptolemaios, dem König von Cypern und Bruder des Auletes, vor, er habe die Seeräuber unterstützt, die im östlichen Mittelmeer bis zum Seeräuberkrieg des Pompeius eine echte Plage dargestellt hatten. Unter diesem Vorwand brachte er in der Volksversammlung (*concilium plebis*) einen Gesetzesantrag ein mit dem Ziel, die Insel Cypern für Rom einzuziehen und diese Aufgabe Cato zu übertragen. Cato konnte sich dem außerordentlichen *imperium* zwar nicht entziehen, teilte aber noch vor seiner Abreise dem König mit, er solle keinen Widerstand leisten und werde mit einem hohen Priesteramt wenigstens halbwegs entschädigt. Dies hat auf den Betroffenen jedoch keinen nachhaltigen Eindruck gemacht: Ptolemaios nahm Gift, allerdings nicht ohne zuvor noch einen Teil seines Staatsschatzes ins Meer werfen zu lassen.[32]

Die leicht zu entfachende Gier der Römer in dieser Krisenzeit der Republik – Schätze im Wert von immerhin 7000 Talenten konnten gerettet werden! – hatte ein weiteres Opfer gefordert. Da halfen auch die bedauernden Worte eines Cicero nicht, der ebenso wie Cato das ganze Vorgehen zutiefst verurteilte und über den Verblichenen ein ausgesprochen positives Urteil fällte: „König Ptolemaios (von Cypern) hatte zwar noch nicht selbst vom Senat den Titel eines Bundesgenossen erhalten, er war jedoch ein Bruder des Königs, dem der Senat unter denselben Voraussetzungen diese Ehre bereits zuerkannt hatte. Er entstammte demselben Haus und hatte dieselben Vorfahren, er unterhielt seit ebenso langer Zeit freundschaftliche Beziehungen zu uns. Schließlich war er König, und wenn noch nicht Bundesgenosse, so jedenfalls kein Feind. Ruhig und unangefochten erfreute er sich im Vertrauen auf die Vorherrschaft des römischen Volkes seines väterlichen Reiches und der friedlichen Königsherrschaft, die ihm die Vorfahren hinterlassen hatten. Über diesen Mann, der nichts ahnte und an nichts Arges dachte, wurde mit den Stimmen der üblichen Handlanger durch Gesetz verhängt, dass er – so, wie er auf seinem Thron saß, im Purpur und mit Szepter und mit den übrigen Abzeichen seines Königtums – von Amts wegen unter den Hammer kommen und dass auf Befehl eben des römischen Volkes, das sogar den im Kriege besiegten Königen ihr Reich zurückzugeben pflegte, das Reich eines befreundeten Königs mitsamt allem Vermögen eingezogen werden solle – eines Königs, dem man nichts vorzuwerfen hatte und gegen den keine Forderung bestand.“[33]

Ptolemaios XII. Auletes hatte sich beim Zugriff der Römer auf Cypern ruhig gehalten und darauf verzichtet, in Rom zugunsten seines Bruders zu intervenieren. Vermutlich war er sich seiner Ohnmacht bewusst und handelte nach dem Sankt-Florians-Prinzip in der Hoffnung, dass die Römer mit dem Reich seines Bruders fürs Erste einmal saturiert wären und die Bedrohung für Ägypten selbst etwas nachließe. Dabei unterschätzte er das psychologische Moment im Innern, war doch Cypern seit Jahrhunderten fester Bestandteil des ptolemäischen Einflussgebietes. Bei den Ägyptern und speziell in Alexandria übertraf die Empörung offenbar alles, womit der König gerechnet hatte. Die pikanten Umstände des Machtwechsels mögen ein Übriges zur Eskalation beigetragen haben. In Verbindung mit hohem Steuerdruck und ökonomischer Krise entstand eine höchst explosive Situation, wie uns der aus Kleinasien stammende Senator und Historiker Cassius Dio berichtet: „König Ptolemaios sorgte erneut für Unruhe: Er hatte große Summen, teils aus eigener Tasche, teils aus Anleihen, an einige Römer gezahlt …; und nun trieb er diese Beträge gewaltsam von den Ägyptern ein. Sie waren daher über ihn erzürnt und grollten ihm auch, weil er ihrem Wunsch, Cypern von den Römern zurückzufordern oder die Freundschaft mit ihnen aufzukündigen, nicht entsprechen wollte. Und da er sie weder überreden noch – in Ermanglung ausländischer Truppen – zwingen konnte, Ruhe zu halten, floh er aus Ägypten und beschuldigte nach der Ankunft in Rom seine Landsleute, ihn aus seinem Königreich vertrieben zu haben.“[34]

Wie immer man die Standhaftigkeit des Königs beurteilt, die Situation in Ägypten muss für ihn persönlich so bedrohlich gewesen sein, dass er die Flucht nach Rom und die Abhängigkeit von der Gunst des Pompeius einem Verbleiben in Alexandria vorzog.

Unterwegs machte er noch Station auf dem frisch von Rom annektierten Cypern, wo er sich mit Cato traf, der ja gegen seinen Willen die Eingliederung der Insel durchführen musste. Einer Anekdote bei Plutarch über das hochmütige Verhalten Catos wird man wenig Glauben schenken dürfen; wahrscheinlich ging es um Sondierungsgespräche hinsichtlich der innenpolitischen Lage in Rom und der günstigsten Vorgehensweise, um eine Mehrheit des Senats für die Rückführung des Flüchtigen zu gewinnen. Wohl mit einem kurzen Aufenthalt in Athen ging die Reise weiter in Richtung Italien.[35]

Mit Ptolemaios' Eintreffen in Rom stellte sich im Jahr 57 die ägyptische Frage schneller als erwartet neu. Pompeius' Stellung war jedoch geschwächt, weil nicht nur die Optimaten, sondern auch Crassus gegen ihn arbeiteten. Er nahm Ptolemaios XII. allerdings auf und brachte ihn auf seinem Landgut in den Albaner Bergen unter, von wo aus sein Gast eine rege, aber recht unliebsame Aktivität entfaltete.[36]

Bald darauf erschien nämlich eine ägyptische Gesandtschaft in Rom, um die Anerkennung ihres Vorgehens zu betreiben und die Vorwürfe ihres vertriebenen Monarchen zu widerlegen. In Ägypten hatten die Alexandriner inzwischen seine Ex-Frau Kleopatra Tryphaina auf den Thron gesetzt. Sie starb zwar noch im Jahr 57, hatte jedoch schon Berenike IV., die gemeinsame Tochter mit Ptolemaios, zur Mitregentin erhoben. Nicht weniger als hundert Gesandte hatten die Alexandriner zur Wahrnehmung ihrer Interessen aufgeboten. Daraufhin reagierte Auletes, der zuvor schon eine Reihe führender Römer bestochen hatte, mit aller Härte und allen ihm zur Verfügung stehenden Mitteln: Mit Hilfe seiner römischen Verbündeten, darunter etliche Senatoren, ließ er einen Großteil der Gesandten schon auf dem Weg von Puteoli nach Rom beseitigen. Diejenigen, die ihr Ziel erreichten, wurden entweder bestochen oder später noch umgebracht, wie der Leiter der Gesandtschaft, der Philosoph Dion. Obwohl die Ermordung so vieler auswärtiger Gesandter in Rom nicht verborgen bleiben konnte und schließlich im Senat sogar

Proteste auslöste, wurde das Verbrechen nicht geahndet – ein Zeichen für das Ausmaß, in dem sich der Nutznießer der Untat die Mitglieder der Oberschicht verpflichtet hatte.[37]

Angesichts der Aufregung wegen dieser Vorfälle und wohl auch, weil er der Wirksamkeit der Titel und Abkommen misstraute, die er noch im Vollbesitz der Macht in seiner Heimat von Rom erhalten beziehungsweise mit Rom abgeschlossen hatte, trieb er sein Anliegen unter konsequentem Einsatz von Bestechung weiter voran. Kaum jemand wunderte sich schließlich, dass der Senat dem P. Cornelius Lentulus Spinther, der im Jahr 56 Statthalter von Kilikien werden sollte und dem Pompeius nahe stand, die Wiedereinsetzung des Ptolemaios übertrug. Letzterer reiste daraufhin ab und begab sich schon einmal nach Ephesos, um die kommenden Schritte gleichermaßen abzuwarten wie vorzubereiten.[38]

Es zeigte sich jedoch bereits sehr bald, dass dieser Entschluss wohl doch etwas voreilig gewesen war, denn jetzt verlegten seine römischen Gegner den Schlagabtausch auf eine Ebene, auf der man ihnen nur schwer beikommen konnte, nämlich auf das Gebiet der Religion. Unglücklicherweise aus Sicht des Königs schlug im Dezember 57 ein Blitz in die Statue des Iuppiter auf dem Mons Albanus ein, ein Faktum, das eine rituelle Reaktion regelrecht herausforderte. Der Senat ließ folgerichtig die Sibyllinischen Bücher befragen, und dort entdeckten die zuständigen Priester eine Sequenz, die nun ausgerechnet auf die aktuellen Streitigkeiten um den ägyptischen Thron passte.

Nach Cassius Dio lautete dieser Spruch der Sibylle: „Wenn der Ägypterkönig mit der Bitte um Hilfe kommt, soll man ihm die Freundschaft nicht verweigern, unterstützt ihn aber auch nicht mit irgendeiner größeren Streitmacht! Sonst drohen euch Mühen und Gefahren.“[39]

Der Volkstribun C. Cato, ein vehementer Gegner des Auletes, sorgte nun dafür, dass diese Weissagung dem Volk ohne vorherige Konsultation des Senats bekannt gemacht wurde. Dadurch entglitt die Angelegenheit den Senatoren mehr und mehr und wurde nun in der römischen Öffentlichkeit ausgetragen, wo das irrationale Element die Oberhand bekam. Der Druck auf den Senat wuchs so weit, dass nach etlichen heftigen Auseinandersetzungen kein endgültiger Beschluss über die Rückführung des Königs zustande kam und schließlich das Thema ganz von der Tagesordnung gestrichen wurde.[40]

Ptolemaios blieb nichts anderes übrig, als in Ephesos die Entwicklung in Rom weiter abzuwarten, und es sollte lange dauern, ehe wieder Bewegung in die Angelegenheit kam. Erst im Frühjahr 55 riss Pompeius der Geduldsfaden und so bat er seinen Freund A. Gabinius, der zu jener Zeit Statthalter von Syrien war, Ptolemaios nun endlich wieder in seine Herrschaft einzusetzen. Dabei konnte er aus einer gestärkten Position heraus agieren, hatte sich doch durch die Erneuerung des Triumvirats während der Konferenz von Lucca die politische Lage im Sinne der drei Beteiligten stabilisiert und Pompeius selbst in diesem Jahr 55 das Amt des Konsuls übernommen.[41]

Als sich der König mit einem entsprechenden Empfehlungsschreiben bei Gabinius einfand, konnte er diesen überzeugen, Pompeius' Bitte Folge zu leisten. Tatsächlich gab der syrische Statthalter seine bisherigen Pläne hinsichtlich einer Intervention im von Thronstreitigkeiten erschütterten Partherreich auf und wandte sich der ägyptischen Frage zu – sicher nicht zuletzt beflügelt von der Aussicht auf 10000 Talente, die ihm Auletes zur Hälfte gleich und zur Hälfte nach dem Erfolg versprochen hatte.[42]

Auf dem ptolemäischen Thron saß zunächst noch Auletes' Tochter Berenike, doch die dynastischen Verhältnisse waren alles andere als gut geordnet. Vermutlich auf Druck der Alexandriner, die gegen die Alleinherrschaft einer Frau Stellung bezogen, musste sie eine Heirat akzeptieren, die für Makedonen wie Ägypter ungleich akzeptabler war als für sie selbst, sagte man doch ihrem künftigen Gatten ungepflegte Umgangsformen nach und hatte ihm den Spitznamen Kybiosaktes, Pökelfleischhändler, gegeben. Von Strabon wird er schlichtweg als Banause charakterisiert. Nichtsdestoweniger stammte er aus der Königsfamilie der Seleukiden, die wie die Ptolemäer in der Nachfolge Alexanders des Großen zu Macht und Königswürde emporgestiegen waren. Inzwischen waren Reich und Einfluss der Seleukiden zwar nur noch ein Schatten früherer Tage, doch konnte man in Ägypten gerade deshalb auf eine Anerkennung der Verbindung durch die Römer hoffen, wodurch das Problem mit Ptolemaios und dessen Anspruch auf Wiedereinsetzung in die Herrschaft behoben gewesen wäre. Berenike aber mochte offenbar keine Männer mit primitivem Gehabe und ließ ihn, wenn wir Strabon folgen, alsbald in bewährter Familientradition erdrosseln. Damit war klar, dass nur Männer mit Manieren auf eine gewisse Lebenserwartung an Berenikes Seite hoffen konnten.[43]

Insofern muss Archelaos, der nächste Heiratskandidat, sehr von seiner gepflegten Erscheinung überzeugt gewesen sein, sonst hätte er wohl kaum die Probe aufs Exempel gemacht. Immerhin konnte er auf römische Akzeptanz hoffen, schließlich hatte kein Geringerer als Pompeius ihn als Priesterfürsten im pontischen Komana eingesetzt. Um die ägyptische Reichsbevölkerung zu gewinnen, gab er sich als Sohn Mithridates' VI. Eupator aus, des letzten hellenistischen Königs, der die Römer das Fürchten gelehrt hatte. Sein Profil mag ebenso überzeugend gewirkt haben wie die Notwendigkeit, schnell eine Lösung zu erreichen, die wenigstens eine geringe Aussicht auf Anerkennung durch Rom bot. Im Frühjahr 56 übernahm er an der Seite von Berenike die Regierungsgeschäfte im Reich am Nil.[44]

All dies half jedoch wenig, weil sich Gabinius als der entscheidende Repräsentant Roms vor Ort hiervon nicht beeindrucken ließ. Ein Eingreifen in Ägypten bedeutete allerdings ein klares Übertreten seiner Befugnisse und so nimmt es nicht wunder, dass Gabinius anfänglich noch gezögert hatte. Vielleicht wäre er sogar vor dem Rechtsbruch zurückgeschreckt, wenn ihn nicht ein draufgängerischer junger Reiteroffizier namens Marcus Antonius gedrängt hätte, seine Bedenken beiseite zu schieben. Dieser ahnte sicherlich nicht, dass er einst zusammen mit Auletes' legendärer Tochter Kleopatra Ägypten beherrschen würde. Jetzt sicherte Antonius als Kommandeur der Reiterei in schnellem, entschlossenem Vorstoß für Gabinius die Anmarschroute. Er brachte die Auffangstellungen am Sirbonissee an sich und konnte sogar Pelusion einnehmen. Damit hielt er bereits die Schlüssel zum Ptolemäerreich in der Hand. Dennoch stellte sich Berenikes Gatte Archelaos noch zweimal zum Kampf, vergeblich: Beide Male wurde er geschlagen, in der zweiten Schlacht fand er den Tod. So war denn die Wiedereinsetzung Ptolemaios' XII. gesichert.[45]

Alsbald wurde eine entsprechende Vermutung Ciceros bestätigt, der schon im Frühjahr 55 seinem Freund Atticus schrieb, in Puteoli gehe das Gerücht um, Ptolemaios sei wieder in seinem Reich, und ihn um Mitteilung bat, sobald er Genaueres darüber wisse.[46] Gabinius konnte sich nicht allzu lange im Lande aufhalten, er musste wegen diverser Unruhen zurück nach Syrien. In Alexandria ließ er zur Absicherung des alten und neuen Königs ein römisches Truppenkontingent zurück, dem unter anderem germanische und keltische Einheiten angehörten.[47]

Wieder fest im Sattel, ging Ptolemaios mit seinen Landsleuten hart ins Gericht. Dass er nicht gerade zartfühlend war, hatte er schon in Rom bei der Ausschaltung der Gesandtschaft gezeigt. Jetzt musste ihn Antonius bereits beim Einzug in Pelusion vor entsprechenden Racheakten zurückhalten. Kaum aber hatte er mit römischer Unterstützung wieder die Kontrolle über seine Hauptstadt gewonnen, hielt er ein Strafgericht über seine Feinde. Selbst die eigene Tochter verschonte er nicht, sie wurde umgehend hingerichtet. Angesichts seiner insgesamt prekären Finanzlage und der Verpflichtungen, die er gerade wieder gegenüber Gabinius eingegangen war, wird man Cassius Dios Behauptung Glauben schenken dürfen, Ptolemaios habe nicht zuletzt die Gelegenheit genutzt, die reichsten Männer exekutieren zu lassen, um an deren Vermögen zu kommen.[48]

In seinen letzten Jahren stellte die völlige Überschuldung Auletes' Hauptproblem dar. So musste er zulassen, dass seine römischen Gläubiger nicht nur auf die Rückzahlung horrender Summen drängten, sondern sogar deren wichtigsten Vertreter Rabirius Postumus als Dioiketes akzeptierten.[49] Damit übernahm ein Römer mit ganz eigenen Interessen die Spitzenposition in der ägyptischen Wirtschafts- und Finanzverwaltung, weshalb es kaum verwundert, dass dieser nun konsequent an die Ausplünderung des Reiches ging. Hinter ihm aber standen andere, bedeutendere Persönlichkeiten: Wie anders wäre die Berufung des Postumus, der mit Gabinius als Privatmann (!) nach Ägypten gezogen war, in dieses Schlüsselamt zu erklären, als dass Gabinius' Freund Pompeius, dessen Interesse am Osten allgemein und speziell an Ägypten bekannt war, aus dem Hintergrund heraus Druck auf Auletes ausgeübt hätte. Syriens Statthalter Gabinius hat bei diesem Eingreifen in die inneren Verhältnisse Ägyptens sicher umso weniger Skrupel gehabt, als er selbst schließlich ebenfalls elementar daran interessiert war, die 10000 Talente einzutreiben, die ihm für die Wiedereinsetzung des Königs versprochen worden waren. Die Situation war aus Sicht des Ptolemäers angesichts einer solchen Konstellation kaum noch zu beherrschen.

Die Nachricht in Ciceros Verteidigungsrede *Pro Rabirio Postumo*, der König habe Postumus bei dessen Ankunft in Alexandria als einzigen Weg, sein Geld zu retten, die Übernahme der Verwaltung und des königlichen Rechnungswesens förmlich aufgedrängt, dürfen wir getrost ins Reich der Fabel verbannen.[50] Einmal im Amt, ging der neue Finanzminister ausgesprochen tatkräftig zu Werke: Bald flossen die Einnahmen an die römischen Gläubiger, wobei Gabinius und Postumus selbst nicht zu kurz kamen. Letzterer exportierte fleißig Papyrus, Leinen und Glaswaren auf eigene Rechnung und wirtschaftete so noch zusätzlich in die eigene Tasche. Dabei störte er sich nicht weiter daran, dass er griechische Tracht und die Insignien seines Amtes zu tragen hatte.[51]

Irgendwie scheint ihm bei diesem gewaltigen Aufstieg zum Verwaltungschef eines hellenistischen Territorialreiches der Realitätssinn ebenso abhanden gekommen zu sein wie das Gespür für das, was man anderen noch zumuten darf, bevor sie aus lauter Verzweiflung aufbegehren. So trieb er den Staat fast in den Ruin, an allen Ecken und Enden reagierte die Bevölkerung gegen die drückenden Lasten mit Unruhen und Landflucht (*anachoresis*). Ägypten stand vor dem ökonomischen und innenpolitischen Kollaps.[52]

Ein kürzlich entdeckter Papyrus gibt uns einen Einblick in seine Methoden: Massiv griff er in die Verwaltungsstrukturen ein und ersetzte ortsansässige Beamte, die ihren Vätern und Großvätern in deren Positionen nachgefolgt waren, durch neue, unbedarfte und ignorante Leute. Außerdem habe er alles verkauft, was man über die Jahre hinweg sorgsam gehütet hatte. Kein Wunder, dass der Widerstand gegen ihn wuchs, nur mit Mühe und Not konnte er aus so mancher gefährlicher Situation entkommen, um ein Haar hätten ihn die hitzköpfigen Alexandriner gelyncht.[53]

Wie explosiv sich die Lage inzwischen gestaltete, wird in Ptolemaios' XII. Reaktion deutlich, der seinen Finanzminister mitsamt seinen Mitarbeitern in Schutzhaft nehmen ließ, um ihn vor der wütenden Menge zu retten. Wahrscheinlich waren ihm die Attacken auf den Römer gar nicht so unrecht, hatte er doch ein elementares Interesse daran, seine Herrschaft zu stabilisieren; und gerade diesbezüglich scheint sich das Wirken des Postumus in hohem Maße negativ ausgewirkt zu haben. Der Leidensdruck muss sowohl beim König wie bei der Bevölkerung enorm gewesen sein, sonst wäre Auletes kaum das Risiko eines Konfliktes mit Postumus' Hintermännern eingegangen, das sich aus seiner plötzlichen und unrühmlichen Entfernung, aus dem Amt ergab. Wohl um die Auswirkungen des Eklats einzugrenzen, ließ man den Inhaftierten bewusst entkommen, worauf dieser – der fraglos auch an seine Gesundheit und körperliche Unversehrtheit dachte – Ägypten umgehend den Rücken kehrte.[54]

## Auf dem Weg zur Macht

Postumus' Abgang entschärfte offenbar die explosive Lage im Ptolemäerreich wenigstens so weit, dass Auletes sich in den folgenden Jahren halten konnte. Für diese Stabilisierung mitverantwortlich waren neben römischer Präsenz vor allem die verstärkte Kontrolle der Bezirke durch Vertraute des Königs. Lediglich die Nachfolgefrage drängte auf eine Entscheidung hin und scheint ihm Kopfzerbrechen bereitet zu haben.

Vielleicht bedrückte ihn schon eine Vorahnung künftiger Familienstreitigkeiten, jedenfalls hat er nicht ohne Hintergedanken seinen Kindern den Titel *Theoi Neoi Philadelphoi*, die neuen geschwisterliebenden Götter, verliehen. Mit dem Terminus *Philadelphos* wollte er zum einen den Wunsch nach familiärer Eintracht deutlich machen, zum anderen aber auch an die große Vergangenheit der Ptolemäer erinnern, hatte sich doch schon mit dem Sohn des Reichsgründers einer der erfolgreichsten hellenistischen Herrscher für diesen Beinamen entschieden. Einige seiner Nachfahren waren diesem Beispiel bereits gefolgt.[55]

Eine dynastische Regelung etwa zugunsten des Erstgeborenen warf vor allem angesichts des jugendlichen Alters seiner beiden Söhne (Jahrgang 61 und wohl 59) durchaus Probleme auf, Konflikte unter den hohen Würdenträgern wären vorprogrammiert gewesen. Ptolemaios XII. benötigte wenig Phantasie, um sich vorzustellen, was dann passieren würde, und so griff er auf ein Modell zurück, das schon zu Zeiten des zweiten Ptolemäers etabliert wurde und sich seitdem im Königshaus einer gewissen Beliebtheit erfreute: Er bestimmte, dass seine Tochter Kleopatra seinen älteren Sohn ehelichen und gemeinsam mit ihm die Herrschaft übernehmen solle.[56]

Während er in Ägypten hinsichtlich dieser Maßnahme mit Akzeptanz rechnen konnte, blieb eine gewisse Unsicherheit, wie sich die führenden Politiker der römischen Großmacht verhalten würden. Die nach wie vor begehrlichen Blicke in Richtung Ägypten waren ihm nun wahrlich nicht verborgen geblieben. Geschickt suchte er daher Rom in den Regierungswechsel einzubeziehen, indem er nicht nur in Alexandria ein Exemplar seines Testamentes aufbewahren, sondern auch eines in die Metropole am Tiber bringen ließ. Darin beschwor er das römische Volk bei allen Göttern und den Verträgen, die er mit Rom geschlossen hatte, dass es bei der von ihm getroffenen Regelung bleiben solle. Als Gastfreund des Pompeius und Träger des Titels *amicus et socius populi Romani* konnte er auf eine gewisse Unterstützung hoffen, musste aber doch nach den zwiespältigen Erfahrungen seines Flüchtlingsaufenthalts mit erheblichem Widerstand rechnen. Bezeichnenderweise konnte sein letzter Wille nicht wie geplant im Aerarium hinterlegt werden, wo sich das Staatsarchiv befand. Stattdessen musste wieder einmal sein Förderer Pompeius herhalten, bei dem Ptolemaios' Gesandte die Urkunde schließlich loswurden. Immerhin aber hatte er auf diese Art Rom in die Nachfolgeregelung involviert und so den Alexandrinern in gewisser Weise die Hände gebunden.[57]

Und nicht genug, durch eine weitere Maßnahme bereitete er einen fließenden Übergang der Macht vor. Noch kurz vor seinem Ableben wurde Kleopatra zur Mitregentin erhoben und entsprechend in der königlichen Herrschaftspropaganda berücksichtigt. So tritt sie uns in den Krypten des Hathortempels von Dendera gemeinsam mit ihrem Vater entgegen. Mit ihren etwa siebzehn Jahren und angesichts der berühmt-berüchtigten Willensstärke ptolemäischer Frauen konnte man ihr durchaus schon eine eigenständige Politik zutrauen. Dies wird Auletes durch den Kopf gegangen sein, als er sie einige Monate vor seinem Tod über die Mitregentschaft definitiv auf die politische Bühne brachte, wo ihr nunmehr eine gewichtige Rolle zufiel.[58]

Anscheinend ging es ihm wirklich darum, seinen Nachkommen und nicht den hohen Hofbeamten die Leitung des Staates zu überlassen, obwohl Letztere aufgrund ihrer Erfahrung sicher besser geeignet gewesen wären. Etwaigen Ansprüchen aus diesen Kreisen hatte er damit – so gut es ging – einen Riegel vorgeschoben. Eine Gruppe von Unzufriedenen scharte sich jedoch alsbald um Kleopatras noch unmündigen Bruder, der zweifelsohne leichter zu lenken war. Sie selbst kauerte allerdings nun schon in den Startlöchern für das Rennen um die Herrschaft, und tatsächlich hatte sie anfangs die Nase vorn.

So war denn sein Haus so gut wie möglich bestellt, als Ptolemaios XII. Auletes vermutlich schon im Februar des Jahres 51 auf natürliche Weise aus dem Leben schied.[59]

Seine Tochter Kleopatra hatte bis zu diesem Zeitpunkt nicht erst in der Position der Mitregentin Erfahrungen gesammelt; gerade im Rahmen der Rückkehr ihres Vaters auf den Thron muss sie einen Einblick in die Härte von Machtkämpfen und die sich hieraus ergebenden einschneidenden Konsequenzen für die beteiligten Personen gewonnen haben. Erlebnisse wie die Hinrichtungen von Familienmitgliedern oder ehemaligen Vertrauten haben sie offenbar durchaus berührt und geprägt. Hinzu kommt ihre ausgezeichnete Bildung, die ihr selbst die wenig wohlgesinnten römischen Quellen nicht absprechen können. Deshalb müssen wir ihr nicht nur eine fundierte Kenntnis der Klassiker antiker Bildung sowie diverser Sprachen zubilligen, sondern auch der Reichs- und Familiengeschichte, die sie in die Lage versetzte, die Prinzipien hellenistischer Machtpolitik und -konsolidierung zu durchschauen. Außenpolitisch war sicherlich der Eingriff in die innere Autonomie durch Postumus' Finanzverwaltung ein Schlüsselerlebnis, das wir bei der Frage nach ihren politischen Zielen im Auge behalten müssen. Anders als ihr

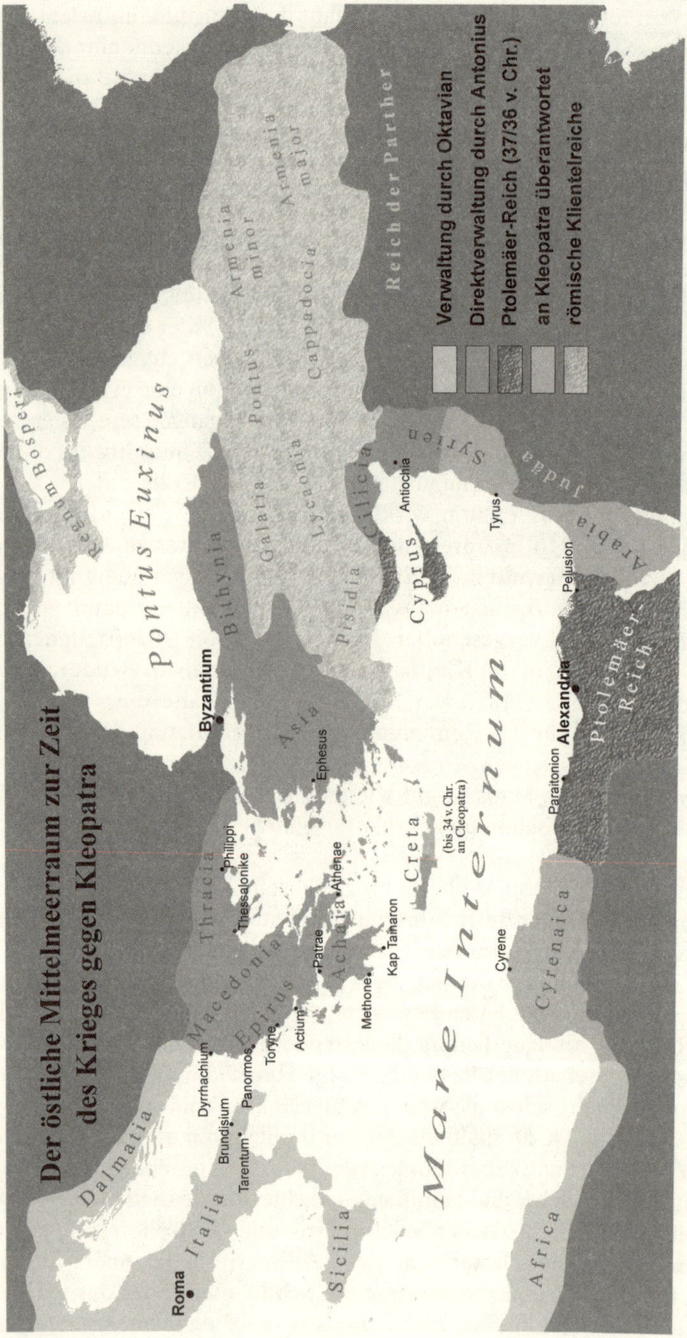


Karte 1: Der Ostmittelmeerraum zur Zeit Kleopatras.

etwa acht Jahre jüngerer Bruder war Kleopatra also schon mit den Grundprinzipien und Maximen ptolemäischer Politik ausgiebig konfrontiert worden, und dies mag für ihren Vater den Ausschlag gegeben haben, nur sie und nicht ebenso ihren Bruder an der Herrschaft zu beteiligen.

## Kleopatra auf dem Thron

Wie wir gesehen haben, stand es keineswegs von vornherein außer Frage, dass Kleopatra eines Tages den ptolemäischen Thron besteigen würde, schließlich besaß ihre Schwester Berenike die älteren Rechte. Der Weg zur Herrschaft wurde erst frei, als Berenike im Zuge der von Alexandria ausgehenden Revolte sich gemeinsam mit ihrer Mutter Kleopatra VI. Tryphaina gegen ihren Vater wandte und nach dessen Rückkehr im Jahr 55 hingerichtet wurde.

Diese innerfamiliäre Tragödie steht zwar ganz in ptolemäischer Tradition, sie wird aber der jungen Kleopatra in brutaler Deutlichkeit die Gefährlichkeit der engsten Verwandtschaft vor Augen geführt haben. Spätestens jetzt muss sie begriffen haben, dass selbst eine Tochter einem Vater die Herrschaft streitig machen konnte, umgekehrt ihr Vater keine Skrupel kannte und vielleicht gar nicht kennen durfte, zur Sicherung der Herrschaft eigene Nachkommen zu beseitigen. Diese Erkenntnis scheint durchaus prägend auf die damals Vierzehnjährige gewirkt zu haben, denn gegenüber ihren Geschwistern legte sie später keinerlei Rücksicht an den Tag, wenn es um den Erhalt und die Ausschließlichkeit ihrer Machtstellung ging. An ihren Kindern hat sie sich allerdings nie vergriffen, wobei man jedoch konstatieren muss, dass diese noch nicht im „gefährlichen Alter“ angelangt waren, als ihre Mutter sich gezwungen sah, Selbstmord zu begehen. Bis dahin sollten jedoch noch gut zwei Jahrzehnte vergehen.

Jetzt, beim Ableben ihres Vaters, zählte die junge Ptolemäerin gerade mal achtzehn Jahre. Damit konnte sie für antike Verhältnisse schon als erwachsen gelten, und dementsprechend entschlossen ging sie in den Kampf um die Macht mit den Großen des Reiches.

Keinesfalls wird man sie als frühreif bezeichnen dürfen, war eine jugendliche Mündigkeit verbunden mit der Fähigkeit klugen politischen Taktierens doch keine Seltenheit bei Frauen makedonischer Herkunft. Hatte nicht bereits unmittelbar nach Alexanders Tod Adea, die fünfzehnjährige Tochter Philipps II. und der Kynnane, die makedonische Heeresversammlung dazu bewegen können, ihre Vermählung mit dem als schwachsinnig geltenden König Philippos Arrhidaios, einem Halbbruder Alexanders, durchzusetzen? Prompt nahm sie den dynastisch bedeutsamen Namen Eurydike an. Weder ihre Jugend noch der Schwachsinn ihres Mannes konnten die Makedonen von dieser dynastisch motivierten Entscheidung abhalten, und schon gar nicht der erboste Reichsverweser Perdikkas, dessen Bruder zwar Adeas Mutter bereits auf der Anreise umgebracht hatte, dann aber dem Trugschluss erlegen war, von der jungen Heiratskandidatin ginge keinerlei Gefahr aus. Ob Adea/Eurydike jemals den ehelichen Pflichten nachgekommen ist, bleibt dahingestellt, jedoch überraschte sie mit ihrer Eigeninitiative als Königin die altgedienten Generale Alexanders und trug durchaus das Ihre zu den harten Kämpfen um Alexanders Erbe bei, in denen sie letztlich ihr Ende gefunden hat.[60]

Kleopatra, die als siebte Königin dieses Namens den ptolemäischen Königsthron bestieg, stand besagter Cousine des großen Alexander in keiner Weise nach. Energisch suchte sie gleich zu Anfang klarzustellen, wer aus der Familie nunmehr die führende Rolle im Staat spielen sollte. Ihr zehnjähriger Bruder, mit dem sie nach der Familientradition und dem Willen ihres Vaters verheiratet war, stellte von Hause aus weniger eine Stütze als eine Gefahr dar, zumal sich hochrangige Amtsträger hinter ihn stellten, um ihre eigenen Interessen durchzusetzen. Von Hofschranzen dreierlei Geschlechts umgeben, denn die Eunuchen spielten eine nicht unerhebliche Rolle im Palast wie in der Staatsverwaltung, suchte sie ihre eigenen Vorstellungen zu verwirklichen, was zwangsläufig in einen Konflikt mit den höchsten Würdenträgern münden musste.

Für ihren Gatten, den kleinen Ptolemaios XIII., übernahm ein Gremium von drei Personen aus unterschiedlichen Bereichen die Vormundschaft. Ihm gehörten neben dem Eunuchen Potheinos der Feldherr Achillas und Theodotos an, der von der Insel Chios stammende Lehrer des Königs. Potheinos war sicher der führende Kopf, denn schließlich hielt er nicht nur die Zügel der Staatsverwaltung in seinen Händen, sondern stand auch zu seinem Schützling in einem besonders engen Verhältnis, so dass Caesar ihn als dessen Erzieher (*nutricius*) charakterisiert. Anfangs mag ihm Achillas als Befehlshaber des Heeres noch fast ebenbürtig gewesen sein, bald aber hatte Potheinos seine Position derart gefestigt, dass er als zweiter Mann im Reich (*procurator regni*) galt. Er spielte die Schlüsselrolle bei der Erhebung der Alexandriner gegen Caesar, als dieser bei der Verfolgung des Pompeius nach Ägypten kam. Achillas hingegen wird das Heerwesen als wichtigster Aufgabenbereich zugeschrieben. Im Gegensatz zu Potheinos scheint er kein Eunuch gewesen zu sein, sonst hätten die ihm nicht gerade wohlwollenden Quellen sicher genüsslich darauf hingewiesen. Als Mitglied des Kronrates gehörte der Kommandeur ebenso wie seine beiden Kollegen zu den engsten Freunden und Beratern (*philoi*) des dreizehnten Ptolemäers, nahm aber durchaus Befehle von Potheinos entgegen und führte diese aus. Weniger mächtig als die beiden Erstgenannten, fassen wir mit Theodotos dennoch eine der bedeutendsten Persönlichkeiten unter den *Philoi*, da er immerhin zu wichtigen Sitzungen des Regierungsrates gebeten wurde und als Lehrer eine wichtige Mittlerfunktion zwischen der eigentlichen Führungsspitze und

Abb. 1: Buchisstele, 29 v. Chr.,
gefunden im Bucheum von Hermonthis (Armant).

dem nominellen Herrscher einnahm. Gemeinsam verfügten sie damit neben einem starken persönlichen Einfluss auf den König auch über ein außergewöhnliches Gewicht in Staatsverwaltung und Heer, dem nur schwer etwas entgegenzusetzen war.[61]

Ob Kleopatra eigenständig Rechtsakte vollziehen konnte, ist unsicher, vom Prinzip her entsprach dies weder griechischen noch ägyptischen Vorstellungen. Infolgedessen konnte sie keine Vormundschaft übernehmen, so dass ihre Position von Beginn an unter einer gewissen strukturellen Schwäche litt. Daher war die Heirat mit ihrem Bruder ein Muss, um handlungsfähig zu bleiben.[62] Wie etliche ihrer berühmten Vorgängerinnen auf dem Thron war sie jedoch keineswegs willens, wegen solcher Nachteile ihre Ansprüche zurückzuschrauben, und schaffte es noch viel schneller als ihr Vater, die Hofcamarilla so gegen sich aufzubringen, dass sie aus Alexandria fliehen musste.[63]

Zunächst allerdings setzte sie sich ganz offensichtlich durch. Am 22. März 51 tritt sie bei kultischen Feierlichkeiten in Hermonthis bei Theben persönlich auf, wobei auffällt, dass eine Stele (Abb. 1), die viele Jahre später von der Inthronisierung des Buchisstieres berichtet, als Datum das Jahr 1 eines nicht näher genannten Königs und der Herrscherin mit dem Kulttitel „Göttin Philopator" nennt.[64] Um Spielraum zum Handeln zu bekommen, hielt sie anscheinend den Tod ihres Vaters anfangs noch geheim, denn erst Ende Juni traf die Nachricht in Rom ein.[65] Passend dazu favorisierte sie bis Mitte des Jahres eine Doppeldatierung ins 30. Regierungsjahr ihres Vaters und ins erste der eigenen Herrschaft.[66] Am 2. Juli setzte ihr indes Onnophris, der Vorsitzende des Kultvereins der Isis Snonais, wohl in Soknopaiu Nesos eine Stele (Abb. 2), in der nur noch das Jahr 1 angeführt wird. Während die Königin im Text ausdrücklich genannt wird, ist darüber ein *männlicher* Pharao abgebildet, der vor Isis opfert, die dabei ist, den Horusknaben zu stillen. Dies und weitere Merkmale lassen darauf schließen, dass in aller Eile ein für sie ursprünglich gar nicht bestimmter Stein umgearbeitet wurde. Von ihrem Bruder und Mitregenten fehlt hier allerdings jede Spur. Ist das ein Hinweis auf die Schwäche seiner engsten Umgebung?[67]

Erscheint die Widmung der Stele schon verdächtig, so macht die alleinige Nennung in der Datumszeile eines Pachtvertrags aus Tebtynis am 29. August 51 eines noch deutlicher: Binnen kürzester Zeit hat Kleopatra ihre Stellung als Mitregentin genutzt, um die Macht ganz an sich zu reißen.[68]

Die innenpolitische Situation, die sie vorfand, scheint von Beginn an höchst brisant gewesen zu sein. Durch die hohen Ausgaben ihres Vaters war die Belastung der Untertanen in weiten Teilen des Landes unerträglich geworden, die Landflucht nahm beängstigende Züge an. Heiligtümer verwaisten und die Verbrechensrate stieg gewaltig an.[69] Da half ihr auch der programmatische Kultname *Thea Philopator*, die vaterliebende Göttin, nur wenig, drückte sie doch damit aus, die politische Linie ihres Vaters weiterführen zu wollen, die letztendlich für die Misere mitverantwortlich war.[70] Sicherlich hatte sie nach der Rückkehr des Auletes, insbesondere aber seit Beginn ihrer Mitherrschaft genug Gelegenheit gehabt, die Probleme des Reiches kennenzulernen und sich Gedanken über deren Lösung zu machen. Es scheint jedoch kaum vorstellbar, dass sie diesen Schwierigkeiten angesichts der desolaten Finanzlage und der politischen Abhängigkeit von Rom in absehbarer Zeit hätte Herr werden können. So viel Reaktionszeit sollte ihr allerdings gar nicht zur Verfügung stehen, denn schon wussten ihre Gegner im Innern die Schwäche zu nutzen.

Leider wissen wir nur wenig über die Einzelheiten, die letztlich zu der Auseinandersetzung auf Leben und Tod zwischen ihr und den drei an der

Abb. 2: Stele vom 2. Juli 51,
Kleopatra opfert vor der stillenden Isis.

Vormundschaft für ihren Bruder beteiligten Persönlichkeiten nebst deren Anhängerschaft führten. Mag sein, dass sie aus der Erfahrung ihrer jüngsten Familiengeschichte heraus Bedenken hatte, eine in der Doppelherrschaft angelegte strukturelle Konkurrenz um die Macht zu akzeptieren.

Immerhin pflegte sie speziell mit Potheinos eine tiefgreifende persönliche Feindschaft. Der Dichter Lukan, Neffe Senecas und weder Ägypten noch

Kleopatra gewogen, traf sicher den Nerv seiner Leser, wenn er die Lage in Alexandria als einen Sumpf an Unmoral und Intrigen charakterisiert. Dem Potheinos legt er die Worte in den Mund: „Am Kreuz oder auf dem Scheiterhaufen müssen wir für die (körperlichen) Reize der Schwester (des Königs) büßen. Keine Hilfe gibt es: Hier ihr königlicher Gatte, dort der Ehebrecher Caesar. Um die Wahrheit zu sagen: In den Augen dieser grausamen Richterin sind wir bereits schuldig, denn Kleopatra wird jeden, der sie noch nicht besessen hat, für einen gefährlichen Gegner halten."[71] Subtil spielt Lukan auf Potheinos' Schwachstelle an, denn als Eunuch war er in diesem Punkt tatsächlich außen vor. Entscheidend aber ist die Unversöhnlichkeit, die hier deutlich wird. Potheinos' Position scheint schon zum Zeitpunkt von Auletes' Tod stark, aber keineswegs überragend gewesen zu sein. Auffällig ist, dass er das Amt des Dioiketes wohl erst Anfang des Jahres 48 übernommen hat.[72]

Fest steht immerhin, dass Kleopatra im Herbst 50, nach etwa eineinhalb Jahren Alleinherrschaft, die von ihr reklamierte Vorrangstellung verlor und ins Hintertreffen geriet. In einem königlichen Erlass vom 27. Oktober dieses Jahres tritt der junge Ptolemaios an erster Stelle als Handelnder auf, die Königin und Schwestergemahlin finden wir nur noch auf dem zweiten Rang. Auch der Inhalt der Anordnung spricht Bände, es wird nämlich den Aufkäufern von Grundnahrungsmitteln verboten, Getreide und Hülsenfrüchte aus Mittelägypten nach Unter- oder Oberägypten zu liefern. Stattdessen erhalten sie Anweisung, ihre Bestände in die Hauptstadt zu bringen. Dass sie im Fall einer Verweigerung mit der Todesstrafe rechnen müssen, macht klar, wie massiv der Versorgungsengpass war. Alexandria hungerte, und dies war vielleicht ein notwendiger, wenngleich nicht hinreichender Grund für eine gewisse Entmachtung Kleopatras, denn selbst wenn ihre Regierung keinen Einfluss hatte auf eine zu niedrig ausgefallene Nilschwemme, so barg die hieraus resultierende Verknappung doch die Gefahr von Unruhen in sich und konnte nur zu leicht zum Aufstand führen. Gerade die Hauptstadtbevölkerung war fähig, in einer solchen Notlage einen politischen Umsturz zu erzwingen. Wie ernst man die Lage nahm, lässt sich daraus erkennen, dass die Verantwortlichen lieber die Bewohner von Unter- und Oberägypten hungern ließen, damit in Alexandria halbwegs Ruhe herrschte. Die harten Strafandrohungen erklären sich zu einem guten Teil aus einer gewissen Panik in der Führungsspitze des Reiches, sie spiegeln allerdings auch die Situation in den besagten Reichsteilen wider, wo die Not offenbar so groß war, dass die Zwischenhändler eine enorme Gewinnspanne witterten und nur unter Androhung drakonischer Strafen vom Missachten der Anordnung abgehalten werden konnten.[73]

Die prekäre Situation wird dazu beigetragen haben, dass sich die Parteien an der Reichsspitze zunächst auf einen Kompromiss verständigten, um die Lage nicht noch weiter eskalieren und die Metropole im Chaos versinken zu lassen. Der Umstand, dass die Königin nach wie vor genannt wird, wenngleich nicht zu Anfang der Datierungszeile, spricht jedenfalls für eine solche Lösung. Außerdem gibt es keinerlei Anhaltspunkte für eine Vertreibung Kleopatras zu diesem Zeitpunkt.[74]

Dabei dürfte allen Beteiligten klar gewesen sein, dass dies keine Entspannung auf Dauer bedeuten konnte. So wenig statisch wie das Verhältnis beider Parteien zeigt sich die Form der Datierungen, aus der man ersehen kann, wie Ptolemaios oder besser seine Hintermänner mehr und mehr Oberwasser bekamen. Seit Juni 49 zählt nämlich Ptolemaios eigene Herrschaftsjahre, die er von denen Kleopatras absetzt und diesen voranstellt, was wiederum höchst aufschlussreich hinsichtlich Selbstverständnis und Machtanspruch ist. So lesen wir verschiedentlich „Jahr 1 des Königs Ptolemaios, welches auch Jahr 3 der Kleopatra ist".[75]

# II. Caesar in Ägypten – Kleopatra in Rom

## Bürgerkrieg in Rom und Ägypten

Mitten hinein in den innerägyptischen Machtkampf platzte die Nachricht vom Ausbruch des Bürgerkrieges nach Caesars Überschreiten des Rubikon. Spätestens mit Pompeius' Rückzug nach Griechenland war abzusehen, dass Roms Satellitenstaaten ebenfalls in diesen Konflikt hineingezogen werden würden. Befürchtungen, Ägypten werde nicht abseits stehen bleiben können, sollten sich nur allzu schnell bewahrheiten, als Pompeius im Vorfeld der Schlacht von Pharsalos eine diplomatische Offensive startete und seinen Schwiegervater nebst seinem ältesten Sohn in den Osten sandte, um Verstärkungen und Kriegsmaterial für seine in Griechenland zusammengezogenen Truppen einzufordern.[1] Dabei war er vor allem an Schiffen interessiert, so dass Cicero seine Strategie in Anspielung auf den Begründer der attischen Seemacht themistokleisch nennt und prophezeit, Pompeius werde zur gegebenen Zeit mit einer gewaltigen Flotte in See stechen und in Italien landen.[2] Es steht allerdings zu vermuten, dass Pompeius den Ptolemäern – ähnlich wie später Caesar nach seiner Ankunft in Alexandria – erhebliche Summen abforderte, die noch zu den 35 Millionen Denaren gehörten, welche der verstorbene Auletes den beiden seinerzeit versprochen hatte.

Während Pompeius' Schwiegervater Q. Metellus Scipio in Syrien blieb, um dort und in Kleinasien die Mobilisierung der gewünschten Ressourcen voranzutreiben, reiste Cn. Pompeius, der älteste Sohn des großen Feldherrn, weiter nach Ägypten, wo Kleopatra ja inzwischen gemeinsam mit ihrem Bruder Ptolemaios XIII. die Regierung führte. Zweifellos hat er die spannungsgeladene Atmosphäre gespürt, als er in Alexandria eintraf, um im Auftrag seines Vaters Unterstützung für den Kampf gegen Caesar zu verlangen. Eine Wahl, etwa abseits stehen zu bleiben, hatte man angesichts der politischen Abhängigkeiten und des militärischen Kräfteverhältnisses nicht. Auf die herrschenden Fraktionen übte der junge Cn. Pompeius wohl entsprechenden Druck aus, schließlich konnte er sich nicht nur auf das enge Verhältnis seines Vaters zum verstorbenen König berufen, sondern auch auf die ausstehenden Zahlungen.[3]

Im Zuge seines Aufenthaltes traf er mit der Königin zusammen, die sicherlich einen nachhaltigen Eindruck bei ihm hinterlassen hat, war man in Rom doch mit einem Frauenbild groß geworden, dem die junge Herrscherin nun so gar nicht entsprach. Sie begegnete ihm anscheinend freundlich, was sofort die Phantasie antiker Autoren anregte. In seiner Antonius-Biographie will uns Plutarch sogar glauben machen, Kleopatra habe es nicht bei einer wohlwollenden Aufnahme belassen, sondern sei dem jungen Pompeius gleich persönlich unter vollem Einsatz ihrer Verführungskünste auf den Leib gerückt.[4] Wir können eine solche körperliche Attacke bei der bekannten sexuellen Freizügigkeit im Ptolemäerhaus nicht völlig ausschließen. Aber es spricht vieles dafür, dass hier die Kleopatra übel wollende römische Überlieferung, ausgehend von den gesicherten Affären mit Caesar und Antonius, an einer Chronique scandaleuse gebastelt hat, die dem Anekdoten liebenden Plutarch einen willkommenen weiteren Hinweis auf die erotischen Neigungen der Königin geliefert hat. Bei näherer Betrachtung wird man die Nachricht schon deshalb verwerfen, weil ein Einlassen mit Gnaeus Kleopatra unnötig eng an die Pompeianer gebunden hätte, was sie angesichts der Unwägbarkeiten des Bürgerkrieges ganz sicher vermieden hat.

Klüger schien es da, nur das Notwendige zu tun, wobei man ohnehin bei einem Sieg Caesars darauf verweisen konnte, dass man keine Alternative gehabt habe, weil ja nach wie vor römische Truppen im Land standen, die immerhin von Pompeius' Freund Gabinius dort stationiert worden waren. Folgerichtig kam der ptolemäische Hof den Erwartungen nach und stellte eine Flotte, 500 germanische und gallische Reiter, ein in seiner Stärke nicht genauer bekanntes Detachement der von Gabinius am Nil zurückgelassenen römischen Einheit sowie Gelder in unbekannter Höhe zur Verfügung.[5]

Die zweifellos wichtigste Hilfeleistung bestand in der Entsendung eines Flottenkontingents von 50 Kriegsschiffen und 10 Transportern; auf Letzteren schiffte sich offenbar die entsandte gabinianische Kavallerie ein, während die Infanterie wohl auf den Kriegsschiffen untergebracht war. Die Kriegsgaleeren mit ihren vier bis fünf Ruderreihen lassen sich allesamt als schwere Einheiten klassifizieren, die unter dem Kommando des jungen Cn. Pompeius auf dem griechischen Kriegsschauplatz durchaus einige Erfolge erringen konnten, ehe sie nach der Niederlage zu Land bei Pharsalos offenbar ohne nennenswerte Verluste wieder nach Ägypten zurückgekehrt sind.[6]

Mit Pompeius' Forderungen konfrontiert, scheint sich Kleopatra in ihrer Entscheidung mit den Vertretern ihres Bruders insoweit einig gewesen zu sein, als man reagierte, wie Letzterer dies erwartete, und jeglichen Konflikt vermied.[7]

Damit war allerdings der Konsens bereits erschöpft, der interne Machtkampf wurde mit größer werdenden Vorteilen für die Parteigänger des jugendlichen Ptolemaios XIII. fortgesetzt. Eine herausragende Rolle spielte dabei das Militär, insbesondere die Garnison von Alexandria, deren Rückgrat seit den Tagen des Auletes die so genannten Gabiniani bildeten, also jene römischen Truppen, die für den Machterhalt des zwölften Ptolemäers sorgen und die Stabilität der Verhältnisse garantieren sollten. Sie mögen schon aufgrund ihrer Herkunft einer so unabhängig regierenden Königin skeptisch gegenübergestanden haben, jedenfalls waren sie alsbald auf Potheinos' Seite zu finden. Garantierte Achillas gute Beziehungen des Vormundschaftsrates zur ptolemäischen Armee insgesamt, so tat dies im Falle der Gabinianer zusätzlich der Militärtribun L. Septimius, der später noch unrühmliche Bekanntheit im Zusammenhang mit Pompeius' Ermordung erlangen sollte.

Die Truppe, die von Gabinius nach der Wiedereinsetzung des Auletes zurückgelassen worden war, wurde aus römischer Sicht bald schon zum Problem. Schnell hatten sich die Soldaten an die angenehmeren Lebensumstände gewöhnt und – wie Caesar schreibt – die zügellose alexandrinische Lebensweise angenommen, römische Zucht und Ordnung verlernt, ja sich sogar einheimische Frauen genommen, von denen sie meist schon Kinder hatten. Dem Ptolemäer konnte diese Entwicklung nur recht sein, lösten sich die Besatzungstruppen doch dadurch mehr und mehr aus ihren Bindungen an die römische Supermacht. Bezüglich ihrer Loyalität brauchte Auletes bald schon kaum noch Zweifel zu haben, schließlich wurden sie mit Erfolg gegen aufständische Einheimische eingesetzt.[8]

Nach einigen Jahren waren die Soldaten dermaßen assimiliert, dass sie höchst ungehalten reagierten, als M. Calpurnius Bibulus, einer der Nachfolger des Gabinius als Prokonsul von Syrien, sie zu Beginn des Jahres 50 zurückbeorderte, um an einem Feldzug – wahrscheinlich gegen die Parther – teilzunehmen. In völliger Verkennung der Sachlage beging Bibulus den Fehler, zwei seiner Söhne als Gesandte mit dieser Aufforderung nach Ägypten zu schicken. Die in ihrer wohleingerichteten Beschaulichkeit Gestörten reagierten harsch, brachten die beiden kurzerhand um und lösten dadurch einen „internationalen Zwischenfall" aus. Kleopatra, damals noch im alleinigen Besitz der Macht, geriet in eine höchst delikate Situation, musste sie doch die Reaktion des schwer getroffenen Vaters fürchten. Einziger Ausweg schien die Überstellung der Mörder, und so sah sie sich jetzt gezwungen, römische Soldaten aus der Mitte ihrer Kameraden heraus festzunehmen und an den Provinzstatthalter von Syrien zu überstellen, wo ihr Schicksal praktisch besiegelt war. Die Königin befand sich in einem Dilemma: Einerseits konnte sie mit einer bloßen Mitteilung des Bedauerns Bibulus sicherlich nicht besänftigen und von ihrer Unschuld überzeugen, andererseits muss ihr klar gewesen sein, dass sie sich durch die Auslieferung die Sympathien der Gabinianer verscherzen würde. Angesichts der militärischen Kräfteverhältnisse hatte sie jedoch keine andere Wahl, als ihm die Täter ans Messer zu liefern. Der Eindruck bei der Truppe muss verheerend gewesen sein. Daran ändert auch die Behauptung des Valerius Maximus nichts, der uns glauben machen möchte, Bibulus habe die Mörder wieder nach Ägypten zurückgeschickt mit der Begründung, über ihr Schicksal zu richten sei nicht seine Sache, sondern Angelegenheit des Senats in Rom. Wenn dies wirklich den Tatsachen entspräche, müsste man sich fragen, warum der Statthalter der nächstgelegenen Provinz und immer noch theoretische Oberbefehlshaber der Gabinianer die Schuldigen dann zurück nach Ägypten und nicht weiter nach Rom gesandt hat. Wahrscheinlicher scheint doch, dass Bibulus in der aktuellen Kriegssituation selbst Recht gesprochen hat, die Kompetenz lag unbestritten bei ihm. Zimperlichkeit wurde ihm jedenfalls von seinen Zeitgenossen nicht attestiert, er galt als hart, grausam und zäh. Als Kollege Caesars im Konsulat hatte er keine Auseinandersetzung gescheut, bis dieser ihn mit Gewalt in sein häusliches Umfeld zurücktrieb. Dass ein solcher Mann den Mord an seinen Söhnen nicht selbst durch eine entsprechende Bestrafung der Täter geahndet haben soll, wenn er die Möglichkeit hatte und das Recht auf seiner Seite wusste, ist schlichtweg undenkbar.[9]

In gewisser Weise rächte sich nun der Griff nach der Alleinherrschaft, stand Kleopatra doch aus Sicht ihrer römischen Soldaten als alleinige Verantwortliche für die Auslieferung fest, während ihr Bruder und seine Berater auf ihre Machtlosigkeit verweisen und die Truppe auf ihre Seite ziehen konnten. Der zeitliche Konnex mit dem Niedergang ihrer Macht als Königin ist offensichtlich – die Bibulussöhne wurden Anfang 50 ermordet, im Herbst hatte sie die Vorherrschaft bereits eingebüßt. So könnte der Bruch mit den Gabiniani durchaus den Wendepunkt in der ägyptischen Machtkonstellation darstellen, in jedem Fall aber hat er wesentlich zu Potheinos' Aufstieg beigetragen.

Wahrscheinlich war es Kleopatra deshalb gar nicht unlieb, dass eine Abteilung der gefährlichen Truppe bald darauf durch Pompeius abgezogen wurde, auch wenn dies das Problem nicht grundsätzlich beseitigte. Der größere Teil der Einheit verblieb in Ägypten, wenn man das Detachement der Reiterei zugrunde legt, etwa drei Viertel.[10] Kein Geringerer als Caesar wirft später den Gabiniani in einem Reflex auf deren Rolle bei der Vertreibung Kleopatras vor, sie hätten sich nach altem Brauch der alexandrinischen Garnison daran gewöhnt, Freunde und Berater der Könige zur Hinrichtung zu verlangen, den Besitz der Reichen zu plündern, den Königspalast zu belagern, um Solderhöhungen durchzusetzen, sowie Könige vom Thron zu stoßen, um andere auf ihn zu setzen.[11]

Nach dem Anschluss der römischen Kerntruppen an die Partei ihres Bruders wurde die Lage für Kleopatra zusehends prekärer, obwohl Ptolemaios XIII. und seine Berater die Entscheidung mittragen mussten, einen Teil der Gabiniani dem Pompeius zur Verfügung zu stellen, was den Betroffenen sicher nicht gefiel. Im Lauf des Sommers 49 wurde Kleopatra schließlich ganz aus der Herrschaft gedrängt, Potheinos und seine Verbündeten hatten zunächst gesiegt. Es spricht eine deutliche Sprache, dass Kleopatra nun nach Oberägypten in die Thebais auswich, wo sie augenscheinlich recht beliebt war und von wo aus sie den Kampf um die Macht fortzusetzen gedachte. Aber auch hier wurde ihr bald der Boden unter den Füßen zu heiß und so setzte sie sich aus Ägypten ab in Richtung Syrien. In Palästina, etwa in der Hafenstadt Askalon, wo man Münzen mit ihrem diademgeschmückten Konterfei schlug, warb sie Söldner an für den Angriff auf die Armee ihres Bruders.[12]

Die Finanzen für die Anwerbung muss sie sich noch während des Aufenthalts in den Kerngebieten des Reiches gesichert haben. So gelang es ihr tatsächlich ein Heer aufzustellen, welches immerhin so bedrohlich war, dass die Männer um ihren Bruder sich gezwungen sahen, ihr mit dem Reichsheer entgegenzuziehen. Bei Pelusion bezog man mitsamt dem König Stellung. Mit diesem Schachzug wollte man der vertriebenen Königin den Anmarschweg verlegen und sie von vornherein vom bewaffneten Eindringen in Ägypten abhalten.[13]

Der Plan des Kreises um Ptolemaios XIII. ging zunächst einmal auf; bald lagen sich die Heere nahe der Grenzstadt Pelusion gegenüber, eine Entscheidungsschlacht schien unvermeidlich. Da spielte den Akteuren das Schicksal einen Streich und führte ihnen einmal mehr deutlich vor Augen, dass die Weichen für die Zukunft Ägyptens längst in einem „globaleren“ Zusammenhang gestellt wurden. Mitten in die äußerst gespannte Situation bei Pelusion platzte mit Pompeius Magnus persönlich ein ungebetener und zugleich höchst gefährlicher Gast. Was war geschehen?

Wie erwähnt, war die ptolemäische Regierung dem Verlangen nach Unterstützung für Pompeius nachgekommen. Dessen Sohn war ja mit einer ansehnlichen Flotte und entsprechenden Truppen sowie weiteren für die Kriegführung benötigten Ressourcen lange zuvor in See gestochen. Wir wissen nicht, inwieweit Cn. Pompeius damals in die Auseinandersetzungen des herrschenden Geschwisterpaares hineingezogen worden war. Im April 48 operierte er jedenfalls mit der Flotte in den Gewässern vor Oricum und Lissus in der südlichen Adria, da waren die Verhältnisse in Ägypten schon im Sinne einer Alleinherrschaft Ptolemaios' XIII. bis auf weiteres geklärt. Offen bleibt, wann genau die Flotte ihren Heimathafen Alexandria verlassen hat.[14]

Schon im Herbst 49 war der zur Partei des Pompeius gehörende Rumpfsenat mit der Frage nach der Legitimierung der Alleinherrschaft des jungen Ptolemaios konfrontiert worden. In Thessalonike, wohin man sich nach der Besetzung Italiens durch Caesar zurückgezogen hatte, dürfte es einige Diskussionen gegeben haben, schließlich existierte da noch das Testament des verstorbenen Auletes, in dem ausdrücklich eine gemeinsame Herrschaft der Geschwister festgeschrieben worden war. Jetzt aber hatte sich die Situation grundlegend geändert: Infolge des Bürgerkriegs waren die Senatoren um Pompeius auf die Hilfe der ägyptischen Regierung angewiesen, da wäre es geradezu als selbstmörderisch erschienen, hätte man am letzten Willen des zwölften Ptolemäers festgehalten. Pompeius muss unweigerlich selbst Stellung bezogen haben für die Anerkennung des Status quo, schließlich galt er nicht nur als Gastfreund der Ptolemäer, in seinen Händen befand sich auch das für Rom bestimmte Exemplar des Testaments, das die ptolemäische Gesandtschaft ihm anvertraut hatte, als ein anderweitiges Hinterlegen verweigert worden war. Im Prinzip hätte er dessen Regelungen verfechten müssen, konnte seine gegenteilige Empfehlung jetzt aber über die Sachzwänge rechtfertigen. Dementsprechend legt Lukan dem Potheinos die Worte in den Mund: „Durch Pompeius' Vermittlung gab uns der Senat die Herrschaft, darum haben wir für seinen Sieg gebetet!“[15]

Aufgrund von Pompeius' Votum mochte es nicht überraschen, als die Mitglieder des Rumpfsenats die Herrschaft Ptolemaios' XIII. akzeptierten, seiner inzwischen entmachteten Schwester jedoch die Anerkennung versagten. In blumigen Worten schildert Lukan diesen Senatsbeschluss, durch den ebenfalls König Iuba von Numidien in seiner Herrschaft bestätigt wurde, wobei der Dichter natürlich schon Pompeius' unrühmliches Ende vor Augen hat: „Libyen erhält durch Senatsdekret den Befehl, König Iuba untertan zu sein. O trauriges Schicksal! Und dann gestattet man Dir, Ptolemaios, dem würdigen Herrscher über ein treuloses Volk, Dir, Du Schande des Schicksals und Schmach der Götter, Dein Haupt mit dem Diadem von Pella zu krönen! Obwohl noch ein Knabe, empfängst Du ein Schwert, um es grausam gegen Deine Völker zu gebrauchen. Wenn Du es nur gegen Deine Völker gebrauchen würdest! Man verschenkt den Palast der Lagiden und Pompeius' Leben obendrein. Der Schwester nimmt man ein Königreich und dem Schwiegervater die Gelegenheit, ein Verbrechen zu begehen.“[16] Nicht nur Ptolemaios XIII., sondern auch Caesar als Ex-Schwiegervater und Hauptgegner des Pompeius bekommt hier Lukans spitze Zunge zu spüren.

Nach dem Senatsbeschluss dürfte allen Beteiligten klar gewesen sein, dass Kleopatra auf ziemlich verlorenem Posten stand. Umso erstaunlicher ist daher ihr Beharren auf ihrem Herrschaftsanspruch sowie die Bereitschaft zum bewaffneten Kampf um die Macht, zumal ihre einzige Hoffnung nunmehr in einer sehr unsicheren Chance auf Anerkennung durch Caesar bestand. Voraussetzung hierfür war allerdings ein Sieg Caesars, der jedoch in diesem Moment noch in weiter Ferne lag. Die Grenze zwischen Beharrlichkeit und Sturheit scheint da schon fast überschritten.

Pompeius' Zugriff auf Ägypten war sowieso schon stärker als der seines Konkurrenten, da er künftig als Vormund des alleinigen Königs tätig werden konnte, wobei er allerdings auch bisher schon über die erbliche Verpflichtung der Gastfreundschaft als Patron des jungen Königs fungieren konnte. Folgerichtig bezeichnen ihn die römischen Quellen expressis verbis als Vormund (*tutor*) des Königs.[17] Dass sowohl Pompeius als auch die Senatoren sich mit ihrer Entscheidung für Kleopatras Bruder über den letzten Willen des zwölften Ptolemäers hinwegsetzten, scheint sie nicht weiter gestört zu haben.

Höchstwahrscheinlich wurde anlässlich der Grundsatzentscheidung des Rumpfsenats ebenfalls das Bündnis zwischen Rom – vertreten durch die Bürgerkriegspartei des Pompeius – und Ägypten zu den gleichen Konditionen erneuert, wie sie seinerzeit Ptolemaios XII. gewährt worden waren. Seinem Sohn wird die Stellung eines Verbündeten und der Titel „Bundesgenosse und Freund des römischen Volkes“ schon deshalb gewährt worden sein, weil man auf Seiten der in Thessalonike versammelten Senatoren in Erwartung des bevorstehenden Kampfes gegen Caesar an einem stabilen Verhältnis zu einem ebenso stabilen Ägypten außerordentlich interessiert sein musste.

Bis hierhin hatte der von Potheinos geführte Staatsrat nicht nur alles Notwendige zur Konsolidierung der außenpolitischen Stellung des Reiches getan, sich erfolgreich beim Rumpfsenat in Szene gesetzt und die staatsrechtliche Bestätigung der Regierung erreicht, sondern er sah sich angesichts des römischen Bürgerkriegs machtpolitisch gestärkt und diplomatisch in jeder Hinsicht in einer guten bis sehr guten Situation. Siegte Pompeius, dann war der wichtigste Mann Roms durch die eingegangenen Verpflichtungen an Ptolemaios XIII. gebunden, dessen Machtstellung dadurch regelrecht zementiert wurde. Solange der König sich guter Gesundheit erfreute, brauchte man von Seiten der römischen Supermacht nichts zu befürchten, in Anbetracht seines jugendlichen Alters eine wahrhaft langfristige Perspektive. Siegte allerdings Caesar, gestaltete sich die Lage zwar erheblich schwieriger, doch war keineswegs alles verloren. Schließlich konnte man zu Recht darauf verweisen, dass man zum einen durch die Verpflichtung einem Gastfreund und Patron gegenüber an Pompeius gebunden gewesen sei, zum anderen aber wegen der Machtverhältnisse im Osten gar keine Wahl gehabt habe. Insofern bestand auch für einen siegreichen Caesar nicht von vornherein ein Grund zum Sturz des Königs, obwohl man natürlich seines Entgegenkommens nicht ganz sicher sein konnte, hatte er doch schon zu Zeiten des Auletes einmal ein begehrliches Auge auf das Nilreich geworfen.

Kleopatras Schicksal hing jetzt am seidenen Faden, aber wie viele ihrer Vorgängerinnen auf dem Ptolemäerthron stellte sie gerade in der tiefsten Krise ihre Stärken und ihren Machtwillen unter Beweis. Ein Blick auf die Ereignisse in Griechenland zeigt, wie knapp sie einem Desaster entronnen ist. Dort nämlich standen sich Anfang August 48 in der Ebene von Pharsalos die Heere Caesars und Pompeius' gegenüber. Nachdem er mehrfach die Schlacht angeboten hatte, wollte Caesar schon in östlicher Richtung abziehen, als Pompeius sich voller Siegeszuversicht doch noch zum Kampf stellte. Trotz numerischer Überlegenheit gelang es ihm nicht, mit seiner Reiterei Caesars rechte Flanke zu umfassen und dessen Schlachtordnung aufzurollen. Stattdessen konnte dieser seinerseits über den schwer umkämpften Flügel kontern, wobei die berühmte zehnte Legion mit den kampferprobten Veteranen des Iuliers eine herausragende Rolle spielte. Damit aber war die Schlacht entschieden, der Rest von Pompeius' Heer musste kapitulieren, nachdem die Caesarianer ihm die Rückzugslinie verlegt hatten; das Lager fiel in die Hände der Sieger.[18]

Was Pompeius letztlich bewogen hat, die Entscheidungsschlacht anzunehmen, wird niemals mit Gewissheit zu klären sein. Klüger wäre es gewesen, nachdem er ja kurz vor Pharsalos den Nimbus von Caesars Sieghaftigkeit zerstört hatte, indem er ihm bei Dyrrhachium eine erste schwere Niederlage beibrachte, einer weiteren Schlacht aus dem Weg zu gehen. Von Nachschub und Verstärkungen zur See durch Pompeius' überragende Flotte und zu Land durch dessen deutlich stärkere Reiterei sowie die zahlenmäßig überlegenen Fußtruppen weitgehend abgeschnitten, hätte Caesar kaum eine Chance gehabt, einer solchen Strategie auf Dauer wirkungsvoll zu begegnen. Erst der plötzliche Wechsel im Kriegsplan seines Gegners brachte ihn wieder zurück ins Spiel.

Klar ist, dass Pompeius von seiner Umgebung – in sicherer Erwartung eines endgültigen Sieges – gedrängt wurde, die Entscheidung zu suchen, aber er war schließlich ein erfahrener Feldherr und hätte solch einem Druck standhalten müsssen. In der antiken Überlieferung gilt es als ausgemacht, dass hinter seinem Sinneswandel ein Traum stand, in dem er beim Betreten des von ihm erbauten Theaters von einer unübersehbaren römischen Volksmenge mit tosendem Beifall empfangen wurde und das Heiligtum der Venus Victrix mit vielen Beutestücken schmückte. Falls Pompeius wirklich so oder ähnlich geträumt hat, dann hat er den Traum gründlich missverstanden und als Vorzeichen eines bevorstehenden Sieges interpretiert. In der Retrospektive drehten Plutarch und Appian die Aussage um, indem sie darauf verwiesen, dass einerseits die Iulier ihre Abstammung auf Venus zurückführten, andererseits Caesar als Losungswort ausgerechnet „Venus Victrix" ausgegeben habe.[19]

Eine solche Erklärung für Pompeius' Verhalten hat einiges für sich und in der Forschung ihre Anhänger gefunden.[20] Tatsächlich spielen Träume und Traumdeutung eine gewichtige Rolle im Leben des antiken Menschen überhaupt, insbesondere aber in ihrer Wirkung auf ein Publikum, das es zu beeinflussen galt. Inwieweit der Einzelne sich jeweils selbst etwas suggeriert und vielleicht letztendlich sogar an Träume geglaubt oder aber angebliche Traumgesichte gezielt als Mittel zur Erreichung seiner Ziele eingesetzt hat, lässt sich im Nachhinein kaum noch sagen. Bedenkt man jedoch die unerklärliche Meinungsänderung des großen Strategen, dann erscheint ein solcher Traum, dem er eine entsprechende Bedeutung zumaß, als eine plausible und keineswegs abwegige Erklärung für die Annahme der Schlacht und den verschenkten Sieg über Caesar. Ohne den (angeblichen) Traum des Pompeius, was wäre aus Kleopatra geworden? Abgesehen von ihrem persönlichen Schicksal, traut man ihr trotz der in Syrien angeworbenen Truppen kaum zu, dass sie vollends aus eigener Kraft eine Wende herbeiführen und den Platz ihres Bruders als Alleinherrscherin einnehmen hätte können. Ihre Zukunft stand wirklich auf des Messers Schneide.[21]

Wie auch immer er letztlich geträumt oder die Nacht verbracht hat, sehr bald schon brachte der Schlachtverlauf Pompeius auf den harten Boden der Realität zurück. Als der Angriff seiner Reiterei scheiterte und sein linker Flügel geschlagen wurde, verlor er offenbar völlig die Nerven und zog sich vom Schlachtfeld in sein Lager zurück. Als dann feindliche Truppen dort eindrangen, suchte er sein Heil in der Flucht und setzte sich über Larisa in Richtung Küste ab. Mit Glück fand er ein römisches Handelsschiff, dessen Kapitän ihn mit einigen Getreuen aufnahm und nach Umfahren der Chalkidike sowie einem Halt in Amphipolis nach Mytilene auf Lesbos brachte. Dort raffte er einige Schiffe zusammen, nahm seine Frau Cornelia an Bord und fuhr weiter nach Pamphylien, wo kilikische Flotteneinheiten als erste Verstärkungen zu ihm stießen. Auch an die sechzig Senatoren fanden sich bei ihm ein. Hier schöpfte er neuen Mut und versuchte eine neue Streitmacht aufzubauen, mit der man Caesar Paroli bieten konnte.[22]

Das allerdings gestaltete sich nicht gerade einfach, denn nach der Niederlage und seiner Flucht in den Osten war in Dyrrhachium, wo die Hauptmacht seiner Flotte lag, ein regelrechtes Chaos ausgebrochen. Während Cato die Reste seiner Truppen nach Africa überzusetzen suchte, stachen sowohl die rhodische wie auch die ägyptische Flotte in See und nahmen Kurs auf ihre Heimathäfen. Die Rhodier verweigerten ihm in der Folge weitere Unterstützung, ja sie ließen seine Abgesandten nicht einmal in ihren Hafen einlaufen. Doch es sollte noch schlimmer kommen: Verhandlungen mit dem Partherkönig um Hilfeleistung blieben ergebnislos, und so musste Pompeius Ägypten als Basis für den Widerstand gegen seinen Hauptfeind ins Auge fassen. In Paphos auf Cypern erreichte ihn die Nachricht, dass Antiochia zu Caesar übergegangen war. Damit wurde sein ursprünglicher Plan, in Syrien zu landen, hinfällig und es blieb ihm nichts anderes übrig, als sich nunmehr direkt auf dem Seeweg nach Ägypten zu begeben, wenn er wieder Boden unter den Füßen und Kräfte für die Neuauflage des Krieges gewinnen wollte.[23]

## Pompeius auf der Flucht

Das Nilreich war nahezu ideal als Auffangstellung geeignet. Trotz aller ökonomischen Probleme konnte es noch immer als ausgesprochen reiches Land gelten, lag nicht allzu weit entfernt und war prädestiniert für eine effiziente Verteidigung, wie schon mancher Angreifer etwa während der Diadochenkämpfe oder in den berühmten syrischen Kriegen mit den Seleukiden leidvoll erfahren hatte. Außerdem hatte sich Ägypten am Bürgerkrieg auf Pompeius' Seite beteiligt und, ohne Schwierigkeiten zu machen, See- und Landstreitkräfte zur Verfügung gestellt. Darüber hinaus konnte Pompeius auf die starken Bindungen durch seine Stellung als Gastfreund und Tutor des Königs vertrauen. Und hatte er nicht erst kürzlich persönlich die Anerkennung der Alleinherrschaft des jungen Königs durchgesetzt? So bestieg er mit einer Truppe von immerhin schon wieder 2000 Bewaffneten die Schiffe und fuhr guten Mutes von Cypern aus nach Pelusion, wo Ptolemaios XIII. seiner Schwester Kleopatra immer noch gegenüberlag. Vor der Küste angekommen, erblickte man – wie erwartet – eine große Armee, und so sandte Pompeius einige seiner Getreuen an Land, um seine Ankunft zu melden und um Aufnahme sowie weitere Unterstützung zu bitten.[24]

Mit der Niederlage jedoch war die Geschäftsgrundlage weggefallen, aufgrund deren man bisher mit Pompeius kooperiert hatte. Seine Chance, das Blatt noch einmal zu wenden, schätzte man am ptolemäischen Hof nicht sonderlich hoch ein. Wahrscheinlich hätte man jetzt die weitere Entwicklung gerne aus der Ferne abgewartet, mit Pompeius' Eintreffen vor der ägyptischen Küste war dies unmöglich geworden. Plötzlich befand man sich mitten im Brennpunkt des römischen Bürgerkriegs, die Augen aller Parteien richteten sich auf das Land am Nil. Da Pompeius nun als Flüchtling vor den Toren stand, konnte man Caesar gegenüber nicht mehr Druck als Rechtfertigung ins Feld führen. Die Bitte um Aufnahme und Hilfe bei der Fortsetzung des Kampfes löste im Rat des Königs intensive Diskussionen aus. Aus der Retrospektive tat man sich oft genug zu leicht mit der Empörung über die nun folgenden Geschehnisse, schon die römischen Quellen halten ja mit ihrem vernichtenden Urteil nicht hinter dem Berg.

Im Regierungsrat hatte zwar der Eunuch Potheinos die herausragende Position inne, in den Beratungen vertrat jedoch laut Plutarch vor allem der Rhetor Theodotos eine radikale Maßnahme: „Die Meinungen der anderen gingen nun insoweit auseinander, als die einen dafür waren, den Mann abzuweisen, die anderen, ihn kommen zu lassen und aufzunehmen. Theodotos aber, bestrebt, eine Probe seiner tiefen Einsicht und seiner Redekunst zu geben, erklärte, keine der beiden Maßregeln böte Sicherheit, sondern, wenn man sich zur Aufnahme entschlösse, so werde man Caesar zum Feind und Pompeius zum Gebieter haben, und weise man ihn ab, so werde man von Pompeius den Vorwurf ernten, dass man ihn verstoßen, von Caesar, dass man ihn habe laufen lassen. Das Beste wäre daher, den Mann kommen zu lassen und umzubringen; so werde man sich Caesar gefällig erweisen und Pompeius nicht zu fürchten brauchen." Lächelnd soll Theodotos noch hinzugefügt haben: „Ein Toter beißt nicht!"[25]

Am ausführlichsten klingen bei Lukan trotz allen Abscheus gegenüber der ptolemäischen Führungsriege deren Argumente durch, wie sie wohl so oder ähnlich durchaus erörtert worden sind. Nachdem er zunächst den alternden Isispriester Akoreus von Pompeius' Verdiensten, von der ihm geschuldeten Treue und der heiligen Pflicht einem Gastfreund gegenüber hat sprechen lassen, greift er sich im Gegensatz zur sonstigen Überlieferung den Bösewicht par excellence, Potheinos, heraus, dem er die entscheidenden Überlegungen in den Mund legt: „Er (Pompeius) ist schon aus allen Ländern vertrieben worden, und weil er kein Vertrauen in seine Zukunft mehr hat, sucht er sich ein Volk, das mit ihm untergehen wird. Die Schatten der im Bürgerkrieg Gefallenen ziehen ihn mit sich hinab. Er flieht nicht nur vor Caesars Heer, er flieht auch den Anblick der Senatoren, die massenhaft Thessaliens

Geier füttern. Er scheut die Völker, die er, in einem riesigen Blutbad schwimmend, zurückließ. Er fürchtet alle Könige, deren Macht er völlig zerstörte. Die Schuld für das, was in Thessalien geschah, trägt er, und nachdem ihn kein Land aufnahm, fällt er jetzt über unsern Teil der Welt her; den hat er noch nicht zerrüttet. Wir könnten uns mit größerem Recht über Pompeius beklagen als er über uns, Ptolemaios! Warum befleckt er das abgelegene, stets ruhige Ägypten mit Kriegsschuld und macht unser Land dem Sieger verdächtig? Warum hat er sich nach seinem Sturz gerade unser Land ausgesucht, um mit dem Verhängnis von Pharsalos, mit dem Fluch, den er trägt, auch uns anzustecken? Da haben wir schon ein Verbrechen, das mit dem Schwert gesühnt werden muss! Durch Pompeius' Vermittlung gab uns der Senat die Herrschaft. … Dieses Schwert – das Schicksal zwingt mich, es zu ziehen – habe ich nicht Pompeius, sondern dem Verlierer bestimmt. Nun muss ich Dein Herz damit treffen, Pompeius! Lieber hätte ich es in Caesars Herz gestoßen, aber wir werden im Strom des Geschehens dahin gerissen, der alles mit sich zieht.

Du kannst nicht glauben, dass ich dich ermorden muss, Pompeius? Ich muss es tun, weil ich es kann. Welche Zuversicht setzt du auf unser Land, dass du hierher kommst, Unseliger? Siehst du nicht unser friedfertiges Volk, kaum in der Lage, das Land zu bebauen, das vom sinkenden Nil aufgeweicht wird? Es ziemt sich für einen König, seinen Machtbereich abzuwägen und sich über seine Mittel im Klaren zu sein. Meinst du, Ptolemaios, du könntest Pompeius' Sturz, unter dem ganz Rom begraben liegt, noch aufhalten? Hast du den Mut, die Gräber, die Asche von Pharsalos aufzuwühlen und den Krieg in dein eigenes Land zu holen?"[26]

In diesem dramatischen Plädoyer macht Lukan den Kern des Dilemmas klar, in dem man sich befand. Das allerdings war noch nicht alles, denn Pompeius wurde möglicherweise auch in anderer Hinsicht als eine nicht unerhebliche Bedrohung für die Machtstellung Ptolemaios' XIII. angesehen. Caesar selbst weist auf derartige Ambitionen seines Konkurrenten hin: „Seine (Pompeius') Gesandten sprachen nach der Erledigung ihrer Mission freimütig mit den Soldaten des Königs und drangen in sie, ihre Pflicht Pompeius gegenüber zu erfüllen und ihn wegen seines Unglücks nicht zu verachten. Darunter befanden sich mehrere Soldaten des Pompeius, die Gabinius in Syrien aus dessen Heer übernommen, nach Alexandria geführt und nach Kriegsende bei Ptolemaios, dem Vater des jungen Königs, zurückgelassen hatte. Als die Freunde des Königs, die wegen dessen Jugend die Regierung führten, dies hörten, befiel sie – so behaupteten sie später – Furcht, Pompeius könne das königliche Heer aufwiegeln und Alexandria und Ägypten besetzen …"[27]

Wie diese Nachricht einzuschätzen ist, wie weit Pompeius' Einfluss bei den römischen Soldaten im ägyptischen Heer noch reichte, lässt sich nur schwer beurteilen. Immerhin gibt auch Caesar zu verstehen, dass die durchschnittlichen Gabiniani so einfach nicht zum Umschwenken zu bewegen waren, schließlich waren sie etwa sieben Jahre schon im Lande stationiert und hatten sich – wie wir gesehen haben – bestens eingerichtet. Allerdings tangiert der Hinweis auf Männer, die unter dem flüchtigen Feldherrn länger gedient hatten und wohl eine stärkere Bindung an ihn verspürten, ein Prinzip, das seit den Tagen des Marius unbestritten war. Dadurch waren Veteranen noch als „Heeresklientel" an den Feldherrn, der sie versorgt hatte, gebunden und zu seiner Unterstützung verpflichtet. Ähnliche Ergebenheit kannte Caesar aus seinem eigenen militärischen Umfeld. Daher mag es ihm als durchaus schlagkräftiger Hinweis erschienen sein, die besonders enge Bindung der erwähnten Soldaten an seinen Gegner hervorzuheben, um die tatsächliche Gefahr des Überlaufens zu belegen. Allerdings fügt er einschränkend hinzu, die Freunde des Königs hätten ihre diesbezüglichen Befürchtungen im Nachhinein hervorgehoben, woraus wir wiederum ersehen können, dass er ihren Beteuerungen nicht so ganz traute. Dennoch sollte man derartige Überlegungen nicht gänzlich von der Hand weisen, zu aggressiv war die römische Politik im griechischen Osten bislang vorgegangen und der Flüchtige stand nicht in dem Ruf, besonders rücksichtsvoll zu sein, wenn es um die Durchsetzung seiner Interessen ging.

Wie immer man die Angst vor einer Machtübernahme durch Pompeius in der ägyptischen Führungsriege einschätzt, die übrigen Bedenken gegen dessen Aufnahme waren ebenfalls nicht von der Hand zu weisen. Letztendlich sah der Staatsrat keine andere Möglichkeit, einigermaßen ungeschoren davonzukommen und Ägypten vor katastrophalen Kriegshandlungen zu bewahren, als einem politischen Mord zuzustimmen. Den Frevel an einem Gastfreund nahm man dabei billigend in Kauf, für allzu große Sentimentalität oder Gewissensbisse waren weder die Mitglieder des ptolemäischen Königshauses noch deren Höflinge bekannt.

Mit der Durchführung des Attentats betraute man den Feldherrn Achillas, der wiederum L. Septimius beauftragte, einen römischen Militärtribun, der seinerzeit im Seeräuberkrieg unter Pompeius gedient hatte. Auch ein Centurio namens Salvius wurde in den Kreis der Attentäter hineingezogen. Beide gehörten zur Truppe der Gabiniani, Septimius war möglicherweise sogar ihr Kommandeur. Gemeinsam mit einigen Begleitern fuhren sie hinaus zu der vor Anker liegenden Flottille des Pompeius. Dort war man offensichtlich schon etwas misstrauisch geworden, weil inzwischen einige königliche Schiffe bemannt und seeklar gemacht wurden und am Strand Einheiten des Fußvolks antraten. Die römischen Offiziere in Begleitung des Achillas beruhigten den Flüchtling wenigstens einigermaßen und überzeugten ihn, ohne größeres Gefolge in ihr Boot zu steigen, um zum Ufer zu fahren. Noch bevor er allerdings an Land gehen konnte, stieß ihn Septimius mit dem Schwert nieder, Achillas vollendete das Werk. In bewegenden Worten lässt uns Plutarch am Sterben des Pompeius und dem Schicksal seines Leichnams teilhaben: „Pompeius zog mit beiden Händen die Toga vors Gesicht und ohne etwas zu sagen oder zu tun, was seiner unwürdig gewesen wäre, nur mit einem Stöhnen ließ er die Stöße über sich ergehen und endete sein Leben, neunundfünfzig Jahre alt, einen Tag nach seinem Geburtstag … Dem Leichnam schlugen sie den Kopf ab, den Rumpf warfen sie nackt aus dem Boot, zur Augenweide für solche, die nach so etwas Verlangen trugen. Philippus aber (sein Freigelassener) blieb bei ihm, bis die Leute sich an seinem Anblick gesättigt hatten. Dann wusch er den Leichnam mit Meerwasser, wickelte ihn in eines seiner Kleidungsstücke und, weil er sonst nichts hatte, sah er sich am Strand um und fand die Trümmer eines kleinen Bootes, zwar alt und morsch, aber doch ausreichend, um für einen nackten, nicht einmal vollständigen Leichnam zur Not einen Scheiterhaufen herzugeben.“[28] So starb einer der größten Feldherrn Roms eines unrühmlichen Todes, wobei der entscheidende Streich pikanterweise von einem Römer und ehemaligen Untergebenen geführt wurde.

Seine Gefährten auf den Schiffen verfolgten das Geschehen mit Entsetzen, lichteten daraufhin aber sofort die Anker und versuchten das offene Meer zu gewinnen. Ein Teil von ihnen, darunter Pompeius' Frau Cornelia und sein Sohn Sextus, konnten den ägyptischen Galeeren entkommen, die ihnen mit aller Macht nachsetzten. Der Rest aber fiel in die Hand der Verfolger. Pompeius blieb nicht das einzige prominente Opfer des ptolemäischen Seitenwechsels, sein Verwandter Q. Pompeius Bithynicus fand ebenfalls den Tod und am folgenden Tag wurde auch der Konsul von 49 L. Cornelius Lentulus Crus nichts ahnend von Cypern her kommend gefangen genommen und getötet.[29]

Der unter militärischen Gesichtspunkten zur Untätigkeit verurteilten Kleopatra muss der Mordanschlag auf den Gastfreund ihres Vaters wie ein Geschenk des Himmels vorgekommen sein. Natürlich wurde dadurch der innerägyptische Machtkampf in keiner Weise entschieden, aber durch den Bruch ihres Bruders mit Pompeius war nicht nur die Legitimierung seiner Stellung durch den Rumpfsenat von Thessalonike hinfällig, darüber hinaus musste die Brutalität des Vorgehens die Sieger im Bürgerkrieg verunsichern: Ein Tabu war gebrochen, die Gastfreundschaft der Ägypter verlor in römischen Augen an Wert. Mangelte es den Tätern keineswegs an Entschlossenheit, so sind doch Zweifel an ihrem Einfühlungsvermögen römischen Politikern gegenüber und ihrem politischen Weitblick angebracht, denn Meuchelmörder sind eben nicht die zuverlässigsten Partner für künftige Bündnisse. Dennoch sollte man Potheinos und den anderen Mitgliedern des Rates nicht vorwerfen, ihr Handeln sei unklug gewesen, wir wissen schließlich nicht, ob man es sich angesichts der römischen Soldaten im eigenen Heer hätte erlauben können, Pompeius nur gefangen zu setzen, um ihn Caesar zu übergeben. Möglicherweise befürchteten sie Unruhe unter den Soldaten bis hin zum Abfall der Veteranen zu ihrem alten Oberkommandierenden, und dies, da ihnen

Kleopatra mit ihren Truppen gegenüberstand. Einer solchen Gefahr konnte man jedoch vorbeugen, indem man mit dem Mord Fakten schuf und Pompeius ein für alle Mal aus dem Spiel nahm.

Wir wissen nicht, wie Kleopatra sich verhalten hätte, wäre sie in das Dilemma geraten, in dem ihr Bruder und seine Berater steckten, doch konnte sie sich glücklich schätzen, an dieser Aktion unbeteiligt gewesen zu sein. Für sie hing jetzt alles davon ab, wie Caesar, der neue starke Mann im griechischen Osten, die Ereignisse aufnehmen und sich zur ägyptischen Frage stellen würde.

## Caesar in Ägypten

Jetzt aber überschlugen sich die Ereignisse. Dem Pompeius eng auf den Fersen, erreichte der siegreiche Caesar Alexandria. In der Eile hatte er nur zwei, noch dazu stark dezimierte Legionen zusammengebracht und eingeschifft, ehe er, begleitet von einigen Kriegsschiffen aus Rhodos und Kleinasien, dem Flüchtigen nachjagte; insgesamt führte er lediglich 3200 Mann und 800 Reiter mit sich, die zwar für die Bekämpfung seines unmittelbaren Gegners ausgereicht hätten, kaum aber für eine Auseinandersetzung mit der ägyptischen Armee. Offenbar glaubte Caesar, Ptolemaios würde neutral bleiben und die beiden Kontrahenten ihren Kampf buchstäblich mit Bordmitteln austragen lassen. Ein gefährlicher Trugschluss, wie sich schon bald zeigen sollte.

Als bekannt wurde, Pompeius habe sich nach Ägypten gewandt, war Caesar von Rhodos aus in die von Alexander dem Großen unweit der Mündung des kanopischen Nilarms gegründete Metropole gefahren, wo er am 1. Oktober 48 (= 27. Juli 48 jul.)[30] nur zwei Tage nach der Ermordung des Pompeius eintraf. Im Unklaren über die Lage vor Ort, blieb er zunächst an Bord. Inzwischen sickerten Informationen über Pompeius' Schicksal und das Geschehen bei Pelusion durch, die gehörige Unruhe in der städtischen Bevölkerung hervorriefen. Erst als ihm Theodotos persönlich Siegelring und Kopf des Pompeius überreichte, wähnte er sich so weit sicher, dass er es wagte, seinen Fuß auf ägyptischen Boden zu setzen. Zunächst aber stellte er – vielleicht etwas zu übertrieben – seine Betroffenheit über den grausamen Tod seines Widersachers zur Schau und distanzierte sich vehement von der im Namen des Königs verübten Untat. Den Kopf des Pompeius ließ er demonstrativ mit allen Ehren bestatten. Schon im Altertum haben ihm die Menschen seine durch Tränen theatralisch unterstrichene Trauer nicht so recht abgenommen und hierin eher ein heuchlerisches Gebaren gesehen.[31] Ebenfalls bereits in der Antike spekulierte man, ob es wirklich in Caesars Interesse gelegen habe, dass Pompeius getötet wurde. Der Rhetor Quintilian schlägt dieses Thema sogar als Beispiel vor, an dem man die Erörterung von Nützlichkeitsaspekten für Beratungsreden üben könne.[32]

Wir wissen zwar nicht genau, was Theodotos bei der Übergabe der delikaten Relikte gesagt hat, Lukan aber legt ihm viele Jahrzehnte später Worte in den Mund, wie sie von diesem als einem berühmten Redner vielleicht etwas verbindlicher, aber doch in der Argumentation so ähnlich gesprochen worden sein könnten: „Welteroberer! Größter aller Römer! Du weißt es noch nicht, aber Pompeius ist tot, und Du bist gerettet! Der König aus Alexanders Dynastie schenkt Dir die Strapazen des Krieges und des Meeres und überreicht Dir das eine, was der Schlacht von Pharsalos noch gefehlt hat. In Deiner Abwesenheit wurde der Bürgerkrieg zu Deinen Gunsten entschieden: Als Pompeius versuchte, die Scharte von Pharsalos auszuwetzen, fiel er unter unsern Hieben. Dies ist die bindende Verpflichtung, durch die wir Dich gekauft haben, Caesar; das ist das Blut, das unser Bündnis mit Dir besiegelt. Nimm das Königreich Ägypten! Du hast es ohne Blutvergießen erobert. Nimm die Herrschaft über den Nil! Nimm alles, was Du selbst für Pompeius' Haupt geboten hättest! Das Schicksal wollte uns all diese Macht über Pompeius geben, betrachte uns darum als Anhänger, die deiner Sache würdig sind. Denk nicht, unser Dienst sei wertlos, weil er durch einen Mord geschah, der uns wenig kostete. Pompeius war ein alter Gastfreund, und als der Vater unseres jetzigen Königs im Exil lebte, gab er ihm sein Zepter zurück. Was brauche ich mehr zu sagen? Du musst für diese große Tat nur einen Namen finden oder herumhorchen, wie die Welt sie nennt. Ist es ein Verbrechen, so gestehst Du ein, dass Du uns umso größeren Dank schuldest, weil Du es nicht selbst zu begehen brauchtest."[33]

Gerade der Hinweis auf Wortbruch und Mord ruft dem Publikum noch einmal die Verwerflichkeit der Ptolemäer ins Gedächtnis. Caesars Antwort bei Lukan endet bezeichnenderweise mit einem Hinweis auf die Gefährlichkeit seiner „Gastgeber": „Bildet euch nicht ein, ihr könntet mich, den Sieger, täuschen. Auch für mich war an eurer Küste ein solcher Empfang vorbereitet, und nur mein Erfolg in Thessalien verhinderte, dass jetzt mein Kopf so getragen wird. Das Wagnis meines Krieges war sicher größer, als wir voraussehen konnten: Ich fürchtete die Verbannung, Pompeius' Rache und Rom, doch die Strafe für die Niederlage wäre in Wirklichkeit Ptolemaios gewesen!"[34]

Als Caesar dann an Land ging, schritten ihm seine Liktoren voraus, um seine Stellung als römischer Konsul mit Gerichtshoheit zu unterstreichen. In einer souveränen, mit Rom verbündeten Stadt durften diese eigentlich nicht auftreten, sondern mussten außerhalb des Stadtgebiets zurückgelassen werden.[35] Natürlich war Caesar mit den Regeln vertraut, wahrscheinlich wollte er aber von Anfang an klarmachen, wer fortan wirklich der Herr Ägyptens sein würde, wobei die ptolemäische Monarchie nicht unbedingt in Frage gestellt wurde. Damit überspannte er allerdings die Nerven der Alexandriner, denen die Aussagekraft dieser Symbolik sehr wohl bewusst war. Die ersten Reaktionen beeindruckten den Konsul so sehr, dass er die wenig schmeichelhafte Episode selbst für die Nachwelt aufgezeichnet hat: „Gleich bei Verlassen des Schiffes hörte er (Caesar) das empörte Geschrei der Soldaten, die der König zum Schutz der Stadt zurückgelassen hatte, und sah, dass ein Auflauf entstand, weil man ihm die Rutenbündel vorantrug. Dadurch werde, so schrie die ganze Menge, die Majestät ihres Königs herabgewürdigt.“[36]

Ähnlich wie sein toter Gegner hatte er sich durch die Dynamik der Ereignisse in Griechenland und Kleinasien dazu hinreißen lassen, mit unzureichenden Kräften in einem Reich zu landen, das sich im Nachhinein als Höhle eines Löwen herausstellte, den man zuvor offenbar nur als Papiertiger angesehen hatte. Aber er wäre nicht Caesar gewesen, wenn er sang- und klanglos den Rückzug angetreten und Alexandria verlassen hätte. Die Peinlichkeiten übergeht er geflissentlich in seinem Bericht, stattdessen lässt er verlauten, die Etesien, aus Nordwesten wehende Winde, hätten seine Abreise verhindert. Merkwürdigerweise konnten seine Boten, die er postwendend mit dem Befehl losgesandt hatte, aus Rhodos, Syrien und Kilikien Verstärkungen heranzuführen, problemlos aus dem Hafen auslaufen. Caesar hatte vielleicht sogar wissentlich den rechten Zeitpunkt verstreichen lassen, als man noch ohne größere Verluste hätte in See stechen können.[37]

Damit geriet er in eine ausgesprochen prekäre Lage. Anscheinend hatte er seine Position völlig falsch eingeschätzt. Noch siegestrunken von Pharsalos glaubte er offenbar, Bevölkerung und Regierung in Alexandria würden sich seiner Macht nahezu bedingungslos unterordnen, so dass man auf deren Gefühle wenig Rücksicht nehmen müsse. Besonders die Ermordung des Pompeius sowie die umgehende Übergabe seines Kopfes und des Siegelrings müssen diesen Eindruck noch verstärkt haben. Mit seiner harschen Reaktion auf die Mordtat verprellte er die ptolemäische Regierung, zumal diese etwas mehr Dankbarkeit erwartet hatte und sich jetzt im Regen stehen gelassen sah. Die alexandrinischen Bürger ihrerseits begegneten Rom sowieso schon mit Misstrauen und Antipathie, zu schlecht waren die Erfahrungen, die man in den Jahren zuvor in der Innen- wie Außenpolitik gemacht hatte. Mit etwas mehr Fingerspitzengefühl hätte Caesar eine Eskalation vermeiden können.

Zwischenzeitlich beruhigte sich die aufgeheizte Stimmung zwar etwas, die Lage blieb aber explosiv. Die Unübersichtlichkeit der Situation spiegelt sich in den Quellen wider: Während Caesar behauptet, bei diversen Zusammenstößen mit den Alexandrinern seien an verschiedenen Stellen der Stadt mehrere seiner Soldaten ermordet worden, schreibt Cassius Dio, man habe diese lediglich entwaffnet. In jedem Fall aber kam es zu Übergriffen, die Caesar zu anderen Zeiten umgehend und hart bestraft hätte.[38]

Jetzt aber ließ er sich auf einen weichen Kurs ein, der zeigt, wie schwach er seine aktuelle Machtposition einschätzte. Er gab sich den Anschein eines Touristen, besah sich die Sehenswürdigkeiten der Hauptstadt, besuchte die Heiligtümer und Tempel, die von Makedoniens alter Größe zeugten. Natürlich nahm er das Grab Alexanders des Großen in Augenschein, der nach der

Entführung seiner Leiche durch den Reichsgründer Ptolemaios I. auf dem Areal des Königspalastes beigesetzt worden war. Nach außen hin unerschüttert und furchtlos hörte er sogar inmitten der Alexandriner den dortigen Philosophen zu und tat alles, nur um die Lage zu entspannen und Zeit zu gewinnen.[39] Tatsächlich flauten die Attacken ab, das Leben in Alexandria verlief bald wieder in ruhigeren Bahnen. Gleichzeitig aber wurden im Osten die Verstärkungen zusammengestellt, mit denen er Ägypten seinem Willen zu unterwerfen gedachte.

Die von Ptolemaios noch gefangen gehaltenen Parteigänger des Pompeius bewahrte Caesar vor der Hinrichtung und zeigte bei dieser Gelegenheit nicht ohne Hintergedanken seine berühmte Milde (*clementia*). Indem er diese Männer freundlich bei sich aufnahm, konnte er sie offenbar für sich gewinnen. Getreu dem Motto „Tue Gutes und rede darüber" schrieb er seinen Freunden in Rom, die größte und süßeste Siegesfreude liege für ihn doch darin, dass er immer wieder römischen Bürgern, die gegen ihn gekämpft hatten, Leben und Freiheit erhalten könne.[40]

Mit einem Teil seiner Truppe hatte Caesar Quartier in einem Flügel des Palastes bezogen, der Rest blieb auf den Schiffen, um diese zu sichern und damit den Rückzug zu decken. Anscheinend hatte er bald schon wieder das Gefühl, Oberwasser zu bekommen. Wie anders wäre es sonst zu verstehen, dass er aufgrund der alten Schuldverpflichtung des vor Jahren verstorbenen zwölften Ptolemäers nun eine Forderung von 10 Millionen Drachmen erhob. Von seinem Anteil an der versprochenen Summe hatte er bislang nichts gesehen, sehr wohl aber den beiden Kindern des Königs in der Phase ihrer gemeinsamen Herrschaft einen Betrag von siebeneinhalb Millionen Drachmen erlassen. Sicherlich wollte er mit dem Schuldenerlass Pompeius' Einfluss etwas entgegensetzen und das ptolemäische Herrscherpaar davon abhalten, sich im Bürgerkrieg allzu stark auf der Seite seiner Gegner zu engagieren. Einen besonderen Effekt hat er mit diesem Entgegenkommen jedoch nicht erzielt. Umso verständlicher ist dann die Forderung hinsichtlich der Restschuld, zumal Caesar nach den hohen Kosten des Krieges dringend neue Finanzquellen für die Entlohnung seiner Truppen erschließen musste. Es ging ums Geld, der Spaß hörte auf!

Potheinos und die Führungsclique um Ptolemaios XIII. mauerten zunächst unter Hinweis auf leere Schatzkammern, dann aber verwies man den Gläubiger auf die Tempelgüter und -schätze. Sicherlich übernahm Caesar die Eintreibung nicht selbst, es genügte aber bereits, der ausgesprochen religiösen Bevölkerung zu signalisieren, man werde angesichts seiner Forderungen die Heiligtümer schädigen müssen, um die Stimmung erneut dem Siedepunkt entgegenzutreiben. Auch in anderer Hinsicht baute Potheinos Druck auf in der Hoffnung, Caesar zum Verlassen des Landes zu bewegen. So bereitete er ihm zusätzliche Schwierigkeiten durch die Lieferung von minderwertigen Versorgungsgütern an die römischen Einheiten. Plutarch behauptet gar, Potheinos habe den Konsul aufgefordert, Ägypten zu verlassen und sich wichtigeren Dingen zuzuwenden, ein Einwand, der angesichts der etwa in Africa stehenden Pompeianer nicht einmal abwegig erscheint. Wenn er sich in diesem Sinne wirklich geäußert hat, dann kannte er Caesar wahrlich schlecht, denn abgesehen von seinem verletzten Stolz hätte er schon aus strategischen Überlegungen heraus keinen Rückzieher machen können, der seinen Nimbus als Sieger über den großen Pompeius angekratzt hätte.[41]

Seiner Art gemäß suchte er die Initiative wiederzugewinnen, indem er sowohl Ptolemaios XIII. als auch Kleopatra zu sich vorlud. Später sah er diese Aktion so: „In der Überzeugung, die Streitigkeiten der königlichen Geschwister gehörten vor das römische Volk und vor ihn als Konsul und berührten umso mehr seinen Amtsbereich, als in seinem vorigen Konsulat mit dem Vater Ptolemaios' durch Gesetz und Senatsbeschluss ein Bündnis geschlossen war, erklärte er einstweilen seinen Willen dahin, dass König Ptolemaios und seine Schwester Kleopatra ihre Heere entlassen und über ihren Streit lieber vor ihm auf dem Rechtsweg als untereinander durch das Schwert entscheiden sollten.“[42]

Als Erster folgte Ptolemaios Caesars Ruf, ohne allerdings wirklich ein Signal des Gehorsams abzugeben, denn sein Heer hielt er weiter unter Waffen und ließ es unter Achillas' Kommando bei Pelusion stehen, während er selbst sich mit seinem Gefolge in die Hauptstadt begab. Wahrscheinlich erschien es ihm und seinen Beratern lediglich geraten, in Alexandria Präsenz zu zeigen, um die Lage besser kontrollieren zu können. Wie Caesar bezog er seine Gemächer in einem Bereich des Königspalastes.[43]

Kleopatra hatte inzwischen den Lauf der Ereignisse genau verfolgt und ihrerseits über Mittelsmänner Kontakt zu Caesar aufgenommen, sah aber bald schon ein, dass die Gespräche über Dritte doch nicht ganz den gewünschten Effekt hatten. Als sie nun noch erfuhr, ihr Bruder habe Wohnung im Palast genommen, bat sie den Konsul darum, ihre Position persönlich vor ihm vertreten zu dürfen, ein Schachzug, wie man ihn sich geschickter kaum vorstellen kann. Als Frau durfte sie hoffen, den hinreichend als sexhungrig bekannten Caesar zumindest für ihre Person zu interessieren, ohne dass sie dabei gleich an eine Affäre denken musste. Zugleich setzte sie mit ihrer Anwesenheit im direkten Umfeld des Römers die Gegenseite mächtig unter Druck, mussten doch sowohl Ptolemaios als auch Potheinos nunmehr die persönliche Begegnung mit dem ungeliebten „Gast“ suchen, und genau dies sollte noch weitreichende Folgen zeitigen. So ließ die vertriebene Königin ihr Heer in Syrien zurück, kam in den Palast und stellte sich unter Caesars Schutz. Dieses Vorgehen mag auf den ersten Blick riskant erscheinen, wir wissen aber nichts vom Inhalt der Vorgespräche, in denen Caesar ihr bereits persönliche Sicherheit und freies Geleit zugesichert haben könnte. Zumindest mag man – bei aller Anerkennung für ihre verschiedentlich belegte Risikobereitschaft – nicht glauben, sie habe ohne jegliche Zusicherung alles auf eine Karte gesetzt. Sie begab sich ja nicht nur zu einem Römer mit schwachen Truppeneinheiten und schlechtem Ruf bezüglich seiner Frauengeschichten, sondern auch nach Alexandria, wo ihr zurückgekehrter Bruder gemeinsam mit Potheinos Garnison wie Bevölkerung weitgehend beherrschte und für seine Zwecke gegen sie einsetzen konnte.[44]

Die wenig wohlmeinenden Quellen betonen natürlich aus römischer Sicht die abenteuerliche Ankunft und das anrüchige Geschehen in Caesars Palastflügel. So schreibt Cassius Dio: „Sie hatte zunächst durch Mittelsmänner bei ihm ihre Ansprüche gegen den Bruder vertreten lassen, doch sobald sie Caesars Wesensart erkannte – er war nämlich dem Liebesgenuss sehr ergeben (wörtlich: ein äußerst lüsterner Typ) und verkehrte mit gar vielen anderen Frauen, sozusagen mit allen, denen er gerade begegnete –, ließ sie ihm die Botschaft zukommen, sie werde von ihren Freunden hintergangen, und bat um die Erlaubnis, persönlich ihre Sache vertreten zu dürfen."[45] Anschließend schildert Dio ihre körperlichen und geistigen Vorzüge und vergisst nicht zu betonen, sie habe sehr wohl gewusst, selbst einen liebessatten älteren Herrn von sich abhängig zu machen. Dann aber fährt er bezüglich ihres Eintreffens im Palast fort: „Daher fand sie es wünschenswert, Caesar zu begegnen, und setzte alle Thronansprüche auf ihre Schönheit. Sie bat nun um Audienz bei ihm, schmückte und verschönte sich, als diese ihr bewilligt wurde, auf eine Art, dass sie vor Caesar höchst majestätisch und zugleich doch höchst bemitleidenswert erscheinen musste. Nachdem sie diese Vorbereitungen getroffen hatte, betrat sie bei Nacht und ohne Wissen des Ptolemaios die Stadt, außerhalb deren sie sich aufgehalten hatte, und gleichzeitig den Königspalast."[46]

Im Unterschied zu Dio vertritt Plutarch die Auffassung, Caesar selbst habe Kleopatra heimlich nach Alexandria holen lassen, nachdem er Potheinos' Aufforderung zur Weiterreise brüsk abgelehnt hatte. Erheblich dramatischer gestaltet er sodann seine Version der Geschehnisse: „Die Prinzessin wählte aus ihrem Gefolge als einzigen Begleiter Apollodorus von Sizilien und bestieg mit ihm einen kleinen Nachen, der bei Einbruch der Dunkelheit in der Nähe des königlichen Palastes anlegte. Da sie sonst keine Möglichkeit sah, unentdeckt hineinzukommen, legte sie sich der Länge nach in einen Bett(wäsche)sack (stromatódesmon), Apollodorus schnürte ihn mit Riemen zusammen und trug das Bündel durch das Palasttor zu Caesar hinein."[47] Ob sie sich tatsächlich auf diese Weise in den Königspalast einschmuggeln ließ, mag dahingestellt sein, in jedem Fall drang sie erfolgreich bis zu Caesar vor. Falls es denn wirklich ein „Wäschetransport" gewesen sein sollte, der sie zurück ins Spiel brachte, so hat sie sich sicherlich längst vor dem Empfang aus dieser Hülle herausgeschält und so zurechtgemacht, wie es die Situation erlaubte. Von einem Auswickeln vor Caesars Angesicht sprechen nur moderne Autoren, den antiken Quellen ist bei aller Antipathie gegenüber der Königin jedoch nicht einmal der Gedanke an solch eine schlichtweg unvorstellbare

Aktion gekommen. Falls an dieser Behauptung wirklich etwas dran gewesen wäre, hätte irgendeiner der ihr nicht gerade wohlgesinnten Verfasser schon süffisant darauf hingewiesen. Von daher dürfte die Geschichte vom Wäschesack oder Teppich *vor Caesar* in den Bereich der Fabeln und Märchen zu verweisen sein.[48]

Selbst Lukan bleibt für seine Verhältnisse geradezu nüchtern. Aus seiner Sicht hat Kleopatra einen Wächter bestochen, damit er im Hafen von Pharos die Ketten löse, worauf sie einen kleinen Kahn bestiegen und von Caesar unbemerkt im makedonischen Palast gelandet sei.

Erst nach Ankunft im Zentrum der Macht hat sie sich so zurechtgemacht, wie sie dem Sieger von Pharsalos gegenübertreten wollte. Das muss dann aber selbst vor Caesar und den Seinen zu einem derart imponierenden Auftritt gereicht haben, dass Lukan sie als Schande Ägyptens und grässliche Furie Italiens apostrophierte, deren Geilheit Rom teuer zu stehen gekommen sei.[49] Raffiniert habe sie ihre körperlichen Vorzüge drapiert und so nicht allein mit ihrer Schönheit, sondern insbesondere durch ihre Lasterhaftigkeit den römischen Feldherrn verführt und die ganze Nacht mit ihm verbracht.[50]

Gesichert sind diese Behauptungen allerdings nicht! Was wirklich im Detail geschah, wie genau die Königin in den Palast gekommen ist, wann ihre Affäre mit Caesar ihren Anfang nahm, das wird man nie erfahren, obwohl der „Blick ins Schlafzimmer" von der Antike bis heute jede Menge Ausschmückungen erfahren hat. In der Regel sagt dies allerdings mehr über Sehnsüchte und Phantasien der Urheber solcher Gerüchte als über Kleopatras tatsächliches Sexualleben aus. Damit soll keineswegs ihre Beziehung mit Caesar geleugnet werden, die schließlich nicht ohne Folgen blieb; lediglich die Schwüle mancher antiker wie moderner Darstellung gilt es zu vermeiden.

Zwei Menschen kamen hier zusammen, die jeder für sich ein elementares Interesse daran hatten, ihr Gegenüber als politischen Partner zu gewinnen. Weit mehr als Caesar war Kleopatra abhängig von der Unterstützung des Partners. Wieweit sie sich dabei zu dem mächtigsten Mann Roms körperlich hingezogen fühlte, lässt sich kaum ermessen. Aktuelle Beispiele aus Politik, Wirtschaft und Show-Business belegen allerdings zur Genüge, dass Erfolg und Macht auch deutlich ältere Männer für junge Frauen attraktiv machen. Caesar war immerhin gut 30 Jahre älter als Kleopatra, von ihm wusste man ja in Rom wie im Osten, dass er keineswegs ein Kostverächter war. In Rom selbst soll er zahlreiche Frauen verführt haben und in jungen Jahren sogar mit König Nikomedes von Bithynien eine Affäre gehabt haben, wobei ihm verleumderische Zungen den verachteten weiblichen Part zuschrieben. Der Klatsch liebende Sueton berichtet von den Edikten des Bibulus, in denen dieser seinen Kollegen im Konsulat als „bithynische Königin" bezeichnet habe. Wie sehr dies Eingang in das Bewusstsein der Öffentlichkeit fand, zeigt das ungezwungene Verhalten seiner Soldaten, die anlässlich seines gallischen

Triumphzugs neben anderen Spottliedern die allgemein bekannten Verse sangen: „Gallien hat Caesar unterworfen, Nikomedes den Caesar. Sieh, nun trägt Caesar den Sieg davon, der ganz Gallien unterwarf, nicht triumphiert Nikomedes, der Caesar unterwarf."[51] Dem alten Curio legt Sueton gar die Worte in den Mund, Caesar sei der Mann aller Frauen und die Frau aller Männer. Selbst vor den Frauen seiner beiden Verbündeten im sogenannten ersten Triumvirat soll er nicht haltgemacht haben.[52]

Ein solcher Ruf eilte ihm wohl nicht zu Unrecht voraus, und so war es nur eine Frage der Zeit, wann er die junge Königin umwerben würde. Sie muss sich ihrerseits schon vor der ersten Begegnung darüber im Klaren gewesen sein, dass über ein erotisches Techtelmechtel im Machtkampf um den Thron zumindest kurzfristig Vorteile zu erzielen waren. Eine andere Chance als ein Eingreifen Caesars zu ihren Gunsten zeichnete sich nicht ab, ja sie musste um ihre persönliche Sicherheit fürchten, falls die Herrschaft ihres Bruders weiter konsolidiert werden sollte. Insofern hatte sie sicherlich nicht nur die Königsherrschaft, sondern auch den Gedanken ans eigene Überleben im Kopf, als sie alle möglichen Register zog und sich dem Konsul schließlich hingab. Ob dabei dann eine romantische Atmosphäre aufkommen konnte, müssen wir dahingestellt sein lassen.

Insbesondere zu Beginn der Kontaktaufnahme galt es für sie, Caesar erst einmal mit plausiblen Argumenten für sich zu interessieren. Die wichtigsten Punkte fasst Lukan in wörtliche Rede. Nach einem Hinweis auf ihre Herkunft aus dem Ptolemäerhaus und die Vertreibung, die allein durch eine Wiedereinsetzung von seiner, Caesars, Hand rückgängig gemacht werden könne, betont sie ihre Unterwerfung unter seinen Willen. Es sei kein Problem, wenn eine Frau Ägypten beherrsche, sie wäre nicht die erste. Im Testament ihres Vaters sei ihr derselbe Anteil an der Herrschaft zugesichert worden wie ihrem Bruder, und dieser sei ja eigentlich nicht das Problem, er stehe nur unter dem Einfluss von Potheinos. Dessen Macht müsse er ausschalten, zumal jener nicht nur Pompeius geköpft habe, sondern jetzt auch ihn bedrohe.[53]

Damit wies sie Caesar schon den Weg zur Beherrschung Ägyptens durch eine ihm persönlich ergebene Königin Kleopatra. Das aber ließ eine intime Beziehung zu ihr in seinen Augen natürlich noch reizvoller erscheinen. Die langfristigen Perspektiven einer Kontrolle Ägyptens, die ganz auf seine Person und sein Verhältnis zur Königin zugeschnitten war, können ihm nicht verborgen geblieben sein.

Zunächst galt es aber, die Probleme vor Ort zu lösen, und das schien schwierig genug. Caesars Eingehen auf Kleopatra resultierte nicht zuletzt aus der Erkenntnis heraus, dass die Fronten zwischen ihm und den Beratern Ptolemaios' XIII. verhärtet waren, nachdem diese sich nicht so entgegenkommend verhielten, wie er das ursprünglich erwartet hatte. In gewisser Weise kann man seine Haltung gegenüber der ägyptischen Führung verstehen, gehörte doch das Ptolemäerreich in seinen Augen zu der im Bürgerkrieg unterlegenen Partei. Pompeius' Beseitigung sah er eher als ein Bemühen, noch mehr Ärger zu vermeiden und Schadensbegrenzung zu betreiben. Eine Dankespflicht leitete er hieraus nicht ab.

Dagegen wollten Potheinos und die übrigen Mitglieder des Regierungsrates mit ihrer Tat die Eintrittskarte ins Lager der Sieger lösen. Stattdessen suggerierte Caesar ihnen durch sein Benehmen, er sei gekommen, um den römischen Zugriff auf Ägypten deutlich zu verstärken – für sie ein inakzeptables Ansinnen. Nach dem nächtlichen Eintreffen der Königin im Palast überschlugen sich die Ereignisse. Die Stimmung ihrer Gegner war zunächst geprägt von Bestürzung und Zorn, den auch der junge Ptolemaios zum Ausdruck brachte, als er von Caesar am Morgen danach vorgeladen wurde. In der folgenden Zusammenkunft trat der Römer als Kleopatras Sachwalter auf in dem Sinne, wie es im Testament des zwölften Ptolemäers vorgesehen war. Dies brachte das Fass zum Überlaufen: Ptolemaios stürmte nach draußen vor den Palast, schrie, er werde verraten, riss sich das Diadem vom Kopf und warf es weg. Inmitten des hierauf entstehenden Tumults bemächtigten sich allerdings die römischen Soldaten seiner Person und brachten ihn als Geisel in die königlichen Gemächer zurück, woraufhin die Alexandriner den Königspalast bestürmten.

Die Reaktionen auf Caesars Vorgehen legen eine gewisse Abstimmung im Vorfeld nahe. Potheinos hatte offenbar extrem schnell gehandelt und nicht nur seinen Schützling gut vorbereitet, sondern auch begonnen die Bevölkerung zu mobilisieren. Das wirkungsvoll inszenierte Wegwerfen des Diadems wirkte daher nur noch wie eine Initialzündung.[54]

Damit wurde die Lage Ende Oktober, etwa vier Wochen nach seinem Eintreffen vor Alexandria, so kritisch, dass Caesar sich bemüßigt fühlte, von einer sicheren Stelle aus zu den Alexandrinern zu sprechen und ihnen die Erfüllung ihrer Forderungen zuzusagen. Angesichts seiner viel zu schwachen Truppe sah er sich sogar gezwungen, in einer Volksversammlung aufzutreten. Dort verlas er im Beisein von Kleopatra und Ptolemaios das Testament ihres Vaters mit der Bestimmung, dass beide nach ägyptischer Sitte verheiratet seien und die Herrschaft gemeinsam ausüben sollten, das römische Volk aber die Vormundschaft über beide übernehmen möge. Da er als Diktator, so Caesar weiter, Inhaber aller Gewalt des römischen Volkes sei, habe er das Recht und die Pflicht, sich um die Kinder des verblichenen Monarchen zu kümmern und seine Anordnungen auszuführen. Anschließend verkündete er die Samtherrschaft Kleopatras und Ptolemaios' XIII. und übertrug ihren Geschwistern Arsinoë und dem jüngeren Ptolemaios Cypern, das erst im Jahr 58 von Rom annektiert worden war. De facto blieb jedoch die Übertragung der Insel zunächst ohne direkte Auswirkungen, da Arsinoë bald schon ins Lager des Achillas floh und der spätere Ptolemaios XIV. in Caesars Umgebung blieb. Bezeichnenderweise übergeht Letzterer in seinen *commentarii* die unter wenig schmeichelhaften Umständen zustandegekommene Landschenkung mit Stillschweigen. Schon in der Antike hat man dieses letzte Zugeständnis als ein deutliches Indiz für die Schwäche seiner Position gewertet, ja die Quellen sprechen gar von derart großer *Furcht*, dass er sogar römischen Besitz preisgegeben habe. Die überraschende Schenkung erwies sich als ein wirksames Signal für seinen guten Willen, immerhin hatte es ja seinerzeit in Alexandria Unruhen wegen der Annexion gegeben. Allerdings konnte er selbst mit dieser Konzession die Lage nur kurzzeitig beruhigen.[55]

Kleopatra stand – soweit man dies erkennen kann – keineswegs tatenlos an seiner Seite. Ohne eigenständigen politischen Einfluss und militärische Macht tat sie das, was ihr als Vertreterin der Dynastie als einziges Mittel übrig blieb, um ihren Verbündeten und Geliebten zu unterstützen: Sie feierte mit ihm üppige Feste! Im Rahmen der hellenistischen Herrscherrepräsentation signalisierte dies dynastische Legitimität und politische Normalität. Es ging also nicht um Galgenhumor oder Flucht in eine rauschhafte Traumwelt, die Festlichkeiten fügen sich im Gegenteil nahtlos ein in Caesars Verkünden des Testaments und seinen Versuch, die Alexandriner zu beruhigen. Die Aussage solcher Feste war den Stadtbewohnern seit den Tagen der ersten Ptolemäer wohl bewusst.[56]

Spätestens nach seinen letzten Maßnahmen aber war die Führungsriege um Ptolemaios endgültig zu der Überzeugung gelangt, von Caesar sei nichts Gutes zu erwarten. Keine Frage, man überlegte jetzt, ob man nicht auch den zweiten der ursprünglichen Kontrahenten beseitigen solle. Dadurch hätte man den noch keineswegs beendeten Bürgerkrieg wieder anheizen und Rom derart schwächen können, dass man unbehelligt von den kopf- und führungslosen römischen Kriegsparteien das Ptolemäerreich unter der Alleinherrschaft Ptolemaios' XIII. hätte konsolidieren können. Die Hoffnung auf ein Arrangement im Sinne eines beiderseitigen Interessenausgleichs zwischen Caesar und dem Ptolemäerhof hatte sich in Luft aufgelöst.

Die Lage in Alexandria eskalierte erneut insbesondere infolge der Agitation des Potheinos, der sich wohl nicht ganz zu Unrecht persönlich durch Kleopatras Präsenz bedroht fühlte. Heimlich schickte er einen Verbindungsmann zu Achillas, der mit seinem Heer immer noch bei Pelusion stand. Recht zutreffend sucht Lukan des Potheinos Position zu verdeutlichen, indem er dessen Botschaft an den Feldherrn in Verse gießt: „Leg Dich jetzt nur in Dein weiches Bett und schlaf lange und tief! Kleopatra hat sich des Palastes bemächtigt. Ägypten ist nicht nur verraten, sondern sogar verschenkt! Bist Du der Einzige, der noch zögert, zum Lager der Herrin zu eilen? Die verwerfliche Schwester heiratet jetzt den Bruder, denn den römischen Feldherrn hat sie bereits geheiratet. Von einem Gatten eilt sie zum anderen, besitzt Ägypten schon und gibt sich preis, um Rom zu gewinnen. Kleopatra konnte einen reifen Mann mit ihrem Gift bezwingen. Wenn Du dem Knaben traust, tust Du mir leid. Denn wenn eine einzige Nacht sie vereint, wenn er sich einmal ihrer Umarmung hingegeben und in seinem lasterhaften Sinn die verruchte Lust, die sie als Liebe bezeichnen, genossen hat, wird er ihr vielleicht schon meinen Kopf und Deinen als Gegengabe für einen Kuss versprechen. Am Kreuz oder auf dem Scheiterhaufen müssen wir für die Reize der Schwester büßen. Für uns gibt es keine Hilfe: Hier droht ihr königlicher Gatte, dort der Ehebrecher Caesar. Um die Wahrheit zu sagen, in den Augen dieser grausamen Richterin sind wir schon schuldig ...“[57] Lukan nutzt die anrüchigen Anspielungen als Stilelement zur Verstärkung seiner Darstellung und verdeutlicht dadurch die Angst des Eunuchen Potheinos vor dem steigenden Einfluss der Königin durch ihre Nähe zu Caesar. Seine Pläne hat er offenbar von Ptolemaios absegnen lassen, nicht nur um ihnen Nachdruck zu verleihen, sondern auch um die Verantwortung auf mehrere Schultern zu verteilen und nicht am Ende alleine als ‚Bösewicht‘ dazustehen. Caesar bemerkt jedenfalls ausdrücklich, dass Achillas vom König selbst aufgehetzt worden sei.[58]

Im Feldlager bei Pelusion schenkte dieser dem Argument Glauben, Caesar werde über kurz oder lang Kleopatra zur Alleinherrscherin machen. Dann aber hätte vor allem er die Rache der Königin zu fürchten gehabt. Daher ließ er sich offenbar problemlos für den Einsatz der Armee gewinnen und rückte mit einem Teil seiner Einheiten gegen Alexandria vor. Inzwischen hatte Caesar jedoch davon erfahren und versuchte die Attacke zunächst diplomatisch zu verhindern. In seinen Gegenmaßnahmen lässt sich eine gewisse Verzweiflung und Hilflosigkeit erkennen, wenn er etwa den jungen König zwingt, Serapion und Dioskorides, zwei Männer aus dessen Umgebung, zu Achillas zu senden, um diesem zu befehlen, den Vormarsch abzubrechen und sich ruhig zu verhalten. Der aber durchschaute den unter Druck erteilten Befehl und ließ die beiden Abgesandten von seinen Soldaten niederhauen, wobei mindestens einer von ihnen ums Leben kam.[59] Damit war zugleich sichergestellt, dass die Truppe nicht mehr so einfach zurückkonnte. Dies galt nicht zuletzt für die Einheiten ursprünglich römischer Provenienz wie die bereits erwähnten Gabinianer, die den Kern von Achillas’ Truppen ausmachten.[60]

Ob Caesar sich wirklich etwas von der Gesandtschaft versprochen hat, muss dahingestellt bleiben. Zu sehr drängt sich der Eindruck auf, er habe lediglich auf Zeit gespielt, um jede noch so geringe Verzögerung für die Vorbereitung der eigenen Stellungen zu nutzen. Ganz kann er die Machenschaften des Potheinos nicht durchschaut haben, sonst hätte er ihn als Drahtzieher der feindlichen Aktionen wohl schon zu diesem Zeitpunkt zur Rechenschaft gezogen.

Inwieweit Kleopatra in die Entscheidungsprozesse im Lager Caesars eingebunden war, wissen wir nicht. Dieser brachte vielleicht schon anlässlich der Mobilisierung der Truppen bei Pelusion, sicher aber nach dem Scheitern seiner Gesandtschaft ihren Bruder endgültig in seine Gewalt, auch wenn er nach außen hin immer noch den Anschein von Eintracht zu wahren suchte. Er selbst schreibt später lapidar, er habe vermeiden wollen, dass der König zu den heranrückenden Feinden, die er als Banditen bezeichnet, stoße und ihnen die Legitimation für ihr auf einem privaten Entschluss beruhendes Verhalten liefere.[61] Drastischer stellt jedoch Lukan die Stimmung im Palast dar: „Zorn und Furcht erregten ihn (Caesar): Furcht vor dem Angriff, Zorn über seine eigene Furcht. So schäumt er wie ein edles Tier, das in einen Käfig gesperrt ist … Er, der noch vor kurzem in Thessalien am Fuß des felsigen Haimos allen Großen Italiens, dem Senat in Reih und Glied, dem Oberbefehlshaber Pompeius die Stirn geboten, sich einen Erfolg versprochen hatte, obwohl seine Sache ihm keine Hoffnung gab, zittert jetzt vor der verbrecherischen Aktion einiger Sklaven und versteckt sich in einem Gebäude, wenn es Pfeile regnet. Alanen und Skythen hätten ihm keinen Schaden tun können, auch nicht die Mauren, die zu ihrem Vergnügen Fremde mit Pfeilen durchlöchern. Ihm genügte das Gebiet des Römischen Reiches nicht, er hätte Indien zusammen mit dem phönizischen Gades als kleines Reich betrachtet – und jetzt sucht er Schutz im Innern eines Hauses wie ein hilfloser Knabe, wie eine Frau nach der Eroberung ihrer Stadt. Seine ganze Hoffnung zu überleben setzt er in eine verriegelte Tür und eilt ziellos durch die Innenhöfe. Wenigstens hat er den König bei sich. Überall nimmt er ihn mit sich. Er ist entschlossen, ihn zu strafen, will ihn als Totenopfer sich selbst darbringen, will, wenn Pfeile und Fackeln zur Neige gegangen sind, Ptolemaios' Kopf auf die Sklaven schleudern."[62]

Natürlich weidet sich der Caesar nicht gerade gewogene Lukan an dessen prekärer Situation und unterlässt nichts, diese auszuschmücken. Der Consul selbst muss später allerdings eingestehen, dass seine Truppen nicht annähernd stark genug waren, um sich mit Achillas in offener Feldschlacht zu messen. Ein Rückzug aus der Stadt war ebenfalls nicht mehr möglich, und so verschanzte sich Caesar im Palast, so gut es eben ging. Die Zeit reichte sogar, um das von römischen Einheiten kontrollierte Viertel durch umfangreiche Befestigungen abzuriegeln, die bis zum Meer hin reichten. Dabei handelte es sich im Kern um den von Caesar als Teil der Stadt beschriebenen inneren Königspalast, der hervorragende Bedingungen für die Verteidigung bot, da er zum Meer hin steil abfiel und auf der Stadtseite durch die Enge der Gassen leicht abgeschottet werden konnte. Angesichts der riesigen Ausmaße des gesamten Palastviertels, das nach Strabon immerhin ein Viertel, wenn nicht sogar ein Drittel der Stadtfläche einnahm, verwundert es nicht, dass allein im inneren Bereich neben zahlreichen Gebäuden auch diverse Gärten und sogar ein Theater zu finden waren. Ein Gewirr von Geheimgängen, Kanälen und Wasserleitungen durchzog das Areal, und das sollte den Belagerten noch zu schaffen machen.[63]

Ungefähr eine Woche benötigte Achillas, um von Pelusion aus die Metropole zu erreichen, wo er etwa Mitte November von der Bevölkerung mit of-

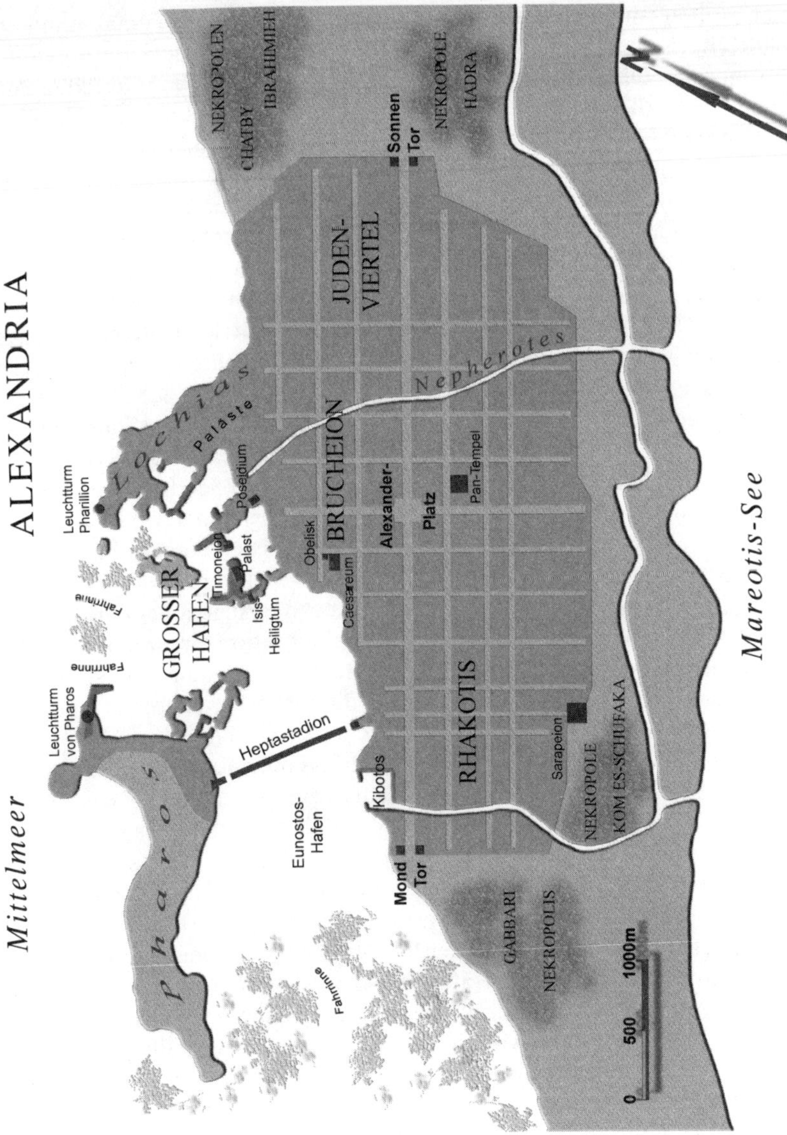


Karte 2: Alexandria.

fenen Armen empfangen wurde. Seine Truppe bestand aus 20000 Mann und 2000 Reitern, die unterstützt wurden durch die im Häuserkampf geübten Alexandriner. Ohne Zögern eröffnete er den Sturm auf die römischen Positionen. „Von allen Seiten setzt der Angriff ein. Schon fallen Geschosse in den Palast und erschüttern die Gebäude", so schreibt Lukan.[64]

Caesars Einheiten behaupteten jedoch ihren Teil des Königspalastes und hielten sich die Verbindung zum Großen Hafen offen, in dem ihre kleine Flotte lag. Dort wurde am härtesten gekämpft. Beiden Seiten war klar, dass die Kontrolle des Zugangs zum Meer eine Vorentscheidung bringen konnte. Die römischen Soldaten kämpften angesichts ihrer numerischen Unterlegenheit um ihr Leben, daher verteidigten sie die strategisch wichtigen Zugangsstraßen mit größter Verbissenheit. In schweren Gefechten konnte der Gegner so lange aufgehalten werden, bis man die ägyptischen Schiffe im Hafen und in den Werften in Brand gesetzt hatte. Damit war die immerhin 50 schwere und 22 leichtere Einheiten umfassende ptolemäische Kriegsflotte ausgeschaltet. Das Feuer in den Werften und auf den Schiffen breitete sich schnell aus und griff auf die nahe gelegenen Stadtteile über, wo in den Arsenalen Getreidevorräte und Bücher verbrannten. Die Feuersbrunst zog die Kräfte der anstürmenden Belagerer fürs Erste von ihrem Hauptziel ab und verschaffte Caesar eine Atempause. Die Gunst des Augenblicks erkennend, leitete dieser nun umgehend eine Landungsoperation ein und ließ die der Insel Pharos vorgelagerte kleine Insel besetzen, auf der man den berühmten Leuchtturm errichtet hatte. Damit hatten die römischen Soldaten eine strategische Schlüsselposition in ihre Hand gebracht, konnten sie doch von hier aus die Einfahrt in den Großen Hafen kontrollieren und so ihren Nachschub sichern. In der Stadt selbst mussten sie sich zurückziehen und auf das stärker befestigte Areal beschränken, auf dem der Palastflügel mit Caesars Wohnbereich lag sowie das Theater, das direkten Zugang zum Großen Hafen gewährleistete. Gerade hier verstärkten die Römer in den folgenden Tagen die Befestigungen, um nicht weiter in Straßenkämpfe verwickelt zu werden.[65]

In der Historiographie wie in der literarischen und filmischen Rezeption des Stoffes wird das Feuer im Hafen immer wieder mit dem „Brand der großen Bibliothek von Alexandria" identifiziert. Schaut man sich jedoch die Quellen genauer an, dann wird es Zeit, mit diesem vorschnellen Urteil aufzuräumen: Caesar selbst übergeht geflissentlich die Tatsache, dass bei der Vernichtung der Flotte Zehntausende von Büchern den Flammen zum Opfer fielen. Plutarch liefert den Ausgangspunkt für die besagten Gerüchte. In einer recht verworrenen und völlig verkürzten Darstellung äußert er, die Feinde hätten versucht, Caesar die Flotte wegzunehmen (!), weshalb ihm nichts anderes übrig geblieben sei, als sich dieser Bedrohung durch Feuer zu erwehren. Der Brand habe sich dann allerdings von den Schiffen her weiter ausgebreitet und u. a. die „große Bibliothek" zerstört. Plutarch, der wie die anderen Autoren auf republikanische und frühkaiserzeitliche Quellen zurückgreift, als er an der Wende vom 1. zum 2. Jahrhundert n. Chr. seine Parallelbiographien verfasst, gilt jedoch in historischen Details nicht als sonderlich zuverlässig.[66]

Immerhin etwas ausführlicher als Plutarch schreibt Cassius Dio, es sei zu einer Menge Gefechte gekommen, bei denen unter anderem die Docks und die Lager für Getreide *und* Bücher verbrannt seien, sehr zahlreiche und sehr gute, wie man gesagt habe.[67] Von einer Bibliothek ist im griechischen Original gar nicht expressis verbis die Rede, dennoch wurde die Stelle immer wieder dahingehend interpretiert. Warum aber wird das griechische Wort *apotheke* (= Speicher; Lager; ein Ort, wo man etwas niederlegt und aufbewahrt) von Dio dergestalt ergänzt, dass die Bücher in direktem Zusammenhang mit dem Massengut Getreide in Erscheinung treten? Er wechselt nicht einmal den Begriff für das Lager, lediglich das aufbewahrte Gut ändert sich. Von der „großen Bibliothek" kein Wort!

Orosius erzählt uns, anlässlich der Attacke durch Achillas habe Caesar befohlen, die an Land gezogene königliche Flotte anzuzünden. Das Feuer habe auf einen Teil der Stadt übergegriffen, wobei 40000 in den *nächstgelegenen* Gebäuden aufbewahrte Bücher verbrannt seien, in der Tat ein einzigartiges Denkmal für das Studium und für die Pflege der Vorfahren, die so viele und so bedeutende Werke berühmter Geister zusammengetragen hätten. Orosius selbst wirkt aber bereits unglaubwürdig, wenn er fortfährt, dort (in Alexandria) habe er noch zu seiner Zeit (im 5. Jahrhundert n. Chr.!) zerstörte Bücherschränke gesehen, die angeblich von seinen Zeitgenossen ausgeplündert worden seien. Es sei jedoch berechtigter zu glauben, dies seien andere Bücher gewesen, gesammelt, um mit früheren Bemühungen um die Forschung zu wetteifern. Man könne nicht annehmen, damals (beim caesarischen Brand) sei noch irgendeine andere Bibliothek vorhanden gewesen, die überdauert habe, als jene der 40000 verbrannten Bücher.[68]

Beide, Dio wie Orosius, konzentrieren das Geschehen jedoch in dem Gebiet um die Werften und Arsenale, während die große Bibliothek doch bekanntlich ans Museion angegliedert war, das im Palastviertel lag.[69] Man hat gelegentlich versucht, diesen grundlegenden Widerspruch damit zu erklären, Caesar habe bereits damals den Plan der Gründung einer öffentlichen Bibliothek in Rom verfolgt und schon einen Gutteil der Bestände der großen Bibliothek zum Hafen schaffen lassen, wo sie auf Schiffe verladen und nach Rom gebracht werden sollten, um den Grundstock für seine Gründung zu bilden. Angesichts der von seiner Ankunft an gespannten Situation und den immer wieder aufflackernden Ausschreitungen gegen seine Soldaten konnte Caesar einen so provozierenden Schritt wie das Konfiszieren von Büchern aus der weltberühmten Bibliothek keinesfalls tun. Das hätte seine sowieso schon wenig erfolgreichen Bemühungen um eine Beruhigung der Lage augenblicklich zum Scheitern verurteilt. Bestenfalls könnte man sich vorstellen, dass er Bücher aufgekauft und am Hafen gelagert hatte. Diese aber wären keinesfalls zu den Beständen der großen Bibliothek zu rechnen.[70] Kein Geringerer als Seneca stellt ausdrücklich klar, es seien nicht mehr als 40000 Bücher verbrannt, wobei er sich ausdrücklich auf Livius als verlässlichen Gewährsmann beruft. Ein solcher Lagerbestand passt jedoch schon von seiner Größenordnung her mitnichten zur berühmten Bibliothek.[71]

Die ausführlichste und früheste noch erhaltene Darstellung liefert uns wieder einmal Lukan, wobei er seine Informationen – wie Dio und Orosius – aus den verlorenen Teilen im Geschichtswerk des Livius bezieht, der seine Aufzeichnungen immerhin zeitnah, nur etwa zweieinhalb Jahrzehnte nach den Ereignissen verfasste. Lukan lässt Achillas Truppen auch zu Schiff den Königspalast angreifen „dort, wo das prächtige Gebäude auf einem kühnen Damm weit hinaus ins Wasser vorspringt". Caesar sei überall zur Verteidigung bereit gewesen und habe als Belagerter die Arbeit von Belagerern geleistet: „Er befiehlt, in Pech getauchte Fackeln auf die Segel der dicht gedrängten Schiffe zu schleudern. Rasch läuft das Feuer über die Taue aus Hanf und die von Wachs triefenden Planken, und schon lodern auch die Ruderbänke und die obersten Rahen. Bald sinken die halb verbrannten Schiffe unter den Meeresspiegel, und die Angreifer schwimmen mit ihren Waffen im Wasser. Nicht nur auf die Schiffe fiel das Feuer, sondern es wurden auch Häuser, die nah am Meer standen, von den Flammen ergriffen, die sich in langen Rauchwolken fortpflanzten. Die Winde beschleunigten die Katastrophe, und die vom Wirbelsturm erfassten Flammen liefen über die Dächer hin, wie ein Meteor am Himmel seine feurige Bahn zieht und ohne eigenen Brennstoff von der bloßen Luft brennt. Diese drohende Gefahr rief zeitweilig die Menge weg vom verbarrikadierten Palast, der Stadt Hilfe zu leisten."[72] Abgesehen von dem Widerspruch, die Schiffe hätten den Palast angegriffen, brennend aber Gebäudekomplexe in Stadtvierteln jenseits des Palastes und der durch die Straßenzüge verlaufenden Kampflinie entzündet, deckt sich die Schilderung mit den Notizen bei Dio und Orosius. Caesar selbst berichtet ausdrücklich, er habe die Schiffe in Brand setzen lassen, *bevor* sie der Feind nutzen konnte.[73] Der angebliche Angriff der ptolemäischen Flotte kann allein schon deshalb nicht stattgefunden haben, weil Caesar es sicherlich nicht unterlassen hätte, ihn gebührend herauszustellen, um seine erfolgreiche Abwehr herzuvorheben und die eigenen Fehler im Vorfeld des Konflikts zu vertuschen. Ansonsten bestätigt Lukan mit seinen Ausführungen, dass Häuser, die nah am Hafenbecken standen, aber nicht zum Palastkomplex gehörten, betroffen waren. Vom Verbrennen einer Bibliothek ist bei ihm trotz seiner ausführlichen Darstellung nicht die Rede. Dies aber wiegt umso schwerer, als Lukan Caesar nicht gewogen ist. Er hätte wohl kaum eine so brillante Chance ausgelassen, den Diktator als Banausen darzustellen, wenn die große Bibliothek wirklich ein Opfer der Flammen geworden wäre.

Die 40000 Rollen, deren Verlust im Zuge der Kampfhandlungen zu beklagen war, müssen ursprünglich nicht einmal eine geschlossene Bibliothek gebildet haben, ja es erscheint sogar erheblich wahrscheinlicher, dass wir es bei den neben Getreidevorräten deponierten Büchern mit hochwertigem Handelsgut zu tun haben, das für den ausländischen Buchmarkt produziert oder aufgekauft worden war und hier auf den Export wartete. Dies wird durch Orosius' Bemerkung erhärtet, die Bücher seien in den „nächstgelegenen" Gebäuden, also eher zufällig am Hafen gelagert gewesen.[74]

Wie man es auch dreht und wendet, so steht eines fest: Die große Bibliothek mit ihren Bücherschätzen und insgesamt über einer Million Bänden wurde durch den Alexandrinischen Krieg definitiv nicht in Mitleidenschaft gezogen. Man kann also weder Caesar noch seinen Kontrahenten und schon gar nicht Kleopatra diesbezügliche Vorwürfe machen.

Inzwischen muss in den königlichen Gemächern eine höchst eigenartige Atmosphäre geherrscht haben: Auf der einen Seite der durch die römischen Besatzer zurückgehaltene König mit seinem Vormund und Erzieher Potheinos, die gerade den Angriff ihres Heeres auf den Palast initiiert hatten, auf der anderen Seite Kleopatra, die, um ihr Leben bangend, mit Caesar eine Beziehung aufzubauen suchte, der seinerseits in der Falle saß, weil er sich mit viel zu schwachen Kräften in den innerägyptischen Machtkampf hineinbegeben hatte. Da ist es kaum verwunderlich, dass die römischen Bewacher einen weiteren Teil der Familie nicht so ganz auf der Rechnung hatten. Im Windschatten des Konfliktes zwischen Kleopatra und Ptolemaios XIII. gelang es ihrer jüngeren Schwester Arsinoë mit Hilfe ihres Erziehers und Vormunds Ganymedes aus dem Palast zu entkommen. Ganymedes gehörte wie Potheinos zu den königlichen Eunuchen. Arsinoë selbst war zwar jünger als ihre königliche Schwester, aber immerhin älter als der König, weshalb sie in alter makedonischer Tradition durchaus eine gewisse Eigenständigkeit entwickelt haben dürfte. Alles andere als harmlos, ergriff sie die Gelegenheit beim Schopf, ihre Schwester abzulösen und selbst Königin zu werden. Vieles spricht dafür, dass Ganymedes und sie ihr Vorgehen mit Potheinos abgestimmt hatten. Ein Interessenskonflikt lag jedenfalls nicht vor, denn sobald man Kleopatra aus dem Weg geräumt hätte, wäre der Platz an Ptolemaios' Seite frei gewesen. Gemeinsam hätten dann die jüngeren Geschwister der Königin und ihre Eunuchen das Reich regieren können. Voraussetzung war jedoch die Einnahme der römischen Stellungen und wohl auch die Beseitigung Caesars, da abzusehen war, dass dieser eine solche Lösung der Regierungskrise als persönliche Niederlage ansehen und keinesfalls akzeptieren würde.

Tatsächlich konnten sich Ganymedes und Arsinoë zu den Truppen des Achillas durchschlagen, von denen sie begeistert empfangen wurden. Damit war genau das eingetreten, was Caesar durch das Festsetzen des Königs hatte vermeiden wollen: Die ptolemäischen Soldaten und ihre alexandrinischen Unterstützer hatten jetzt die Legitimation bekommen, die ihnen nur durch ein Mitglied der Herrscherdynastie zuwachsen konnte. Umgehend riefen sie Arsinoë zur Königin aus, was einer Absetzung Kleopatras gleichkam. Die Begeisterung des Oberbefehlshabers dürfte sich allerdings in Grenzen gehalten haben, denn nach anfänglicher Zusammenarbeit suchte Arsinoë ihrem Vertrauten Ganymedes das Oberkommando zuzuspielen. In dieser höchst brisanten Situation nahm Potheinos Partei für Achillas, der schließlich mit ihm im Regierungsrat saß. Allerdings sah er sich hierbei mit neuen Schwierigkeiten konfrontiert.

Hatten die königlichen Geschwister zuvor noch etwas Spielraum genossen, der es beispielsweise Arsinoë ermöglichte, zu Achillas zu fliehen, so verschärfte Caesar nunmehr die Kontrolle des Königs, der damit endgültig sein Gefangener wurde. Das schränkte den Bewegungsspielraum des Potheinos weiter ein. Obwohl dieser persönlich den Palast nicht verlassen konnte, gelang es ihm dennoch, Kontakt zu den Belagerern aufzunehmen und Achillas den Rücken zu stärken. Gemeinsam schmiedeten die beiden Pläne zur Stärkung ihrer Partei, die letztlich nur darauf abzielen konnten, Ptolemaios XIII. der Gewalt Caesars zu entziehen und zum Belagerungsheer zu bringen. Damit hätte man den Handlungsspielraum von Arsinoë und Ganymedes entscheidend eingegrenzt und den antirömischen Aktionen neuen Schwung verliehen.[75]

Potheinos' Pech war es, dass Caesar den Geheimoperationen der Gegenseite langsam, aber sicher etwas entgegensetzen konnte. Wir dürfen im Hintergrund das Wirken Kleopatras vermuten, die sich schließlich von Kindesbeinen an auf dem Parkett ptolemäischer Intrigenspiele bewegt hatte und sich nun gewiss mit ihrem Talent und Sachverstand auf Caesars Seite engagierte. Jedenfalls bekam Letzterer Wind von der Sache und die Unterhändler wurden gefasst. Caesar selbst bemerkt, sie seien zuvor angezeigt worden.[76] Jetzt hatte er endlich eine Handhabe gegen Potheinos. Kleopatra tat sowieso alles, um den verhassten Eunuchen weiter zu diskreditieren, und mag Caesar überzeugt haben, dieser könne ihm lebend nichts mehr nützen. Ohne lange zu fackeln, ließ er Potheinos enthaupten, was Lukan wiederum anregt, die Hinrichtung mit dem Ende des Pompeius in Bezug zu setzen: „Als er (Caesar) sah, dass der Hafen für Verstärkungen offen war, schob er die Todesstrafe, die Potheinos verdient hatte, nicht länger auf. Doch Caesars Zorn gab ihm den Tod nicht am Kreuz oder im Feuer oder durch Bisse wilder Tiere, wie er es verdient hätte – oh Schande, der schlecht abgeschnittene Kopf hing noch am Schwert –, er ging zugrunde wie Pompeius."[77] In seinen Worten spürt man förmlich – viel stärker als in Caesars nüchternen Sätzen – die Empörung des Römers über die Tatsache, dass sich ein Grieche aus dem Osten und noch dazu ein Eunuch erdreistet hatte, einem römischen Senator, ja gar einem Mann wie Pompeius das Leben zu nehmen.

Von einem Mordanschlag des Potheinos auf Caesar als Grund für dessen Hinrichtung, wie ihn Plutarch anführt, kann keine Rede sein. Nicht einmal Caesar selbst wirft ihm so etwas vor.[78] Seine Enthauptung steigerte die Wut der Belagerer so sehr, dass Caesar sich gezwungen sah, einen von Anfang an zweifelhaften Versuch zu ihrer Mäßigung zu unternehmen. Der junge König musste von einem weithin sichtbaren, erhöhten Platz aus eine Ansprache an seine Truppen und die Alexandriner richten, in welcher er ihnen erklärte, es gehe ihm gut und er wünsche keinen Krieg, ja er könne sogar für sie einen Friedensschluss zustande bringen. Wie schon einmal, als er gezwungenermaßen Boten an sein Heer gesandt hatte, die den Frieden befehlen sollten, blieb sein Einfluss gering. Er wurde von den Belagerern nicht ernst genommen, erscheint isoliert und weitgehend handlungsunfähig. Potheinos' Tod hatte ihn jeder Chance, die Initiative an sich zu reißen, beraubt.[79]

Mit dessen Ableben gewann nunmehr Arsinoës Fraktion die Oberhand im gegnerischen Lager. Der eindeutige Verlierer war Achillas, dem neuerdings ja mit Ganymedes ein ehrgeiziger Eunuch gegenüberstand, ebenso energisch und klug wie sein verblichener Verbündeter. Ganymedes aber hatte durch seine enge Verbindung zu Arsinoë und deren Präsenz beim Heer einen entscheidenden Vorteil, den er zu nutzen verstand. Allerdings darf man die junge Ptolemäerin nicht unterschätzen, spielten doch die Frauen in ihrer Dynastie wiederholt eine höchst unabhängige und machtbewusste Rolle. Ein gutes Vorbild hatte sie in der eigenen Schwester vor Augen.

Mit Geldgeschenken suchten die beiden Kontrahenten die Stimmung der Streitkräfte zu ihren Gunsten zu beeinflussen. Schließlich wagte Ganymedes den offenen Angriff, indem er – so jedenfalls Cassius Dio – Achillas beschuldigte, die Flotte verraten zu haben. Der Vorwurf wirft allerdings Fragen auf: Sollte Achillas etwa eine Mitschuld an der Zerstörung der Flotte im Großen Hafen ‚angehängt' werden? Oder unterstellte ihm sein Konkurrent, er wolle die noch unzerstört im Eunostos-Hafen liegenden Schiffe an die Römer verraten? Beides wäre denkbar. Ob aber die Unterstellung die Stimmung im Belagerungsheer zu Achillas' Ungunsten beeinflusst hat, wissen wir nicht.[80]

Der Konflikt in der Trias an der Spitze der ptolemäischen Kräfte wurde schließlich mit Gewalt gelöst, Arsinoë ließ Achillas durch das Schwert hinrichten, Ganymedes trat an seine Stelle als Oberbefehlshaber. Er war jetzt ähnlich wie vorher Potheinos der starke Mann im ägyptischen Lager, wobei nicht die Gefahr bestand, er werde selbst die ganze Macht ergreifen und die Dynastie verdrängen. Einen Eunuchen als Herrscher hätten weder Heer noch Bevölkerung akzeptiert. Obwohl nach der Hinrichtung keine offene Meuterei ausbrach, legten insbesondere die Angehörigen der regulären Armee, die Achillas von Pelusion aus gefolgt waren, eine gewisse Reserviertheit an den Tag, während die Alexandriner, die sich inzwischen dem Belagerungsheer angeschlossen hatten, weit weniger Probleme machten. Bei ihnen genügte offenbar die Legitimation durch die junge Ptolemäerin. Umso mehr suchte Ganymedes nun durch Tatkraft zu überzeugen.[81]

Eine seiner ersten Aktionen zielte auf die Trinkwasserversorgung der Belagerten. In der im Umfeld Caesars entstandenen Schrift über den Alexandrinischen Krieg wird die Situation im Palastviertel erläutert: „Fast ganz Alexandria wird von Wasserläufen durchzogen, die zum Nil führen und so in die Privathäuser das Wasser leiten, das dann nach und nach klar wird und sich durch Niederschlag reinigt. Die Herrschaften in den (nobleren) Häusern und ihre Sklaven sind an den Genuss dieses Wassers gewöhnt, denn das, was im Nil fließt, ist so schlammig und trüb, dass es viele verschiedene Krankheiten erzeugt."[82] Bis dato konnten die eingeschlossenen Römer, wo immer sie gerade zur Verteidigung stationiert waren, problemlos ihr Trinkwasser aus Privatgebäuden, Leitungen und Zisternen holen. Jetzt sollte dies anders werden: „Die unterirdischen Kanäle wurden verstopft und in allen Stadtvierteln, die Ganymedes behauptete, abgeschnitten. Dann strengte man alle Kräfte an und zog mit Hilfe von Rädern und Maschinen eine große Menge Wasser aus dem Meer. Dieses Seewasser ließ man daraufhin ununterbrochen von den höher gelegenen Stadtteilen in den von Caesar besetzten Teil fließen ... Bald darauf konnte das Wasser in den näher gelegenen Teilen überhaupt nicht mehr getrunken werden, während das andere weiter unten bereits ziemlich verdorben und salzig war."[83] Kurzzeitig schienen daraufhin die Nerven der Belagerten bis zum Zerreißen gespannt, das *Bellum Alexandrinum* spricht von panischen Reaktionen der römischen Soldaten. Als man aber in eilig gegrabenen Brunnen auf Süßwasser stieß, entspannte sich die Lage, und der Versuch sie durch Trinkwassermangel zur Aufgabe zu bewegen, lief ins Leere.

Bald darauf kamen erste Verstärkungen in Sicht. Längst hatte Caesar einige seiner Vertrauten in die umliegenden Provinzen gesandt, soweit diese zu seinem Machtbereich gehörten, und dort Unterstützung angefordert. Im Einzelnen werden Kreta, Rhodos, Kilikien und Syrien genannt. Darüber hinaus wurde sogar der Nabatäerkönig Malchos um Hilfe angegangen.[84] Jetzt endlich zeitigten die Anforderungen Resultate: Aus Kleinasien kommend lief eine römische Flotte unter dem Kommando des Domitius Calvinus in die vor Alexandria gelegene Bucht ein. An Bord befand sich neben Getreide, Waffen, Geschossen und Wurfmaschinen auch die 37. Legion, eine Einheit, gebildet aus ehemaligen Soldaten des Pompeius, die sich nach der Schlacht von Pharsalos ergeben hatten. Im Angesicht des Zieles musste diese Flotte jedoch etliche Tage in der besagten Bucht ankern, denn wegen des stetig blasenden Ostwinds konnte man nicht zu den Belagerten in den Großen Hafen einlaufen. Schon machte sich an Bord der Schiffe Wassermangel bemerkbar, da entschied sich Caesar – durch eine Galeere über die Notlage informiert – dem Hilfskorps entgegenzufahren, um es mit Frischwasser zu versorgen. Auf dem Rückweg wurde er vergeblich von ägyptischen Schiffen attackiert.[85]

Sein Kontrahent Ganymedes machte in den anhaltenden Kämpfen eine gute Figur und bewies strategische Klugheit und Übersicht. Er sah wohl zu Recht in der völligen Kappung der vom Gegner noch kontrollierten Verbindungswege zum offenen Meer den Schlüssel zum Erfolg. Nach Caesars Attacke auf die im Großen Hafen liegenden Einheiten waren die ptolemäischen Kapitäne nicht mehr in der Lage gewesen, römische Verstärkungen vom Einlaufen abzuhalten. Ganymedes leitete nun enorme Rüstungsanstrengungen in die Wege mit dem Ziel, die Schlagkraft der ägyptischen Flotte so zu steigern, dass keine römischen Schiffe mehr Alexandria erreichen konnten. Alte Schiffe wurden aus den königlichen Arsenalen geholt und wieder instand gesetzt, weitere zog man auf dem Mareotis-See zusammen und führte sie über Kanäle in den Eunostos-Hafen, wo sie für den Kampf ausgerüstet wurden. Dramatisch werden Einsatz und Entschlossenheit der Ägypter im *Bellum Alexandrinum* ausgemalt: „Es fehlte an Rudern: Hallen, Gymnasien und öffentliche Gebäude wurden abgedeckt, und Bretter dienten als Ruder. Bald half die natürliche Geschicklichkeit, ein anderes Mal halfen die Vorräte der Stadt. Letztlich statteten sie die Schiffe nicht für eine lange Seefahrt aus, sondern nur auf die Not des Augenblicks bedacht, glaubten sie, in ihrem Hafen den Kampf bestehen zu müssen. So wurden wider alle Erwartung in wenigen Tagen 22 Vierruderer und fünf Fünfruderer fertiggestellt. Zu diesen hatten sie eine Anzahl kleiner und unbedeckter Schiffe hinzugefügt. Im Hafen machten sie einen Ruderversuch, um zu sehen, was jedes Schiff zu leisten imstande wäre, versahen sie mit tüchtiger Mannschaft und rüsteten sich auf jede Weise zum Kampf."[86]

Mit dieser improvisierten Marine griff Ganymedes die Römer an und konnte ihnen einigen Schaden zufügen. Während das *Bellum Alexandrinum* die erfolgreiche Operation des Eunuchen elegant übergeht, lesen wir bei Cassius Dio, er habe einen Teil der römischen Frachtschiffe verbrannt, andere gekapert und ins Schlepptau genommen.

Allerdings war die von Calvinus geführte Hilfsflotte sicher in den Großen Hafen gelangt, wodurch sich Caesars Position deutlich verbessert hatte. Angesichts der Aktivitäten des Ganymedes hielt dieser es jetzt offenbar für dringend geboten, die Initiative an sich zu reißen und in die Offensive zu gehen. Als Erstes griff er die ptolemäische Flotte im Eunostos-Hafen an, ein riskantes Manöver wegen einiger Untiefen in der Hafeneinfahrt. Allerdings zeigten sich die rhodischen Marineeinheiten den ägyptischen überlegen und so mussten Ganymedes und Arsinoë eine empfindliche Niederlage einstecken. Die noch intakt gebliebenen Schiffe ihrer Flotte konnten sich in den Schutz der ufernahen Gebäude retten und so blieb eine gewisse Kampfkraft erhalten.

Beflügelt von diesem Erfolg, ließ Caesar nun die Insel Pharos angreifen (Ende November 48 v. Chr.) und brachte diese nach heftigen Kämpfen ebenso unter seine Kontrolle wie den Heptastadion-Damm, durch den sie mit dem Festland verbunden war. Am folgenden Tag ließ er Truppen auf dem Damm absetzen und den Brückenkopf auf der Stadtseite mit aller Macht attackieren. Im Erfolgsfall hätte er nicht nur eine Basis für weitere Angriffe auf die Stadt gewonnen, sondern die gegnerischen Kriegsschiffe auch vom

Land her bedrohen können. Die Alexandriner waren sich der Gefahr für die ihnen verbliebene Flotte wohl bewusst und so entspann sich ein erbitterter Kampf um den gesamten Damm, der nun nahezu auf seiner vollen Länge von den ptolemäischen Schiffen angegriffen wurde, die sich im Eunostos-Hafen immerhin noch so frei bewegen konnten, dass sie die römischen Soldaten dort und am südlichen Brückenkopf in größte Not bringen konnten. Vom Großen Hafen her suchte nun die römische Flotte ihren Landungstruppen zur Seite zu stehen, allein die Operation endete im Chaos, als es den ägyptischen Einheiten gelang, auf dem Damm Fuß zu fassen und den am südlichen Ende angreifenden römischen Soldaten in den Rücken zu fallen. Damit war den Legionären in der vordersten Linie der Rückzug nach Pharos abgeschnitten. Unter ihnen machte sich Panik breit und selbst Caesars persönlicher Einsatz vor Ort konnte die Lage nicht stabilisieren. Seine Soldaten flüchteten und suchten die eigenen Schiffe zu erreichen.[87]

Auch ihr Feldherr suchte das Weite und erreichte gerade noch sein „Landungsboot". Zugleich mit ihm strömten jedoch so viele Fliehende an Bord, dass man zunächst kaum abstoßen konnte. Dramatische Szenen spielten sich ab, als das Schiff wegen Überfüllung sank. Caesar selbst rettete sich mit Müh und Not schwimmend, eine Leistung, die sofort Stoff zur Legendenbildung bot. Cassius Dio stilisiert regelrecht sein Entkommen: „Die Flüchtlinge drängten sich, wo immer sie nur konnten, in Haufen gewaltsam auf die Fahrzeuge. So kam es, dass neben vielen anderen auch Caesar ins Meer stürzte, und da ihn seine Gewänder belasteten und die Ägypter auf ihn schossen – der Purpur seiner Kleidung bot ja ein gutes Ziel –, wäre er elendiglich zugrunde gegangen, wenn er sich nicht ihrer entledigt und schwimmend einen Kahn erreicht hätte, in den er dann einstieg. Auf diese Weise wurde er gerettet, ohne dass dabei eines der Schriftstücke nass geworden wäre, die er in großer Zahl beim Schwimmen mit der linken Hand emporgehalten hatte. Sein Gewand aber erbeuteten die Ägypter und hängten es an das Siegesdenkmal, das sie aus Anlass dieses Erfolges errichteten, gerade als hätten sie ihn selbst gefangen."[88] Lange vor ihm hat Sueton diese Episode für die Ausgestaltung seiner Caesar-Vita genutzt, wobei er dem schwimmenden Caesar nicht nur Schriften in die Hand gibt, sondern ihn gar noch seinen Feldherrnmantel an den Zähnen hinterherziehen lässt![89] Die Vorstellung, Caesar habe Papyrusrollen mit in den Kampf genommen und sie auch noch in der Hand gehalten, als er um sein Leben schwamm, braucht man nicht weiter zu kommentieren; aber wenngleich sie höchst unwirklich erscheint, so ist diese Anekdote doch gut erfunden und hat zum Nimbus des Diktators weiter beigetragen.

Dazu gab es allen Grund, denn die Verluste waren schwer, allein 400 Legionäre hatten an diesem zweiten Tag der Schlacht um den Heptastadion-Damm den Tod gefunden, die gefallenen Matrosen und Marinesoldaten nicht mitgerechnet. Ganymedes hatte Caesar eine empfindliche Niederlage beigebracht. Tatsächlich verzichtete dieser auf weitere Offensiven im Stadtgebiet und wartete stattdessen das Eintreffen seiner Entsatzarmee ab, die allerdings erst Anfang März vor Pelusion erschien. Den Winter verbrachte er im Palast; es gab viel Zeit, um sich nicht zuletzt Kleopatra zu widmen, die bereits von ihm schwanger war. Näheres über diese durchaus interessante Phase, in der beide einander – wie es scheint – immer näher gekommen sind, berichten unsere Quellen verständlicherweise nicht. Schließlich passte genau dies weder zum römischen Caesarbild noch zu den Vorurteilen gegenüber der Ptolemäerin. Sicherlich hat sich die Königin Sorgen um ihren Liebhaber gemacht, insbesondere als sie von der prekären Situation am Damm erfuhr und wie knapp Caesar dort dem Tod entronnen war.

Ansonsten konnte sie ihm in seiner Lage vor allem psychischen Beistand leisten und ihm mit ihrem Rat zur Seite stehen, zur praktischen Unterstützung fehlten ihr Macht und Einfluss, insbesondere in Bezug auf die Alexandriner. Ganz anders verhielt es sich da mit ihrem Bruder, der immer noch als Faustpfand von Caesar im Palast zurückgehalten wurde. Er konnte durchaus eine nicht unerhebliche Zahl an Anhängern und Sympathisanten für sich reklamieren, eine Tatsache, die Caesar bei seinem weiteren Vorgehen offenbar einkalkulierte.

Im Lager der Alexandriner wuchs inzwischen die Unzufriedenheit mit dem Regiment des Ganymedes. Trotz einiger Fortschritte hatte dieser ja noch keinen durchschlagenden Erfolg erringen können. Außerdem wusste er nicht wie zuvor Potheinos die Bevölkerung zu gewinnen, sondern führte anscheinend die Regierung ausschließlich mit harter Hand. Infolgedessen regte sich gegen ihn und Arsinoë der Widerstand, sicherlich auch weiter angefacht von den Freunden und Parteigängern des hingerichteten Achillas, die jetzt Morgenluft witterten. So schickte man eine Gesandtschaft zu Caesar „mit der Bitte, den König freizulassen und ihm die Rückkehr zu den Seinen zu gestatten. Die Bevölkerung sei der angemaßten Herrschaft des jungen Mädchens überdrüssig, auch des grausamen Regiments, das Ganymedes ausübe, und sei bereit, allen Befehlen des Königs zu gehorchen.“[90] Wenn man mit Hilfe des Königs Caesars Schutz und seine Freundschaft erlange, werde man Frieden schließen.

Ob die Initiative ursprünglich von Ptolemaios ausging oder von den Alexandrinern selbst kam, lassen die Quellen offen, dem Abschied aus dem Palast aber widmet das *Bellum Alexandrinum* eine rührende Passage, die etliche Fragen aufwirft: „Er (Caesar) forderte also den jungen Ptolemaios auf, für das vom Vater ererbten Reich Sorge zu tragen und sein hochberühmtes Vaterland zu schonen, das durch schreckliche Brände und Einsturz entstellt sei. Er solle zuerst seine Untertanen zur Besinnung bringen und sie dann retten, dem römischen Volk und ihm selbst treu bleibend, da er ihm solches Vertrauen schenke und gestatte, zu den bewaffneten Feinden hinüberzugehen. Dann nahm er den Prinzen bei seiner Rechten und wollte den Jungen, der das Mannesalter schon erreicht hatte, entlassen. Doch in den Künsten des feinsten Betrugs wohl unterrichtet und so ganz mit dem Charakter seines Volkes übereinstimmend, begann der junge König, gegen Caesar gewandt, unter Tränen zu bitten, ihn nicht von sich zu lassen, denn selbst sein Thron sei ihm nicht so lieb wie Caesars Anblick. In der Tat gerührt, mäßigte Caesar die Tränen des Jünglings und entließ ihn zu den Seinen, indem er bemerkte, wenn er wirklich so denke, könne er schnell wieder um ihn sein."[91] Kaum aus den Schranken auf die freie Bahn entlassen, habe der junge König jedoch einen so heftigen Krieg gegen Caesar begonnen, dass seine Tränen nur Freudentränen gewesen sein konnten. Caesars Legaten, Freunde und Soldaten hätten sich allerdings gefreut, weil seine übergroße Güte durch die Täuschungen des Knaben konterkariert worden sei. Der Autor schließt mit dem bemerkenswerten Hinweis, dass Caesar keineswegs aus Gutmütigkeit, sondern vielmehr aus Berechnung so gehandelt habe.

Cassius Dio zeigt sich hier überzeugt, Caesar habe an einen wahren Sinneswandel der Alexandriner geglaubt, schränkt dies aber sofort durch die Bemerkung ein, jener habe ja gehört, dass sie im Allgemeinen feige und unbeständig seien, und überdies erfahren, wie entmutigt sie wegen ihrer Niederlagen gewesen seien. Nach Dio wurden die Verhandlungen erst aufgenommen, als Pelusion bereits durch Mithradates eingenommen war; Caesar habe also gewusst, dass Hilfe bereits in unmittelbarer Nähe stand.[92]

Die Indizien im *Bellum Alexandrinum* und selbst bei Dio sprechen allerdings dafür, dass die Aktion *nicht* in direktem zeitlichem Zusammenhang mit dem Eintreffen des Entsatzheeres erfolgt ist, womit sich die Frage nach dem Warum noch einmal anders stellt. Es könnte einerseits die Lage der Römer nach dem Misserfolg am Heptastadion-Damm schwieriger gewesen sein, als es zunächst den Anschein gehabt hatte, andererseits kann der Grund einfach nur in einer Anfrage durch die Alexandriner wegen akuter Unzufriedenheit mit Ganymedes liegen, die den Stein dann just zu diesem Zeitpunkt ins Rollen gebracht haben mag.[93]

Über Caesars Motive zur Freilassung des Königs ist viel spekuliert worden. Man hat gemutmaßt, er habe hier seinen letzten und höchsten Trumpf ausgespielt, um eine vorläufige Einstellung der Kampfhandlungen zu erreichen und Zeit zu gewinnen.[94] Manche Forscher glauben, er habe die Lage falsch eingeschätzt und den Beteuerungen der Alexandriner Glauben geschenkt, sei dann aber durch den Wechsel des Königs auf die Seite der Scharfmacher und das erneute Ausbrechen der Feindseligkeiten überrascht worden.[95] Dagegen gab es auch Stimmen, die den Austausch der Höflichkeiten zwischen Caesar und Ptolemaios als Gipfel heuchlerischen Pathos bezeichneten. In Wirklichkeit habe Caesar nur die Schlagkraft des Feindes schwächen wollen, indem er Arsinoë und Ganymedes einen Konkurrenten an die Seite stellte.[96]

Angesichts seiner Erfahrungen auf der wahrlich nicht gerade übersichtlichen und durch wechselnde Koalitionen sowie Vertrauensbrüche gekennzeichneten politischen Bühne Roms wird man Caesar wohl kaum Naivität unterstellen dürfen, erst recht nicht, wenn man seine bisherigen Erlebnisse und Erkenntnisse seit der Landung in Ägypten in Rechnung stellt. Er kann wohl kaum erwartet haben, dass sich nach allem, was vorgefallen war, die Lage in Alexandria nur durch die Freigabe des Königs plötzlich beruhigen würde. Und selbst wenn eine solche, umfassende Entspannung zu erreichen gewesen wäre, muss man bezweifeln, dass Caesar dies angestrebt hätte. Denn dann wäre nach wie vor der König ein Faktor im politischen Machtpoker gewesen, geschützt durch seine Anhänger.

Und hier kommt wieder Kleopatra ins Spiel: Sie konnte keinerlei Interesse daran haben, ihre Feinde, die sich ja gerade um ihren Bruder und den hingerichteten Potheinos geschart hatten, als politisches Gegengewicht erhalten zu sehen. Ein effizientes Mittel zur Destabilisierung dieser Opposition war die Beseitigung ihres Brudergemahls, der schließlich als Integrationsfigur ihrer Gegner fungierte. Dies bedeutete einen großen Schritt nach vorne auf dem Weg zur Konsolidierung ihrer Herrschaft. Dabei musste sie einen Mord im Palast vermeiden, damit nicht die Stimmung weiter aufgeheizt würde und sie sich vielleicht von Caesar hätte Vorwürfe machen lassen müssen. Viel eleganter war da doch die Freigabe des Königs, um ihm Gelegenheit zum auf längere Sicht aussichtslosen Kampf gegen die römischen Truppen zu geben, und Caesar so in die Pflicht zu nehmen, gegen ihn vorzugehen. Nach einem solchen voraussehbaren Vertrauensbruch und dem römischen Endsieg konnte der Diktator ihn nicht einfach wieder Kleopatra an die Seite stellen: Im – aus ihrer Perspektive – ungünstigsten Fall wäre Ptolemaios XIII. abgesetzt worden, im für sie besten Fall konnte sie hoffen, dass er eliminiert würde. Angesichts dieser Optionen dürfen wir davon ausgehen, dass Kleopatra nicht nur ein Interesse an der Freilassung ihres Bruders besaß, sondern dieses auch bei Caesar entsprechend vertreten hat.

Caesar seinerseits wusste, dass die Zeit für ihn spielte, denn mit jedem Tag, der verstrich, rückte das Eintreffen seines Entsatzheeres näher. Nach den Erfolgen gegen die ägyptische Flotte und dem Eintreffen der ersten Verstärkungen durfte er sich einigermaßen sicher fühlen, selbst wenn die Kämpfe erneut in voller Wucht aufflammten. Ein Grundvertrauen in die Überlegenheit der römischen Waffen und in einen baldigen Entsatz von außen dürfen wir bei Caesars Mentalität voraussetzen. Schließlich hatte er in der Vergangenheit schon ganz andere Schwierigkeiten gemeistert. Zeit zum Nachdenken über die politische Zukunft Ägyptens blieb ihm jetzt genug, wobei Kleopatra längst eine herausragende Rolle spielte, die es allerdings noch zu präzisieren galt. Voraussetzung für die Schaffung einer stabilen politischen (!) Partnerschaft war die Sicherung ihrer Machtstellung, diese aber schien gerade durch ihren Bruder und dessen Anhängerschaft gefährdet. Damit muss auch ihm an der Beseitigung dieses Unruheherdes gelegen gewesen sein.

Nun befand sich Ptolemaios aber bereits in seiner Gewalt. Die Ermordung des in seiner Obhut befindlichen Königs kam von seiner Seite her nicht in Frage, ein derartiges Vorgehen hätte die Situation weiter eskaliert und für ihn selbst eine noch schlechtere Presse bedeutet. Wenn Caesar aber abgewartet hätte, bis sein anrückendes Heer militärisch die Oberhand gewonnen hatte, hätte er seinen Schutzbefohlenen weder gefangen halten und bei einem möglichen Triumphzug mitführen noch ihn im Anschluss hinrichten lassen können. Schließlich hatte er selbst ja schon die Durchsetzung des von Auletes hinterlassenen Testaments propagiert, und wenn er nicht vor aller Welt wortbrüchig werden wollte, hätte er sogar die Wiederherstellung der Samtherrschaft des Geschwisterpaares betreiben müssen. Das aber konnte keinesfalls in seinem Sinne sein. Viel leichter hingegen ließ sich sein Ziel erreichen, wenn er den König unversehrt zu den Alexandrinern gehen ließ, um ihm die Möglichkeit zu geben, die Waffen gegen Rom zu erheben, und ihn sodann zu bestrafen.

Der junge König enttäuschte ihn trotz aller vorheriger Beteuerungen nicht. Allerdings ging er energischer vor, als man dies von ihm erwartet hatte. Sollte Caesar gehofft haben, durch seine Freilassung die gegnerische Führung zu zersplittern, so wurde er bald eines Besseren belehrt. Kaum im Lager der Alexandriner angekommen, übernahm Ptolemaios das Kommando. Möglicherweise waren Ganymedes und Arsinoë schon vorher kaltgestellt worden. Wie zu erwarten war, hielten sich weder die Alexandriner noch der König an ihre Friedensbeteuerungen. Mit allem Nachdruck führte Ptolemaios jetzt den Krieg weiter, wobei er sicherlich durch seine Philoi (= „Freunde") entscheidend unterstützt und vielleicht sogar gelenkt wurde, einen Beraterstab, der teils aus den führenden Anhängern in Heer und Stadt zusammengesetzt war, teils aus den Personen seiner engsten Umgebung, die Caesar wohl mit aus dem Palast entlassen hatte.[97]

Noch einmal unternahmen es die Ägypter, Caesars Nachschubwege zu blockieren, ohne damit jedoch einen durchschlagenden Erfolg erzielen zu können. Immerhin ging bei einem erbittert geführten Seegefecht der Rhodier Euphranor, der sich als Flottenbefehlshaber während der Schlacht im Eunostos-Hafen ausgezeichnet hatte, mitsamt seinem Vierruderer unter. Versorgungsschiffe aber kamen nach wie vor durch und reichten aus, um das Durchhalten der kämpfenden Truppe vor Ort zu gewährleisten.[98]

Die entscheidende Wende trat ein, als in den ersten Märztagen das lang ersehnte Entsatzheer unter dem Kommando des Mithradates von Pergamon vor Pelusion erschien und die dortige Garnison in einer kombinierten Land- und Seeoperation überrannte. Dies war nicht zuletzt einem 3000 Mann starken jüdischen Kontingent unter Führung des Idumäers Antipater, dem Vater des Herodes, zu verdanken. Dieser Freund und Parteigänger des Hohenpriesters Hyrkanos II. pflegte beste Beziehungen nach Syrien, wo er seinen Einfluss zugunsten Caesars geltend machte und die dortigen Fürsten ebenfalls zur Entsendung von Hilfskontingenten an Mithradates bewog. Selbst arabische Reiter des Nabatäerkönigs Malchos waren mit von der Partie. Beim weiteren Vorrücken stieß man zwar gelegentlich auf Widerstand, Antipater aber brachte die ägyptischen Juden im Bezirk des Onias auf die Seite der Römer und so gelangte man ohne größere Probleme nach Memphis.[99]

Über den kanopischen Nilarm rückte Mithradates nun auf Alexandria vor, wo ihm der König selbst mit dem ptolemäischen Hauptheer gegenübertrat. Fast gleichzeitig hatte allerdings auch Caesar Alexandria verlassen. Zunächst war er nachts mit der Flotte in Richtung Kanopos ausgelaufen, hatte dann aber die Lichter löschen und die Schiffe wenden lassen. Jetzt fuhr er an Alexandria vorbei und landete schließlich mit seinen Einheiten westlich der Metropole. Nach einem Landmarsch um den Mareotis-See herum konnte er seine Truppen noch rechtzeitig mit denen des Mithradates vereinigen. Gemeinsam begann man den Angriff auf das feindliche Lager, das im Sturm genommen wurde. Ptolemaios floh auf ein Schiff, das jedoch unter der Last der nachdrängenden Fliehenden sank. Dabei ertrank er vermutlich im Nil, was Anlass zu Spekulationen bot. So erzählt schon Herodot, die Ägypter hätten die im Nil Ertrunkenen einbalsamiert und prächtig ausgestattet in heiligen Gräbern beigesetzt. Keiner habe einen durch den Fluss ums Leben Gekommenen anfassen dürfen außer den Priestern des Nils, da man glaubte, er sei mehr als ein toter Mensch. Eine derartige Überhöhung konnte jedoch weder in Caesars noch in Kleopatras Interesse liegen.[100]

In den Quellen gibt es zwei Variationen vom Ende ihres Bruders: Eine wohl auf Livius zurückgehende Tradition besagt, Ptolemaios' Leichnam sei am Ufer angespült und von Caesars Soldaten entdeckt worden. Man habe dem König seinen goldenen Brustpanzer ausgezogen und diesen nach Alexandria vorausgesandt, wodurch die Bevölkerung in Verzweiflung gestürzt worden sei, sich Caesar unterworfen und ihm die Tore geöffnet habe. Ein Gutteil der Forschung hat diese Darstellung aufgegriffen, sie ist eben nur allzu griffig.[101]

Betrachtet man jedoch die andere Variante, kommen einem gewisse Zweifel. Cassius Dio lässt den fliehenden König bei der Überquerung im Fluss den Tod finden, eine Version, die durch Plutarch und Appian bestätigt sein könnte, die Ptolemaios als vermisst melden. Auch das vergleichsweise ausführliche *Bellum Alexandrinum* erwähnt weder das Auffinden der Leiche noch den goldenen Panzer und schon gar nicht, dass Caesar ihn als Mittel zur Unterwerfung der Alexandriner eingesetzt habe. Dies würde man allerdings gerade wegen der detaillierteren Darstellung in dieser Quelle erwarten. Eine solche Anekdote hätte der Autor wohl kaum ausgelassen – es sei denn, es handelte sich um eine spätere Erfindung. Also wohl *kein* König, *kein* Panzer – und keine Verehrung durch die Ägypter![102]

Mit der Niederlage des Hauptheeres und dem Verschwinden des Königs brach der Widerstand der Alexandriner in sich zusammen; an der Spitze seiner Kavallerie konnte Caesar am 27. März (15. Januar jul.) die Kapitulation entgegennehmen. Welchen Stellenwert er diesem Ereignis beimaß, lässt sich daran erkennen, dass das Datum einen Platz im römischen Festkalender erhielt. Jeder Römer sollte künftig mindestens einmal im Jahr an diesen „großartigen“ Abschluss eines eher durchwachsenen, in vielerlei Hinsicht seltsamen Feldzuges erinnert werden.[103]

Während der monatelangen Belagerung hatte Kleopatra mehr oder weniger isoliert und zur Untätigkeit verdammt im Palast gesessen. Böse Zungen sprachen davon, dass sie ihre Energien weitgehend auf das Zusammensein mit ihrem römischen Liebhaber konzentriert habe, wogegen man immerhin einwenden darf, was sie denn sonst hätte machen sollen. An Caesars Brust lag derzeit das einzige Feld, auf dem Kleopatra nicht etwa nur erotisch, sondern insbesondere politisch noch etwas bewegen konnte. Sein Sieg und der Tod ihrer schlimmsten Widersacher eröffneten ihr erstmals seit vielen Monaten wieder einen gewissen Handlungsspielraum.

In weiten Kreisen der Bevölkerung unbeliebt, verfügte sie in Alexandria nicht annähernd über den Einfluss und die Verbindungen ihres Bruders beziehungsweise seiner Berater. Ihr Schicksal lag also einmal mehr in Caesars Hand. Dieser sah sich vor die Wahl gestellt, Ägypten entweder zu einer römischen Provinz zu machen oder als Klientelkönigtum zu erhalten. Angesichts der offenbar sehr intensiven Erfahrungen, die er bis dato mit Kleopatra gemacht hatte, kann man bis zu einem gewissen Grad nachvollziehen, dass er sie auf dem Thron Ägyptens belassen wollte. Man täte ihm Unrecht, wenn man ihn als Spielball seiner reizvollen Geliebten ansehen würde. Als Machtmensch und gewiefter Politiker muss er ein ebenso großes Interesse entwickelt haben wie später Augustus, das wirtschaftlich enorm leistungsfähige und hervorragend organisierte Ptolemäerreich unter seiner *persönlichen* Kontrolle zu halten. Da aber die partielle Übertragung der Provinzverwaltung auf einen *princeps* damals noch undenkbar schien, blieb ihm gar nichts anderes übrig, als das bewährte Prinzip des Klientelkönigtums weiterzuverfolgen. Man braucht also eine erotische Ebene gar nicht zu bemühen, die politischen Zwänge reichen völlig aus, um die erneute Einsetzung Kleopatras als Königin zu erklären. Es hätte gar keine Alternative zu ihr gegeben, denn ihre Schwester Arsinoë hatte sich im Verlauf des Krieges hinreichend kompromittiert, um froh sein zu können, dass der Sieger sie nur nach Rom schickte, um sie in seinem Triumphzug mitzuführen und ihr dann zu erlauben, sich nach Ephesos zurückzuziehen. Kleopatra hingegen stellte für Caesar jetzt eine ideale Partnerin dar, zumal sie inzwischen ganz auf ihn eingegangen war.[104]

Allerdings überließ er nichts dem Zufall oder gar dem unsicheren Wohlwollen der Alexandriner. Damit keine Unklarheiten über die wiedergewonnene Stabilität der inneren Verhältnisse entstünden, stationierte er drei Legionen in Ägypten, die in erster Linie natürlich die Herrschaft der Königin sichern und etwaige Widerstände schon im Keim ersticken sollten. Ein nicht ganz unliebsamer Nebeneffekt dürfte in der Kontrolle seiner jungen und nur allzu dynamischen Mitstreiterin gelegen haben. Wie sehr aber die römischen Einheiten an ihn persönlich gebunden werden sollten, wird in der Berufung ihres Kommandeurs deutlich. Caesar ernannte nicht etwa einen bedeutenden Mann aus einer alten Senatorenfamilie, sondern Rufio, den Sohn eines seiner Freigelassenen. Dieser hatte sich zwar als tüchtiger Offizier bewährt, seine Einsetzung in ein Kommando über drei Legionen bedeutete jedoch einen Bruch mit den üblichen Gepflogenheiten. Damit war aber sichergestellt, dass der zurückbleibende römische Befehlshaber die hervorragende ökonomische und strategische Lage Ägyptens nicht für einen eigenen Griff nach der Macht nutzen würde. Dazu fehlten ihm definitiv die Verbindungen und der soziale Status. Außerdem bestand ein enges Vertrauensverhältnis zwischen dem Diktator und seinem Klienten, was Sueton veranlasst, Rufio sogar als Caesars Geliebten (*exoletus*) darzustellen, eine Nachricht, die zumindest ein Indiz für die enge Verbindung der beiden liefert, wohingegen man die sexuelle Anspielung vielleicht auch als üble Nachrede abtun kann.[105]

Eine ähnliche Besetzungspolitik verfolgt später nach anfänglichen Schwierigkeiten auch Oktavian, der zwar Ägypten dem Imperium einverleibte, sich die Provinz aber persönlich zuordnete und sie nicht durch einen der üblichen Legaten aus dem Senatorenstand verwalten ließ, sondern durch einen *praefectus Aegypti* aus dem Ritterstand. Ein solcher konnte nicht einmal daran denken, eines Tages zum *princeps* erhoben zu werden.

Mit allen ihm zur Verfügung stehenden Mitteln suchte Caesar die Wiedereinsetzung der Königin abzusichern, wobei er in völliger Unbefangenheit nicht davor zurückschreckte, sie mit ihrem zweiten, noch jüngeren Bruder, dem gerade mal 11- oder 12-jährigen Ptolemaios XIV., zu verheiraten und die beiden den Ägyptern als das übliche „geschwisterliebende" Herrscherpaar zu präsentieren. Wie wir bereits gesehen haben, trug man mit derartigen Eheschließungen der ägyptischen Tradition Rechnung und betonte noch einmal die dynastische Kontinuität, angesichts der römischen Besatzungstruppen in Alexandria eine nachvollziehbare Vorgehensweise. So konnte der Eindruck einer weiteren Einschränkung der vielbeschworenen Freiheit vielleicht etwas gemildert werden. Nicht umsonst berichtet uns Cassius Dio, „er (Caesar) fürchtete, die Ägypter möchten sich, der Herrschaft einer Frau überantwortet, erneut erheben, was genau wie ihr Zusammenleben das Missfallen der Römer erregen könne. Daher befahl er Kleopatra, wenigstens zum Schein ihren anderen Bruder zu heiraten, und übertrug beiden dem Namen nach die Königswürde. Denn in Wirklichkeit sollte sie die gesamte Macht in Händen halten, war doch ihr Gemahl ein Knabe, und was sie betraf, gab es angesichts von Caesars Zuneigung nichts, was sie nicht durchzusetzen vermochte. So war das Zusammenleben mit ihrem Bruder und die gemeinschaftliche Regierung mit ihm ein bloßer Schein, den sie hinnahm. In Wahrheit war sie Alleinherrscherin und verbrachte ihre Tage mit Caesar."[106]

Kein Zweifel, ihre Liaison bot Kleopatra ein Sprungbrett für hochfliegende Pläne. Allerdings suchte Caesar keineswegs eine rechtmäßige Gattin, schließlich war er in Rom an Calpurnia gebunden und zum anderen hätte die Heirat mit einer hellenistischen Königin seine politische Position in einem weit stärkeren Maß geschwächt, als es das Verhältnis sowieso schon tat. Daher klingt Cassius Dios Behauptung durchaus glaubhaft, Caesar habe Kleopatra zum Schein die Eheschließung befohlen. Ihr Bruder blieb zeit seines Lebens eine Marionette, die Macht lag ganz in Kleopatras Händen, die – wenn wir Dio glauben wollen – rund um die Uhr nicht nur intellektuell, sondern auch mit vollem Körpereinsatz bei der Sache war.[107]

Die leicht erotische Anspielung wird noch verstärkt durch die folgende Passage, in der er betont, sie hätte Caesar sogar noch länger festgehalten oder wäre gleich mit ihm nach Rom gefahren, hätten nicht die Wirren im Bosporanischen Reich Caesars Anwesenheit erfordert und ihr so einen Strich durch die Rechnung gemacht.[108] Wie immer man Dios Bericht beurteilt, wird man konzedieren müssen, dass Kleopatra ein elementares Interesse hatte, das Zusammenleben mit Caesar so intensiv zu gestalten, dass sie über den *dictator* nicht nur ihre Herrschaft in Ägypten in einem Ausmaß absicherte, von dem ihr Vater nur hätte träumen können, sondern sogar Einfluss auf die Supermacht Rom gewann.

Inwieweit die Heirat mit dem kleinen Ptolemaios zur Konsolidierung der Lage am Nil beitrug, wissen wir nicht, ebenso wenig ob die Ehe jemals vollzogen wurde, schließlich fand Kleopatras zweiter Brudergemahl bereits im Sommer 44 den Tod.

Ihre gemeinsamen Tage mit Caesar waren allerdings ebenfalls gezählt, wenngleich die Nachwelt dies nicht so einfach hinnehmen wollte. Trotz der engen zeitlichen Rahmenbedingungen erliegen nämlich nicht nur einige antike Quellen, sondern auch zahlreiche moderne Schriftsteller und sogar gestandene Historiker der Versuchung, an das blutige Ende des Alexandrinischen Krieges und die sich direkt anschließende Neuordnung der Verhältnisse in Ägypten einen höchst romantischen Urlaubstrip anzuhängen, der offenbar antike wie moderne (Männer-)Träume von orientalischen Lustbarkeiten zu befriedigen scheint.

Mehr als anderthalb Jahrhunderte nach den Ereignissen erzählt Sueton, am meisten sei Caesar in Kleopatra verliebt gewesen. Die Gelage an ihrer Seite habe er ausgedehnt bis zum ersten Hahnenschrei. Auf dem königlichen Prunkschiff sei er ins Innere Ägyptens gesegelt und dabei fast bis nach Äthiopien vorgedrungen, wenn ihm sein Heer nicht die Gefolgschaft verweigert hätte.[109]

Nun hat Sueton sowieso schon einen gewissen Ruf als Verbreiter von Klatsch und Tratsch, was aber die Stelle noch zusätzlich verdächtig macht, ist der Kontext, eine seitenlange Schilderung von Caesars Hang zu Ausschweifungen und sexuellen Eskapaden mit Partnern beiderlei Geschlechts. Man kann Sueton ja durchaus verstehen: Irgendetwas musste da doch in Ägypten noch jenseits der Betten im Palast passiert sein! Kein Wunder, dass Appian wiederum einige Jahrzehnte später die Geschichte aufgriff und etwas ausgestaltete, denn als Story fürs Herz wirkte sie doch ein wenig flach und war definitiv zu kurz. Leider ist uns jedoch nur die Kurzfassung seiner Ausführungen erhalten, in denen er darauf verweist, die Details werde er in seiner *Ägyptischen Geschichte* ausbreiten. Immerhin, so viel können wir seiner *Römischen Geschichte* entnehmen, dass Caesar mit 400 Schiffen den Nil hinaufgefahren sei, wobei er in Begleitung der Königin das Land erkundet und sich insbesondere mit ihr vergnügt habe.[110] Dies reichte aus, um die Phantasie zu beflügeln:

1953 schwärmt der sonst so solide Hans Volkmann von der „bezaubernden" Ägypterin und malt die Fahrt Caesars an ihrer Seite genussvoll aus. Auf einem Prunkschiff, in dessen Ausmaßen mit einer Länge von 300 m, einer Breite von 45 m und einer Höhe von 60 m sich die Vorliebe der Ptolemäer für kolossale Bauten gespiegelt habe, seien die beiden durch das Land gefahren, wobei Caesar die „Art der hellenistischen Verwaltung" (sic!) habe beobachten können.[111]

Wenige Jahre später schlägt Carlo Maria Franzero geradezu hymnische Töne an, wenn er das Schiff durch das „smaragdgrüne Wasser der Lagunen" gleiten lässt, ehe man Memphis erreicht. In den 80er Jahren meint dann Michael Grant, Umfang und politische Bedeutung der Fahrt seien beachtlich gewesen. Und erst jüngst hat Werner Huß an eine Imitation pharaonischer Traditionen gedacht und geht von einem Vordringen Caesars bis nach Syene, dem heutigen Assuan, aus. Mit Ilse Becher und Pat Southern haben sich immerhin auch Frauen der These von der Nilfahrt angeschlossen, die Southern regelrecht als Vergnügungsfahrt bezeichnet, wobei sie Caesar verständnisvoll zugesteht, nach all den bestandenen Abenteuern etwas Erholung und Ablenkung wirklich verdient zu haben.[112]

Nur wenige Historiker wie etwa Heinz Heinen äußern sich skeptisch. Ihm folgt Manfred Clauss, der noch deutlicher wird.[113] Abgesehen vom Schweigen gerade der frühen Quellen passt eine längere Nilkreuzfahrt nicht in die Chronologie von Caesars ägyptischem Abenteuer.[114] Nach der Einsetzung Kleopatras und ihrer Hochzeit hatte er endlich den Rücken frei, um die drängenden Probleme anzugehen, die ein entschlossenes und vor allem schnelles Handeln jenseits von Ägypten nötig machten. Folgerichtig zögert er nicht, sondern verlässt Alexandria per Schiff in Richtung Kleinasien, und zwar bereits am 10. April 47. Da zwischen seinem Sieg über Ptolemaios XIII. am 27. März und der Abreise noch die Inthronisierung des neuen Herrscherpaares abgewickelt werden musste und sowohl die angebliche Nilfahrt als auch der endgültige Aufbruch vorzubereiten, ja die Schiffe erst einmal instand zu setzen waren, bleiben für die Fahrt ins Landesinnere lediglich noch sechs bis sieben Tage. Kalkuliert man dann noch mit Hin- und Rückfahrt, reduziert sich der Spielraum auf maximal vier Tagesfahrten nilaufwärts. Selbst wenn Caesar als Tourist ähnlich dynamisch und energiegeladen vorgegangen wäre wie im Krieg und in der Politik, wären seiner Reichweite bei dem umstrittenen Ausflug doch enge Grenzen gesteckt gewesen. Unter derart extremem Zeitdruck wäre die amouröse Kreuzfahrt eher unromantisch verlaufen. Eine Nilkreuzfahrt, wie sie heute in jedem Jahr Zehntausende von Ägyptenurlaubern genießen, ist Caesar also versagt geblieben, stattdessen reiste er geradezu überstürzt ab.[115]

Sein kompromissloser Aufbruch aus Ägypten und sein energisches Vorgehen auf drei Kontinenten in den Monaten danach passen so gar nicht zu dem Bild des bis über beide Ohren in eine junge, exotische und faszinierende Frau verliebten alten Lüstlings. Stattdessen nimmt er ohne jedes Zögern die wichtigsten Krisenherde in Angriff und so vergehen bezeichnenderweise nur Tage, nicht Wochen, bis er – gerade wieder handlungsfähig – aus dem Hafen von Alexandria ausläuft und Ägypten für immer verlässt. Nicht Kleopatras Liebeskünste, sondern eine kapitale Fehleinschätzung der Lage in Alexandria hatten ihn neun Monate in Ägypten festgehalten!

## Krisenmanagement in Kleinasien, Rom und Africa

Inzwischen brannte es nämlich an etlichen anderen Ecken des Imperiums: Schon im Oktober 48 war Marcus Cato mit starken pompeiustreuen Verbänden von Korkyra und der Peloponnes kommend in der Kyrenaika gelandet. Dorthin setzte sich auch Sextus Pompeius ab, der Cato über das unglückliche Ende seines Vaters in Ägypten informierte. Daraufhin wandte dieser sich nach Westen, wo er im Bunde mit Metellus Scipio und König Iuba von Numidien eine starke gegen Caesar gerichtete Macht aufbaute. Unter Catos Einfluss brachten die Feinde eine Armee von 10 römischen und 4 königlichen Legionen zusammen, dazu eine starke Reiterei und 120 Kriegselefanten. Erste Flottenangriffe in Sizilien und Sardinien schienen eine Invasion Italiens in greifbare Nähe zu rücken.

Dort, in Italien, war die Lage durch das Fernbleiben Caesars und die zeitweise unterbrochenen Nachrichtenverbindungen nach Alexandria ausgesprochen kritisch geworden. Zwar suchte Antonius als wichtigster Vertreter Caesars die Lage in den Griff zu bekommen, sein rücksichtsloses Vorgehen goss allerdings eher Öl ins Feuer, und zu allem Überfluss rumorte es noch unter den in Campanien stationierten Veteranenlegionen. In Rom selbst herrschten anarchische Zustände.

Ebenfalls in Spanien und im Illyricum entwickelte sich die Situation ganz und gar nicht im Sinne der Caesarianer. Auf der Iberischen Halbinsel waren pompeiusfreundliche Kräfte am Werk und im Illyricum musste Caesars Feldherr Aulus Gabinius eine schwere Niederlage einstecken. Zwar konnte er sich unter Verlusten nach Salona in der Nähe von Split zurückziehen, dort allerdings starb er an einer Krankheit.[116]

Zu allem Überfluss hatte in Caesars Rücken Pharnakes, der Sohn Mithradates' VI. und König des Bosporanischen Reiches mit einem Teil der Krim als Zentrum, die Schwäche der römischen Positionen in Kleinasien genutzt und war mit starken Kräften an der Nordküste gelandet. Sein Versuch, das pontische Reich seines gefürchteten Vaters zurückzuerobern, stellte nicht nur eine machtpolitische Bedrohung dar, sondern auch eine Herausforderung für das Ansehen und den Nimbus Caesars, war doch Mithradates mit dem Beinamen Eupator über Jahrzehnte der härteste Gegner römischer Macht in diesem Raum gewesen und nicht zuletzt Hauptverantwortlicher für die „Ephesische Vesper", in deren Verlauf an einem einzigen Tag in der von Steuerpächtern ausgebeuteten römischen Provinz Asia 80000 Römer ermordet worden sein sollen. Diese Bluttat hatte damals den Auftakt für Mithradates' Angriff gebildet und steckte den Römern als eines der schlimmsten Traumata in ihrer durchaus wechselhaften und an Rückschlägen reichen Geschichte immer noch schwer in den Gliedern. Insofern sprach nicht nur die ganz reale Gefährdung der römischen Stellung in Kleinasien, sondern auch das psychologische Moment dafür, dieser Herausforderung umgehend zu begegnen und dem Krieg gegen Pharnakes höchste Priorität einzuräumen, zumal Caesars Legat Cn. Domitius Calvinus bei dem Versuch, die Lage zu bereinigen, kläglich gescheitert war. Unterstützt vom Galaterkönig Deiotaros und von Ariobarzanes, dem König von Kappadokien, hatte er schon im Dezember 48 dem Pharnakes bei Nikopolis in Kleinarmenien eine Entscheidungsschlacht angeboten, die dieser dankend annahm und bravourös gewann. Damit war der Weg frei und Pharnakes konnte über Pontos und Bithynien bis in die Provinz Asia vorstoßen. Erst ein Aufstand in seinem eigenen Reich zwang ihn im Frühjahr 47, den Vormarsch abzubrechen.[117]

In diese prekäre Situation hinein stieß Caesar, zwang ihn zum Rückzug und konnte ihn schließlich am 2. August bei Zela zur Schlacht stellen, die binnen vier Stunden entschieden war. Geschickt propagierte Caesar den Erfolg, indem er die ebenso lakonische wie wirkungsvolle Nachricht *veni, vidi, vici* (ich kam, ich sah, ich siegte) nach Rom sandte. Der Propagandatrick schlug dermaßen gut ein, dass diese Floskel jetzt zum geflügelten Wort wurde und bis heute mit seinem Namen verbunden blieb.[118]

Pharnakes flüchtete mit wenigen Begleitern und konnte sich bis in sein Bosporanisches Königreich durchschlagen, nur um dann seinen dortigen Feinden zum Opfer zu fallen. Nachdem mit seiner Niederlage die Gefahr für Kleinasien gebannt war, ordnete der Sieger die Verhältnisse neu und eilte dann nach Westen, wo weitere dringliche Aufgaben warteten. Bereits am 24. September landete er in Tarent, Anfang Oktober traf er in Rom ein, wo es ihm gelang die Lage zu beruhigen, die infolge der unüberlegten und gewalttätigen Vorgehensweise seines *magister equitum* Antonius völlig außer Kontrolle geraten war. Soziale Unruhen, Straßenkämpfe, Mord und Totschlag waren an der Tagesordnung. Kaum aber hatte Caesar sich in der Stadt durchgesetzt, musste er den meuternden Veteranen gegenübertreten, die er in Campanien zum Transport auf den afrikanischen Kriegsschauplatz zusammengezogen hatte, und sie erneut für sich gewinnen, was ihm mit Versprechungen und besonderer Milde selbst gegenüber den Rädelsführern gelang. Diese allerdings wurden später bevorzugt bei Himmelfahrtskommandos eingesetzt, um sie zu eliminieren und die Disziplin ihrer Kameraden zu stärken.[119]

Am 28. Dezember begann er mit der Ausschiffung seiner Truppen in Africa, wo er nach anfänglichen Schwierigkeiten durch sein entschlossenes Vorgehen und geschickte Propaganda den Krieg alsbald für sich entscheiden konnte. Als er nach der entscheidenden Schlacht bei Thapsus im April 46 vor Utica erschien, gab sich der als Stadtkommandant fungierende Cato selbst den Tod. König Iuba entging seinem Schicksal ebenfalls nicht, er wurde vor seiner Residenz Zama erschlagen. Nach der Konsolidierung der Lage vor Ort und einem Abstecher nach Sardinien traf Caesar schließlich am 25. Juli 46 wieder in Rom ein.[120]

Die Herausforderungen, denen sich der römische Staat gegenübersah, waren durch den Bürgerkrieg noch gesteigert worden. Nicht umsonst hatten in den vorangegangenen Jahren soziale Unruhen auch die Stadt selbst tief erschüttert. Längst konnte man erkennen, dass die stadtstaatlichen Strukturen nicht ausreichten, um ein Weltreich wie das Imperium Romanum adäquat zu verwalten. Seit mehr als achtzig Jahren schlitterte Rom von einer Krise in die nächste, auf diesem Hintergrund stiegen die „großen Männer" der späten Republik wie Marius, Sulla, Pompeius und nicht zuletzt Caesar selbst als „Krisenmanager" in bislang nie gekannte Machtstellungen auf, freilich oft genug im Gegensatz zum Senat. Ohne auf die teils erbitterte Haltung seiner senatorischen Standesgenossen Rücksicht zu nehmen, setzte der Diktator einen umfassenden Reformprozess in Gang. Nach eigener Auskunft zielte er in besonderer Weise darauf, die Ruhe Italiens, den Frieden in den Provinzen und die Rettung des Imperiums durchzusetzen. An die Stadt Rom oder gar den Senat verschwendete er in der betreffenden, ganz programmatischen Stelle aus dem *Bellum Civile* kein Wort, und dies erscheint als herausragendes Indiz für eine Konzentration Caesars auf die Territorialverwaltung sowie die Schaffung neuer Regierungs- und Verwaltungsstrukturen, die ihn zwangsläufig in Gegensatz zu weiten Kreisen der stadtrömischen Führungsschicht bringen musste.[121]

Seit seiner Übernahme des Prokonsulats für Gallien und das Illyricum (58 v. Chr.) hatte er nicht einmal ein Jahr in Italien und Rom verbracht, sondern wie ein unumschränkter Herrscher in den Provinzen und Klientelreichen agieren können. Zuletzt erst war ihm durch seinen Aufenthalt im griechischen Osten das Konstrukt der hellenistischen Monarchie noch einmal plastisch vor Augen geführt worden. Der Herrscherkult als Mittel zur Legitimation war ihm zwar längst vertraut, aber gerade durch den engen Kontakt mit Kleopatra und die besonderen Verhältnisse Ägyptens mit der griechisch-hellenistischen Verehrung des Königs und der religiösen Überhöhung des Pharao durch die Ägypter musste er sich intensiv mit den Symbolen, Ritualen und Glaubensvorstellungen rund um eine monarchische Stellung beschäftigen. Schnörkellos und weit weniger zögerlich als später sein stets nervöser Großneffe Oktavian ging er nun daran, über Kult und Herrscherrepräsentation seine Herrschaft in eine neue Form zu überführen. Hierbei hatte er Kleopatra eine gewisse Rolle zugedacht, die diese selbständig durch eigene Akzente „anreicherte", die eine deutliche Sprache im Hinblick auf ihre eigenen Ziele und Träume sprechen.

Zunächst allerdings feierte er einen Triumph, und zwar gleich vierfach wegen seiner Siege in Gallien und Ägypten sowie über die Könige Pharnakes und Iuba.[122]

## Caesarion, eine Herausforderung für Rom?

Trotz Caesars überstürzter Abreise aus Alexandria blieb die heiße Affäre mit Kleopatra nicht ohne Folgen. Das muss beiden längst bewusst gewesen sein, denn als der Römer sie verließ, war sie bereits hochschwanger. Lapidar bemerkt Plutarch zu diesem Sachverhalt: „Nun zog Caesar nach Syrien, Kleopatra ließ er als Königin in Ägypten zurück. Sie gebar ihm bald darauf einen Sohn, den die Alexandriner Kaisarion nannten."[123] Kein Wunder, dass er sich hier so kurz fasst, war doch die Geburt Caesarions ein Politikum erster Güte und bereits in den zeitgenössischen Propagandaschlachten höchst umstritten.

Auch in der Forschung liefert Kleopatras Sohn bis auf den heutigen Tag immer wieder Anlass zu kontroversen Diskussionen. So hat erst 1997 Robert Étienne die Vaterschaft Caesars wieder angezweifelt und sich damit gegen einen Großteil der Forschung gestellt, der diese inzwischen durchaus akzeptiert.[124] Allerdings kommen weder Antonius, der gelegentlich als potentieller Vater ins Feld geführt wurde, noch einer der beiden jugendlichen Brüder, mit denen Kleopatra offiziell verheiratet war, ernsthaft für eine Vaterschaft in Frage. Hätte die von Oktavians Sichtweise stark beeinflusste Überlieferung eine Chance gesehen, einigermaßen glaubhaft vor allem Antonius, notfalls aber auch einem anderen Kandidaten die Zeugung in die Schuhe zu schieben, dann wäre dies mit Sicherheit in den Quellen groß herausgestellt worden, schon um das Problem eines direkten Caesar-Abkömmlings, noch dazu von königlichem Geblüt, gar nicht erst aufkommen zu lassen.

Tatsächlich stellte Caesarion eine echte Herausforderung dar, zumal bis zur Ermordung seines Vaters unklar blieb, wie dieser das Reich künftig strukturieren wollte. Caesars Streben nach Verstetigung der Alleinherrschaft und sein Wille zur völligen Neuorganisation des Imperium Romanum konnten niemandem in Rom verborgen bleiben. Eine Nachfolgeregelung zugunsten Caesarions kam in diesen letzten Jahren des Diktators schon deshalb nicht in Betracht, weil der damals Zweijährige noch viel zu jung war, um – in welcher Form auch immer – politische Macht ausüben zu können und eine Rolle in einem neu gestalteten Imperium zu spielen. Kleopatra allein, das muss den Eltern klar gewesen sein, konnte sich bei einem vorzeitigen Ableben ihres Liebhabers unmöglich in Rom an den Hebeln der Macht behaupten. Eine Frau und einen unmündigen Sohn Caesars hätten die konservativen Senatoren niemals an der Spitze des Reiches akzeptiert, zumal beide nicht einmal römischer Herkunft waren. Insofern hatte es keinen Sinn, Caesarion bereits so früh in den Vordergrund zu bringen, ja man hätte damit seine Person noch stärker gefährdet, als dies sowieso schon der Fall war. Falls Caesar ihn noch hätte aufwachsen sehen, auf eine Nachfolge vorbereiten und die Rahmenbedingungen für einen erfolgreichen Übergang der Macht schaffen können, wäre er vielleicht ein potentieller Nachfolgekandidat geworden. Solange man ihn nicht zu früh dekuvrierte, konnte er im Zweifelsfall – falls eine derartige Nachfolge sich als nicht durchsetzbar erweisen sollte – immer noch ohne Gesichtsverlust als Klientelkönig in Ägypten belassen und so sein Überleben besser abgesichert werden.

Die literarischen Quellen äußern sich höchst unterschiedlich, allen gemeinsam ist jedoch eine innere Distanz gegenüber Kleopatra und ihrem Nachwuchs. Von Plutarch war ja schon die Rede. Zeitlich und persönlich am nächsten am Geschehen war sicherlich Nikolaos von Damaskus. Hochgebildet, hatte er sich bereits als Diplomat im Dienst Herodes' des Großen bewährt, als er in den dreißiger Jahren als Lehrer an Kleopatras Hof berufen wurde, um deren Kinder zu unterrichten. Da die jüngeren Geschwister mit den Ausführungen eines Philosophen und Rhetors nicht allzu viel anfangen konnten, muss er sich in erster Linie um Caesarion gekümmert haben. Rechtzeitig vor der Eroberung Ägyptens durch Oktavian scheint er den Posten aufgegeben und sich zu seinem Förderer Herodes begeben zu haben, als dessen Gesandter er in engen Kontakt mit dem Sieger kam. Wiederholt hielt er sich in Rom auf und pflegte seine Beziehung zum *princeps* auch nach der Rückkehr mit kleinen Geschenken wie regelmäßigen Sendungen von Datteln einer bestimmten Sorte, die Letzterer offenbar besonders schätzte und daher als „Nikolaos-Datteln" bezeichnete.[125] Neben zahlreichen philosophischen Schriften verfasste Nikolaos eine Augustus-Biographie, in der es heißt: „Vielerlei Geschichten wurden auch im Volk herumgereicht, wobei jeder etwas anderes erzählte. Die einen behaupteten nämlich, er (Caesar) habe sich entschlossen, Ägypten zu seinem Herrschersitz über die ganze

Erde und das Meer zu machen, wo die Königin Kleopatra häufig sein Lager aufgesucht und ihm einen Sohn namens Kaisarion geboren habe – was er selbst in seinem Testament widerlegte. Andere sagten, er wolle seine Residenz in Troja errichten …"[126]

Falls seine Version von der Erwähnung Caesarions im Testament korrekt überliefert ist, hat Nikolaos hier wissentlich die Unwahrheit geschrieben. Nachdem sein Förderer Herodes es in letzter Minute noch geschafft hatte, sich von Antonius zu lösen und der Partei des Siegers anzuschließen, suchte anscheinend auch er mit einer gewissen Aufdringlichkeit sein Profil bei Oktavian positiv zu gestalten. Wie immer man dieses grundsätzliche Verhalten beurteilen möchte, offenbart doch gerade sein krampfhaftes Bemühen, im Sinne des *princeps* die Vaterschaft Caesars zu widerlegen, tiefe Charakterschwächen. Er, der viele Jahre am Ptolemäerhof gefördert worden, in herausragender Stellung tätig gewesen und persönlich mit Caesarion verbunden war, musste es besser wissen. So kann man nur sagen, *si tacuisses …*[127]

Wie heftig die zeitgenössischen Angriffe auf die römischen Wurzeln des Caesarion waren, lässt sich der Tatsache entnehmen, dass Gaius Oppius (immerhin ein alter Gefolgsmann Caesars und später ebenso treu dem Erben und Adoptivsohn Oktavian ergeben) es für notwendig erachtete, eine ebenso grundlegende wie zweifelhafte Attacke zu reiten. „Weil angeblich die Angelegenheit ganz entschieden eine Rechtfertigung und Verteidigung nötig habe, [veröffentlichte Oppius] eine Schrift, in der er die These verfocht, es sei nicht Caesars Sohn, den Kleopatra dafür ausgebe."[128] Wie wenig glaubwürdig ihn schon die antiken Historiker einschätzten, zeigt eine Bemerkung bei Plutarch, wonach man dem Oppius, wenn er von Feinden oder Freunden Caesars redete, nur mit größtem Vorbehalt begegnen dürfe.[129]

Auch Cassius Dio leugnet die Zeugung durch Caesar und behauptet, Kleopatra habe nur vorgegeben, dieses Kind, das sie Ptolemaios nannte, von Caesar empfangen zu haben und ihm daher gewöhnlich den Beinamen Kaisarion zugelegt. In diesem Zusammenhang weist Dio darauf hin, sie habe wegen ihrer dem Dolabella in Syrien geleisteten Hilfe das Recht erhalten, ihren Sohn König von Ägypten zu nennen.[130]

Aus Sicht des Sueton hat Kleopatra das Gerücht von der Vaterschaft in die Welt gesetzt, indem sie „in der Öffentlichkeit zu betonen pflegte, sie habe ihn (Caesarion) von Caesar empfangen …".[131] Immerhin muss er zugeben, Caesar habe zugelassen, „dass der Sohn, den sie (Kleopatra) geboren hatte, nach ihm benannt wurde".[132] Darüber hinaus erwähnt er den schon bei Nikolaos verarbeiteten Sachverhalt, einige griechische Autoren hätten überliefert, dass Kleopatras Sohn in seinem Äußeren und darin, wie er sich bewegte, Caesar ähnlich gewesen sei.

Gegen den Trend schreibt Lukan im zehnten Buch seines Bürgerkriegsepos: „Mitten in seiner Tollheit, seinem Wahnsinn, mitten in einem Palast, in dem Pompeius' Geist noch hauste, räumte dieser Frauenheld, vom Blut von Pharsalos noch besudelt, der Liebe Einfluss auf seine Pläne ein und ließ Ehebruch und einen Bastard in diesem Krieg eine Rolle spielen! O Schande! Er vergaß Pompeius, gab Julia Hurenkinder zu Geschwistern (*Iulia, fratres obscaena de matre dedit*) und ermöglichte es der geschlagenen Partei, sich im entferntesten Winkel des libyschen Reiches zu sammeln. Er opferte schimpflich seine Zeit der Liebe zu einer Ägypterin und wollte Pharos lieber verschenken als für sich erobern!"[133] Zwar lässt der Dichter auch im Hinblick auf seinen Nachkommen kein gutes Haar an Caesar, doch behandelt er dessen Urheberschaft für Kleopatras Nachwuchs als Selbstverständlichkeit. Der Plural *fratres* ist als Stilmittel zu sehen und weist nicht etwa auf weitere Geschwister Caesarions hin.

Trotz Lukans eindrucksvollem Wettern regte sich – wie oben angedeutet – in der Forschung immer wieder einmal heftiger Widerstand gegen Caesars Vaterschaft, der zeitweise kuriose Züge annahm. So kann man etwa den Hinweis von Balsdon, Caesar habe zwar mit 17 seine Tochter Julia gezeugt, danach aber auf diesem Sektor über Jahrzehnte nichts mehr geleistet und sei deshalb wohl zeugungsunfähig gewesen, nicht einfach stehen lassen. Erstens war Caesar sexuell so aktiv, dass ihm nicht nur in der römischen Oberschicht zahlreiche Affären nachgesagt wurden, sondern seine Soldaten in aller Öffentlichkeit und mit einem gewissen Stolz auf die Vitalität ihres Befehlshabers sogar obszöne Lieder sangen, in denen seine „Leistungen" auf diesem Feld gebührend hervorgehoben wurden. Zweitens verkehrte Caesar ganz offensichtlich mit vergleichsweise vielen Partnerinnen, die ihrerseits oft genug gebunden waren, weshalb ein möglicher Nachwuchs nicht unbedingt gleich ihm zugewiesen werden konnte. Die Quellen und insbesondere die augusteisch geprägte Überlieferung hatten kein Interesse, möglicherweise vorhandene weitere natürliche Kinder des Iuliers in den Fokus der Öffentlichkeit zu rücken. Insofern darf man nicht ex silentio schließen, es habe derartigen Nachwuchs nicht gegeben. Und drittens rühmt sich noch 70 n. Chr. der Lingone Iulius Sabinus, durch seine Urgroßmutter sei er ein Nachkomme Caesars.

Balsdons These, Caesar sei durch sein vorgerücktes Alter zu nichts Wesentlichem mehr imstande gewesen, wirkt wenig stichhaltig, wenn man bedenkt, dass etwa ein Charlie Chaplin oder ein Luis Trenker in hohem Alter noch Vaterschaftsfreuden erleben konnten. Um wie viel mehr ist dies bei Caesar möglich, der gerade die Fünfzig überschritten hatte und keineswegs im Ruf stand zurückhaltend oder gar enthaltsam zu sein![134]

Im Übrigen ließ Antonius keine Gelegenheit aus, in Bezug auf die Abstammung Caesarions eine vehement gegenteilige Position zu Oktavians Propaganda zu beziehen. Ausdrücklich vertrat er die Vaterschaft Caesars, was ihm – dem Verlierer der Seeschlacht von Actium – im Nachhinein von den antiken Autoren schwer angekreidet wurde.[135] Welche Sichtweise in den

Quellen dominieren würde, hätte er gesiegt, können wir uns ohne viel Phantasie denken.

Die ägyptischen Quellen reichen zur Klärung der offenen Fragen zwar nicht aus, sie bieten aber eine Reihe von Aspekten aus der sonst so schlecht greifbaren nichtrömischen Perspektive. So heißt es auf einer demotischen Stele aus Memphis (Louvre 335): „Geschrieben im 5. Jahr, am 23. Pauni, am Festtag der Isis, der auch ist der Geburtstag des Königs Kaisaros."[136] Es ist keineswegs unüblich, wenn in nichtoffiziellen Dokumenten wie hier nur das Regierungsjahr, nicht aber das Herrscherpaar erwähnt wird. Nun entsprach der ägyptische 23. Pauni des 5. Jahres nach dem vorjulianischen Kalender dem 6. September 47. Der Kalendertag passt weder zu Caesars Geburtstag noch zu dem des Augustus, die beide ebenfalls in Ägypten den Beinamen Caesar führten. Wir gehen hier also von dem Geburtstag Kaisarions aus und stellen fest, dass Kaisarion tatsächlich das Licht der Welt nur gut zehn Monate nach dem denkwürdigen Zusammentreffen Kleopatras mit Caesar im alexandrinischen Palast erblickt hat – ein gewichtiges Indiz für die Vaterschaft Caesars, denn mit wem sonst hätte die Königin in den Monaten der Belagerung eine Liaison beginnen können? Ihr offizieller Gatte, der sich mit Potheinos und seinen Beratern in den „neuralgischen" Wochen ja ebenfalls im Palast aufhielt, kommt schlichtweg schon deshalb nicht in Frage, weil er sich nach wie vor im Kriegszustand mit ihr befand und man sich offenbar gegenseitig nach dem Leben trachtete.[137]

Nun war die natürliche Sohnschaft nur die eine Seite der Medaille, auf der anderen stand die Frage der Anerkennung durch Caesar. Nach römischem Denken war die Abstammung keine Frage der Blutsverwandtschaft, sie hing vielmehr ausschließlich von der Rechtslage ab. Aus Caesars Testament vom 13. September 45 können wir ersehen, dass er Kleopatras Sohn nach *römischem Recht* definitiv nicht anerkannt hatte. Dort findet sich nämlich eine Regelung für den Fall, dass ihm postum noch ein Sohn geboren worden wäre, der nur von Calpurnia hätte stammen können. *Juristisch* gesehen hatte Caesar bei seinem Ableben also *keinen* Sohn.

Gemäß römischem Recht war Kaisarion nur der Filius einer auswärtigen Fürstin. Damit konnte er keinesfalls Rechtsnachfolger seines Erzeugers werden, noch sonst irgendwelche Ansprüche in diese Richtung erheben. So wird man Suetons Aussage relativieren müssen, Marcus Antonius habe vor dem Senat bekräftigt, dass der Junge von Caesar als Sohn anerkannt worden sei. Das wüssten auch Gaius Matius, Gaius Oppius und die übrigen Freunde Caesars.[138] Bestenfalls hat Caesar die natürliche Vaterschaft bezeugt, den Jungen aber weder adoptiert noch ihm sonst irgendeine Anerkennung im römischen Sinne angedeihen lassen.

Was eine juristische Anerkennung bedeutet hätte, sehen wir an Caesars Erben Oktavian. Als Großneffe des Diktators wurde er in dessen letztem Testament mit drei Vierteln des Privatvermögens bedacht, musste allerdings die Legate für das Volk von Rom auszahlen. Dies wurde schon deshalb schwierig, weil sich M. Antonius eben dieses Vermögen bereits angeeignet hatte. Wichtiger aber war, dass Caesar – wie Sueton uns berichtet – „am Ende des Schriftstücks auch den C. Octavius in seine Familie und seinen Namen an Sohnes Statt aufgenommen hat“. Oktavian zögerte nicht und nannte sich sofort Caesar. Antonius suchte zunächst erfolgreich die rechtliche Anerkennung dieser *adrogatio* durch die *comitia curiata* zu verhindern. Erst im August 43, nachdem er sich mit Gewalt das Konsulat verschafft hatte, konnte Oktavian den notwendigen Beschluss herbeiführen. Die Zugehörigkeit zur *gens Iulia* brachte eine Fülle kultischer, wirtschaftlicher, sozialer und politischer Verbindungen und Verpflichtungen mit sich. Dieses Netzwerk ging nun vom toten „Vater“ Caesar auf den „Sohn“ Oktavian über, ab jetzt konnte dieser sich C. Iulius Caesar nennen und damit den vollen Namen des Ermordeten nutzen, um politisches Kapital daraus zu schlagen. Von den Zeitgenossen wurde sein Rechtsanspruch auf die Klientel als Selbstverständlichkeit akzeptiert, und dieser erstreckte sich auf das gesamte Umfeld des Verstorbenen, nicht zuletzt auf seine Vermögensverwalter und die Veteranen.[139]

Caesarion hätte dem machthungrigen Rivalen des Antonius in diesem Ringen niemals das Wasser reichen können und wurde von Kleopatra um jeden Preis aus der jetzt Oktavian zugefallenen Rolle herausgehalten. Nur ein mit allen Wassern gewaschener und mit den komplexen Loyalitäten, Verflechtungen, Intrigen und Verfahren der römischen Politik vertrauter Mann durfte hoffen, das Ringen um Caesars Nachfolge unversehrt zu überstehen, wenn er einmal „nominiert“ war, nicht ein Knäblein aus dem fernen Ägypten.

Ob Caesar nicht nur aus emotionalen Gründen auf Kleopatras und insbesondere Caesarions Anwesenheit in Rom Wert legte, sondern Caesarion eben in römischem Umfeld aufwachsen lassen und ihn gerade mit diesen neuralgischen Punkten vertraut machen wollte, um ihn auf eine wie immer geartete Nachfolge vorzubereiten, kann man kaum beurteilen. Ein Indiz hierfür könnte wiederum Sueton liefern, der allerdings nur vom Hörensagen berichtet: „Der Volkstribun Helvius Cinna hat nicht wenigen gegenüber eingeräumt, in seiner Hand sei ein schriftlich abgefasster Gesetzentwurf gewesen, den er auf Geheiß Caesars zu einem Zeitpunkt hätte einbringen sollen, zu dem dieser persönlich nicht anwesend wäre: Um Kinder zu zeugen, solle es Caesar gestattet sein, beliebig viele Frauen, die er haben wollte, zu verführen.“[140] Nach einer derartigen gesetzlichen Regelung hätte Caesarion – Caesars Willen vorausgesetzt – ohne Probleme als Sohn legitimiert werden können. Allerdings bestand aus den oben dargelegten Gründen bis zum Tod des Diktators kein Handlungsbedarf. Auf dessen Großneffen Oktavian muss Caesarion wie ein Stachel im Fleisch gewirkt haben, führte er ihm doch ständig vor Augen, dass jemand anderer Caesar privat und hinsichtlich der Blutsverwandtschaft viel näher stand als er. Unter diesem Aspekt war Caesarion zwar keine Herausforderung für Rom, sehr wohl aber eine für Oktavian. Entsprechend verhielt sich dieser, als er ihn später in die Hände bekam.

## Ein Name ist Programm

Von Anfang an hat Kleopatra die Abkunft ihres Sohnes von Caesar nach außen wirkungsvoll dargestellt. Während die Alexandriner den jungen Thronfolger als Kaisarion beziehungsweise Caesarion bezeichneten, ging die Königin noch einen Schritt weiter und verwandte den schlichten, aber umso aussagekräftigeren Namen *Kaisar* beziehungsweise *Caesar*, so wie ihn später Oktavian nach seiner testamentarischen Aufnahme in die *gens Iulia* für sich reklamierte. Offiziell hieß der Kleine jetzt *Ptolemaios Kaisar.* Caesars Beiname stand also ohne jede Abschwächung direkt neben dem Standardnamen für die männlichen Mitglieder der Dynastie. Wenn auch die Reichweite der politischen Ansprüche, die Kleopatra mit der Namensgebung ihres Sohnes zum Ausdruck brachte, vielleicht sogar absichtlich etwas im Unklaren belassen wurde, so machte diese Kombination doch unmissverständlich klar, dass in Caesarion Rom und Ägypten verschmolzen waren, ein Umstand, der künftig das Ptolemäerreich alle dem Imperium angegliederten Klientelkönigtümer überragen ließ. Hier wie dort nahm man in der Alten Welt das ganze politische Gewicht wahr, das mit der Namensgebung einherging.

In der Forschung hat die offenbar vom Volksmund kreierte Namensform Kaisarion eher Verwirrung und Dissens ausgelöst. Zwei Hauptrichtungen lassen sich dabei unterscheiden: Eine fasst die Bezeichnung als Diminutiv auf, also in der Bedeutung „kleiner Caesar" oder „Caesarlein", die andere sieht hier ein Patronymikon, also die Betonung des Vatersnamens, etwa in der Form „Caesarsohn". Erst jüngst hat allerdings Jürgen Deininger gezeigt, dass der Namensbildungstyp mit der Endung *-ion* etwas völlig Normales darstellt und daher keine dieser Deutungen zutrifft. Stattdessen haben wir es hier mit einer sehr subtilen, ironischen Gestaltung eines Spitznamens zu tun. Die für ihre scharfe Zunge sattsam bekannten Alexandriner haben an die offizielle Benennung *Kaisar* offenbar mit einem Augenzwinkern eine für Nomina durchaus übliche Endung angefügt, da sie den vollen Namen Ptolemaios Kaisar (*Ptolemaios o kai Kaisar*) als zu lang für eine umgangssprachliche Verwendung empfanden und man den kleinen Ptolemäer so problemlos von seinem berühmten Vater unterscheiden konnte. Der besondere Witz der Bezeichnung lag in der Verwendung einer typischen Namensform, wie wir sie bei der Hellenisierung lateinischer Grundnamen zuhauf antreffen, als Beispiele seien nur Markion und Rufion angeführt. Es handelt sich also um einen Übernamen mit Pfiff, einen Scherznamen, der sowohl wertneutral wie ironisch oder auch abwertend gebraucht werden konnte. Hier genügte schon eine entsprechende Betonung, um die Nuancen deutlich zu machen.[141]

Vom offiziellen Sprachgebrauch völlig unbenommen ist die mögliche Verwendung des Namens Kaisarion durch Kleopatra, Marcus Antonius und ihre Umgebung; dabei mag die Bezeichnung eher als Kosename gedacht gewesen sein, keinesfalls aber hatte dies Einfluss auf die offizielle Namensform Kaisar/Caesar.[142]

In einem Brief an Atticus vom 11. Mai 44 spricht Cicero von Caesarion abfällig als „jener Caesar“, während er sich umgekehrt an anderer Stelle über Oktavians Annahme des Caesarennamens mokiert und ihn Oktavian nennt, ein Ausdruck, den der so Bezeichnete wegen des Hinweises auf seine wenig vornehme Herkunft ablehnte und daher niemals selbst verwandt hat. Der umfassende Gebrauch des charismatischen Namens „Caesar“ in dessen Propaganda hat jedoch die literarische Überlieferung entscheidend geprägt. Wegen des mit der Selbstbezeichnung signalisierten Anspruchs wäre die Verwendung der offiziellen Namensform für Kleopatras Sohn im Schriftverkehr und der römischen Literatur von Oktavian sofort als Affront aufgefasst worden, daher dürfen wir uns nicht wundern, wenn die durch seine Agitation geprägten Quellen Caesars natürlichen Sohn mit der alexandrinischen Scherzform bezeichnen, die vor diesem Hintergrund allerdings einen diskriminierenden Zug erhält.[143]

Kleopatras Absichten bei der Namensgebung treten noch deutlicher auf einer Stele aus Arsinoë/Krokodilopolis im Fajum hervor. Dort findet sich unter der geflügelten Sonne mittig die Darstellung einer Büste des Gottes Suchos mit Zeremonialbart in einem Tempel. Während von der linken Seite Suchos – nun halb Mensch und halb Krokodil – auftritt, nähert sich von der anderen Seite ein Mann im Opfergestus, der durch den Ornat eindeutig als Pharao zu identifizieren ist. Seine Darstellung entspricht dem zeitlosen Bild des opfernden Königs und steht daher wohl ohne weitere Differenzierung für das Herrscher*paar*. Aufschlussreich ist die griechische (!) Inschrift, die dieses vollkommen ägyptische Bildprogramm flankiert. Dort heißt es: „Für Königin Kleopatra, die Vaterliebende Göttin, und König Ptolemaios, der auch Kaisar (genannt wird), den Vaterliebenden und Mutterliebenden Gott (*théos Philopátor kai Philométor*), und die Vorfahren, dem Suchos, dem zweimal großen Gott Vatersvater (geweiht).“[144]

Caesar hat die Benennung von Kleopatras Sohn gebilligt. Angesichts des damit einhergehenden politischen Risikos wird man davon ausgehen dürfen, dass sie die Inanspruchnahme des Caesarnamens mit ihm abgestimmt hatte, und zwar noch vor seiner Abreise aus Ägypten. Anders sieht es da mit den jetzt auftauchenden Beinamen aus. Sie können dem Caesarion erst nach Kleopatras Rückkehr aus Rom und dem Ableben ihres Brudergemahls Ptolemaios XIV. beigelegt worden sein, schließlich hingen sie von seiner Erhebung zum Mitregenten an der Seite seiner Mutter ab.

Dem Wortlaut der Inschrift nach muss die Stele also in die Zeit der gemeinsamen Herrschaft Kleopatras mit Caesarion (44–30 v. Chr.) datiert werden. Die neuen Beinamen entsprechen zwar durchaus ptolemäischem Brauch, der programmatische Gehalt ist allerdings einer genaueren Betrachtung wert. Die Einbeziehung der Vorfahren des Ptolemaios Kaisar in die Widmung führt zunächst einmal zu dem Kuriosum, dass im Krokodiltempel des mittelägyptischen Arsinoë nicht allein Iulius Caesar, sondern die gesamte *gens Iulia* kultisch geehrt wird.

Mit dem Beinamen „Philometor" wird die intensive Beziehung des jungen Königs zur Mutter betont, gleichermaßen aber stellt „Philopator" eine enge Verbindung zum Vater her. Zweifelsfrei zeigt sich im Verweis auf Caesar ein Legitimationsanspruch. Bleibt die Frage, worauf dieser zielt. Die Richtung weist die Bezeichnung „Ptolemaios, der auch Kaisar (genannt wird)". Zwei Aspekte enthält demnach die Botschaft, die Kleopatra über die Nomenklatur an Ägypter, Griechen und nicht zuletzt Römer richtete: Ihr Sohn ist Ptolemäer *und* Iulier. Mit ihm ist eine neue ägyptisch-römische Dynastie begründet worden. Die Beinamen Philometor und Philopator machen dies noch einmal unmissverständlich klar.[145]

So spricht aus Caesarions vollem Namen das ganze Selbstbewusstsein der Königin selbst nach Caesars Ermordung. Ohne Rücksicht auf die Machtverhältnisse in Rom unterstreicht sie demonstrativ die Verbindung ihres Sohnes zu seinem Erzeuger und fordert damit nicht zuletzt Oktavian heraus, der sich gerade jetzt als Erbe und „Sohn" Caesars der römischen Öffentlichkeit präsentierte.

Ebenso passte sie die eigene Titulatur den neuen Verhältnissen im Königshaus an. Vom Herrschaftsantritt an hatte sie – schon um ihre legitime Herkunft von Ptolemaios XII. zu betonen – den Titel „vaterliebende Göttin" geführt. Ihr jeweiliger Brudergemahl und sie wurden als „geschwisterliebende Götter" bezeichnet, ein Kulttitel, der sich nach dem Tod Ptolemaios' XIV. und der Erhebung Caesarions zum Mitregenten natürlich nicht mehr halten ließ; er fiel ersatzlos weg. Stattdessen wurde – wie betont – Caesarions Vater- und Mutterliebe in den Vordergrund gerückt.

## Kleopatra in Rom

Zurück in Rom, führte Caesar bei seinem vierfachen Triumph im Juli 46 neben dem Gallier Vercingetorix und dem numidischen Königssohn Iuba auch Kleopatras gefangene Schwester Arsinoë im Triumphzug mit. Während die Römer die ebenfalls präsentierten Bilder von Potheinos und Achillas bejubelten, schlug die Stimmung beim Anblick der gefesselten Ägypterin in Mitleid um.[146] Schließlich überdeckte aber die Begeisterung über Caesars Erfolge diese Gefühlsregungen.

Im Juni schon hatte Kleopatra Alexandria verlassen, um Caesar nachzureisen. Angesichts der Reaktionen auf die Zurschaustellung ihrer Schwester tat sie gut daran, erst nach den triumphalen Feierlichkeiten in Rom einzutreffen. Wer die Initiative für diese „Familienzusammenführung" ergriffen hatte, Kleopatra oder Caesar, wissen wir nicht. Caesar muss allerdings einverstanden gewesen sein, Kleopatra ihrerseits war dem Umzug nach Rom durchaus zugeneigt, sonst hätte sie es wohl kaum fast zwei Jahre dort ausgehalten. Mag sein, dass Caesar sie sogar eingeladen hatte, wie Sueton annimmt. In jedem Fall kam sie ihm nicht ungelegen, und er nutzte ihre Anwesenheit, um seine Pläne hinsichtlich der Ausgestaltung seiner Herrschaft voranzutreiben.[147]

Anders als einst ihr Vater, der um seine Wiedereinsetzung betteln musste, konnte sie jetzt mit erhobenem Haupt auftreten. Ihr Eintreffen hatte den Charakter eines Staatsbesuchs. Ein Bündnis- und Freundschaftsvertrag sollte geschlossen werden, durch den ihre Herrschaft in gleicher Weise abgesichert wurde, wie dies seinerzeit bei ihrem Vater geschehen war. Obwohl die Quellen dies nicht ausdrücklich erwähnen, können wir sicher davon ausgehen, dass sie ihren Sohn mitgebracht hat, schon um ihn seinem Vater zuzuführen, vielleicht auch um der römischen Öffentlichkeit noch deutlicher ins Gedächtnis zu rufen, Caesar stehe trotz des frühen Ablebens seiner Tochter Julia nicht ohne Nachkommen da, vielmehr sei da jemand aus königlichem Haus, in dessen Adern Caesars Blut fließe und der sogar den Vatersnamen führe.

Der offiziellen Angelegenheit angemessen, wurde sie nicht nur von einem zahlreichen Gefolge, sondern auch von ihrem zweiten Brudergemahl begleitet, der allerdings neben ihrer Erscheinung völlig verblasst. Beim Einzug in die „Ewige Stadt" wird sie den Römern sicherlich eindrucksvoll vor Augen geführt haben, welch einen Prunk ein hellenistischer Herrscher von ihrem Rang zu entfalten für nötig erachtete. Dabei konnte sie sich auf einen ihrer Stellung entsprechenden Empfang verlassen, denn durch Caesars langen Aufenthalt im alexandrinischen Palast bestand ein *hospitium*-Verhältnis, weshalb sie gegebenenfalls auf die Verpflichtung zur Gastfreundschaft hätte pochen können. Dies war zwar wohl kaum nötig, rechtfertigte aber vor der römischen Öffentlichkeit ihre luxuriöse Unterbringung auf Caesars Gütern jenseits des Tiber. Den Römern gegenüber konnte sie gelassen auftreten, denn durch das Klientelverhältnis zu Caesar stellte sich ihre Position deutlich stärker dar, als dies bei ihrem Vater der Fall gewesen war. Caesar war als *patronus* des ptolemäischen Herrscherpaares in Pompeius' Fußstapfen getreten, stand aber ungleich mächtiger da als sein ehemaliger Gegenspieler beim Romaufenthalt des Auletes. Zur adäquaten Aufnahme der Königin gehörten natürlich wertvolle Gastgeschenke von Seiten Caesars, die dieser sicher nicht zuletzt aus den nach dem Alexandrinischen Krieg „erschlossenen" Reichtümern Ägyptens finanzierte. Sueton prangert an, er habe die Königin mit Präsenten regelrecht überhäuft.[148]

Obwohl Caesar offiziell bei seiner Frau Calpurnia wohnte, konnte sich Kleopatra schon als *die* Frau an seiner Seite fühlen, nicht nur weil die Gärten jenseits des Tiber für ihren Liebhaber verkehrstechnisch bestens gelegen waren, auch die Art, in der er seine Beziehung zu ihr in der römischen Öffentlichkeit demonstrierte, ließ kaum an Deutlichkeit zu wünschen übrig.

Daran änderte seine Abreise nach Spanien nichts, wo er ab November 46 den Krieg gegen Pompeius' Söhne und die aus Africa entkommenen Pompejaner aufnahm. Anscheinend hat Kleopatra nicht ernsthaft Anstoß genommen an der Affäre mit Eunoë, die seinen Spanienaufenthalt „würzte". Im Übrigen hat sich deren Ehemann, der mauretanische König Bogudes, genauso wenig über das Techtelmechtel aufgeregt, sondern Caesar in der Schlacht von Munda (März 45 v. Chr.) entscheidend unterstützt. Dieser war schließlich bekannt dafür, kein Kostverächter zu sein, und an makedonisch-hellenistischen Höfen wäre eine Einschränkung der erotischen Aktivitäten des Herrschers eher mit Befremden aufgenommen worden. So musste Caesar bei seiner Rückkehr nicht mit Vorwürfen rechnen, zumal Eunoë schon von ihrer Stellung her mit der Königin Ägyptens nicht konkurrieren konnte.[149]

Fast ein Jahr hatte er Kleopatra in Rom allein gelassen, ohne dass sie in ernsthafte Bedrängnis gekommen wäre. Vielmehr führte sie ein großes Haus, auf ihren Festen und Banketten traf sich die bessere Gesellschaft der Stadt. Getreu den Gepflogenheiten hellenistischer Herrscherrepräsentation traten bei ihren Empfängen Künstler und Philosophen auf. Aus dem Umkreis Caesars kam der bekannte Sänger und Musiker M. Tigellius Hermogenes, und auch von dem Philosophen Philostratos wissen wir, dass er bei solchen Anlässen Beispiele seiner Redekunst lieferte und Diskussionen hervorrief, an denen sich die Königin selbst engagiert beteiligte. Den Anwesenden wurde so nicht nur die hohe Kunst ihres Lieblingsphilosophen, sondern ebenso ihr eigener Esprit eindrucksvoll vor Augen geführt. Die hohen Herren Roms sahen sich einer jungen, attraktiven Orientalin gegenüber, die ihnen geistig gewachsen, ja in vielen Fällen wohl überlegen war, selbstbewusst auftrat und so gar nicht den Konventionen entsprach, denen sich römische Frauen normalerweise unterwerfen mussten. Diese wiederum nahmen die modischen Impulse aus der Weltstadt Alexandria gerne auf und ließen sich etwa in der Haarmode von der typisch ptolemäischen Melonenfrisur inspirieren. So demonstrierte Kleopatra als Trendsetterin Reichtum und Lebensstil in einer Weise, die über kurz oder lang Neid und Missgunst auf den Plan rufen musste.[150]

Cicero ist keineswegs der Einzige gewesen, der an der Hofhaltung Kleopatras Anstoß nahm. Seine Schriften liefern uns ein besonders gutes Beispiel für derartige Aversionen. Er selbst muss mindestens einmal, wahrscheinlich aber öfter an den Festlichkeiten teilgenommen haben und ist Kleopatra in diesem Rahmen persönlich begegnet. Dabei hat sie ihm offenbar die Zusendung einiger bedeutender Texte versprochen. Diese ließen allerdings auf sich warten und so kann Cicero sich in einem Brief an Atticus vom 13. Juni 44 ereifern: „Die Königin hasse ich, und dass ich recht daran tue, weiß Ammonius, der sich für ihre Versprechungen verbürgt hat. Es handelt sich um literarische Dinge (philólogа), wie sie meiner Stellung entsprechen, und ich könnte sogar vor dem Volk ungeniert davon sprechen."[151] Trotz der Zusicherungen ihres Höflings hatte Kleopatra also nicht geliefert. Da Cicero die noch ausstehenden Raritäten erst ein Vierteljahr nach Caesars Tod erwähnt, könnte es durchaus sein, dass Kleopatra die Zusage nicht allzu lange vor den Iden des März gegeben hatte. Dann dürfte sie durchaus anderes im Kopf gehabt haben als die Buchsendung für ihn, es muss also von ihrer Seite kein böser Wille gewesen sein. Anders sieht es da mit den Bosheiten des römischen Redners und Politikers aus. Bezeichnenderweise haben wir kein Zeugnis von ihm, in dem er noch zu Lebzeiten Caesars abfällige Bemerkungen über Kleopatra schriftlich niedergelegt hätte. Am 16. April 44 jedoch macht er – wiederum in einem Brief an Atticus – seinem Herzen Luft und schreibt: „Dass die Königin verduftet ist, kann mir nur recht sein."[152] In einer enigmatischen Passage vom 11. Mai erwähnt Cicero erstmals Caesarion. Eines ist klar: Was er dort ihr und ihrem Sohn, ohne es weiter auszuführen, wünscht, kann keinesfalls positiv sein.[153]

Höchst aufschlussreich hinsichtlich seiner Selbstgefälligkeit ist das bereits erwähnte Schreiben aus dem Juni 44. Hier legt Cicero seine verletzte Eitelkeit offen, wenn er sich darüber empört, dass Saras, ein weiterer von Kleopatras Höflingen, sich ihm gegenüber impertinent verhalten habe. Jetzt wisse er, Cicero, dass dieser ein Lump (*nefarius homo*) sei. Ein einziges Mal sei Letzterer in sein Haus gekommen, und als er ihn höflich fragte, was er wünsche, unterstand sich Saras, nur lapidar zu antworten, er suche Atticus. Wie kann man nur? Und weil er sich offenbar in Rage geschrieben hatte, wendet sich Cicero gleich noch einmal der Herrin des Gescholtenen zu: „Und nun gar der Hochmut (*superbia*) der Königin selbst, als sie in den Gärten jenseits des Tiber residierte! Davon kann ich nur mit größter Erbitterung reden. Mit denen will ich also nichts zu tun haben. Sie meinen wohl, ich hätte keinen Mut, nicht einmal Galle."[154] Dabei erweist er sich regelrecht als Mimose, sucht er doch offenbar die Tatsache zu verarbeiten, dass er eben nicht im Mittelpunkt stand, wenn er Kleopatra am Fuß des heutigen Gianicolo aufsuchte. Im Übrigen missfiel ihm sicher auch die Gesellschaft, mit der er bei den Festlichkeiten der Königin zwangsläufig konfrontiert war. Zumindest war er mit dem von Kleopatra so geschätzten Tigellius Hermogenes verfeindet; dessen Erfolg muss ihn gewurmt haben.[155] Dabei mag die Königin durchaus nicht ganz unschuldig an seinem Hass gewesen sein, könnte sie doch bei solchen Gelegenheiten in mancherlei Hinsicht arrogant oder herausfordernd gewirkt haben. Schließlich lag die Macht in Rom bis zum März 44 in den Händen ihres Liebhabers und seiner Stellvertreter. Niemand konnte ahnen, dass Cicero in Kürze wieder eine herausragende Bedeutung in der *res publica* zufallen würde. Er jedoch hängte sein Mäntelchen nach dem Wind und lief erst zu großer Form auf, als andere Caesar beseitigt hatten. Jetzt erst traute er sich an Kleopatra heran und begann mit seinen Verunglimpfungen.[156]

Die Anhänger der Republik trieb sicherlich die Furcht vor ihrem Einfluss auf Caesar um, der keineswegs gering eingeschätzt werden darf. Dieser sollte sich alsbald in der Religionspolitik zeigen, und zwar insbesondere im Umgang mit Venus. Just an seinem Geburtstag am 25. Juli 46, dem letzten Tag des großen Triumphs, hatte Caesar das von ihm in Auftrag gegebene Forum Iulium sowie als Hauptbau den in der Schlacht von Pharsalos gelobten Tempel eingeweiht. Anders als ursprünglich versprochen, widmete er ihn allerdings nicht der Venus Victrix, sondern vielmehr der Venus Genetrix. Damit verschob sich aber ganz entscheidend der Akzent der Stiftung. Venus galt schließlich als Stammmutter des iulischen Geschlechts. Sie in der Ausprägung Genetrix (= Erzeugerin, Mutter) zu verehren, kam einem dynastischen Kult außerordentlich nahe und kann als richtungsweisend gelten für die immer vehementeren Anstrengungen Caesars um eine dauerhafte Konsolidierung seiner Monarchie. Venus hatte ihm den Sieg verliehen und Sieghaftigkeit galt als ein entscheidendes Merkmal charismatischer Königslegitimation im hellenistischen Osten.[157]

Im Allerheiligsten des Tempels ließ er eine goldene Statue Kleopatras in unmittelbarer Nähe zum kultisch verehrten Bild der Göttin aufstellen. Damit sprengte er den Rahmen profaner Ehrungen und rückte die Königin in die Nähe seiner Ahnmutter. In sich mag dies insofern einer gewissen Logik nicht entbehrt haben, als Kleopatra wie andere Ptolemäerinnen vor ihr sich als Inkarnation der *Isis* präsentierte und in Ägypten entsprechend verehrt wurde. Da Isis in der *interpretatio romana* mit Venus gleichzusetzen war, wurde somit dem römischen nunmehr ein ägyptisches Kultbild mit den Zügen der Königin hinzugefügt, das selbstverständlich die ihm zustehende Verehrung genoss. Eine besondere Note bekam dieses Szenario, weil Kleopatra als Verkörperung und Vorbild für die Isis-Statue ausgesprochen lebendig und lebensfreudig in nächster Nähe residierte. Angesichts ihres demonstrativ zur Schau getragenen Verhältnisses mit Caesar musste in Rom unwillkürlich die Frage nach einer etwa geplanten Verschmelzung der *gens Iulia* mit dem Ptolemäerhaus aufkommen. Dieser durch Caesarions Nomenklatur bereits in den Raum gestellte Anspruch wurde nunmehr auf eine kultische Ebene gehoben und somit dem profanen Zugriff entrückt. Bemerkenswerterweise hat selbst Oktavian an dieser religionspolitischen Maßnahme Caesars nicht zu rühren gewagt. Kleopatras Statue wurde im Venustempel belassen und der Sieger von Actium konnte dies später sogar als besonderes Zeichen der *pietas* gegenüber seinem Adoptivvater ins Feld führen. Mit der Aufstellung des Standbilds seiner Geliebten hat Caesar wieder ein Stück mehr die Maske fallen lassen und angedeutet, dass er gewillt war, seine Position im Staat in einer Form auszubauen, die ihm vor allem unter den Senatoren jede Menge Kritik und Feindschaft einbringen sollte.[158]

So konnten die Zeitgenossen eigentlich nicht mehr daran zweifeln, dass er inspiriert sei von den hellenistischen Monarchien im Osten, denn dort wurden die Herrscher schon seit Jahrhunderten mit göttlichen Ehren bedacht. Die Königin war natürlich in ihrer Heimat gewohnt, in den Heiligtümern mittels Kultbildern präsent zu sein und Verehrung zu genießen. Daher drängt sich der Gedanke auf, Caesar habe die Goldstatue auf ihre Initiative hin aufstellen lassen. Er muss sich aber im Klaren darüber gewesen sein, dass seine Maßnahme in Rom herausfordernd wirkte und zu Komplikationen führen würde. Allerdings passt sie zu seiner rastlosen Reformtätigkeit in den letzten beiden Lebensjahren.

Man gewinnt den Eindruck, Caesar habe vollends die Geduld verloren und deshalb die Neuerungen durchgepeitscht, wohl wissend, dass dies Wasser auf die Mühlen seiner Gegner leitete. Auch jenseits der Aufstellung von Kleopatras Statue war sein Vorgehen nicht gerade von Sensibilität und Rücksichtnahme auf die Gefühle der Römer bestimmt. Bereits in der Ausgestaltung seines Triumphs waren etwa mit der Bewirtung des Volkes Anklänge an die berühmte Prozession (*pompé*) des zweiten Ptolemäers aufgetaucht. Durch die beim Umzug mitgeführten, mit Fackeln bestückten Elefanten nach Hause geleitet, musste Caesar den Orientalen und jenen Römern, die den Osten kannten, wie ein Neuer Dionysos erscheinen, mit dessen erwartetem Auftreten die Menschen Heilserwartungen verbanden. Hellenistische Herrscher hatten diese Vorstellungen längst instrumentalisiert und sich so der Loyalität ihrer Untertanen versichert. Wie Plinius berichtet, waren schon bei Pompeius' Triumph über Africa Elefantengespanne aufgetreten, die an den Indienzug des Dionysos (Liber Pater) erinnerten.[159]

Caesar aber ließ es nicht dabei bewenden, sondern überschritt noch eine weitere Grenze und führte den Kult des Liber Pater in Rom offiziell ein, obwohl doch die Bacchanalien seit dem zweiten Jahrhundert vom Senat aufs Heftigste bekämpft worden waren. Für ihn aber scheint dies nur ein weiterer Schritt auf dem Weg zur Verbindung östlicher und römischer Kultpraxis gewesen zu sein, immer mit Blick auf die Möglichkeiten religiöser Herrscherverehrung, die er für sich nutzbar machen konnte.[160]

Hatte der Senat ihm unter anderem schon die Unverletzlichkeit (*sacrosanctitas*) der Volkstribunen verliehen, so gingen die Senatoren Ende 45 noch wesentlich weiter: Als *divus* sollte er in einem eigenen Tempel verehrt werden zusammen mit der personifizierten Clementia – eine Anspielung auf die Milde gegenüber seinen Gegnern im Bürgerkrieg. Antonius würde im Kult als Priester fungieren. Außerdem sollte Caesar gleich einem Heros dereinst innerhalb der Stadt sein Grab finden. In Kombination mit etlichen vorher schon beschlossenen Elementen wie etwa einem eigenen Kultfest alle vier Jahre konnte er endlich die göttliche Verehrung seiner Person als gesichert betrachten. Nur wenige Senatoren, unter ihnen Cassius, stimmten in der entscheidenden Sitzung dagegen. Die Beschlüsse sollten Caesar – der bewusst der Senatssitzung fern geblieben war – in einem feierlichen Akt überbracht werden. Daher zogen die beiden Konsuln, die gesamte Senatsversammlung im Schlepptau, zu Caesars neuem Forum, wo dieser sie vor dem Tempel der Venus Genetrix empfing.[161]

Das alles war eine sorgfältige Inszenierung, der Geehrte nahm die Mitteilung der göttlichen Ehren ausgerechnet vor dem Tempel für seine Ahnherrin Venus entgegen, in dem auch seine Geliebte und Mutter seines Sohnes verehrt wurde. Beiden, Caesar wie Kleopatra, sollten künftig jeweils in Kombination mit der Göttin kultische Ehren erwiesen werden, weiter ist selbst Kleopatras Erzfeind Oktavian nicht gekommen, dessen Kult mit dem der Dea Roma verknüpft wurde.

Zusätzliche Pikanterie bekam der Akt vor dem Venustempel, weil Caesar es vorzog, sitzen zu bleiben, anstatt sich vor den versammelten Senatoren zu erheben. Er hat sich zwar später auf eine körperliche Schwäche herausreden wollen, wahrscheinlich beabsichtigte er aber, dem Publikum einfach noch einmal deutlich machen, dass er als Monarch und nicht als *primus inter pares* diese Ehrungen in Empfang nahm. Die Betroffenen regten sich jedenfalls gebührend über sein Verhalten auf.

Die Botschaft, die hinter dieser ganzen Symbolik steckte, lag für Menschen aus einer hellenistischen Welt klar und offen da. Caesar selbst suchte seine charismatische Herrschaft über die religiöse Legitimation abzusichern und durch Traditionalisierung zu verstetigen, er zielte auf Dynastiegründung. Die Integration Kleopatras nicht in den direkten Personenkult um ihren Geliebten, sondern gesondert in den Kult für sein Geschlecht zeigt, wohin die Reise gehen sollte. Die führenden Kreise in Rom haben dies zweifellos sehr gut verstanden. Es blieb ein hochriskantes Spiel, das sich aber als wohl abgestimmte konzertierte Aktion entpuppt, wenn man die anderen Schritte Caesars hin auf die Konsolidierung seiner Alleinherrschaft betrachtet.[162]

Über diverse Vorstöße Dritter, einer davon durch seinen Vertrauten Marcus Antonius, suchte er ganz offensichtlich auszuloten, ob man die Annahme des Diadems akzeptieren würde. Es ist schlichtweg undenkbar, dass Caesar nicht selbst hinter dieser Initiative stand. Mit der Insignie hat er sich allerdings nicht um seine senatorischen Standesgenossen bemüht, die gerade derartigen Kennzeichen orientalischer Königsherrschaft äußerst distanziert gegenüberstanden, im Mittelpunkt seiner Bemühungen stand vielmehr die römische Bevölkerung, die *plebs*. Deren Emotionen anzusprechen und sie so für die Monarchie zu gewinnen, sah er offenbar als den vielversprechendsten Weg zur festen Verankerung seiner monarchischen Idee in Rom an. Dem dienten unter anderem die *rex*-Rufe, die vereinzelt aus der Menge kamen, als er vom Mons Albanus kommend in die Stadt ritt. Erst nachdem mehrere Anläufe gescheitert waren, nahm er vom Diadem Abstand.[163]

Dies war nun definitiv ein hellenistisches Symbol für die Königsherrschaft, daher muss man davon ausgehen, dass Caesar seine Alleinherrschaft künftig in ebensolchen Formen ausgestaltet sehen wollte. Inwieweit er dabei durch Kleopatra inspiriert worden war, bleibt im Dunkeln, ein gewisser Einfluss lässt sich nicht bestreiten, schließlich spielte sie ja eine tragende Rolle in der ebenfalls hellenistisch geprägten Herrschaftsrepräsentation im Venustempel. Allerdings verfügte Caesar kaum über andere Vorbilder als die moderne Territorialherrschaft hellenistischer Könige, das frührömische Königtum kam als Modell keinesfalls in Frage. Eher standen da schon Alexander der Große und seine Nachfolger Pate bei der Konzeption einer Reichsidee. Dabei spielt das Nacheifern Alexanders als Motiv bei Caesar kaum eine Rolle, auch wenn er als junger Mann beklagt haben soll, noch keine Heldentat vollbracht zu haben, während doch Alexander der Große in seinem Alter schon über so viele Völker herrschte.[164]

So wird man den geplanten Partherfeldzug nicht mit Alexander-Imitatio erklären dürfen oder gar mit einer Flucht Caesars aus einer politisch verfahrenen Situation, in der er am Widerstand gegen die Monarchie verzweifelt sei. Institutionell saß er absolut fest im Sattel, die *plebs* stellte kein Problem dar, lediglich die römische Führungsschicht hatte er nur zu einem Teil für sich und seine Herrschaftsidee gewinnen können. Alles war so weit geordnet, wie es nur eben ging, um unglaublich viele Details hatte er sich persönlich gekümmert, sogar eine Kalenderreform durchgeführt, eine Aufgabe, die wahrhaft eines Herrschers würdig war. Bei der Umstellung vom Mond- auf das Sonnenjahr wurde er vor allem von dem alexandrinischen Astronomen und Philosophen Sosigenes unterstützt. Das Jahr wurde jetzt von 355 auf 365 Tage verlängert und der 1. Januar 45 durch 90 Schalttage zwischen November und Dezember 46 dem astronomischen Kalender angepasst, weil sich die römische Zeitrechnung durch die Mondjahre in der Relation deutlich verschoben hatte. Auch hier spürt man wieder, wie Kleopatras Anwesenheit ihre – wenngleich indirekte – Wirkung entfaltete. Angesichts der politischen Dimension einer derartigen Reform hat Caesar sie mit Sicherheit teilhaben lassen an seinem Plan, zumal er auf jemanden zurückgriff, der aus Alexandria kam und wohl zu ihrem Gefolge gehörte.[165]

Von den Errungenschaften Ägyptens ließ er sich bei seinem Plan leiten, in Rom eine erste öffentliche Bibliothek zu gründen. Zwar gehört dieses Vorhaben zu den umstrittenen letzten Plänen, von denen uns Sueton berichtet, doch spricht nichts dagegen, ihm in diesem Punkt Glauben zu schenken. Eine griechische und lateinische Bibliothek möglichst großen Umfangs hat Caesar demnach für die Öffentlichkeit freigeben wollen, Marcus Terentius Varro sollte Sorge tragen für die Beschaffung und Ordnung der Bände. Im Gegensatz zu den Verhältnissen in Rom spielte die Einrichtung großer öffentlicher Bibliotheken in den bildungshungrigen hellenistischen Reichen eine bedeutende Rolle, nicht zuletzt in der herrscherlichen Propaganda. Berühmt ist der Wettstreit um die Größe der Bestände zwischen den Ptolemäern und den Attaliden von Pergamon, der zeitweise bis zum Verbot der Papyrusausfuhr aus Ägypten eskalierte. So suchte man dem „Gegner“ den Beschreibstoff zumindest teilweise zu entziehen. Analog dazu entsprang Caesars Gründungsvorhaben wohl weniger einem Ideal „Bildung für alle“, sondern eher dem Bedürfnis nach monarchischer Repräsentation. Zur Ausführung ist der Plan nicht mehr gekommen, später aber wurde die Einrichtung solcher Bibliotheken zur Domäne der römischen Kaiser.[166]

Da nun momentan im Verhältnis zur römischen Aristokratie nichts weiter zu gewinnen war, kann es nur als kluger Schachzug gesehen werden, wenn er sich aus Rom zurückziehen und den Senat sich selbst und den unweigerlich wieder aufbrechenden Rivalitäten und kleinkarierten Streitigkeiten überlassen wollte. Er konnte durchaus darauf spekulieren, dass man ihn als ordnende Kraft vermissen und bei seiner Rückkehr mit größerem Wohlwollen betrachten werde. Außerdem lag im Partherkrieg ein enormes Potential für eine weitere Stärkung seiner charismatischen Legitimation. Die keine zehn Jahre zurückliegende Niederlage des Crassus steckte vielen noch als traumatisches Ereignis im Hinterkopf, alles in allem gab es also mehr als einen guten Grund in den Osten zu ziehen. Ob Kleopatra ihn dorthin begleiten oder aber in der römischen Metropole bleiben sollte, entzieht sich leider unserer Kenntnis.[167]

Die weitere Ausgestaltung von Caesars Monarchie stand erst nach seinem Zug in den Osten an, und dies mag Phantasien gefördert haben, wonach der Diktator mit einer Verlegung der Hauptstadt seines Reiches nach Troja oder Alexandria geliebäugelt hätte. Troja als Heimat seines Urahns Aeneas wäre immerhin einigermaßen einleuchtend gewesen, zumal er die zeitgenössische Siedlung bereits besucht und ihr Steuerfreiheit gewährt hatte. Für die Alternative Alexandria gab es nur einen Grund: Kleopatra! Obwohl der Gehalt solcher Gerüchte höchst unsicher bleibt, gibt ihre Existenz an sich Aufschluss über das, was man inzwischen in Rom für möglich hielt.[168]

Herrscherliche Repräsentation in Rom, der nicht gerade zarte Umgang mit der Oberschicht und rücksichtslose Eingriffe ins Ämterwesen sind charakteristisch für Caesars letzte Monate im Anschluss an seine Rückkehr von Spanien nach Rom im Oktober 45. In Verbindung mit dem vehementen Streben nach Verstetigung seiner Monarchie – im Februar 44 nahm er die Ernennung zum Diktator auf Lebenszeit an – trugen sie wesentlich zum Entschluss der Attentäter bei, ihn zu beseitigen. Man kann vermuten, dass Kleopatra ein gerüttelt Maß an Schuld trifft, weil Caesar in seiner Adaption hellenistischer Ausdrucksformen des Königtums entweder durch sie beeinflusst wurde oder aber sich allein schon durch ihre Präsenz in Rom zu manchen seiner Schritte inspiriert sah und so weitere Tabus brach, bis er den Bogen überspannt hatte. Wie aber hätte sie es besser wissen sollen? Schließlich war sie in einem Umfeld aufgewachsen, in dem Monarchie durch Herrscherkult und griechisch-orientalisches Gepräge nach außen dargestellt und innerhalb der Gesellschaft stabilisiert wurde. Römisches Denken und das Ausmaß der Aversionen gegen eine Königsherrschaft in Rom konnte sie bestenfalls in Ansätzen begreifen. Sollte sie ihn falsch beraten haben, wäre es an Caesar gewesen, ihr diese romspezifischen Komplikationen zu erklären. Er selbst aber hat die althergebrachten Traditionen mehr und mehr missachtet.[169]

Seinen Standesgenossen traute er offenbar keine entschlossene Attacke auf seine Person mehr zu. Daher entließ er Anfang 44 seine spanische Leibwache, um Bürgernähe und das Ende des Bürgerkriegs zu demonstrieren, ein entscheidender Fehler, wie wir heute wissen. Eine ihm angetragene Leibgarde aus Senatoren und Rittern lehnte er ab, vielleicht, weil er sich nicht sicher war, ob er nicht den Bock zum Gärtner gemacht hätte. Als seine Freunde ihm erneut eine Leibwache nahe legten, soll er dies mit den Worten abgelehnt haben, es sei besser einmal zu sterben, als sich ständig zu fürchten.[170]

So kamen die Iden des März 44: Unter Führung von Cassius, Marcus und Decimus Brutus sowie Trebonius hatte sich eine Gruppe von 60 Senatoren zur Ermordung des Diktators verschworen. Dramatisch schildern die Quellen die Vorzeichen und die Ereignisse. Am Vorabend des 15. speiste Caesar bei Lepidus, als in der Runde die Frage nach dem angenehmsten Tod aufkam. Darauf soll er geantwortet haben, der plötzliche und unerwartete. Die Nacht verbrachte er nicht mit Kleopatra, sondern in seinem Haus bei seiner Gattin Calpurnia. Sie soll von seiner Ermordung geträumt und ihn angefleht haben, am nächsten Tag nicht zur Senatssitzung zu gehen. Schlechte Omina und Warnungen durch die Seher hätten Caesar schwankend gemacht, letztlich habe Decimus Brutus ihn jedoch überredet zu kommen. Eine schriftliche Anzeige des Anschlags habe er zwar erhalten, aber nicht mehr gelesen. Was immer man von den angeblichen Vorzeichen und Hinweisen halten mag, eines steht fest, Caesar wurde zumindest durch seine engsten Freunde eindringlich gewarnt, hat diese Warnung aber in den Wind geschlagen. In der Curia des Pompeius umringten ihn die Mörder und streckten ihn mit dreiundzwanzig Dolchstößen nieder. So starb der Diktator vor dem Standbild seines großen Gegenspielers drei Tage vor seiner Abreise zum Partherfeldzug einen vermeidbaren Tod. Die Zukunft der Republik schien wieder völlig offen.[171]

Gleiches galt für Kleopatra. Jeder Dolchstoß auf Caesar traf indirekt auch sie. Mit ihrer Reise nach Rom und der Rolle, die sie an seiner Seite spielte, hatte sie den Boden einer Territorialherrschaft von Roms Gnaden in Ägypten längst verlassen und ihr Schicksal mit dem Caesars verwoben. Durch die Einbindung in dessen kultische Maßnahmen und seine Herrscherrepräsentation waren ihre hochgesteckten Ziele und ein großes weltpolitisches Konzept für jedermann deutlich sichtbar geworden. Mit seinem Tod wurden ihre hochfliegenden Pläne zerschlagen, der Traum von einer römisch-ägyptischen Dynastie war geplatzt.

Im Testament Caesars war ihr Sohn Caesarion – wie wir gesehen haben – aus gutem Grund nicht berücksichtigt worden. Als Kind einer fremden Königin konnte er in dem nun ansetzenden Ringen um Caesars Erbe nur untergehen. Gerade weil sich aber ihre und ihres Sohnes Rolle in Caesars Plänen schon so deutlich abgezeichnet hatten, blieb die Königin ein Politikum. Sie konnte nicht länger in Rom bleiben, zu sehr hing ihre gesamte Position an der Person ihres getöteten Liebhabers. Die „Gärten" Caesars hätte sie sowieso verlassen müssen, denn dieser hatte seine Besitzungen auf dem Areal des heutigen Trastevere testamentarisch dem römischen Volk vermacht. Angesichts der tumultuarischen Lage in Rom musste sie um ihre Sicherheit fürchten. Dennoch behielt sie die Nerven. Einige Zeit benötigte sie noch, um die Vorbereitungen zu treffen, dann war es so weit. Vier Wochen nach Caesars Tod kann Cicero an seinen Freund Atticus schreiben, die Königin sei verduftet.[172]

Kaum jemand in Rom dürfte daran gezweifelt haben, dass Kleopatra mit den dynastischen Bestrebungen ihres Liebhabers sympathisierte und ihn hierin unterstützte, wobei immer noch offen blieb, welche Rollen ihr und dem gemeinsamen Sohn zufallen sollten. Mag sein, dass sie sogar eine Ehe mit Caesar angestrebt hatte, das hätte in beider Politik und Verhalten durch aus hineingepasst und würde der merkwürdigen, bereits angesprochenen Sueton-Stelle vom Gesetzesantrag des Cinna bezüglich des Zulassens einer polygamen Lebensweise für Caesar zumindest einen gewissen Sinn verleihen.[173] Anders als in Rom kannte man in den hellenistischen Herrscherhäusern die Polygamie. Als Beispiel sei nur Alexanders Vater Philipp angeführt, für den immerhin sieben Ehen belegt sind, die meisten von ihnen nebeneinander. Schließlich ging es um politische Bündnisse und den Erhalt der Dynastie, da musste man schon „Opfer" bringen. Philipps Ehen stellten keine Scheinehen dar, die meisten erwiesen sich als fruchtbar. Mit solchen Ideen im Hinterkopf – auch Alexander war trotz seiner Neigung zu Hephaistion mehrfach verheiratet gewesen – machte es Kleopatra wohl kaum etwas aus, dass Caesar an Calpurnia als Ehefrau weiterhin festhielt, zumal diese kinderlos geblieben war. Fragen wir uns, wie eine mögliche Scheidung Caesars und eine Einehe mit Kleopatra sich auf deren Stellung ausgewirkt hätte, dann wird sehr schnell der Rollenkonflikt deutlich, in den die Königin hineingeschlittert wäre. Niemals hätte sie die Position einer römischen Matrone einnehmen wollen und können. Den damit einhergehenden Verpflichtungen und Einschränkungen galt es aus dem Weg zu gehen, deshalb war eine für Rom neuartige polygame Verbindung eigentlich die eleganteste Lösung, um einerseits ihre Freiheiten zu erhalten, andererseits Caesarion einen weiteren Hauch von Legitimität zu verpassen.[174]

Möglicherweise ging der Anstoß für Cinnas nicht mehr zur Ausführung gelangten Vorstoß sogar von einer weiteren Schwangerschaft Kleopatras aus; darauf könnte Cicero anspielen, der im Mai 44 an Atticus schreibt: „Tertullas

Fehlgeburt ist bedauerlich, wir brauchen junge Cassii nicht weniger als Brutussöhne. Was Du mir von der Königin erzählst, ich wollte es wäre wahr."[175] Angesichts seiner Haltung und der hier zum Ausdruck gebrachten Hoffnung kann die nicht näher erläuterte Mitteilung seines Freundes nur von einer negativen Entwicklung für Kleopatra handeln, die Rom jedoch schon vor Wochen verlassen hatte. Was aber ist wahrscheinlicher, ein totaler Themenwechsel oder ein kleinerer Gedankensprung von der Fehlgeburt Tertullas hin zu einer Fehlgeburt Kleopatras? Trotzdem wäre auch das Anspielen auf eine Gefahr denkbar, in die Kleopatra und Caesarion auf der Rückreise nach Alexandria geraten sein könnten. Gewissheit lässt sich leider nicht gewinnen. Dass Cicero ein schlechtes Ende einer zweiten Schwangerschaft begrüßt hätte, steht außer Zweifel. In jedem Fall muss das Unglück Kleopatras viele Römer zumindest kurzzeitig bewegt haben, sonst hätte er nicht einige Tage später geäußert, das Gerede (*rumor*) über die Königin sei allmählich verstummt.[176]

War Kleopatras Handeln vor ihrer fluchtartigen Abreise aus der römischen Metropole weitgehend von Caesars Politik und dem Bemühen um eine adäquate Position in dessen monarchischen Plänen bestimmt worden, so änderte sich dies natürlich radikal in dem Moment, in dem sie – nun wieder in Ägypten – zurückgeworfen war auf die Stellung einer Klientelkönigin von Roms Gnaden. Immerhin gab die Rangstellung des Ptolemäerreiches als „Freund und Bundesgenosse" Roms einige Sicherheit, allerdings galt es, in den nun einsetzenden Fährnissen des erneuten Bürgerkriegs einen kühlen Kopf zu bewahren und das Staatsschiff durch die Klippen wechselnder Machtverhältnisse im Osten zu steuern.

# III. Rückkehr in die Heimat

## Zurück in Ägypten

Im Frühjahr 44 kehrte Kleopatra in ihr Reich am Nil zurück, im Schlepptau nicht nur Caesarion, sondern auch ihren zweiten Gatten. Einmal noch, am 26. Juli dieses Jahres, können wir Ptolemaios XIV. in einem Dokument aus Oxyrhynchos in der Oasenlandschaft des Fajum fassen.[1] Bald danach starb er unter ungeklärten Umständen. Ausgerechnet Flavius Josephus, der über Kleopatra als Person und als Königin sowieso ein völlig vernichtendes Urteil fällt und ihr prinzipiell vielfachen systematischen Verwandtenmord vorwirft, sucht ihr die Schuld am Tod ihres Bruders anzuhängen. Weil er die Königswürde erhalten sollte, habe sie ihn vergiften lassen. Nun war der inzwischen Fünfzehnjährige zwar erwachsen genug, um Herrschaftsfunktionen eigenständig wahrzunehmen, allerdings lag – anders als seinerzeit bei Caesars Ankunft – die gesamte Macht in Kleopatras Händen, nicht zuletzt aufgrund der römischen Truppenpräsenz. Wenn überhaupt, dann hatte sie nur *ein* Motiv, den Marionettenkönig zu beseitigen: Mit seinem Ableben wurde der Weg frei, Caesarion zum Mitherrscher zu erheben. Glücklicher Zufall oder doch nachgeholfen? Wir werden es wohl nie erfahren.[2]

In jedem Fall taucht Caesarion alsbald als Mitregent in den ägyptischen Urkunden auf. Dies bedeutete einen grundsätzlichen Wechsel in der dynastischen Politik. Ägypten war jetzt Dreh- und Angelpunkt für ihre Pläne bezüglich der Zukunft des Caesarsohnes geworden. Damit dokumentierte die Königin den (vorläufigen) Abschied von Weltreichsplänen etwa unter einer iulisch-ptolemäischen Dynastie und genügte zugleich den Anforderungen der ägyptischen Tradition, die einen männlichen Herrscher auf dem Thron verlangte, selbst wenn es ansonsten kein Problem darstellte, dass eine Frau die eigentliche Macht im Staat in Händen hielt. Wie so oft im antiken Denken ging es um die Beachtung der äußeren Formen.[3]

Mit der Wahl der Kultnamen „Vaterliebender und Mutterliebender Gott" für Ptolemaios XV. Kaisar sandte die Königin noch einmal ein Signal nicht nur an die eigene Bevölkerung, sondern auch nach Rom, wo Caesars Erbe Oktavian dessen Namen für sich reklamierte. Für Letzteren bedeutete dies einen deutlichen Schlag unter die Gürtellinie, über die Betonung der Vaterschaft Caesars wurde jedermann klargemacht, in wessen Adern wirklich das Blut des ermordeten Diktators floss. Oktavian hat Caesarions Existenz sehr wohl als latente Gefahr angesehen und ihn später skrupellos in die Falle gelockt und beseitigt. Angesichts seiner Persönlichkeit und Ziele hätten allerdings auch ohne eine solche Stichelei Kleopatra und ihr ältester Sohn nichts Gutes von ihm zu erwarten gehabt.

Ansonsten verlangten vermehrt innere Probleme ihre volle Aufmerksamkeit. Schon zu Zeiten ihres Vaters steckte die ägyptische Wirtschaft in einer Krise, seit Ende der fünfziger Jahre aber verschlechterte sich die Situation weiter. Rückgrat der Wirtschaft und entscheidender Wohlstandsfaktor war die Landwirtschaft. Den breitesten Raum nahm die Getreideproduktion ein, dann erst kamen Obst, Gemüse, Wein, Öl und andere Produkte. Von den Pharaonen hatten die Ptolemäer das ausgeklügelte Bewässerungssystem mit persischen Verbesserungen übernommen und es vielerorts noch weiter entwickelt. Im Fajum legten sie sogar ein Wasserreservoir mit einer Oberfläche von mehr als 100 Quadratkilometern an und ermöglichten so in dieser Gegend eine zweite Ernte.[4] Entscheidend für die Produktivität des Landes blieb allerdings die jährliche Nilflut. Bis zum Bau des Assuan-Staudamms in den sechziger Jahren des 20. Jahrhunderts trat der Nil zyklisch über die Ufer und brachte nicht nur das kostbare Nass auf die Felder, der zurückbleibende Nilschlamm wirkte auch ausgesprochen effektiv als Dünger. Stieg der Pegel allerdings nicht hoch genug, bedeutete das schwere Ertragseinbußen. Das Gleiche war der Fall, wenn er zu hoch stieg und das Wasser zu lange auf den Feldern stand. Blieb die Nilflut allerdings ganz aus, kam dies einer Katastrophe gleich und führte in der Regel zu Hungersnot. Entlang des Stromes waren zahlreiche Nilometer angebracht, deren Pegelstand der ptolemäischen Verwaltung einen Richtwert zur Festsetzung der Steuern lieferte.

Von ihrem Vater hatte sie ein schwieriges Erbe übernommen. Dessen stets angespannte Finanzlage und die hieraus resultierenden drückenden Steuerlasten hatten viele Bauern in ihrer Verzweiflung zum Verlassen ihres jeweiligen Heimatdorfs getrieben. Die Landflucht (anachoresis) blieb unter anderem für die Instandhaltung der Infrastruktur des Landes ein gravierendes Problem. Außerdem musste die Königin bereits 51/50, also gleich nach Übernahme der Herrschaft, energische Maßnahmen zur Vermeidung von Ausschreitungen durch Hungernde ergreifen.[5]

Vielleicht war sie deshalb – zumindest in der ersten Phase ihrer Regierung – bei der Bevölkerung der Hauptstadt Alexandria nicht sonderlich beliebt. Das musste selbst der ihr nicht gerade feindlich gesinnte Verfasser des *Bellum Alexandrinum* eingestehen und in der Zwischenzeit konnte sich wegen ihrer Abwesenheit nicht allzu viel daran geändert haben.[6]

In den vierziger Jahren stürzte die ägyptische Landwirtschaft noch tiefer in die Krise. Das kann nur zum geringeren Teil an schlecht gewarteten und teilweise verschlammten Bewässerungssystemen gelegen haben, obwohl ein Teil der Forschung genau dies als Ursache für die Misere herausstellt und die Verantwortung hierfür der Königin zuschiebt. Sueton und Cassius Dio beziehen sich jedoch auf das Ende der dreißiger Jahre und erzählen lediglich, Oktavian habe nach der Einrichtung Ägyptens als Provinz Kanäle reinigen lassen. Inwieweit Kleopatra Schuld trifft und ob sie überhaupt über Handlungsspielraum verfügte, wird angesichts des Wirkens höherer Gewalt dahingestellt bleiben müssen.[7]

Allein schon die Relation der Nilstände, wie sie uns durch die Aufzeichnungen des älteren Plinius (23/24–79 n. Chr.) überliefert werden, macht nämlich deutlich, dass sie mit Jahrhundertkatastrophen zu kämpfen hatte: „Die richtige Höhe beträgt 16 Ellen. Niedrige Wasserstände bewässern nicht alles, höhere sind hinderlich durch das langsamere Abfließen. Diese verzögern durch den nassen Boden die Saatzeit, jene lassen sie durch den trockenen Boden nicht zu. Beides ist für die Provinz (Ägypten) von Bedeutung. Bis 12 Ellen leidet sie Hunger, bei 13 herrscht noch Mangel, 14 Ellen bringen Heiterkeit, 15 Sorglosigkeit und 16 Üppigkeit. Der höchste Wasserstand bis auf die jetzige Zeit herrschte mit 16 Ellen unter Kaiser Claudius, der niedrigste mit fünf (!) im Krieg von Pharsalos, als ob der Fluss seinen Abscheu vor der Ermordung des (Pompeius) Magnus durch ein Vorzeichen dartun wollte."[8]

Hatte die Nilflut 48 bereits eine absolute Niedrigwassermarke gesetzt, kam es 43 und 42 noch schlimmer, denn in diesen Jahren blieb die Flut offenbar ganz aus. Die Bevölkerung hungerte und die Lage spitzte sich durch den Ausbruch einer Seuche weiter zu, deren Verlauf Dioskurides beschrieb, einer der königlichen Leibärzte mit dem vielsagenden Beinamen „der Warzige".[9]

Wollte die Königin nicht noch den Rest an Sympathie verlieren und ihre königlichen Pflichten vollends vernachlässigen, war rasches Handeln gefragt. In der Hauptstadt ließ sie die staatlichen Kornspeicher öffnen und Getreide an die dortigen Bürger verteilen. Den Juden wurde die Zuteilung wohl verweigert, weil sie nicht das alexandrinische Bürgerrecht besaßen. Das ist ein Indiz, wie eng die königlichen Reserven bemessen waren, sonst hätte Kleopatra nie und nimmer riskiert, sich die Feindschaft der großen und streitbaren Judengemeinde zuzuziehen.[10]

Im Landesinneren blieb das Katastrophenmanagement den hohen Beamten und Würdenträgern überlassen. Dort besaßen alteingesessene Familien entscheidenden Einfluss. Wie sich in diesen Hungerjahren die Verhältnisse im Süden entwickelten, können wir am Beispiel des Kallimachos sehen, der 35 Jahre lang zunächst als Stratege und später dann als Epistratege der Thebais in führender Position Verantwortung trug. Bei Hof gut angesehen und mit Ehrentiteln ausgestattet, nahm er als zuständiger Beamter die Dinge in die Hand und bewältigte die Krise so erfolgreich, dass die Priester und die Bevölkerung der Metropole Theben ihm außergewöhnliche Ehren zukommen lassen wollten, wie sie eigentlich nur einem König zustanden, auch dies ein Zeichen für das Ausmaß der Probleme. Der Beschluss wurde griechisch und demotisch auf einer Stele publiziert, die genau aus den kritischen Jahren datiert. Ausführlich werden in der Inschrift die Notlagen und vielfältigen Gefahren aufgeführt, aus denen Kallimachos die Bewohner der Stadt gerettet hatte. Geradezu hymnisch wird er als Wohltäter gefeiert und ausdrücklich als Retter der Stadt (sotèr tês póleōs) bezeichnet, dessen Statuen oder Kultbilder im Heiligtum des Gottes Amonrasonther aufgestellt werden und in Verbindung mit ihm entsprechende Verehrung erfahren sollten. Sein Geburtstag sollte künftig ganz in königlichem Stil mit einer Festveranstaltung begangen werden als der Tag, an dem er als gottgleicher Wohltäter auf Erden erschienen ist![11]

Natürlich bedeutete die Auszeichnung mit den Beinamen „Soter" (= Retter, Heiland) oder „Euergetes" (= Wohltäter) eine direkte Übertragung von ursprünglich königlichen Kultnamen auf einen, wenn auch herausragenden Beamten. Dies und die kultische Verehrung mussten auf die Herrscherin eigentlich provozierend wirken. Kleopatra scheint damit jedoch recht souverän und vor allem pragmatisch umgegangen zu sein. Wichtig war ihr in erster Linie der Erhalt der inneren Stabilität, und da sie sich offenbar auf die Loyalität der führenden Kreise vor allem in Oberägypten verlassen konnte, stellten solche Auszeichnungen mit königlichen Epitheta für sie keine Herausforderung dar. Stattdessen konzentrierte sie sich lieber auf die Pflege eines guten Verhältnisses zu den wichtigen einheimischen Priesterschaften.

Zu den Voraussetzungen hierfür gehörte eine Förderung der sakralen Baumaßnahmen im Landesinneren, die hinter den Bemühungen ihrer Vorgänger keineswegs zurückstand. Trotz der Verluste an Denkmälern lassen sich noch immer beeindruckende Resultate ihrer Bautätigkeit fassen. So tritt uns Kleopatra im Tempel von Kom Ombo auf Reliefs entgegen, auf denen sie allein die kultischen Handlungen des Pharao zur Erhaltung der Maat, der Weltordnung, vornimmt. Aus ihrer gemeinsamen Regierungszeit mit Caesarion stammte das Geburtshaus im Tempel von Hermonthis (Armant) und, obwohl ihr Sohn in den Königskartuschen mit seinem Thron- und Eigennamen sowie seinen Kulttiteln genannt wird, steht doch sie allein im Vordergrund, wenn es um den Vollzug der rituellen Handlungen geht. Größte Anstrengungen unternahm sie beim Bau des Tempelhauses im Hathortempel von Dendera. Den Plan hatte sie von ihrem Vater geerbt, der „erste Spatenstich" war noch unter dessen Regierung am 16. Juli 54 erfolgt. Während sie in den Krypten noch mit ihrem Vater gemeinsam genannt wird, ließ sie sich überlebensgroß auf dem Relief an der Tempelrückwand abbilden, allerdings hinter Caesarion, der dadurch wohl als Nachfolger herausgestellt werden sollte. Das Relief konnte sie noch selbst in Dendera bewundern, die Überführung der Hathor in ihr neues Gotteshaus hat Kleopatra jedoch nicht mehr erlebt. Wenige Wochen zuvor war sie bereits aus dem Leben geschieden.[12]

Tempelbau war im alten Ägypten immer schon Aufgabe des Pharao und natürlich elementarer Bestandteil der Herrscherrepräsentation. Wie wir gesehen haben, trat sie nicht nur in Reliefs in der Rolle des Pharao auf, sondern nahm auch von Beginn ihrer Regierungszeit an herausragende kultische Handlungen wie die Inthronisierung des Buchisstieres in Hermonthis persönlich vor. Die ägyptischen Teile der Reichsbevölkerung, vor allem die

Abb. 3: Dendera, Kleopatra und Caesarion an der Rückseite des Hathortempels, dazwischen Caesarions Ka als kleine Figur.

mächtigen Priesterschaften wussten, die Königin nahm es ernst mit der Religion.

So kam es, dass sie sich in Oberägypten, aber auch in Unterägypten jenseits der Gegend von Alexandria Sympathien erwarb trotz aller Schwierigkeiten durch das teilweise oder gänzliche Ausbleiben der Nilschwemme. Und selbst die explosive Lage in Alexandria hatte sie durch ihre Hilfslieferungen einigermaßen entschärft. Alles in allem durfte Kleopatra unter den gegebenen Umständen mit dem Erreichten zufrieden sein.

Selbst die Finanzlage konnte sie erstaunlich gut konsolidieren, wozu neben den üblichen Steuern und Abgaben die Konfiskation von Privatvermögen sowie Handelsbeteiligungen etwa an Im- und Exportgeschäften mit den Nabatäern beitrugen. Die Einkünfte aus den neuerdings ptolemäischer

Verwaltung unterstellten Gebieten flossen vor allem in die Rüstungsmaßnahmen für Antonius, doch wird auch Kleopatras Schatulle hiervon profitiert haben. Im Großen und Ganzen verwaltete sie ihr Reich also mit Augenmaß und ohne den Bogen zu überspannen: Aufstände gegen ihre Administration konnte sie vermeiden, wozu die Stationierung römischer Truppen durch Caesar etwas beigetragen haben mag, andererseits konnten die Soldaten jedoch das Ausbleiben von Revolten keineswegs garantieren.[13]

Die Erholung der königlichen Finanzen setzte die Königin alsbald in die Lage, in der Außenpolitik einige Akzente zu setzen. Dies erwies sich als nötig, denn inzwischen hatte sich der Konflikt zwischen Caesarianern und Caesarmördern zugespitzt und das gesamte Imperium erfasst.

## Die Entwicklung in Rom und der Beginn des Bürgerkriegs

In Rom hatte Marcus Antonius als amtierender Konsul unmittelbar im Anschluss an die Iden des März rücksichtslos und entschlossen versucht, in Caesars Fußstapfen zu treten. Die Witwe Calpurnia hatte ihm das Privatvermögen sowie die Papiere des Ermordeten übergeben und ihn so in die Lage versetzt, dessen Pläne weiterzuverfolgen. Darüber hinaus konnte er auf die im Tempel der Ops deponierten Gelder zugreifen, die unter anderem zur Finanzierung des bevorstehenden Partherkrieges gedacht waren. Allerdings musste er Rücksicht nehmen auf den Senat, in dem er keine sichere Mehrheit besaß. Daraus resultiert zunächst seine auffällige Nachsicht gegenüber den Caesarmördern, denen er noch nicht mit Härte zu begegnen wagte.[14]

Die aber hatten es versäumt, über den eigentlichen Anschlag hinaus für die Zeit danach zu planen und weitere Schritte zur Konsolidierung ihrer Macht vorzubereiten. Außerdem hatten sie nicht mit der Reaktion der römischen Bevölkerung gerechnet, die Caesars Tod keineswegs so positiv aufnahm, wie sie sich das wohl erhofft hatten. Der Senat sah sich schon zwei Tage nach dem Mord gezwungen, ein *funus publicus*, eine öffentliche Leichenfeier, zu genehmigen, bei der Antonius die Menge mit einer aufwühlenden Rede und der entsprechenden Inszenierung mitriss, worauf die Caesarmörder fluchtartig die Stadt verlassen mussten. Trotzdem konnte er selbst unter den Caesarianern keine eindeutige Führungsrolle beanspruchen, und so begann ein politisches Lavieren zwischen den in sich ebenfalls instabilen Führungszirkeln von Republikanern und Caesarianern, mit dem er sich gerade bei Letzteren viele Sympathien verscherzte und Oktavian seinen Aufstieg deutlich erleichterte. Selbst die städtische Bevölkerung zeigte sich verärgert, weil er ganz im Sinne der Gegner des Ermordeten dessen Aufnahme unter die Götter fürs Erste unterband.[15]

Da er anders als Oktavian keinen erblichen Anspruch auf die Klientel Caesars geltend machen konnte, suchte er die seine vor allem durch die energische Umsetzung der „acta Caesaris" zu vergrößern, also der Maßnahmen und Dispositionen des Diktators, oder dessen, was er dafür ausgab. Zu seinen Maßnahmen zählten etwa die Rückrufung der Verbannten, die Freistellung von Abgaben für Kreta und die Verleihung des Bürgerrechts an Sizilien. Wohlweislich hatte sich Antonius schon im April vom Senat eine Leibwache bewilligen lassen, deren Aufstellung er jedoch persönlich in die Hand nahm. Im Mai trat er in der Hauptstadt mit 6000 Veteranen als „Bodyguards" auf, die kleine Schutztruppe hatte also in kürzester Zeit die Sollstärke einer Legion erreicht! Als er sich dann für das kommende Jahr die bedeutenden Provinzen Gallia Comata und Gallia Cisalpina statt Macedonia übertragen ließ, wuchsen sogar bei bedeutenden Caesarianern wie Lepidus, Hirtius und Pansa sowie seinem Mitkonsul P. Cornelius Dolabella die Vorbehalte.[16]

Inzwischen war mit Oktavian ein weiterer Rivale um die Macht auf den Plan getreten, der Antonius alsbald heftig zu schaffen machte. Zum Zeitpunkt des Mordes befand sich Caesars Großneffe in der Provinz Macedonia, wo man bereits etliche Legionen für den Feldzug gegen die Parther zusammengezogen hatte. Dort, in Apollonia, erreichte ihn die Nachricht vom Tod seines Großonkels. In aller Eile reiste er zurück nach Italien. Kaum erfuhr er nach seiner Landung in Lecce Genaueres über Caesars letzten Willen, griff er auch schon nach der Macht und nahm das Testament an, obwohl die darin enthaltenen Verpflichtungen seine finanzielle Leistungsfähigkeit überstiegen. In Brundisium, wo starke Truppenverbände auf die Überfahrt nach Griechenland warteten, wurde er begeistert empfangen und konnte sich sowohl die Kriegskasse als auch die Abgaben der Provinz Asia sichern. Von Cicero unterschätzt und daher als Gegengewicht gegen Antonius im Lager der Caesarianer aufgebaut, emanzipierte er sich schnell. Kaum in Rom, trat er das Erbe des Ermordeten an. Fortan nannte er sich C. Iulius Caesar, wobei er den an die Adoption erinnernden Beinamen *Octavianus* geflissentlich wegließ. Die *plebs* gewann er mit dem Motto Rache für Caesar, mehr noch aber mit der Auszahlung der Legate von 300 Sesterzen für jeden Bürger, so wie sein Adoptivvater es angeordnet hatte.[17]

Im zarten Alter von 18 Jahren war er eigentlich viel zu jung, um ein hohes Staatsamt zu bekleiden, entscheidend war allerdings sein Auftreten als Erbe Caesars, denn damit fiel ihm dessen riesige Klientel zu. Dazu gehörten zum einen die Tausende von Veteranen, die Caesar in Italien angesiedelt hatte, zum anderen aber dessen Vertreter und Vermögensverwalter Oppius, Matius und Balbus, die – selbst schwerreich – nun den jungen Oktavian unterstützten. Sie finanzierten gemeinsam mit anderen alten Gefolgsleuten des toten Diktators die Spiele zur Erinnerung an Caesars Sieg, mit denen dessen Erbe seine politischen Ansprüche als „Sohn" massiv untermauerte. Dazu trug wesentlich das *sidus Iulium* bei, ein Komet, der Ende Juli, just im Verlauf der Spiele erschien. Das Himmelszeichen wurde als Beleg für Caesars Aufnahme unter die Götter gedeutet, wodurch Maßnahmen und Person seines Sohnes weiter an Ansehen gewannen. Bald drängte er Antonius, der sich von Anfang an bemüht hatte, ihn politisch zu blockieren, so weit in die Defensive, dass dieser lieber vorzeitig mit einem Teil der Truppen aus Brundisium in seine Provinzen zog, wo er zunächst einmal den Caesarmörder und amtierenden Statthalter der Cisalpina, Decimus Brutus, bekämpfen musste.[18]

In Rom arrangierte sich nun Oktavian, von Cicero tatkräftig unterstützt, mit den republikanischen Kräften im Senat, ja er zeigte wenig Skrupel, selbst mit den Mördern seines Adoptivvaters zusammenzuarbeiten. Dafür erhielt er mit gerade einmal 19 Jahren Sitz und Stimme im Senat sowie ein Kommando (*imperium*) für den Feldzug gegen Antonius. Dieser hatte Decimus Brutus in Mutina eingeschlossen. Gegen ihn gingen im Verbund mit Oktavian die beiden Konsuln des Jahres 43, Hirtius und Pansa, vor, beide bezeichnenderweise Caesarianer. Vor allem Hirtius war es zu verdanken, dass Antonius geschlagen wurde und sich nach Gallien zurückzog. Da aber beide Konsuln den Tod gefunden hatten, übernahm Oktavian kurzerhand das Kommando über das gesamte Heer. Damit verfügte er über die stärkste Militärmacht in Schlagdistanz zur Hauptstadt. Im Osten hatte der Senat zwar Brutus und Cassius mit ihren starken Heeresverbänden in Makedonien und Syrien bestätigt, doch das half jetzt wenig gegen den jungen Oktavian, der keinen Augenblick zögerte, seine Befehlsgewalt gegen die Väter der *res publica* zu wenden. Nachdem der Senat einer Abordnung von Centurionen die Übertragung des vakanten Konsulats auf ihren Oberkommandierenden sowie die Auszahlung der ihnen vor dem Krieg versprochenen Gelder verweigert hatte, weil man zu Recht die Machtfülle und die enorme Ausdehnung von Oktavians Heeresklientel fürchtete, erschien dieser mit dem Heer vor Rom und erzwang nunmehr das, worum man zuvor „gebeten" hatte. Endlich konnte Oktavian durch eine *lex curiata* seine Adoption offiziell anerkennen lassen. Ein Tribunal zur Verfolgung der Caesarmörder wurde eingesetzt und Antonius' Erklärung zum Staatsfeind aufgehoben.[19]

Das schien insofern opportun, als Letzterer sich mit Lepidus sowie weiteren Caesarianern arrangiert hatte und mit starken Kräften aus Gallien Italien bedrohte. Anscheinend problemlos wechselte Oktavian jetzt die Seiten und trat Ende Oktober mit Antonius auf einer Flussinsel nahe Bologna in Verhandlungen ein, wobei Lepidus offenbar eine vermittelnde Rolle spielte. Heraus kam ein Zusammenschluss, der am 27. November 43 im Gegensatz zum sogenannten Ersten Triumvirat zwischen Caesar, Pompeius und Crassus per Volksbeschluss (*lex Titia*) legalisiert wurde. Auf fünf Jahre sollten die *tresviri rei publicae constituendae* praktisch uneingeschränkte Vollmachten zur Regelung aller Staatsangelegenheiten erhalten. In der Provinzverteilung zeigt sich, wie überlegen Antonius zu diesem Zeitpunkt agieren konnte, denn während er selbst mit der Gallia Comata und der Cisalpina ebenso wie Lepidus mit der Gallia Narbonensis und Spanien militärisch potente Gebiete bekam, konnte Oktavian mit Sizilien, Sardinien und Africa vergleichsweise wenig anfangen, solange Sextus Pompeius mit seiner Flotte die Seewege beherrschte. Die Ziele der Triumvirn lassen sich mit den Aspekten Rache für Caesar und Etablierung der eigenen Machtstellung umreißen. Antonius und Oktavian sollten den Krieg gegen die Caesarmörder in den Osten tragen. Um die Lage in Rom in ihrem Sinn zu konsolidieren, griffen sie zum Mittel der Proskription, das heißt, sie ächteten ihre politischen Gegner und riefen mit Belohnungen für deren Beseitigung eine regelrechte Kopfgeldjagd ins Leben, der unter anderem Cicero zum Opfer fiel. Allein 300 weitere Senatoren und etwa 2000 Ritter fanden sich auf den Proskriptionslisten wieder. Deren Vermögen wurde eingezogen und diente den Triumvirn zur Finanzierung ihrer Heere. Jetzt stand dem Krieg gegen Cassius und Brutus nichts mehr im Wege, mit 28 Legionen setzten Antonius und Oktavian nach Makedonien über.[20]

## Kleopatras Außenpolitik im Bürgerkrieg

Kleopatra kannte die politischen Wirren der ersten Wochen nach Caesars Tod nur zu gut, schließlich weilte sie damals noch in der römischen Metropole und bekam viele Einzelheiten direkt oder indirekt mit. Auch später wird sie sich gut informiert haben über die teils chaotischen Vorgänge und überraschenden Wendungen der römischen Innenpolitik, deren Auswirkungen das gesamte Imperium erschütterten.

Obwohl weit entfernt vom Hauptgeschehen, konnte die Königin keinesfalls lange fernstehen, denn schon bald tobte der römische Bruderkrieg in ihrer nächsten Nachbarschaft. Selbst wenn sie damit geliebäugelt hätte, eine neutrale Haltung wäre ihr nicht möglich gewesen, es sei denn, sie hätte es sich gleich mit beiden Kriegsparteien verderben wollen. Das jedoch war nicht der Fall. Wie in vielen anderen Bereichen handelte sie entschlossen und stellte sich auf die Seite der Caesarianer, deren nächster Repräsentant und Ansprechpartner P. Cornelius Dolabella war.

Von Caesar zum *consul suffectus* für 44 bestimmt und nach den Iden des März sowohl von Antonius als auch von den Caesarmördern bestätigt, hatte Dolabella sich Syrien als Provinz für sein Prokonsulat zuweisen lassen. Anfang Juni wurde ihm das *imperium proconsulare* gar für fünf Jahre übertragen. Damit besaß er zumindest theoretisch eine hervorragende Ausgangsposition für den anstehenden Machtkampf, zumal er mit dem Kommando für einen Feldzug gegen die Parther im Erfolgsfall eine der führenden Positionen im Staat hätte zementieren können, vom Reichtum der ihm zugewiesenen Provinz und den sich hieraus ergebenden Profiten ganz zu schweigen.

Nach einigem politischen Lavieren brach die frühere enge Verbundenheit mit Caesar durch, er einigte sich mit M. Antonius und reiste über Griechenland nach Thrakien, von wo er Anfang 43 mit nur einer Legion in die Provinz Asia übersetzte. Dort sah er sich dem Caesarmörder A. Trebonius gegenüber, der ihm lediglich Verpflegung für seine Truppen und freien Durchzug in Richtung Syrien anbot. Dolabella ging zum Schein darauf ein, nahm jedoch nachts im Handstreich Smyrna ein, wobei ihm Trebonius in die Hände fiel. Dieser lag noch im Bett, als die Soldaten Dolabellas auf ihn eindrangen und ihm nach kurzem Redewechsel den Kopf abschlugen. Appian berichtet von grausamen Szenen, die sich nur dadurch erklären lassen, dass die Rache für Caesar jetzt propagandistisch in den Vordergrund geschoben wurde: „Mit Tagesanbruch befahl Dolabella, das Haupt auf dem Stuhl des Prätors auszustellen, wo Trebonius für gewöhnlich seine Amtsgeschäfte erledigte. Trebonius hatte an der Ermordung Caesars teilgenommen und, während dieser niedergemacht wurde, Antonius durch ein Gespräch am Eingang zur Kurie festgehalten. Nun fielen die Soldaten und ihr sonstiges Gesinde wütend über den Rest der Leiche her und schändeten sie auf verschiedene Weise. Seinen Kopf rollten sie auf dem Straßenpflaster unter Gelächter wie einen Ball von einem zum anderen und verunstalteten ihn bis zur Unkenntlichkeit. So hatte dieser Mann als erster von den Mördern seine Strafe erlitten."[21] Mit der Beseitigung des Trebonius tat Dolabella nicht nur eindeutig seine Feindschaft gegenüber den Caesarmördern kund, er sorgte gleichzeitig dafür, dass er bei seinem weiteren Vormarsch den Rücken frei behielt.

Letzteres schien schon allein deshalb notwendig, weil inzwischen der Caesarmörder C. Cassius Longinus in Syrien eingetroffen war und sich entschlossen zeigte, Caesars altem Günstling die ihm zugesprochene Provinz streitig zu machen. Ursprünglich war Cassius selbst als Propraetor für die Verwaltung Syriens vorgesehen gewesen. Zwischenzeitlich war ihm dieser Posten zwar wieder entzogen worden, doch war er im September 44 auf eigene Initiative nach Syrien gereist, wo er den Kampf gegen die Caesarianer und den anrückenden Dolabella zu organisieren begann. Allerdings wurde sein eigenmächtiges Vorgehen erst im Frühjahr 43 vom Senat abgesegnet, nachdem dieser Dolabella wegen der Beseitigung des Trebonius zum Staatsfeind (*hostis publicus*) erklärt hatte. Bis dahin handelte Cassius als Privatmann.[22]

Sein Gegner Dolabella brachte durch Aushebungen in Asia sein Heer auf zwei Legionen, nicht allzu viel, hatte doch Cassius in Syrien bereits acht Legionen unter seinem Kommando versammelt. In dieser Situation sandte Dolabella seinen Legaten A. Allienus nach Ägypten, um von der Königin Unterstützung zu erbitten. So wurde Kleopatra kaum ein Jahr nach ihrer Abreise aus Rom in den Römischen Bürgerkrieg hineingezogen. Sie entschied sich gegen die Mörder ihres Liebhabers. Dass sie sich bei ihrem Eingreifen zugunsten der Caesarianer nicht allein von Emotionen leiten ließ, sondern ihren Sohn Caesarion wenigstens als König im Ptolemäerreich anerkannt haben wollte, erscheint nur recht und billig, wenn man an die horrenden Geldforderungen denkt, denen sich ihr Vater einst bei seinem Bemühen um Anerkennung gegenübergesehen hatte. Militärisch in Bedrängnis, zierte sich Dolabella nicht lange und gab die erwarteten Zusagen. Was allerdings die besagte Anerkennung durch ihn wert gewesen wäre, wenn er Erfolg gehabt hätte, muss dahingestellt bleiben. Bemerkenswert ist die Forderung der Königin vor allem, weil sie Aufschluss über ihr politisches Streben gibt, das sich nun auf die Absicherung der Herrschaft ihres Mitregenten und potentiellen Nachfolgers in Ägypten konzentriert.

Nachdem solchermaßen die Präliminarien geklärt waren, reagierte sie umgehend auf das Hilfsersuchen, indem sie Dolabella die vier in Ägypten stehenden römischen Legionen sandte. Wie konsequent sie auch hier zu Opfern bereit war, zeigt die Tatsache, dass sie es in Kauf nahm, die Garanten für die innere Stabilität ihrer Herrschaft zu entlassen und dadurch Ägypten von Landtruppen zu entblößen, so dass sie einem ernsthaften Angriff zu Lande kaum etwas entgegenzusetzen hatte. Länger im Land stationierte römische Einheiten legten ja, wie das Verhalten der Gabinianer gezeigt hatte, durchaus eine gewisse Loyalität gegenüber dem Ptolemäerhaus an den Tag, die selbst bei einem Konflikt mit Rom nicht gleich in Frage gestellt wurde. Insofern konnte Kleopatra die in Ägypten zurückgelassenen Truppen mit einem gewissen Vertrauensvorschuss nach Kleinasien entsenden, zumal sich auf dem Kriegsschauplatz mit Cassius und Dolabella zwei Römer gegenüberstanden und nicht etwa Rom und Ägypten.

Den Verlauf der Mission können wir Cassius' eigenen Worten entnehmen. Am 7. März 43 schreibt er an Cicero: „Wisse, dass ich nach Syrien gegangen bin zu den Imperatoren L. Murcus und Q. Crispus. Als die tüchtigen, braven Leute hörten, was in Rom vorgeht, haben sie mir ihre Armeen überlassen und dienen selbst tapferen Herzens mit mir zusammen dem Staat. Wisse ferner, dass die Legion des Q. Caecilius Bassus sich mir angeschlossen hat und dass mir die vier Legionen, die A. Allienus aus Ägypten herangeführt hat, mir von ihm übergeben worden sind. Jetzt brauche ich Dich gewiss nicht zu ermahnen, soviel an Dir liegt, für mich in der Ferne und für den Staat einzutreten. Du musst wissen, dass es Euch und dem Senat nicht an zuverlässigen Stützen fehlt. Du kannst also hoffnungsvoll und wohlgemut in den Kampf für den Staat eintreten."[23]

Entweder hatte Dolabellas Legat Allienus die Lage in Syrien falsch eingeschätzt oder war von den sich überstürzenden Ereignissen überrascht worden. Jedenfalls gelang es Cassius, ihn in Palästina zu stellen. Umzingelt von den etwa doppelt so starken Kräften des Gegners versuchte Allienus erst gar nicht, den Helden zu spielen, sondern kapitulierte und übergab die von Kleopatra gesandten Legionen an den Caesarmörder, der jetzt die mit Abstand bedeutendsten Landstreitkräfte im kleinasiatisch-syrischen Raum befehligte. Damit war in Syrien eine Vorentscheidung gefallen.[24]

Dennoch stieß Dolabella Anfang Mai über Kilikien nach Syrien vor. Nach Anfangserfolgen erlitt er einen ersten schweren Rückschlag, als er Antiochia nicht einnehmen konnte. Vor dem übermächtigen Heer des Cassius verschanzte er sich im nicht allzu weit entfernten Laodikeia, wo die Bewohner den Caesarianern wohlgesinnt waren und ihn freundlich aufnahmen. Auf einer Halbinsel gelegen konnte die Stadt über den Seeweg versorgt werden, und so war ihm zunächst einmal nicht beizukommen. Daher richtete Cassius ein Hilfsgesuch nach Phönikien, Lykien und Rhodos, indem er die Stellung von Kriegsschiffen forderte. In einem Seegefecht wurde die zusammengewürfelte Flotte von Dolabellas Admiral Figulus geschlagen. Um die Verluste auszugleichen und den Kampf zur See erneuern zu können, mussten umgehend neue Schiffe aufgetrieben werden. Wie Appian berichtet, „schickte Cassius infolgedessen erneut Gesandte dorthin, wo sein früheres Ersuchen auf taube Ohren gestoßen war, außerdem zu Kleopatra, der Königin von Ägypten, und zu Serapion, ihrem Statthalter auf Cypern. Die Tyrer, Arader sowie Serapion – ohne dass er zuvor mit Kleopatra Verbindung aufgenommen hatte – schickten dem Cassius sämtliche Schiffe, die sie besaßen. Die Königin hingegen schützte ihm gegenüber Hungersnot und Seuchen vor, die damals Ägypten bedrängten, unterstützte freilich wegen ihrer engen Verbindungen mit dem älteren Caesar den Dolabella.“[25]

Die Reaktion ihres Statthalters bedeutete einen schweren Schlag für Kleopatra, versetzte sie doch den Caesarmörder in die Lage, Dolabella die Seeherrschaft erneut streitig zu machen. Die Königin war „not amused“ über die voreilige Handlungsweise ihres Strategen, Serapions Übereifer sollte alsbald ein Nachspiel haben. Sie selbst gab den Gesandten des Cassius eine hinhaltende Antwort, dachte aber gar nicht daran, ihm in irgendeiner Form entgegenzukommen, auch wenn sein Landheer inzwischen noch übermächtiger geworden war. Zweifellos verwies sie zu Recht auf die inneren Probleme Ägyptens, da sie aber nach wie vor eine nicht zu verachtende Flotte in Alexandria bereithielt, muss der Korb, den sie Cassius gab, als weitere Parteinahme für die Caesarianer gewertet werden. Obwohl die Rhodier und Lykier sich seiner Aufforderung ebenfalls verweigerten und eine bewaffnete Neutralität an den Tag legten, gelang es ihm, mit den phönikischen Einheiten und den ägyptischen Schiffen Serapions dem Gegner eine folgenschwere Niederlage beizubringen. Zu Land und zur See abgeschnitten, befand sich Dolabella jetzt in einer verzweifelten Lage. Seine Ausfallversuche wurden zurückgeschlagen und schließlich kam zu allem Unglück noch Verrat. Eigene Soldaten öffneten den Gegnern die Tore, Laodikeia fiel und Dolabella ließ sich von einem Leibwächter töten, bevor er dem Feind in die Hände fiel. Seine Truppen wurden ins Heer des Cassius eingegliedert.[26]

Mit dem Überlaufen der vier Legionen und dem Einbüßen der cyprischen Flotteneinheit war das Intermezzo von Militäraktionen für Kleopatra fast schon wieder beendet. Stark geschwächt musste sie mit dem entscheidenden Gegenschlag und dem endgültigen Aus für ihre Herrschaft rechnen, und dies umso mehr, als Cassius sich jetzt auf den Einmarsch in Ägypten vorbereitete. Auf das politische Überleben Kleopatras hätte man keinen Pfifferling gewettet: Ihr Land war von Hungersnöten gebeutelt, vom Landheer weitgehend entblößt und die Marine von den Verlusten auf Cypern geschwächt.

In dieser heiklen Situation griff sie anscheinend zum altbewährten Mittel ihres Vaters und versuchte Cassius mit hohen Summen zu bestechen. Ob diese wirklich etwas halfen, erscheint eher zweifelhaft. Die entscheidende Wende zu ihren Gunsten brachte das Eingreifen eines Protagonisten, auf den gerade sie wohl am wenigsten Hoffnung gesetzt hatte. Kein Geringerer als Brutus rief den protestierenden Cassius zurück und veranlasste ihn, mit seinem Heer nach Kleinasien abzurücken, weil er ihn dringend für den Kampf gegen Oktavian und Antonius benötigte, die inzwischen über die Adria gesetzt hatten. Ein kühles Abwägen der strategischen Erfordernisse durch Brutus rettete ihr den Thron und vielleicht auch das Leben.[27]

Kaum gerettet, entschloss sich Kleopatra, nunmehr persönlich in den Bürgerkrieg einzugreifen. Als einzig nennenswerte Waffengattung war ihr nach Allienus' Kapitulation die Flotte geblieben, deren Schlagkraft trotz der besagten Einbußen den Caesarmördern immer noch Respekt einflößte. Daher gab Cassius dem L. Staius Murcus den Befehl, der ägyptischen Flotte den Seeweg nach Griechenland zu verlegen und sie mit 60 Schiffen vor der Südspitze der Peloponnes abzufangen. Tatsächlich fuhr die Königin mit ihren Geschwadern nach Westen, um mit günstigem Wind von der Kyrenaika aus den Sprung an die griechische Küste zu wagen. Auch diesmal schienen sich die Götter gegen sie verschworen zu haben, denn beim Versuch der Überfahrt geriet der Schiffsverband in einen schweren Sturm. Zahlreiche Schiffe gingen verloren und nur mit Mühe konnte sich die Königin selbst retten. Trümmer wurden an der Küste von Lakonien angespült und ließen Murcus das Geschehen erahnen. Zu allem Überfluss noch von einer Krankheit niedergeworfen, kehrte Kleopatra mit dem Rest ihrer Flotte nach Alexandria zurück. So scheiterte der durchaus ernst zu nehmende Versuch, zu Oktavian und Antonius zu stoßen und sie maritim zu verstärken. Die Entscheidung in Griechenland fiel ohne Kleopatras Zutun.[28]

Im Oktober 42 standen sich bei Philippi die Heere der Triumvirn und der Caesarmörder Brutus und Cassius gegenüber. In zwei Schlachten blieb am Ende Antonius der Sieger, Cassius und Brutus endeten durch Selbstmord. Oktavian dagegen fiel weder als Feldherr noch durch persönliche Courage auf, vielmehr wurde er krank in einer Sänfte durch die Gegend getragen, als im ersten Aufeinandertreffen sein Lager von Brutus erobert wurde. Dies suchte er später durch besondere Brutalität im Umgang mit Gefangenen zu kompensieren. Als er die Leiche des Brutus in die Hand bekam, ließ er dessen Kopf abschneiden und nach Rom schicken, wo er demonstrativ an der Caesarstatue zur Schau gestellt werden sollte. Ironie des Schicksals, dass auf der Überfahrt nach Italien Brutus' Kopf im Sturm über Bord ging.

Nach Philippi trafen die Sieger neue Absprachen bezüglich ihres weiteren Vorgehens und der künftigen Machtverteilung. Oktavian bekam neu die spanischen Provinzen zugesprochen, musste aber die undankbare Verpflichtung akzeptieren, Zehntausende von Veteranen in Italien anzusiedeln, was unweigerlich Enteignungen nach sich ziehen und Unruhen verursachen musste. Antonius hingegen übernahm die Befriedung des Ostens und sollte dabei zugleich Finanzmittel für die Versorgung der Veteranen eintreiben.[29]

# IV. Marcus Antonius

## Ein neuer Anlauf mit Antonius

Als der Triumvir in der Folge seine neue Aufgabe in Angriff nahm und daranging, die Verhältnisse im Osten neu zu ordnen, musste er sich über kurz oder lang mit der Königin Ägyptens auseinandersetzen. Zunächst allerdings zog er nach Griechenland, wo er sein Interesse an Bildung und Kultur demonstrierte, Vorlesungen besuchte, an religiösen Festen teilnahm, sich um Rechtsfragen kümmerte und den Ruf eines Philhellenen erwarb. Im Unterschied zu Plutarch, der hierin ein Resultat seines Hanges zu Vergnügungen sah, wird man bei näherer Betrachtung konstatieren, dass Antonius sich wohlkalkuliert weite Teile des hellenistischen Ostens gewogen machen wollte, dessen Ressourcen bei künftigen innerrömischen Machtkämpfen keineswegs zu verachten waren. Anfang 41 setzte er nach Kleinasien über, wo er wie ein Souverän diejenigen belohnte, die den Caesarmördern widerstanden hatten, ansonsten aber den Bewohnern Kleinasiens schwere finanzielle Lasten aufbürdete. Dennoch wurde er gefeiert und mit Ehrungen überhäuft, vielleicht weil man so eine Reduktion der Forderungen erhoffte, vielleicht aber auch, weil alles noch schlimmer hätte kommen können. Jedenfalls schlossen sich ihm die Städte und Fürsten Kleinasiens umgehend an.[1]

Dabei mag es ihm durchaus entgegengekommen sein, dass man im Osten den Herrscherkult ungleich intensiver und unbefangener praktizierte als in Rom. Insofern verwundert es nicht, wenn er sich schon bald als Neos Dionysos verehren ließ: „Als er in Ephesos einzog, gingen Frauen als Bacchantinnen, Männer und Knaben als Satyrn und Pane kostümiert vor ihm her, von Efeu und Thyrsosstäben, vom Klang der Saiteninstrumente, von Schalmeien und Flöten war die Luft erfüllt, und ihn selbst priesen sie als Dionysos den Freudenbringer, den Huldreichen. Das war er gewiss für einige. Für die meisten aber war er der ‚Rohverschlinger', der ‚Grausamwilde'. Männern von edler Geburt nahm er ihr Vermögen und verschenkte es an Galgenstricke und Speichellecker."[2] Die letzten Zeilen deuten schon an, was Plutarch im Sinn hat. Antonius' Maßnahmen zum Eintreiben von Abgaben zur Sanierung der Staatsfinanzen werden mit Diffamierungen seiner Person verquickt. In den folgenden Sätzen versucht er sein negatives Urteil zu untermauern, indem er dem Triumvir einerseits Harmlosigkeit und Vertrauensseligkeit vorwirft, die aus einer gewissen Langsamkeit beim Begreifen hervorgegangen seien, ihm andererseits aber ein Übermaß im Vergelten und Bestrafen unterstellt. Sein Humor, der Sinn für Scherz und Spott, das Dulden freier Reden in seiner Umgebung – all das wird ihm negativ ausgelegt.

Dabei lässt sich bei einer kritischen Reduktion des Berichts auf die handfesten Informationen eine solche Wertung nicht aufrechterhalten.

Schon im Jahr 48 hatten die Bewohner von Ephesos nämlich keinen Geringeren als Caesar mit göttlichen Ehren empfangen. Die Städte und die Bevölkerung der Provinz Asia hatten ihm als „dem von Ares und Aphrodite stammenden, in Erscheinung getretenen Gott (Theos Epiphanes) und Retter (Soter) der gesamten Menschheit“ gehuldigt und dies in einer Inschrift festgehalten.[3] Bei seinem vierfachen Triumph hatte er sogar in Rom selbst auf Dionysos angespielt und die Position des Neos Dionysos indirekt für sich beansprucht. Es war also keineswegs verwunderlich noch in irgendeiner Weise zu verurteilen, wenn Antonius nun in die Fußstapfen eines Pompeius und Caesar trat, er handelte im Gegenteil plausibel, orientierte sich an seinen Vorgängern und berücksichtigte Mentalität sowie Gegebenheiten des Orients. Für den negativen Beigeschmack in der späteren Überlieferung zeichnet er nicht verantwortlich.

Soweit man das hinter dem Schleier augusteischer Polemik erkennen kann, widmete er sich entschlossen der Konsolidierung der Verhältnisse, empfing eine Unmenge von Gesandten, belohnte die Städte und Staaten, die den Caesarianern die Stange gehalten hatten, trieb energisch Steuern ein und bewies dabei trotzdem noch ein gewisses Augenmaß. Wie einst Caesar blieb aber auch er – trotz aller Belastungen – den schönen Seiten des Lebens zugeneigt, dazu gehörten Festlichkeiten, die einen kultischen Bezug haben konnten, aber nicht mussten, ebenso diverse Affären mit den Damen der kleinasiatischen High Society. Dabei musste die Initiative nicht unbedingt von ihm ausgehen, vielmehr sah er sich wie manch moderner Politiker oder Medienstar zahlreichen Offerten und Nachstellungen gegenüber.

Wie wenig er sich jedoch in seinem Urteil dadurch beeinflussen ließ, zeigt seine Regelung der Thronstreitigkeiten in Kappadokien. Dort stritten Ariarathes X. und Archelaos Sisines um die Herrschaft. Letzterer war ein Sohn des Priesterkönigs von Komana und der Hetäre Glaphyra. Diese, eine echte Schönheit mit enormer Ausstrahlung, machte sich offenbar an Antonius heran mit der Absicht, ihrem Sohn die Herrschaft zu verschaffen. Während Appian eher beiläufig ohne weitere Details eine Liaison zwischen Glaphyra und dem Triumvir sowie das Einsetzen ihres Sohnes auf dem kappadokischen Thron erwähnt, bringt Cassius Dio Letzteres in Zusammenhang mit der Neugliederung des Ostens im Jahr 36. Das würde bedeuten, Antonius hätte fünf Jahre zuvor das Angebot der Mutter dankend angenommen und ihre körperlichen Vorzüge genossen, ohne sich dabei in seiner Entscheidung manipulieren zu lassen. Wohl weil Ariarathes relativ starken Rückhalt im Lande hatte und Antonius die innere Stabilität Kappadokiens nicht gefährden wollte, beließ er ihn im Besitz der Macht. Glaphyra scheint sich ihm also umsonst und vergebens an den Hals geworfen zu haben. Erst im Umfeld des Partherfeldzugs scheint er Ariarathes ersetzt zu haben, weil dieser sich als wankelmütig erwies. Als Anrainerstaat zu den Parthern war das kappadokische Klientelkönigreich strategisch viel zu wichtig, als dass er einen unzuverlässigen Herrscher dort hätte dulden können. Erotische Eskapaden scheinen zumindest in diesem Fall sein Urteilsvermögen nicht getrübt zu haben, und das mag uns zu denken geben, wenn es um andere erotische Affären geht. Im Übrigen hat Oktavian Antonius' Verhältnis zu Glaphyra mit wenig feinen Versen attackiert, in denen er sogar dessen Gattin Fulvia sehr eindeutig und keineswegs schmeichelhaft ins Spiel bringt. Es scheint also etwas dran gewesen zu sein.[4]

Humorlos und gerissen hat später Oktavian, sein Gegner und Kollege im Triumvirat, seiner Sichtweise von Antonius' Vorgehen in der römischen Öffentlichkeit wie in der antiken Geschichtsschreibung zum Sieg verholfen, und so lesen wir in Plutarchs Antoniusbiographie: „Nachdem er (Antonius) ... nach Kleinasien hinübergegangen war, kam er mit den dort angesammelten Reichtümern in nähere Berührung. Könige warteten ihm an seinen Türen auf, die Gemahlinnen von Königen bewarben sich im Wetteifer miteinander mit Geschenken und mit ihren Reizen um seine Gunst. Während Caesar (Oktavian) in Rom sich mit inneren Wirren und Kriegen abzumühen hatte, lebte Antonius in tiefer Ruhe und Frieden und ließ sich durch seine Leidenschaften wieder in sein gewohntes Treiben hinabziehen. Sänger zur Kithara wie Anaxenor, Flötenspieler wie Xuthos, ein Tänzer namens Metrodoros und ein Schwarm asiatischer Musikanten der gleichen Art, die an Frechheit und Schamlosigkeit das aus Italien mitgebrachte Gesindel noch überboten, strömten herbei und beherrschten seinen Hof, und es gab kein Halten mehr, da alles nach derselben Richtung drängte. Ganz Asien war, wie jene Stadt des Sophokles (Theben) ‚zugleich von Opferrauch erfüllt, zugleich von Heilsgesängen und Klagelaut'."[5]

Weder seine überlegte Ordnung der Verhältnisse in den Klientelreichen noch die energische Eintreibung von Geldern für den Partherkrieg passen zu diesem Bild. Natürlich musste Antonius Gesandte empfangen, unter ihnen selbstverständlich auch die der Fürsten und Könige jener Gebiete, die Rom nur indirekt kontrollierte. Die Rituale des Ostens hat er mit großer Sensibilität respektiert und für seine Zwecke genutzt. Dazu gehörte der Herrscherkult, der ihm im Hinblick auf den Machtkampf im Imperium, vor allem aber hinsichtlich des bevorstehenden Partherkrieges als ausgesprochen nützlich erschienen sein muss. Nimmt man die Klagen der kleinasiatischen Steuerzahler, die Plutarch, Appian oder Cassius Dio genüsslich vor uns ausbreiten, dann hat sich Antonius durch göttliche Ehren nicht blenden lassen, sondern die Geschäfte klar und konsequent hiervon getrennt. So konnte er die immensen Summen eintreiben, die der Unterhalt seiner Truppen und erst recht sein geplanter Partherkrieg verschlingen sollten.[6]

Unter solch nüchternen Vorzeichen ist der Anstoß zur Begegnung mit der ägyptischen Königin in Tarsos zu sehen. Die Kontaktaufnahme erfolgte im

Rahmen des Gesandtschaftsaustauschs und persönlicher Treffen mit den römischen Klientelherrschern, bei denen es nicht nur um die Bestätigung der jeweiligen Position des Fürsten ging, sondern auch um finanzielle und militärische Leistungen für den Triumvir. Plutarchs Hinweis, er habe Kleopatra nach Tarsos bestellt und von ihr Rechenschaft verlangt für die Summen, die sie an Cassius gezahlt habe, sowie für die mangelhafte Unterstützung der Triumvirn im Bürgerkrieg, kann zumindest soweit in Zweifel gezogen werden, als es sich hierbei ganz offensichtlich nicht um eine ernst gemeinte Anklage handelte. Der Vorwurf ist eher im Kontext des diplomatischen Gerangels um die Definition der Rangstellung beider Verhandlungspartner zu sehen.

Kleopatra zeigte sich kaum von dem Ansinnen des Antonius beeindruckt, stattdessen ließ sie sich aufreizend viel Zeit und hielt ihn fürs Erste einmal hin. Für sie galt es, von vornherein die besondere Stellung Ägyptens in einer künftigen Kooperation zu demonstrieren und sich dabei klar und deutlich von anderen Klientelkönigen abzusetzen. Er seinerseits saß in Tarsos auf glühenden Kohlen, weil er vor dem Einmarsch in das von den Parthern bedrohte Syrien den Rücken frei haben wollte und sich daher unbedingt der Unterstützung durch das Ptolemäerreich versichern musste. So wird man in Antonius' Aufforderung vor allem den Versuch sehen müssen, die Angelegenheit zu beschleunigen, um nach erfolgter Klärung der Bedingungen für die Zusammenarbeit die nächsten Schritte angehen zu können. Wo Kleopatra im Bürgerkrieg stand, hatte sie ja durch die Entsendung der vier Legionen zur Unterstützung Dolabellas und der unter ihrer persönlichen Führung unternommenen, aber im Sturm gescheiterten Flottenoperation mit Ziel Griechenland eindrucksvoll gezeigt.

Die Fahrt nach Tarsos lässt sich also ohne ernsthafte Anklage und Vorladung als längst fälliger Antrittsbesuch bei dem neuen starken Mann im Osten erklären. Kleopatra wäre in jedem Fall gekommen, die Frage war nur, wann? Je später sie eintraf, je länger Antonius in Tarsos auf sie wartete, umso weniger trat seine unzweifelhaft vorhandene Dominanz zu Tage und umso stärker musste ihre Ausgangsbasis bei den anstehenden Verhandlungen erscheinen. So half alles Drängen nichts, die Königin ließ sich Zeit.[7]

Plutarch allerdings macht aus dem harmlosen diplomatischen Geplänkel eine reife Leistung an Überredungskunst und femininer Reflexion, ehe er Antonius' Gesandten und ehemaligen „Liebling" (paidiká) Quintus Dellius die zögernde Kleopatra zum Aufbruch bewegen lässt: „Als der zu ihr gesandte Mann, Dellius, sie zu Gesicht bekam und ihre Redegewandtheit sowie ihre außerordentliche Klugheit erkannte, sagte er sich sofort, dass Antonius einer solchen Frau nie im Leben etwas zuleide tun würde, dass sie vielmehr den größten Einfluss auf ihn haben werde; und so ging er daran, der Ägypterin den Hof zu machen und ihr zuzureden, sie sollte nur, wie es bei Homer heißt, ‚lieblich geschmückt' nach Kilikien gehen und sich nicht vor Antonius fürchten, der der reizendste und liebenswürdigste aller Feldherren sei. Sie folgte dem Rat des Dellius, gedachte des Eindrucks, den sie früher auf Caesar und auf Gnaeus, den Sohn des Pompejus, mit ihrer Schönheit gemacht hatte, und hoffte, den Antonius umso leichter unter ihr Joch zu beugen. Denn jene hatten sie noch als ein weltunerfahrenes Mädchen kennen gelernt; zu diesem aber sollte sie in einem Alter kommen, da Frauen im vollen Glanz ihrer Schönheit stehen und ihr Geist schon zur Reife gediehen ist. Sie rüstete daher Geschenke, Geld und Schmuck, soviel sie, aus großem Reichtum und einem blühenden Königreich kommend, wohl mitbringen musste, setzte aber die größte Hoffnung auf den Reiz und Zauber ihrer Person und trat so die Reise an."[8]

Tatsächlich sorgte die Königin für einen filmreifen Auftritt, der ihrer Person, ihrem Machtanspruch, ihrem Geschlecht und nicht zuletzt ihrem künftigen Partner würdig sein sollte. Antonius selbst hatte ihr gewissermaßen die Vorlage geliefert, indem er sich von den Städten und der Bevölkerung Kleinasiens als *Neos Dionysos* feiern ließ. Was lag näher, als Antonius in der kultischen Propaganda ein Pendant an die Seite zu stellen. Die Wahl fiel leicht, denn sowohl in Ägypten als auch in Rom war Kleopatra als Isis/Aphrodite beziehungsweise als Venus den Menschen präsentiert und von vielen verehrt worden.

Außerdem wurden die ptolemäischen Könige assimiliert und identifiziert mit griechischen und ägyptischen Göttern, wobei gerade Dionysos und Horus eine große Rolle spielten, während die Frauen des Königshauses schon früher mit Isis und Aphrodite gleichgesetzt wurden. Im Mythos soll Aphrodite von Dionysos den Priapos empfangen haben, der unter anderem über den im hellenistischen Ägypten verbreitenden Dionysoskult eine entsprechende Bedeutung erlangte. Es gab also in Kleopatras aktueller Ausgangslage ebenso wie in der Vorstellungswelt ihrer Zeitgenossen kaum eine bessere kultische Verbindung. Außerdem knüpfte sie mit Darstellung der Aphrodite an die Stammmutter der Iulier an und erinnerte sicher nicht wenige – gewiss aber Antonius – daran, dass ihre Statue noch immer in Rom im Tempel der Venus Genetrix stand. So durfte sie selbstbewusst an die Reisevorbereitungen gehen, und das Resultat konnte sich, wie nicht anders zu erwarten, wirklich sehen lassen.[9]

Wieder einmal ist es Plutarch, der uns das Geschehen am farbigsten und ausführlichsten schildert: „Obwohl sie von ihm selbst und von seinen Freunden viele Briefe bekam, die sie herbeiriefen, so achtete sie das gering und machte sich so über den Mann lustig, dass sie den Kydnos in einem Schiff mit vergoldetem Heck hinauffuhr mit ausgespannten Purpursegeln, während die versilberten Ruder sich zum Schall von Flöten bewegten, die mit Schalmeien und Kitharen harmonisch zusammenklangen. Sie selbst lag unter einem reich mit Gold verzierten Sonnendach, gekleidet und geschmückt, wie man Aphrodite gemalt sieht, und Knaben wie gemalte Liebesgötter standen zu beiden Seiten und fächelten ihr Kühlung. Ebenso standen die schönsten Dienerinnen, gekleidet wie Nereiden und Chariten, teils an den Steuerruder teils bei den Tauen. Herrliche Düfte von reichlichem Räucherwerk verbre teten sich über die Ufer. Die Menschen liefen teils gleich von der Mündur des Flusses an auf beiden Seiten mit, teils kamen sie aus der Stadt herunte um zu schauen. Da so die Volksmenge vom Markte fortströmte, blieb Antc nius selbst, der dort auf seinem Tribunal saß, schließlich allein, und es ve breitete sich in der Masse ein Gerücht, Aphrodite komme in feierlicher Zuge den Dionysos besuchen zum Heile für Asien."[10]

Wie müssen wir uns ihre Aufmachung vorstellen? Es handelte sich ver mutlich nicht um zeitgenössische Haute-Couture, dazu war einfach zu weni Stoff im Spiel. Schon ihr Gefolge präsentierte eine etwas gewagte Kollek tion, fast hüllenlos. Werden ihre Begleiterinnen, die Nereiden, als Meeres nymphen in der hellenistischen Kunst in aller Regel barbusig dargestellt, sc wirkten gelegentlich eng anliegende Gewänder, so sie denn überhaupt Ver wendung fanden, eher als Accessoires, die wenig zu erahnen übrig ließen.

Die Chariten, in zeitgenössischen Werken insbesondere als die berühmter drei Grazien präsentiert, verkörperten Schönheit sowie Intelligenz unc Überfluss. Bis auf etwas Schmuck erscheinen sie normalerweise völlig unbekleidet. Hat man sich die Eroten bereits gänzlich textilfrei vorzustellen, so verlangte die Dramaturgie eigentlich etwas noch Aufregenderes bei der Hauptperson. Indem Plutarch Kleopatras Auftreten mit dem der Aphrodite gleichsetzt, wäre es eine durchaus akzeptable Variante gewesen, hätte sie als Königin sich völlig nackt drapiert. Im Kontext ihrer gerade so dargestellten Entourage wäre dies allerdings keine echte Steigerung gewesen.

Daher kommt Plutarchs Hinweis, die Königin sei geschmückt gewesen, wie man dies von Aphroditedarstellungen aus der Malerei kenne, ein besonderes Gewicht zu. Das impliziert, dass sie entsprechende Schmuckstücke getragen hat. Zwar sind derart einschlägige zeitgenössische Gemälde nicht überliefert, eine Statuette aus der Villa der Iulia Felix in Pompeji eröffnet jedoch eine überraschende Perspektive. Gefertigt aus griechischem Marmor, stellt das hellenistische Kunstwerk Venus dar, wie sie sich gerade die Sandalen aufbindet. Ihr zu Füßen sitzt ein kleiner Eros. Mit dem linken Arm stützt sie sich auf einer Statuette des bereits erwähnten Priapos ab, der ja als Fruchtbarkeitsgott in der hellenistischen Bildtradition ihr Gegenstück bildet.

Interessant für uns ist vor allem die exquisite Ausgestaltung des Werkes, denn mittels Vergoldung werden Schmuck und Kleidung der Göttin in einer Weise präsentiert, die gerade die Kostbarkeit ihrer Ausstattung unterstreicht. Ein kleiner goldener Bikini mit einem netzartigen Mieder enthüllt mehr, als er verdeckt, diagonal über den Bauch trägt Venus eine Kette, die sich im Nabelbereich kreuzt, das Symbol X für den gleichnamigen Planeten. Zwei goldene Armreifen, ein Armband am rechten Handgelenk sowie eine Halskette komplettieren ihren Schmuck. Schuhe, Haare und Lippen der Göttin waren rot bemalt, die Augen bestehen aus Glaspaste. Derartige Ver-

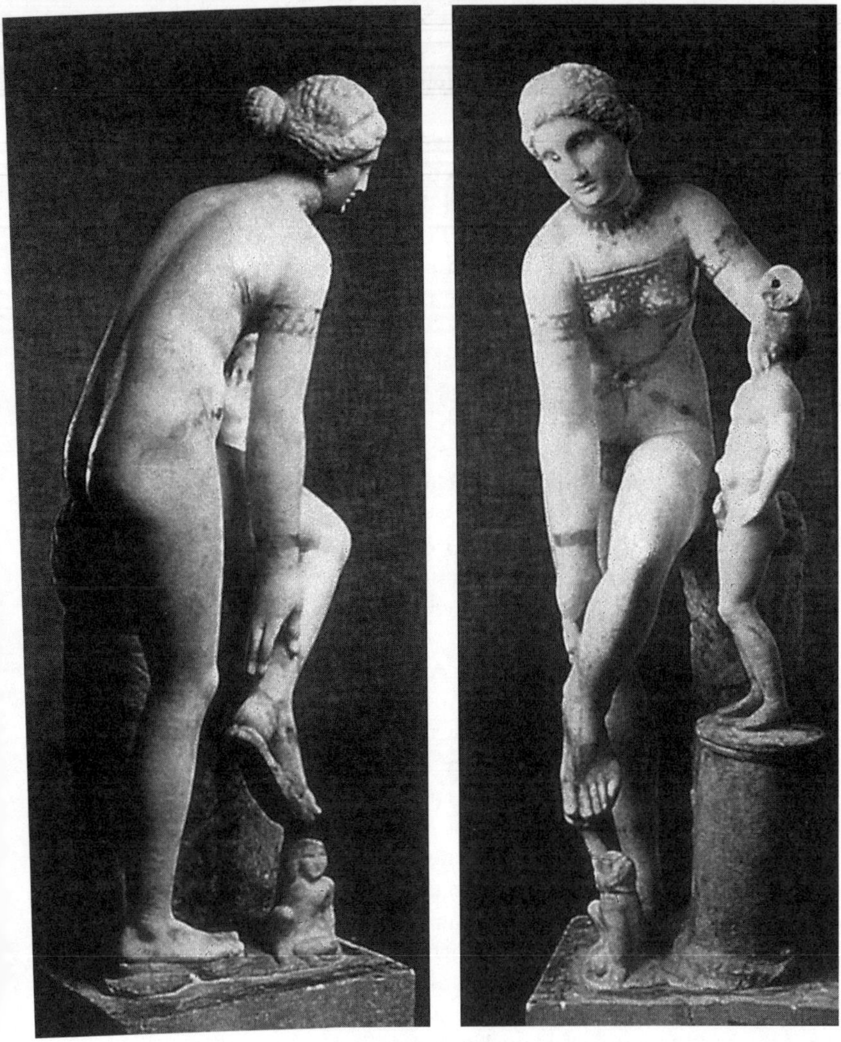

Abb. 4: Venus-Statuette aus Pompeji.

goldungen waren schon während der hellenistischen Epoche üblich, um Plastiken ein besonders kostbares Aussehen zu verleihen.[11]

Genau darauf kam es Kleopatra bei ihrer Ankunft in Tarsos an. So dürfen wir Plutarchs Worte „gekleidet und geschmückt, wie man Aphrodite gemalt sieht“ buchstäblich auf die Goldwaage legen. Statuen der Aphrodite und des Adonis wurden schon zu Zeiten Ptolemaios’ II. auf Ruhebetten gelagert und von automatischen Eroten umschwebt in einem Arrangement aus Gold,

Elfenbein, Ebenholz und kostbaren Stoffen präsentiert. Bei aller Vorsicht können wir eine gewisse Vorstellung entwickeln, wie sich die Königin selbst inmitten ihres weitgehend unbekleideten Gefolges den Neugierigen am Ufer präsentiert haben könnte.[12]

Die Typologie der Darstellungen von Aphrodite/Venus unterstützt dies. Natürlich stellt die Nacktheit bei den meisten Kunstwerken die Ausgangsbasis dar, darüber hinaus aber wird die Göttin häufig dekoriert mit einer über der nackten Brust gekreuzten Perlenkette, mit einer goldenen Krone, Halsschmuck, Arm- und Fußreifen sowie einem Perlen- oder Edelsteingürtel. Gelegentlich wird die Scham mit einer Art Tanga aus dem gleichen Material den Blicken entzogen.

In Kombination mit Plutarchs Beschreibung und der oben besprochenen Statuette gewinnt ein solcher Tanga – möglicherweise perlenbesetzt – an Wahrscheinlichkeit, wenn wir an Kleopatras Aufmachung denken. Erst jüngst in der Forschung diskutiert, passt er durchaus in die Ikonographie. Dabei unterstellt man mit einer solchen Annahme der Königin nicht mehr Verschämtheit, als dies mit unseren Schriftquellen in Einklang zu bringen ist: Partielle oder völlige Nacktheit war ein typisch göttliches Attribut, nichts passte besser zu Aphrodite. Man kann sich die Begeisterung der Einwohner von Tarsos vorstellen, wenn ihnen – völlig kostenlos – ein solches Schauspiel geboten wurde.[13]

Die Show wurde ein voller Erfolg. Antonius hielt – womöglich um der einfahrenden Königin einen Teil der Aufmerksamkeit zu entziehen – auf der Agora eine Gerichtsverhandlung ab. Das allerdings erwies sich als weniger gute Idee, die bessere Performance bot eindeutig die Königin. Auch im Rangstreit um die Frage, wer nun wen als Erster aufsuchen sollte, setzte sie sich durch. Plutarch übergeht diesen Aspekt des Positionskampfs in dürren Worten und wendet sich lieber erneut Fragen der Ausstattung und der Ästhetik zu: „Antonius schickte nun und ließ sie zum Mahle einladen, aber sie bat, er möchte lieber zu ihr kommen. Um ihr nun gleich einen Beweis seiner Zuvorkommenheit und freundlichen Gesinnung zu geben, nahm er die Einladung an und kam. Er fand eine über alle Beschreibung gehende Zurüstung, besonders aber staunte er über die Menge der Lichter. Denn in so großer Zahl, heißt es, waren sie angebracht und leuchteten von allen Seiten, und auf solche Art waren sie im Verhältnis zueinander – in Vierecken und Zirkeln – angeordnet, dass es ein außerordentlich schöner Anblick war."[14]

Was den Aufwand betrifft, stand Kleopatra voll und ganz in der Tradition ihrer Dynastie, wo man seit Generationen höchst aufwendige Repräsentation nicht nur für angebracht, sondern sogar für notwendig erachtete. Details der jetzt folgenden Bankette erfahren wir über den gewöhnlich gut informierten Athenaios, der sich in diesem Fall auf Sokrates von Rhodos stützt, einen Autor des 1. Jahrhunderts, der zumindest zeitlich nah am Geschehen gewesen ist: „Kleopatra … bereitete ihm ein königliches Festmahl. Dabei war das gesamte Geschirr aus Gold und mit Edelsteinen überaus kunstvoll besetzt. Sogar die Wände, heißt es, waren mit purpurnen, golddurchwirkten Tapisserien behängt. Zwölf Speisesofas für je drei Gäste hatte Kleopatra aufstellen lassen, und so lud sie Antonius und seine Freunde ein. Er war von dem prunkvollen Anblick ganz überwältigt, doch sie lächelte nur und bemerkte, das sei alles ein Geschenk für ihn. Für den folgenden Morgen lud sie ihn ein, nochmals mit seinen Freunden und Heerführern bei ihr zu speisen. Da arrangierte sie das Gastmahl noch viel aufwendiger und ließ so das erste ganz bescheiden erscheinen, und auch dieses Mal machte sie ihm alle Gerätschaften zum Geschenk. Von den Heerführern durfte jeder das Ruhebett mitnehmen, auf dem er gelegen hatte, und sogar die Becherständer, wie sie auf die Liegen verteilt waren. Und beim Abschied gab sie den Höherstehenden Sänften mit Trägern, der Mehrzahl Pferde mit silberbeschlagenem Geschirr und allen Negersklaven als Fackelträger. Am vierten Tag gab sie ein Talent für Rosen aus und ließ sie eine Elle hoch auf den Boden des Festsaals streuen, der von netzgleichen Girlanden überzogen war."[15]

Für sich genommen mag uns heute wie den römischen Autoren damals die Bewirtung luxuriös und großspurig erscheinen, wenn man sich aber den Rahmen für die Festlichkeiten beim Umzug Ptolemaios' II. Philadelphos mehr als zwei Jahrhunderte zuvor vergegenwärtigt, muten Kleopatras Empfänge in Tarsos eher wie Dinner im kleinen Kreise an. Athenaios selbst liefert uns das Vergleichsmaterial: Im Innenraum von Philadelphos' Festzelt fanden 260 Gäste Platz, die Grundfläche umfasste ungefähr 1400 $m^2$. Die von Holzsäulen getragene Decke war 26 m hoch, ein Umgang auf drei Seiten ermöglichte die reibungslose Bedienung. In seinen gewaltigen Ausmaßen relativiert das Symposion ihres Vorfahren Kleopatras Aufwand in Tarsos. Dennoch waren die Empfänge für Antonius ausgesprochen repräsentativ und einer Königin wahrhaft würdig. Durch die mit der Anknüpfung an Aphrodite einhergehende erotische Akzentuierung bekamen sie überdies noch eine ganz besondere Note, die ihre Attraktivität in den Augen der Gäste noch erhöhte.[16]

Sicherlich hatte Kleopatra dafür gesorgt, dass ihr Personal ausreichend kompetent war für eine adäquate Präsentation des Aphroditekultes. Dieser ging im Osten in der Regel einher mit Tempelprostitution. Es versteht sich, dass sie ihr engstes Gefolge auf einem solchen Feld nicht so recht einsetzen konnte, daher liegt der Gedanke nahe, dass sie hierfür professionelle Dienerinnen der Aphrodite aus deren Tempel in Alexandria an Bord genommen hatte, die in kultisch motivierter Prostitution wohlgeübt waren. Legt man die Zahl der Liegen beim Gastmahl zugrunde, müssen einige Dutzend Liebesdienerinnen als „Verstärkung" für die Betreuung der römischen Gäste bereitgestanden haben, von den als Eroten eingesetzten Knaben ganz zu schweigen.[17]

Kleopatras Investitionen haben sich in jedem Fall gelohnt, denn durch ihr Auftreten errang sie schon bei ihrer Ankunft einen doppelten diplomatischen Erfolg, sie stahl Antonius in der Öffentlichkeit die Schau und konnte ihn dennoch dazu bewegen, zu *ihr* zu kommen. Damit waren dann wohl die letzten Unstimmigkeiten hinsichtlich der Vorwürfe gegen ihre Person ad acta gelegt, obwohl Appian es nicht lassen kann zu behaupten, sie habe sich mit guten Argumenten verteidigt. Damit allerdings lenkt er über zu einem Aspekt, der ihm viel wichtiger erscheint: Obwohl sie schon fast vierzig gewesen sei, hätten nämlich ihre Klugheit und Schönheit Antonius für sie entflammt und ab da sei er ihr verfallen gewesen. Ist die Appianstelle wegen ihrer Kürze und der fehlenden Präzision an sich schon verdächtig, so passt eine Verhandlung mit Attacken auf die Person der Königin ganz und gar nicht in eine solche repräsentative, gleichzeitig aber informelle Atmosphäre, wie sie Plutarch schildert. In einem derartigen Rahmen hat man die Gastgeberin sicherlich nicht mit einer Hochverratsklage konfrontiert.[18]

Von der Nacht im Anschluss an das erste Gastmahl wissen wir nichts, sosehr sie Anlass zu Spekulationen gab und in Literatur und Film ausgeschmückt worden ist. Sehr wohl aber können wir sagen, dass Antonius die Königin für den folgenden Tag zu einem Gegenbesuch eingeladen hat, der durchaus erfolgreich verlaufen ist; jedenfalls entspannte sich das Verhältnis der beiden jetzt merklich, so zumindest unser Gewährsmann Plutarch: „Antonius ... gab sich die größte Mühe, sie an Pracht und Erlesenheit der Ausstattung zu überbieten, aber da er in beidem zurückblieb und von ihr geschlagen wurde, war er der Erste, der sich über die bei ihm herrschende Schäbigkeit und Geschmacklosigkeit lustig machte. Da nun Kleopatra in Antonius' Scherzen den Soldaten und den schlichten Mann (wörtl. den *Banausen*!) erkannte, bediente auch sie sich ihm gegenüber alsbald ungehemmt und rückhaltlos dieses Tones."[19] Man kam sich näher und dies offenbar nicht nur verbal oder in lockeren Umgangsformen, sondern körperlich. Kleopatras aufreizender Aufzug verfehlte seine Wirkung nicht, zumal Antonius mit Sicherheit die sich abzeichnenden Synergieeffekte erkannte, die eine Kombination seiner dionysischen Seite mit ihrer kultischen Anknüpfung an Aphrodite bot, von seinen privaten Bedürfnissen ganz zu schweigen. Er hätte es bei der Wahl der Götter wahrlich schlechter treffen können.

Eben deshalb müssen wir davon ausgehen, dass er sich im Lauf der gemeinsamen Tage von Tarsos nicht nur kultisch, sondern auch persönlich mit Kleopatra vereinigt hat – eine Fusion, die Folgen haben sollte. In den Berichten über Feste und Ausschweifungen werden die intensiven Verhandlungen zwischen beiden Parteien praktisch ausgeblendet und auf die Ebene von Bettgeflüster heruntergezogen, dem Antonius verfallen sei. Das darf aber keineswegs darüber hinwegtäuschen, dass umfangreiche Gesprächsrunden über die Grundlinien der Kooperation stattgefunden haben müssen, die letztlich das Übereinkommen im Sinn einer wohl kalkulierten und dauerhaften Partnerschaft ermöglichten. Die Erklärung für dieses Schweigen der Quellen ist einfach, empfand doch das Publikum in seiner Mehrheit damals wie heute die Themenschwerpunkte „sex and crime" erheblich spannender als die Nachrichten über politische Konferenzen. Außerdem konnten so die Antonius und seiner neuen Geliebten übel gesinnten Geschichtsschreiber beide in ein schlechteres Licht rücken, das später den Krieg Oktavians noch besser rechtfertigen ließ. Betrachtet man die Ergebnisse, wie wir sie aus den Ereignissen und Maßnahmen im Anschluss an das Treffen von Tarsos ersehen können, dann hat Kleopatra zweifellos einen großen diplomatischen Erfolg verbuchen können. Herausgehoben aus der Schar der Klientelherrscher, konnte sie auf Augenhöhe mit dem Triumvir verkehren. Antonius durfte allerdings ebenfalls zufrieden sein, er hatte sich der vollen Unterstützung des so eminent wichtigen Ägypten versichert und dies auf eine sehr private Basis gestellt. Nicht zuletzt hatte „Aphrodites Fahrt zu Dionysos" seine kultische Herrschaftsrepräsentation deutlich ausgebaut und ihm zumindest im Osten einen weiteren Legitimitätszuwachs gebracht. Daher ging er ebenfalls gestärkt und als Gewinner aus der so spektakulär eingeleiteten Zusammenkunft hervor.

Als Erste bekamen Kleopatras Feinde und Konkurrenten die Auswirkungen der neuen Partnerschaft zu spüren. Prominentestes Opfer war ihre Schwester Arsinoë, die im ägyptischen Bürgerkrieg zur Gegenkönigin erhoben worden war und sich nach ihrem „Auftritt" im Triumphzug Caesars ins Exil nach Ephesos hatte zurückziehen dürfen. Sie wurde auf Antonius' Befehl im dortigen Artemistempel getötet. Aufgrund ihrer Zugehörigkeit zur Dynastie stellte Arsinoë in Kleopatras Augen eine latente Gefahr für den Machterhalt ihrer eigenen Linie dar, deren Fortsetzung in der nächsten Generation sie mit der Erhebung Caesarions zum König und Mitregenten ja bereits eingefädelt hatte.

Systematisch schaltete sie mit Hilfe ihres neuen Liebhabers auch jenseits der eigenen Familie einen Unsicherheitsfaktor nach dem anderen aus. Serapion, Kleopatras einstiger Statthalter auf Cypern, der unautorisiert seine Flottenkontingente dem Cassius überlassen hatte, wurde in Tyros gestellt, wo er Schutz gesucht hatte. Er musste ausgeliefert werden und fand ebenso den Tod wie ein Mann, der sich als ihr im Kampf gegen Caesar umgekommener Bruder Ptolemaios XIII. ausgab und bei den Aradiern Aufnahme gefunden hatte.[20]

Mit diesen Maßnahmen band sich Antonius zwar stärker an seine neue Partnerin, sie lagen aber durchaus in seinem eigenen Interesse. Einen Pseudo-Ptolemaios konnte er im gefährdeten Syrien nun überhaupt nicht brauchen, für Serapion hatte er keine weitere Verwendung, es sei denn, um an ihm ein Exempel zu statuieren für den begangenen Verrat. Seine innere Unabhängigkeit stellte er unter Beweis, als er Megabyzos, den Priester der Artemis von Ephesos, wegen der Aufnahme Arsinoës zwar vorlud, dann aber freisprach. Appians Behauptung, Antonius habe den Angeklagten erst begnadigt, nachdem sich die Epheser mit ihren Bitten unmittelbar an Kleopatra gewandt hatten, kann als üble Nachrede abgetan werden, denn direkt im Anschluss wettert unser Gewährsmann gegen den Triumvir, der infolge seiner Leidenschaft so schnell ein anderer geworden sei. Außerdem hätte Letzterer ansonsten wohl kaum die Errichtung eines oktogonalen Grabmals an der Kuretenstraße mitten im Zentrum von Ephesos zugelassen. Dort hat man mit großer Wahrscheinlichkeit 1926 in der unterirdischen Grabkammer Arsinoës sterbliche Überreste entdeckt.[21]

Wieder einmal spiegelt sich in den Quellen die von Oktavian geschürte Sichtweise des römischen Westens. Dort fehlinterpretierte man aus der Entfernung die hellenistischen Rituale bewusst, weil ein schwacher, unter die Fuchtel der ägyptischen Königin geratener Antonius seinen politischen Gegnern als Feindbild erheblich besser ins Konzept passte als ein energischer und kompetenter Ordner des Ostens, der wie einst Caesar das Nützliche mit dem Angenehmen verband, sich anders als dieser aber in Alexandria nicht mit Waffengewalt durchsetzen musste.

Zunächst reiste Kleopatra jedoch allein zurück nach Ägypten, Antonius wandte sich den Problemen in Syrien zu. Dort gestalteten sich die Verhältnisse angesichts der Vielzahl an Mächten und Autoritäten deutlich komplizierter als in Kleinasien. Außerdem kam hier die Nähe der Parther zum Tragen, bei denen sich Labienus aufhielt, der Kleopatra als Cassius' Gesandter zu einem Eingreifen auf dessen Seite in den römischen Bürgerkrieg hatte bewegen sollen. Auf Antonius' Amnestie hatte er nicht reagiert, möglicherweise steckte er sogar hinter dem offensiven Vorgehen seiner Gastgeber gegen römisches Hoheitsgebiet.

Von vornherein hatte Antonius daher wenig Spielraum beim Umgang mit den in Syrien konkurrierenden Kräften. Die Städte hatten eher auf Seiten des Cassius gestanden, der wiederum gute Beziehungen nach Parthien unterhielt. Ihnen lag vor allem an einem reibungslosen Handelsverkehr, weshalb sie vielfach eine neutrale Position einnahmen – im Falle eines Krieges konnten sie nur verlieren. Anders sah es da schon bei den einheimischen Dynasten aus. Aufgrund machtpolitischer Überlegungen neigten diese zu einer längerfristigen Anbindung an eine der überregionalen Mächte, denn bei einem Umschwung der politischen Großwetterlage mussten sie damit rechnen, persönlich für Seitenwechsel haftbar gemacht zu werden. Bei den Städten war eine solche Verlässlichkeit schon deshalb kaum zu gewährleisten, weil der äußere Druck nicht so stark wurde wie bei den Fürsten. Man konnte nach einem Politikwechsel im Gemeinwesen immer auf eine oder mehrere Gruppierungen von Politikern hinweisen, denen man die Schuld für das frühere „falsche“ Verhalten anlastete. Insofern fiel das Lavieren zwischen den Großmächten erheblich leichter. Antonius war sich dessen sehr wohl bewusst, er kannte die Verhältnisse aus eigener Anschauung, schließlich war er einst in der Provinz Syrien stationiert gewesen. Jetzt musste er einerseits die Städte unter seine Kontrolle bringen, andererseits stabile Partnerschaften mit den Dynasten etablieren. Beide, Städte wie Fürsten, standen zudem in einer strukturellen Konkurrenz um Macht und Einfluss, denn selbstverständlich suchten die regionalen Herrscher ihre Herrschaft auf Kosten der Städte auszubauen.

Genau dies fürchteten Letztere wohl im Hinblick auf Kleopatra. So erscheint es nicht verwunderlich, wenn man die erzwungene Auslieferung ihrer Gegner als Folge ihres, aus Sicht der Städte unerwünschten Machtzuwachses infolge des diplomatischen und privaten Arrangements mit dem Triumvirn deutete. Vor allem große Kommunen wie Arados und Palmyra, die sich bisher recht erfolgreich den Herrschaftsansprüchen der lokalen Dynasten widersetzt hatten, neigten dazu, gegen Antonius zu opponieren. Auch die Tatsache, dass Tyros den flüchtigen Serapion aufnahm, spricht Bände. Zwar beseitigte Antonius den Tyrannen Marion, aber bis zu dieser gewaltsamen Disziplinierungsmaßnahme waren die maßgeblichen Kräfte in der Stadt offenbar willens, sich gegen Kleopatra und den Sieger von Philippi zu stellen. Ein handstreichartiger Angriff auf Palmyra lief sogar ins Leere, weil die Einwohner rechtzeitig Wind von der Sache bekommen und Vorkehrungen getroffen hatten. Appian verurteilt diese Aktion natürlich und verharmlost die für die römische Kriegführung keineswegs ungefährliche Haltung der Palmyrener. Antonius habe nur die geringfügige Beschuldigung vorbringen können, „dass sie, im Grenzraum zwischen Römern und Parthern lebend, zu beiden Seiten eine geschickte Neutralitätspolitik unterhielten. Denn Kaufleute, die sie sind, holen sie aus Persien die Erzeugnisse Indiens oder Arabiens und verteilen sie dann auf römischem Boden.“[22] Aus ihrer Perspektive durchaus verständlich, konnte Antonius eine solche Haltung angesichts der parthischen Attacken kaum akzeptieren; insofern ist sein Versuch verständlich, das strategisch wichtige Palmyra zu besetzen.

Angesichts der unsicheren Lage vor allem im syrischen Raum suchte er längerfristig ein System von Klientelherrschern zu etablieren. Tatsächlich gelang es ihm im Lauf der Jahre einer Reihe fähiger, Rom ergebener Fürsten die Kontrolle der bedeutendsten Regionen des Ostens zu übertragen beziehungsweise zu bestätigen und diese an sich zu binden. Im Großen und Ganzen glückte Antonius der Spagat zwischen den Fürsten und Städten Syriens und Palästinas, er schaffte es, wie im Fall des Herodes, eine langfristige Zusammenarbeit zu etablieren. Er befreite – wie Appian schreibt – die Städte von ihren Tyrannen, die noch auf der politischen Linie des Cassius lagen, und verhalf der politischen Opposition zum Sieg. Für eine unmittelbare Herrschaft reichten die Kräfte Roms im Orient noch nicht aus, und so erwies er sich unter diesen Rahmenbedingungen erneut als zielstrebiger Realpolitiker mit einem Gespür für das Machbare.[23]

Erst nachdem die Machtverhältnisse in Syrien neu geregelt waren, kam Antonius nach Ägypten, wo ihn seine 28-jährige Geliebte den Winter 41/40 über mit persönlicher Zuwendung und allem erdenklichen Luxus verwöhnte.

## Antonius und Kleopatra – der Zweck heiligt die Leidenschaft

Hatte es in Tarsos zwischen den beiden schon gefunkt, so setzte sich das Liebesverhältnis nach Antonius' Ankunft in Ägypten mit unverminderter Intensität fort. Kleopatra sorgte für ein Umfeld, wie es dem Triumvir in seiner exzessiven Lebensart entsprach.

Dabei war die ägyptische Metropole für ihn kein neues Terrain, ihre Reize und Ressourcen hatte er schon bei der Rückführung Ptolemaios' XII. kennengelernt. Appian behauptet sogar, Antonius sei Kleopatra schon seit der Zeit verfallen gewesen, als er als Reiterführer des Gabinius in Ägypten weilte. Es erscheint plausibel, dass sie sowohl in Syrien als auch in Alexandria zum Gefolge ihres Vaters gehörte und er der damals Vierzehnjährigen zumindest begegnet ist. Gerade weil Antonius ansonsten kein Kind von Traurigkeit war, dürfte der 27-jährige Kavallerieoffizier jedoch damals wohl kaum ein ernsthaftes persönliches Interesse an ihr entwickelt haben. Schließlich tendiert die ihm wenig zugeneigte antike Überlieferung zu moralischer Diffamierung ihres Opfers, wozu sexuelle Anspielungen ebenso wie der Vorwurf eines schwachen, moralisch verkommenen Charakters gehören. So wirkt der besagte Verweis auf Antonius' angebliche Willenlosigkeit eher lächerlich, was nicht bedeutet, dass er Kleopatra nicht kennengelernt haben könnte. Ein Liebesverhältnis kam angesichts der Gesamtkonstellation sicherlich nicht zustande.[24]

Theoretisch könnte er der späteren Königin noch viel früher auf griechischem Boden über den Weg gelaufen sein. Nachdem er sich zeitweise an den Umtrieben des Clodius beteiligt hatte, setzte Antonius sich nämlich 58 aus Rom ab in Richtung Griechenland, wo er in Athen und Rhodos Rhetorik studierte und seinen Körper für den Kriegsdienst trainierte. Praktisch zeitgleich stiftete eine lybische Königstochter in Athen ihrer Zofe eine Grabinschrift, die zu der Annahme geführt hat, Kleopatra sei damals ihrem Vater gefolgt, als dieser Ägypten verließ und in Rom um Unterstützung bitten musste.[25] Vieles spricht dafür, dass wir die afrikanische Prinzessin mit Kleopatra identifizieren dürfen. Nur zu gut passt die Datierung der Inschrift zur Flucht des Auletes. Außerdem erstreckt sich der Begriff Libyen in der Antike auch auf Ägypten.

Allerdings darf man bezweifeln, Antonius sei ihr damals schon begegnet, und selbst wenn dies der Fall gewesen wäre, dürfte die elfjährige Ptolemäerin ihn sicherlich nicht näher interessiert haben. Ob er sie nun in Athen oder bei seinem ersten Aufenthalt in Alexandria sah, es war wohl nicht Liebe auf den ersten Blick! Wie konnte er auch ahnen, dass Kleopatra ihm wenige Jahre später kaum von der Seite wich, wenn er die ausgelassenen Festlichkeiten in Alexandria genoss. Erst im Zuge ihres Zusammentreffens in Tarsos kamen sich die beiden näher.

Die heiße Affäre mag Antonius durchaus geschmeichelt haben, doch war

Kleopatra keineswegs die erste Königin in seinem Bett. Dennoch stellte die Herrscherin Ägyptens, was ihre Rangstellung anging, ein ganz anderes Kaliber dar als etwa die bereits angesprochene Glaphyra. Vielleicht dachte Kleopatra sogar an eine Ehe, zu gut hätte dies zur kultischen Vereinigung von Aphrodite und Dionysos gepasst. Antonius aber war ein verheirateter Mann. Seine bisherigen Ehefrauen konnten sich jedoch im sozialen Rang mit der Königin nicht messen. Cicero wirft ihm sogar vor, er sei Schwiegersohn des Freigelassenen Q. Fadius Gallus gewesen und habe Kinder von dessen Tochter Fadia gehabt. Mehr ist von dieser umstrittenen Heirat und den Kindern nicht bekannt.[26]

Gesichert ist dagegen die Ehe mit seiner Cousine Antonia, eine nicht gerade vornehme Wahl, schließlich hatte ihr Vater C. Antonius Hybrida einen schlechten Ruf und war vor seinem Konsulat schon einmal aus dem Senat ausgeschlossen worden. Sein Beiname bezeichnet eigentlich bei Tieren einen Mischling oder Bastard besonders aus der Verbindung eines zahmen Schweins mit einem wilden Eber, ein wenig schmeichelhaftes Epitheton. Bei Menschen spielte man darauf an, dass der Vater ein Römer oder Freigeborener, die Mutter aber eine Ausländerin oder Sklavin gewesen sei. Von Antonia hatte der Triumvir eine gleichnamige Tochter.[27]

Seine nächste Gattin Fulvia kam ebenfalls aus einer weniger angesehenen Familie. Zu allem Überfluss deutete der Beiname ihres Vaters M. Fulvius Bambalio auch noch ein Gebrechen an: Antonius' Schwiegervater stotterte und seine lieben Mitbürger wiesen noch zusätzlich auf seine kleine Schwäche hin. Fulvia war nun keineswegs ein unbeschriebenes Blatt auf dem römischen Heiratsmarkt, sie war zuvor schon mit P. Clodius Pulcher und C. Scribonius Curio verheiratet gewesen, jeweils bis zu deren Ableben. Ehrgeizig und skrupellos, hatte sie machtpolitische Ambitionen und soll auch bei den Proskriptionen mitgewirkt haben. Ihr energisches, emanzipiertes Vorgehen in Rom, wo sie nach Caesars Tod die Interessen ihres dritten Gatten vertrat, veranlassten ihre Gegner, sie als krasses Gegenbild zum Ideal der römischen Matrone darzustellen.

Sosehr sie sich für Antonius und natürlich auch für sich selbst in die Bresche warf, blieb sie doch von ihrer Herkunft her deutlich hinter dessen Ansprüchen zurück. Er nämlich leitete den Stammbaum seiner Familie von niemand Geringerem als Herkules ab und damit – in aller Bescheidenheit – von Jupiter. Da hatte eine Königin aus dem Haus der Ptolemäer natürlich ganz anderes als Fulvia zu bieten, schließlich führten diese sich genealogisch ebenfalls auf Herakles, daneben sogar noch auf Dionysos zurück, beide bekanntlich Söhne des Zeus.[28]

Die Chance, auch als Frau bei ihm zu landen und das in Tarsos so aufwendig begonnene Liebesabenteuer zu vertiefen, nahm sie wahr, als sich Antonius' Eintreffen in der ägyptischen Metropole abzeichnete. Das Ereignis und den anschließenden Aufenthalt kommentiert Appian: „Sie (Kleopatra) gewährte ihm einen glänzenden Empfang, und so blieb er den Winter über dort, dabei ohne die Abzeichen seines Amtes und in der Kleidung und Lebensweise eines Privatmanns. Dies geschah, entweder weil er sich unter fremder Landeshoheit und in einer königlichen Stadt aufhielt oder weil er die Tage seines Winteraufenthaltes als Fest beging. Denn er ließ sowohl die Sorgen als auch die militärische Eskorte eines Feldherrn beiseite und trug anstelle der heimischen Kleidung ein griechisches Viereckgewand, dazu das weiße attische Schuhwerk, wie es die Priester in Athen und Alexandria haben … Seine Ausgänge beschränkten sich auf den Besuch von Heiligtümern und Gymnasien sowie auf Gespräche mit Gelehrten und den Umgang mit Griechen, alles aus Ergebenheit zu Kleopatra, der sein Aufenthalt in Alexandria in erster Linie galt."[29] Sieht man von der üblichen negativen Bewertung seiner Hinwendung zur Gastgeberin einmal ab, bleiben für uns folgende Informationen übrig: Antonius nahm, nachdem er die Truppen in ihre Winterquartiere geschickt hatte, sein Hauptquartier in Alexandria, wo ihm die mächtigste Herrscherin unter den östlichen Klientelfürsten ein hervorragendes Ambiente und eine entsprechende Infrastruktur für seine privaten wie offiziellen Bedürfnisse bot. Angesichts der in Tarsos ausgehandelten Interessengemeinschaft durfte er sich in Ägypten sicherer fühlen als an jedem anderen Fürstenhof des Ostens. So konnte er es sich erlauben, seine Bürgernähe zu demonstrieren und, anders als vor wenigen Jahren Caesar, seine Liktoren zu Hause lassen. Appians Bemerkungen zeigen, dass er dabei eine gewisse Sensibilität an den Tag legte, indem er die kultischen und kulturellen Einrichtungen nutzte und den klügsten Köpfen der hellenistischen Welt seine Reverenz erwies. Das alles dürfte für ihn eher Genuss als Pflicht gewesen sein, stand er griechischem Denken und griechischer Kultur doch außerordentlich aufgeschlossen gegenüber. Außerdem galt es, die Stimmung in der Hauptstadt kennenzulernen und die eigenen staatsmännischen Fähigkeiten gebührend hervorzukehren.

Nimmt man die reinen Fakten, handelte der Triumvir abgeklärt und überlegt, den Sachzwängen entsprechend. Wir haben also keinen Anlass, sein Techtelmechtel mit der Königin als Hauptursache für sein Benehmen zu werten. Das soll aber nicht heißen, dass er die erotische Seite seines Aufenthalts nicht gerne und ausgiebig genossen hätte. Sobald aber die Staatsgeschäfte ihn wieder fortriefen, reagierte er wie sein Vorgänger Caesar: Er reiste ohne großes Zögern ab! Insofern können wir wenig zur Tiefe der Beziehung sagen.

Natürlich feierte man Feste, und auch sexuell scheint Antonius durchaus auf seine Kosten gekommen zu sein. Immerhin blieb die Affäre nicht ohne Folgen, denn Kleopatra bekam Zwillinge, ein weiteres Bindeglied zwischen zwei absolut eigenständigen Partnern. Die Namen der Zwillinge, Kleopatra und Alexander, deuten auf die Ausrichtung der mütterlichen Politik hin. Seit Caesars Ermordung hatte die Königin wieder begrenztere Ziele, neben der

Kontrolle des eigenen Kerngebietes richtete sich ihr Blick nach Osten, wo das berühmte Koilesyrien einst der Zankapfel schlechthin zwischen den Großreichen der Seleukiden und Ptolemäer gewesen war.

## Der Perusinische Krieg und Antonius' Ehe mit Octavia

Viel heftiger noch als Appian urteilt Plutarch über Antonius' „Ägyptenurlaub". Und obwohl er hier die Sichtweise der augusteischen Propaganda wiedergibt, weist er doch auf ein Problem im Westen des Reiches hin, das dem Triumvir erhebliches Kopfzerbrechen bereitet haben muss: „Antonius eroberte sie (Kleopatra) so vollständig, dass er, während in Rom seine Gattin Fulvia in seiner Sache mit Caesar (Oktavian) Krieg führte und ein parthisches Heer in Mesopotamien operierte – über welches Land die königlichen Feldherren den Labienus zum parthischen Statthalter ernannt hatten und im Begriff waren, in Syrien einzubrechen –, sich einfach von ihr nach Alexandria mitnehmen ließ, dort mit Scherz und Zeitvertreib das Leben eines unbeschäftigten jungen Mannes führte und das kostbarste Gut, wie Antiphon es nennt, vergeudete und verprasste: die Zeit."[30]

Tatsächlich konnte es einem Betrachter aus der Retrospektive so erscheinen. In Italien hatte sich nämlich inzwischen die Lage gefährlich zugespitzt. Das lag nicht zuletzt an Antonius' Bruder Lucius, der als einer der Konsuln des Jahres 41 und Befehlshaber von vier dem Antonius ergebenen Legionen eine herausragende Position innehatte und nicht zögerte, dies gegen Oktavian zu nutzen, zu dessen wichtigsten, aber auch schwierigsten Aufgaben die Veteranenversorgung gehörte. Um sich über die Heeresklientel eine ähnlich starke Stellung wie einst Sulla zu verschaffen, hatte dieser von sich aus schon die Zahl der Berechtigten für die Landzuweisung innerhalb Italiens vergrößert.

In seinem Vorgehen gegen diese Bestrebungen wurde Antonius' Bruder vehement unterstützt von Fulvia, obwohl sie zu diesem Zeitpunkt noch Schwiegermutter Oktavians war. Allerdings handelte es sich hier um eine rein politische Verbindung und so zögerte Letzterer keinen Augenblick, sich von ihrer Tochter Clodia scheiden zu lassen und diese mit einer eidesstattlichen Versicherung zu ihrer Mutter zurückzusenden, dass sie noch unberührt sei. Damit hat er Fulvia keineswegs beruhigt, sondern eher noch gereizt und maßgeblich zur Härte des jetzt entbrennenden Bürgerkrieges beigetragen. Fulvia sollte später, ein Schwert an der Seite, die Soldaten mit aggressiven Reden anstacheln, ein Verhalten, das von vielen Zeitgenossen als wenig weiblich empfunden wurde. Velleius Paterculus behauptet gar, an ihr sei nichts Weibliches gewesen außer ihrem Körper.[31]

Ihr Ex-Schwiegersohn befand sich keineswegs in einer rosigen Lage, denn militärisch den vor allem in Norditalien und Gallien massiert stehenden Antonianern hoffnungslos unterlegen, hatte er sich auch im Zuge der mit den Landanweisungen einhergehenden Enteignungen äußerst unbeliebt gemacht. Lucius Antonius konnte sich zunächst durch sein Eintreten für die Geschädigten Sympathien erwerben, bald aber suchte er dies noch zu steigern, indem er das Triumvirat an sich in Frage stellte und im Bewusstsein seines Amtes Oktavian entgegentrat. Der Schuss ging jedoch nach hinten los, denn damit sahen die Soldaten ihre von den Bestimmungen der Triumvirn abhängige Versorgung mit Land auf einmal grundsätzlich in Frage gestellt. Schließlich wurde Lucius von den Truppen seines Gegenspielers in Perusia eingeschlossen, um das aufs Härteste gekämpft wurde. Die auf dem ehemaligen Schlachtfeld gefundenen Schleuderbleie spiegeln in ihren teils obszönen Inschriften das wüste Propagandaduell der einander gegenüberliegenden Heere wider.[32]

Überlegene Kräfte der Antonianer unter Q. Fufius Calenus, dem Statthalter Galliens, und dem in Oberitalien stehenden C. Asinius Pollio sowie dem von Benevent heranrückenden L. Munatius Plancus griffen jetzt – wenn auch halbherzig – in den Konflikt mit ein. Zeitweise standen insgesamt 40 Legionen mit um die 200000 Mann im Feld. Die Auseinandersetzungen hatten längst den Charakter eines ausgewachsenen Bürgerkriegs, in welchem beide Parteien alle verfügbaren Kräfte mobilisierten.

Und Antonius selbst? Er tat ganz offenbar nichts, die Botschaften, mit einer Bitte um klare Befehle, beantwortete er nicht. Im Nachhinein sollte sich dies als schwerer Fehler erweisen, die antiken Quellen werfen ihm Schlappheit und ein Versinken im Liebesspiel mit Kleopatra vor. In neuerer Zeit hat Hans Volkmann auf der Suche nach einer Entschuldigung sogar widrige Winde verantwortlich gemacht, welche die Schiffsverbindung zwischen Ägypten und Italien und damit auch den Informationsfluss unterbrochen hätten. Dabei lässt sich auch diese abwartende Haltung aus der Situation heraus plausibel erklären. Wenn wir nicht Volkmann folgen und die Wetterverhältnisse bemühen wollen, können wir zunächst einmal konstatieren, dass Antonius sich zu Beginn der Auseinandersetzungen eigentlich bequem zurücklehnen durfte, denn die Lage entwickelte sich ja da noch zugunsten seines Bruders. Vornehme Zurückhaltung hätte man sicher als brillanten Schachzug bewertet, wenn, ja wenn Lucius Oktavian ausgeschaltet hätte. Als er dann aber das durch die *lex Titia* bestätigte Triumvirat in Frage stellte, müssen dem in Ägypten weilenden Triumvirn gewisse Zweifel hinsichtlich der Loyalität oder auch einfach der Zurechnungsfähigkeit des jüngeren Bruders gekommen sein. Ungeteilte Zustimmung konnte Letzterer jetzt keineswegs mehr erwarten, hätte doch Antonius sonst selbst die Legitimität seiner Stellung im Osten aufs Spiel gesetzt. Daher mag es ihm am klügsten erschienen sein, die Dinge einfach laufen zu lassen, zumal man angesichts der starken Antonius' zugeordneten Kräfte durchaus noch mit weiteren Gelegenheiten rechnen durfte, den Erben Caesars in die Schranken zu weisen. Kleopatra war sicher die Letzte, die an seinem Zögern schuld gewesen ist.[33]

Für Lucius Antonius und Fulvia aber bedeutete es das Scheitern ihrer Ambitionen, Ende Februar 40 musste Perusia kapitulieren, weil die Kommandeure der Entsatzheere ohne definitive Befehle von Marcus Antonius trotz der Stärke ihrer Verbände viel zu unentschlossen vorgingen. Lucius kam mit dem Leben davon und erhielt einen Posten als Legat in Spanien, wo er bald darauf starb. Etliche Senatoren und Ritter aus seiner Begleitung wurden jedoch hingerichtet, am schlimmsten aber traf es die Einwohner der Stadt, über die ein grausiges Strafgericht verhängt wurde, in dessen Verlauf die ganze Unbarmherzigkeit des Siegers zum Vorschein kam. Lucius' Truppen wurden in Oktavians Heer eingegliedert und später mit Lepidus nach Africa abgeschoben.[34]

Fulvia reiste mit ihren Kindern ihrem Mann entgegen nach Athen. Der lag längst nicht mehr in Kleopatras Armen, sondern war wegen eines schweren Parthereinfalls nach Tyros geeilt, musste aber feststellen, dass er im Moment kaum etwas dagegen unternehmen konnte. Selbst Jerusalem war schon in die Hand des Feindes gefallen, der Tetrarch Herodes musste sich mit seiner Familie und dem Schatz in die Festung Masada am Toten Meer zurückziehen, die als uneinnehmbar galt und gut ein Jahrhundert später im jüdischen Aufstand zu großer Berühmtheit gelangen sollte. Antonius' nächstes Ziel war Kleinasien, wo er neue Kräfte für den Kampf in Syrien mobilisieren wollte. Noch unterwegs erreichten ihn die Nachricht vom Fall Perusias und die dringende Bitte seiner Frau, zunächst einmal nach Italien zu kommen und dort die Dinge ins Lot zu bringen.[35]

Antonius befand sich in einem echten Dilemma, denn der Parthereinfall drohte die neue Ordnung Syriens völlig zu zerschlagen und gefährdete auch weite Teile Kleinasiens. Schließlich aber war die Situation im Westen wegen der Führungsschwäche seiner Gefolgsleute und durch die jüngsten Ereignisse so prekär geworden, dass die Wirren in der Heimat schwerer wogen als die Parther, und so fuhr Antonius nach Athen, wohin ihm Fulvia und etliche seiner Anhänger entgegengekommen waren. Im Herbst 40 setzte er mit einem Heer nach Italien über, was nicht unbedingt ein Friedenssignal bedeutete, nach dem zu urteilen, was dort zuvor geschehen war.[36]

Seine schwer erkrankte Gattin sollte allerdings die Heimat nicht wiedersehen, sie starb in Sikyon. Man kann darüber spekulieren, ob ihn Fulvias Agitation und die Art, wie sie in Männerdomänen hineindrängte, unangenehm berührten, und er sie vielleicht bewusst mit ihrer Politik ins Messer laufen ließ, aber Antonius war eigentlich Manns genug, auch mit ihren Ansprüchen fertig zu werden, und er besaß genug Selbstbewusstsein, um die Vorteile zu sehen, die sie als ebenso verlässliche wie aktive Partnerin bot. Dass Fulvia wirklich, wie böswillige Zungen behaupteten, den Krieg nur vom Zaun gebrochen habe, um ihren Mann den Fängen seiner hochkarätigen Geliebten zu entreißen, ist barer Unsinn, bis zu ihrem Tod lässt sich aus ihrem Verhalten nichts dergleichen herauslesen.[37]

Kaum auf italischem Boden angelangt, sah er sich mit der Tatsache konfrontiert, dass Brundisium ihm die Tore beziehungsweise den Hafen nicht öffnen wollte. Kurzerhand eroberte er das nördlicher gelegene Sipontium und bildete dort einen Brückenkopf für das weitere Vordringen. Umgehend begann er nun mit der Belagerung von Brundisium und schnitt die Stadt auch von See her ab. Dabei kooperierte er mit Gnaeus Domitius Ahenobarbus, der als ehemaliger Admiral der Caesarmörder bislang recht erfolgreich gegen die Triumvirn gekämpft hatte. Asinius Pollio hatte im Verlauf des Griechenlandaufenthaltes eine Annäherung der beiden angebahnt.

Bedroht von Antonius' Generälen im Norden, von Sextus Pompeius im Westen und im Süden, hatte Oktavian sich im Vorfeld der drohenden Landung seines Kollegen trotz des Sieges im Perusinischen Krieg in einer schwierigen Lage befunden, die er mit viel Glück meisterte. Ganz plötzlich starb Fufius Calenus, Antonius' wichtigster Parteigänger im Norden. Sein Sohn übergab daraufhin die Provinzen seines Vaters und dessen gallische Armee mit insgesamt 11 Legionen (!) an Oktavian, der dadurch enorm gestärkt wurde.

Als Antonius dann eintraf, hatte sich die Situation im Westen deutlich zu seinen Ungunsten weiterentwickelt. Der Gegner rückte seinerseits mit Heeresmacht von Norden her heran und alle Anzeichen deuteten auf eine gewaltsame Auseinandersetzung hin. Ein erstes Reitergefecht entschied Antonius zwar zu seinen Gunsten, insgesamt aber stellte sich seine Lage nicht gerade rosig dar, denn jetzt verfügte Oktavian über die weitaus stärkeren Kräfte. Der aber nahm nun auf Drängen seiner Soldaten, die zum guten Teil ja bis kurz zuvor noch unter dem Kommando eines Antonianers gestanden hatten, Verhandlungen auf. Diese mündeten in den Vertrag von Brundisium, in dem die beiden Triumvirn das Imperium in klare Interessensphären unter sich aufteilten. Lepidus als der Dritte im Bunde war ja bereits nach Africa abgeschoben worden und spielte praktisch keine Rolle mehr. Antonius kamen die Verhandlungen schon deshalb nicht ungelegen, weil sich die Lage im Osten noch einmal verschärft hatte. Die Parther waren weiter vorgedrungen und gefährdeten jetzt sogar Westkleinasien.

Gemäß der neuerlichen Vereinbarung sollte Oktavian den gesamten Westen und Antonius wie bisher den Osten erhalten, für Ersteren eine klare Verbesserung. Jeder der Triumvirn hatte theoretisch das Recht, im Kernland Italien Aushebungen vorzunehmen, faktisch aber konnte Oktavian dies auch verweigern, und er zögerte nicht, das bald darauf auch zu tun. Als Ziele formulierten die Vertragspartner zum einen das Erreichen eines Ausgleichs mit Sextus Pompeius und, falls dies nicht möglich war, dessen Bekämpfung sowie einen erfolgreichen Partherkrieg. Jeder hatte also seinen Auftrag, nur dass der Caesarerbe keineswegs an einem friedlichen Arrangement mit dem mächtigen Sohn des großen Pompeius interessiert war und von Antonius regelrecht zu Verhandlungen mit Sextus gedrängt werden musste.[38]

Bekräftigt wurde die Übereinkunft durch die Heirat des gerade verwitweten Antonius mit Octavia, der Halbschwester seines latenten Konkurrenten, die nach dem Tod ihres ersten Mannes gerade „frei" war. Octavia erwies sich aber keineswegs als Ladenhüter, auch wenn wir an dem hohen Lob der Quellen, die sie als positives Gegenstück zur etwa gleichaltrigen Kleopatra aufbauen, einige Abstriche machen sollten. Bei den Zeitgenossen galt sie als schöne Frau, zumindest ihre Nase scheint deutlich eleganter als die der Ptolemäerin. Sie verfügte über diplomatisches Geschick und konnte Antonius durchaus Sympathien einbringen. Zwar musste er befürchten, dass sie Oktavian über seine Pläne und die Vorgänge in seinem Hauptquartier auf dem Laufenden halten würde, doch lässt sich dergleichen aus unseren Quellen nicht erhärten, vielmehr scheint sie loyal zu ihrem Gatten gestanden zu haben. Etwas Besseres als einen der beiden mächtigsten Männer Roms hätte sie auch kaum bekommen können, der andere war ja ihr Bruder. Ob sie etwas für Antonius empfand, spielte bei der Entscheidung keine Rolle, traditionell wurden hochgestellte Römerinnen von ihren Familien als Verfügungsmasse für politische Zweckehen angesehen. Die offiziellen Hochzeitsfeierlichkeiten beging man nach der Ankunft der Triumvirn in Rom.[39]

Man kann sich vorstellen, dass die Nachricht in Ägypten wie eine Bombe einschlug. Mit Sicherheit war die Königin nicht begeistert, zumal Antonius nicht einmal die offizielle Trauerzeit eingehalten und ihr damit jede Möglichkeit des Einwirkens entzogen hatte. Für Kleopatra ergab sich binnen kürzester Zeit gleich in mehrfacher Hinsicht eine neue Beziehungslage. Zwar war ihr Liebhaber durch den vorzeitigen Tod seiner Frau plötzlich wieder zu haben gewesen, mit der etwa gleich alten Octavia aber hatte er postwendend eine glänzende Partie gemacht, was sozialen Rang sowie politische Bedeutung anging, und im Gegensatz zu Oktavian legte Antonius nicht die gleiche Zurückhaltung an den Tag wie dieser bei Fulvias Tochter, sondern kam seinen ehelichen Pflichten so gründlich nach, dass seine neue Frau binnen drei Jahren zwei Töchter bekam.

Wenn Antonius die gleiche Skrupellosigkeit und Härte wie sein Gegenüber Oktavian besessen hätte, wäre es für ihn nur kurze Zeit später eine Kleinigkeit gewesen, den Schwager loszuwerden. Seit der Zeit der Proskriptionen bei vielen Mitbürgern verhasst, geriet dieser nämlich bei Unruhen wegen der Ankündigung neuer Steuern derart in Bedrängnis, dass er von einer aufgebrachten Menge gelyncht worden wäre, hätte ihn Antonius nicht unter Einsatz militärischer Gewalt in Sicherheit gebracht. Später mag er sein Eingreifen manchmal noch bereut haben, zu diesem Zeitpunkt aber war er offenbar der Überzeugung, dass mit der in Brundisium getroffenen Regelung wenigstens eine mittelfristige Lösung des Machtkampfs in erreichbarer Nähe war und sich bessere Alternativen zu Oktavian derzeit nicht boten. In

Abb. 5: Aureus des Antonius, auf der Vorderseite ein zuverlässiges und zugleich ausdrucksstarkes Porträt des Triumvirn, auf der Rückseite Octavia im Profil.

der Retrospektive erscheint es als Fehler, dass er seine Herrschaftsambitionen nicht auf das römische Kerngebiet konzentrierte. Allerdings muss ihm die Parthergefahr ständig vor Augen gestanden haben und anders als Oktavian kam er gerade aus dem Orient und konnte die Schwere der Einfälle bis in Einzelheiten ermessen.[40]

Dass er dieses Problem nicht vergaß, dafür sorgte auch ein Gast, der ihm aus dem Kampfgebiet bis in die Hauptstadt nachgereist war. Kein Geringerer als Herodes tauchte nämlich von Rhodos her kommend in Rom auf und ersuchte die beiden Triumvirn dringend um Hilfe. Der Idumäer sah sich in seinem Herrschaftsgebiet mit dem latenten Widerstand des jüdischen Adels, insbesondere der Angehörigen der Hasmonäerdynastie konfrontiert, und so setzte er von vornherein auf die römische Karte. Ursprünglich vom römischen Statthalter Syriens als Stratege für Koilesyrien und Samaria eingesetzt, hatte er nach Cassius' Eintreffen die Zusage erwirkt, man werde ihn im Fall eines Sieges der Caesargegner zum König von Judäa erheben. Nachdem bei Philippi alles ganz anders gekommen war, wurde Antonius bei seinem Vormarsch in den Orient bereits in Bithynien von den verfeindeten Parteien mit der Bitte um eine Regelung der judäischen Machtfrage bestürmt. Um die Gesandtschaft des jüdischen Adels zu kontern, war Herodes damals persönlich bei Antonius erschienen, wobei er nicht nur an dessen Gastfreundschaftsverhältnis zu seinem Vater anknüpfen, sondern auch überzeugend die Romtreue als Grundprinzip seines Handelns glaubhaft machen konnte.

Nachdem in Ephesos eine Gesandtschaft des Hohenpriesters Hyrkanos dem Sieger von Philippi im Namen des jüdischen Volkes einen goldenen Kranz überreicht hatte, erschienen im wenige Kilometer westlich von Antiochia gelegenen Daphne-Hain nicht weniger als hundert Repräsentanten des jüdischen Adels, noch dazu Hyrkanos persönlich, um Herodes vor Antonius anzuklagen und seine Absetzung zu fordern. Vielleicht witterten seine Feinde nach dem Arrangement des Römers mit Kleopatra in Tarsos Morgenluft – zu Kleopatra pflegte die Familie des Hohenpriesters gute Kontakte –, jedenfalls galt späterhin das Verhältnis zwischen der Königin und Herodes als angespannt. Antonius aber hat nach Flavius Josephus den Hohenpriester gefragt, welche von beiden Parteien das Volk besser regieren könne, worauf dieser zugegeben habe, dass dies Herodes und seine Verwandten seien. Daraufhin setzte der Römer Herodes und seinen Bruder Phasaël als Tetrarchen ein.[41]

Angesichts der prekären Lage in Syrien waren ihm die Rechtsansprüche des alten Adels offenbar gleichgültig, ihn interessierten vielmehr Kompetenz, Durchsetzungsvermögen und Loyalität gegenüber der römischen Sache. So wurde der Sohn des idumäischen Fürsten Antipater mit einer Araberin – aus Sicht der Jerusalemer Gesellschaft also bestenfalls ein halber Jude – zum Teilherrscher in Judäa. Schon anlässlich des Parthereinfalls von 41/40 musste er fliehen, während Phasaël den Angreifern in die Hände fiel, später an den durch sie zum jüdischen König erhobenen Hasmonäer Antigonos ausgeliefert wurde und sein Leben angesichts der bevorstehenden Hinrichtung mit eigener Hand beendete.

Auf dem Rückzug sogar von jüdischen Landsleuten angegriffen, schlug sich Herodes jedoch bis zur bestens mit Vorräten versehenen Festung Masada durch, wo er seine Familie und sein engstes Gefolge, im Ganzen achthundert Personen, unterbrachte und den Rest seiner Truppen fürs Erste entließ, während er selbst sich auf den Weg nach Westen machte, um Hilfe zu holen.[42]

Zunächst vom Nabatäerkönig Malchos abgewiesen, eilte er weiter und erreichte schließlich die ägyptische Grenzfestung Pelusion, wo man ihm anfangs kein Schiff für die Weiterreise nach Alexandria bereitstellen wollte. Josephus behauptet zwar, er habe den Verantwortlichen die seiner Rangstellung und seinem Ruhm gebührende Ehrfurcht eingeflößt und sei daher von ihnen nach der kleinen Verzögerung ohne weitere Schwierigkeiten in die Metropole geleitet worden, tatsächlich aber mussten sich die ptolemäischen Behörden erst einmal rückversichern, was man mit dem ungebetenen Gast denn anfangen sollte. Seine Anwesenheit auf ägyptischem Boden war ein Politikum ersten Ranges, und natürlich ganz besonders angesichts der explosiven Lage in Syrien und Palästina. Erst als aus der Reichszentrale grünes Licht kam, konnte man ihn weiterreisen lassen.

Es war klar, dass er ohne die Unterstützung der Königin nicht weiterkommen würde. Immerhin konnte er hoffen, in ihr eine Vertreterin des prorömischen Kurses zu finden, auch wenn sie beide unterschiedliche Vorstellungen über eine künftige Ordnung des Ostens hatten, die sich gegenseitig zumindest teilweise ausschlossen. Herodes hoffte in diesen Wochen auf eine

Wiedereinsetzung in seine Herrschaft mit römischer Hilfe, später riss er als römischer Klientelkönig ein Reich so groß wie das Davids an sich. Kleopatra ihrerseits war sich bewusst, dass Koilesyrien und Palästina über viele Jahrzehnte von ihren Vorfahren kontrolliert worden waren. Aus diesen Verhältnissen ließen sich immer noch Herrschaftsansprüche ableiten. Beide waren also latente Konkurrenten um die Beherrschung dieses Raumes. Der aber befand sich derzeit weitgehend in den Händen der Parther und partherfreundlicher Kräfte, was keinem von beiden recht sein konnte. Der mächtige gemeinsame Feind überdeckte zu diesem Zeitpunkt noch die Gegensätze. Die Königin bereitete also Herodes einen standesgemäßen Empfang und stellte ein Schiff zur Verfügung, das ihn trotz der für die Schifffahrt ungünstigen, späten Jahreszeit nach Rhodos brachte, von wo aus er über Brindisi nach Rom weiterreisen konnte.[43]

Die durch Josephus überlieferte Anekdote, sie habe dem Flüchtling einen Posten als hoher Offizier in der ptolemäischen Armee angeboten, dieser aber habe das Ansinnen abgelehnt und sei stattdessen nach Italien geeilt, klingt angesichts seiner Situation mit der in Masada belagerten Familie und den immerhin noch bestehenden Hoffnungen, Antonius für eine Rückführung zu gewinnen, so verdächtig, das man sie getrost ins Reich der Fabel verweisen darf. Vielleicht geht die Nachricht auch auf eine viel später einsetzende Propaganda des Herodes zurück, als dieser – nach Actium zu Oktavian übergegangen – seine innere Distanz zu Kleopatra demonstrieren musste, der ja der Krieg offiziell galt. Was aber war hierzu besser geeignet, als Kleopatras Versuch, ihn in Ägypten zu halten, zurückgewiesen und stattdessen die Triumvirn über die kritische Lage informiert zu haben? Anders als Caesar und Antonius hätte er dem *fatale monstrum* Kleopatra widerstanden?! Welch ein Parteigänger für Rom![44]

Geschickt lancierte der König wohl aus dem gleichen Grund gegen Kleopatra eine noch deutlich perfidere Geschichte, in deren Mittelpunkt der Vorwurf sexueller Avancen von Seiten der Königin bei einer späteren Begegnung stand: „Als Kleopatra … den Antonius auf seinem Zug gegen Armenien bis zum Euphrat begleitet hatte, kehrte sie um, reiste nach Apameia und Damaskus und begab sich von da nach Judäa. Hier traf Herodes mit ihr zusammen und pachtete den ihr geschenkten Teil von Arabien sowie die Einkünfte des Gebietes von Jericho. Die letztere Gegend nämlich bringt Balsam hervor, welcher der köstlichste im ganzen Lande ist und sonst nirgends erzeugt wird, sowie viele und schöne Palmbäume. Da nun Kleopatra hier längeren Aufenthalt nahm und mit Herodes regen Verkehr unterhielt, versuchte sie, von Natur zu unkeuschen Vergnügungen geneigt, den König in verbotenen Umgang zu verstricken, sei es, dass sie wirklich in ihn verliebt war, sei es, dass sie, was wahrscheinlicher ist, im Sinne hatte, aus dem Ehebruch, zu dem sie ihn verleiten wollte, nur neuen Anlass zu Nachstellungen herzunehmen. Kurz, sie stellte sich an, als ob sie in Liebe zu ihm vergehen müsse. Herodes aber, der ihr schon längst feindlich gesinnt war und wusste, dass sie mit ihren Zudringlichkeiten niemand verschonte, glaubte, wenn sie aus zügelloser Lust zu den Anträgen sich hätte hinreißen lassen, sie mit Recht verabscheuen, wenn sie aber in hinterlistiger Absicht dieselben vorgebracht hätte, ihr zuvorkommen und sie dafür züchtigen zu müssen, und wies deshalb ihre Lockungen von sich. Dann überlegte er mit seinen Freunden, ob er sie nicht umbringen lassen solle, da er jetzt Gelegenheit dazu habe."[45]

Auch diesen Skandalreport wird Josephus nicht einfach erfunden, sondern über Quellen aus dem Umfeld des Königs aufgeschnappt haben, das heißt, Letzterer muss ihn gebilligt haben. Schließlich profitierte nur einer von der hier zu vermittelnden Botschaft. Wie immer man zu den Passagen steht, ob man annimmt, es sei wirklich etwas passiert oder auch nicht, in jedem Fall hat Herodes die Geschichte hervorragend vermarktet und damit ein eindrucksvolles Beispiel seiner Imagepflege gegeben, wohlweislich erst nach Kleopatras Untergang.

Was seinen Charakter betrifft, gibt er allerdings ein schlechtes Bild ab, denn ein wirklicher Gentleman genießt bekanntlich und schweigt – damals wie heute. Aber was will man schon erwarten von einem Mann, der Frau, Schwager und drei seiner Söhne hat ermorden oder hinrichten lassen?

Jetzt, Ende 40 konnte er auch Oktavians Unterstützung gewinnen, der des Antonius durfte er sich schon vorher sicher sein. Hatte Herodes neben Militärhilfe ursprünglich noch die Königswürde für seinen Schwager, den Hasmonäer Aristobulos, fordern wollen, so bekam er auf Antonius' Initiative hin mehr, als er erhoffen konnte. Trotz seiner nicht ganz blütenreinen Abstammung erhob ihn der römische Senat auf Fürsprache der Triumvirn zum jüdischen König und eröffnete ihm damit natürlich ganz andere Aufstiegsmöglichkeiten als bisher. Die beschwerliche Reise hatte sich wahrlich gelohnt. Zunächst aber blieb er ein König ohne Land.[46]

Bei seinem Einsatz für Herodes dachte Antonius einzig an den Vorteil Roms, das dringend starke Dynasten in den von den Parthern angegriffenen Gebieten benötigte. Auf seine Geliebte, die inzwischen Mutter von Zwillingen geworden war, nahm er dabei keine Rücksicht. Schließlich konnte die Königserhebung des Idumäers kaum in ihrem Sinn sein, denn auf einen starken jüdischen Staat in der Nachbarschaft, wie er ihn anstrebte, war sie sicherlich nicht erpicht. Das in Tarsos begonnene Intermezzo war verpufft, das zeigte sich auch daran, dass erklärte Gegner Kleopatras wie der Gelehrte und Redner M. Valerius Messalla Corvinus, der sich Antonius nach Philippi angeschlossen hatte, die Angelegenheit des Herodes erfolgreich vertraten.[47]

Eine wichtige Voraussetzung für die großen parthischen Erfolge stellte die Unterstützung zahlreicher namhafter Kollaborateure und ihrer Anhängerschaft dar. Die partherfreundlichen oder zumindest neutralen Fraktionen in den syrischen Städten sowie der in Judäa agitierende Hasmonäer Antigonos trugen zwar ein Gutteil dazu bei, viel katastrophaler aus römischer Sicht wirkte sich jedoch die Mitwirkung des Quintus Labienus aus, der als Abgesandter des Cassius bei den Parthern um militärische Unterstützung nachsuchte, als die Nachricht von der Niederlage bei Philippi eintraf. Labienus trat daraufhin in parthische Dienste und führte den Kampf gegen Antonius nun als *imperator Parthicus*, also als parthischer Feldherr, fort. Mit seiner Hilfe gelang es den Parthern, zahlreiche Legionäre aus den ehemals unter Cassius' Kommando stehenden Legionen zum Übertritt auf ihre Seite zu bewegen.

L. Decidius Saxa, der Statthalter von Syrien, wurde mit seinen Truppen nach Kilikien abgedrängt, besiegt und getötet. L. Munatius Plancus, der sich schon im Perusinischen Krieg nicht gerade ausgezeichnet hatte, zog sich sogar aus der Provinz Asia auf die Inseln vor der Küste zurück. Damit schien Kleinasien fürs Erste verloren.[48]

Antonius musste handeln, auch wenn er zunächst noch in Rom gebunden war, und er bewies diesmal eine glückliche Hand, indem er die Verteidigung der römischen Stellungen in die Hand des P. Ventidius Bassus legte. Bassus, einer der erfahrensten Kommandeure des Antonius, hatte einen glänzenden Aufstieg vom Maultiertreiber zum Senator hinter sich und zeigte auch jetzt in der Not seine Qualitäten. Erstaunlich schnell warf er die Parther aus Kleinasien wieder hinaus, bis Ende 39 hatte er sie in schweren Kämpfen, in deren Gefolge auch Labienus den Tod fand, sogar über den Euphrat zurückgetrieben. Als 38 der parthische Kronprinz Pakoros eine neuerliche Großoffensive in Syrien startete, brachte Ventidius ihm eine schwere Niederlage bei. Pakoros fand in der Schlacht den Tod, Syrien war in weiten Teilen wieder in römischer Hand.[49]

Ventidius Bassus war allzu erfolgreich gewesen, als er mit hohem Tempo durch den bedrohten Osten jagte und die Parther vor sich hertrieb. Das setzte letztendlich Antonius selbst unter Erfolgsdruck. Jetzt war die Leistung seines Unterfeldherrn nur noch zu übertreffen, wenn man den Krieg ins Land der Feinde trug, eine möglichst Aufsehen erregende Offensive musste her. Nach seiner Ankunft im Osten löste Antonius als Erstes Bassus ab und ersetzte ihn durch C. Sosius, vielleicht auch damit er nicht noch mehr Meriten erwerben konnte. Zurück in Rom durfte Bassus Ende des Jahres immerhin einen Triumph feiern.[50]

Im Orient aber nahm Antonius kurzzeitig selbst das Heft in die Hand, verbrachte aber den Winter 38/37 in Athen, wo er nach der Abreise aus Rom mit Octavia an seiner Seite sein Hauptquartier aufgeschlagen hatte. Hier knüpfte er an die schon in Ephesos begonnene und im Bund mit Kleopatra fortgesetzte kultische Herrschaftslegitimation an. Sicherlich musste er sich dafür nicht groß ins Zeug legen, die Athener selbst hatten ein Interesse, ihn für ihre Stadt einzunehmen, und konnten sich Privilegien erhoffen, als sie ihn als Neos Dionysos empfingen und ihm eine kultische „Heirat" mit ihrer Stadtgöttin anboten. Antonius ging gern auf dieses Spektakel ein, erlegte ihnen aber auch gleich eine Mitgift von 1000 Talenten auf, die den Spaß daran auf Seiten der Bürger erheblich gedämpft haben dürfte.

Nach der Winterpause galt es noch, in Judäa die Herrschaft des Herodes zu stabilisieren. Von den örtlichen römischen Kommandeuren nur halbherzig unterstützt, war es diesem noch immer nicht gelungen, sein Königtum im Kerngebiet durchzusetzen. Jetzt belagerte der neue syrische Statthalter Sosius Jerusalem, wo nach wie vor der von den Parthern auf den jüdischen Thron gesetzte Antigonos die Macht in Händen hielt. Als die Stadt nach monatelanger Belagerung und blutigen Kämpfen gefallen war und Antonius auf seine Intervention hin den gefangenen Gegenspieler hinrichten ließ, konnte sich Herodes im Sommer 37 endlich als Herr seines Vasallenreiches fühlen.[51]

Von Kleopatra hören wir kaum etwas in diesen Jahren, zu sehr überschattet der parthisch-römische Konflikt die politischen Entwicklungen und infolgedessen auch die Berichterstattung in den Quellen. Die Kommunikationswege waren allerdings nach wie vor intakt und so wird man ihr Einzelheiten über Antonius' Heirat und sein intensives Leben in Athen zugetragen haben. Fraglich bleibt, inwieweit sie sich hiervon tangieren ließ, schließlich hatte sie bislang nur eine wenige Monate dauernde Affäre mit dem Triumvir gehabt. Über ihre Stellung als Herrscherin des wichtigsten Klientelstaates und die aus der Verbindung hervorgegangenen Zwillinge konnte sie zwar eine herausgehobene Stellung unter seinen zahlreichen Geliebten für sich reklamieren, sie musste aber erleben, wie Octavia diese Vorzüge mehr als kompensierte. Die Parther vor der Haustür, drückten sie noch ganz andere Sorgen. Die ägyptischen Landesgrenzen konnte sie auch deshalb behaupten, weil die Parther ihren Hauptstoß von Syrien aus nach Kleinasien und damit weg von Ägypten richteten. Anscheinend sah man in ihr keine Gefahr, ihre militärischen Kräfte dürften aber auch kaum ausgereicht haben, um in die Offensive zu gehen. Daher blieb ihr wenig zu tun, außer die Lage zu beobachten und das römische Hauptquartier auf dem Laufenden zu halten, ansonsten hieß es, sich in Geduld zu fassen.

## Der Vertrag von Tarent und Antonius' Rückkehr in den Osten

Im Frühjahr 37 fuhr ihr Ex-Geliebter zunächst mit einer großen Flotte nach Italien, wo er in Tarent wieder einmal mit Oktavian zusammentraf. Antonius war gereizt, hatte Brundisium seinen Landungsversuch doch auch diesmal wieder abgewiesen. Zu allem Überfluss ließ Oktavian ihn warten und reagierte nicht auf seine Gesandtschaften. Octavia war es schließlich, die der Angelegenheit noch eine gute Wendung gab. Ihre Leistung für das Zustandekommen des Vertrages von Tarent würdigte Antonius sogar auf Münzen.[52]

Beide Triumvirn hatten zumindest zum jetzigen Zeitpunkt noch kein Interesse an einem endgültigen Zerwürfnis, das notgedrungen in einen Bürgerkrieg münden musste. Antonius brauchte dringend Legionen für die geplante Offensive gegen die Parther, Oktavian dagegen hatte gerade eine schwere Schlappe gegen Sextus Pompeius erlitten. Auf Antonius' Drängen und angesichts einer Seeblockade, die eine Hungersnot in Rom verursachte, erklärte er sich schließlich zu einem Abkommen bereit.

Schon 39 hatten die Triumvirn mit Pompeius auf zwei Holzpodesten im Hafen von Misenum eine brüchige Übereinkunft ausgehandelt, die zur Aufhebung seiner damaligen Blockade sowie zur Sicherung der Lebensmittelversorgung für die Hauptstadt führte und Letzterem neben der Anerkennung seiner Herrschaft über die bereits von ihm kontrollierten Inseln Sizilien, Sardinien und Korsika auch einen Anspruch auf die Peloponnes einbrachte. Oktavian konnte offenbar nur dann zustimmen, wenn Antonius auch etwas einbrachte.[53]

Im Prinzip aber bereitete der Caesarerbe sich auf eine militärische Auseinandersetzung vor und so verwundert es nicht, dass es schon Anfang 38 zum Wiederaufflammen der Kampfhandlungen zwischen seinen Seestreitkräften und denen des Pompeius kam. In der Straße von Messina erlitt Oktavian eine schwere Niederlage, die an Peinlichkeit kaum zu überbieten war und seine Unfähigkeit als Flottenkommandeur offenbarte. Vergleichbares blieb Antonius zwar erspart, doch wollte er unbedingt einen durchschlagenden Erfolg gegen die Parther erzielen, durch den er nicht nur seine Herrschaftslegitimation enorm gestärkt, sondern auch militärisch den Rücken frei bekommen hätte.[54]

Beide Kontrahenten standen also unter Druck, als sie endlich zu Verhandlungen zusammenkamen. In Tarent wurde nun zunächst die Verlängerung des Triumvirats um weitere fünf Jahre beschlossen. Ansonsten ging es nicht um eine Neufestlegung der geographischen Interessensphären, sondern primär um militärische Ressourcen. Für die Neuauflage des Seekriegs gegen Pompeius benötigte Oktavian dringend zusätzliche Flotteneinheiten. Die Atmosphäre war wohl immer noch geprägt von Misstrauen, und das war zumindest auf Seiten des Antonius durchaus berechtigt. Während er Oktavian eine Flotte von 120 Schiffen sofort überstellte, dachte dieser gar nicht daran, dem Partner Landtruppen in der vereinbarten Stärke von 20000 Mann zu senden. Nur einen Bruchteil davon sollte Letzterer schließlich zu sehen bekommen.

Nachdem aber so weit erst einmal alles geklärt schien, hielt sich Antonius nicht mehr lange auf, im Sommer 37 sehen wir ihn schon wieder auf dem Rückweg in den Osten. Irgendwie scheinen ihm aber Zweifel gekommen zu sein, ob er nicht zu problemlos seinem Schwager das Feld in Italien überlassen hatte. Jedenfalls schickte er von Korfu aus Octavia mit ihren Kindern zurück. Anscheinend traute er ihr zu, seine Interessen bei ihrem Bruder besser vertreten zu können, als dies seinen Anhängern in der Heimat bislang gelungen war. Keinesfalls wird man darin einen ersten Schritt zum endgültigen Bruch mit Oktavian sehen können, viel eher einen ernst gemeinten Versuch, wenigstens kurz-, vielleicht aber auch mittelfristig die Spannungen nicht überhandnehmen zu lassen. Das Bemühen seiner Frau, die sich zuspitzende Situation vor der Aufnahme der Verhandlungen in Tarent zu entschärfen, hat ihn ja nachweislich tief beeindruckt.[55]

Darüber, wie er emotional mit der Trennung von seiner attraktiven Frau zurechtkam, darf man bei einem Römer seines Schlages nicht spekulieren. Auch diesmal ordnete er das familiäre Zusammenleben den Erfordernissen der Politik unter und machte insofern keinen Unterschied zwischen ihr und Kleopatra. Eher unwahrscheinlich erscheint der in der Forschung diskutierte Gedanke, er habe seine Frau wegen einer Schwangerschaft vor den Reisestrapazen verschonen wollen. Ein Nebenaspekt könnte allerdings gewesen sein, dass er möglicherweise schon jetzt mit dem Gedanken spielte, bei dem anstehenden Zug in den Orient wieder mit der Königin intim zu werden, da hätte die Familie vor Ort nur gestört.[56]

Bei seinem Lebenswandel kann sich Octavia keinerlei Illusionen hingegeben haben, dass er sich, was die körperliche Befriedigung anging, nicht ausgiebig trösten würde. Als wohlerzogene Römerin sollte ihr das jedoch nicht zu viele Probleme bereitet haben, zumindest bis es zwischen Antonius und Kleopatra so richtig ernst wurde.

## Die neuerliche Affäre mit Kleopatra

Kaum in Syrien angelangt, stürzte Antonius sich in die Vorbereitungen für den Angriffskrieg. Neben den bereits angesprochenen Aspekten der Herrschaftslegitimation schien der Partherfeldzug die große Chance zu bieten, in die Fußstapfen Caesars zu treten, ja dessen Werk gewissermaßen weiterzuführen. Ein Sieg hätte ihm auch im Westen ein erdrückendes Übergewicht an Renommee gebracht, dem Oktavian kaum etwas entgegensetzen konnte.[57] Bei aller Konzentration auf die nächste Feldzugsaison zu Lande dürfte ihm aber auch klar gewesen sein, dass er möglichst schnell adäquaten Ersatz für die 120 Schiffe schaffen musste, die er im Westen gelassen hatte. Nach fünf Abkommen mit Oktavian und angesichts dessen erfolgreicher Konsolidierung im Westen muss er gewusst haben, dass man mit einem solchen Partner nur aus einer Position der Stärke heraus gut auskommen konnte. Für jemanden, der aus diesem Grund teure Marineeinheiten in großer Stückzahl auf Kiel legen musste, war er finanziell wie organisatorisch nur unzureichend ausgestattet. Daher schien er einmal mehr bei der Verwirklichung *seiner* Pläne auf Kleopatra angewiesen zu sein. So schickte er denn Fonteius Capito, sie in sein Hauptquartier nach Antiochia zu holen, um die Bedingungen zu klären, unter denen sie ihm helfen würde.

Nun war das von außen betrachtet schon ein starkes Stück, dass er nach drei Jahren Abwesenheit, einer neuen Heirat und zwei Kindern so einfach wieder hereinschneite und zur Tagesordnung überging. Dennoch hören wir nichts von einem Eklat, stattdessen finden wir Kleopatra umgehend wieder an seiner Seite. Um dies zu erklären, müssen wir gar nicht eine Leidenschaft bemühen, die sich kaum nachweisen lässt und die – sollte es sie dennoch gegeben haben – inzwischen angesichts Antonius' Eheleben mit Octavia leicht erkaltet gewesen sein dürfte. Vielmehr deckten sich Kleopatras Interessen in weiten Teilen mit denen ihres ehemaligen Geliebten. Rein politische Überlegungen mussten beide zusammenschweißen. Andererseits hielt sie keineswegs prüde an ihrer einmal eingeschlagenen Linie fest: Wir wissen zwar nicht genau ab wann, aber wenig später teilte sie erneut ihr Bett mit dem Römer, für den Oktavian inzwischen ein ebenbürtiger Rivale war, wenn auch nicht was sie anging, so doch im Imperium. Den Winter 37/36 verbrachten die beiden in Antiochia. Bei dieser Gelegenheit erkannte Antonius Kleopatras Zwillinge als seine Kinder an und tat damit das Mindeste, um deren Mutter für ihr neuerliches Entgegenkommen zu entschädigen.[58]

In den Quellen wird die Wiederaufnahme der Liaison natürlich ausgesprochen negativ gewertet. Ganz aus der Retrospektive und durch die Brille seines Gegners wird Antonius' Vorgehen verurteilt und er selbst jetzt endgültig als Ausbund der Haltlosigkeit charakterisiert, während seine alte und neue Geliebte als *femme fatale* einen reizvollen literarischen Kontrast bildet: ein Duo infernale, wenn man Plutarch, Cassius Dio oder Flavius Josephus Glauben schenkt. Betrachten wir aber nüchtern die politischen Spielräume des Triumvirn, so zeigt sich schnell, wie wenig Alternativen er hatte.

Lässt man nämlich die emotional-erotischen Aspekte beiseite, bleibt vor allem eine erneute Verwaltungsreform, die durchaus in den von Pompeius und Caesar vorgezeichneten Pfaden erfolgte. Nach wie vor werden Klientelfürsten mit der Administration gerade der sensibelsten Bereiche betraut. Spannend wird es allerdings, wenn man die Zuordnung der Gebiete und die Kompetenzverschiebungen im Detail analysiert, denn dann werfen die sogenannten Landschenkungen eine Reihe vielschichtiger Probleme auf, die immer wieder Anlass zu intensiven Diskussionen unter den Gelehrten geben.

# V. Der Orient im Umbruch

## Die „Landschenkungen" im Osten

n Verlauf seiner in Tarsos begonnenen engeren Beziehung zu Kleopatra at Antonius eine Reihe von Gebieten unter ptolemäische Verwaltung geellt. Diese grundsätzlich gesicherte Erkenntnis hat jedoch schon im Alterım die Gemüter erhitzt und in der Forschung eine lebhafte Diskussion herorgerufen. Cassius Dio spricht vom Verfügen über fremden Besitz und von /erschenken. Plutarch berichtet gar von Hass bei den Bürgern Roms, den ich der Triumvir durch seine Länderverteilung zugezogen habe. Dabei cheint die Rolle der Königin und ihrer Kinder als Nutznießer der Umgetaltung wie ein Auslöser für derartige Tiraden gewirkt zu haben. Antonius vird selbst in modernen Studien angesichts der Gebietsreform zumeist Schwäche unterstellt, nur selten räumt man ein, dass neben Liebe und Leidenschaft auch reale politische Gründe ihn an die Seite Kleopatras gezogen ıaben.[1]

Die Königin profitierte keineswegs als Einzige von der Neuregelung. Betrachtet man zunächst einmal die übrigen Verwaltungsmaßnahmen, zeichnet sich ein gewisses Grundprinzip in Antonius' Vorgehen ab. Zwischen Spätherbst 37 und Frühjahr 36 setzte er drei Männer als Könige in strategisch wichtigen Gebieten ein. Allen dreien war gemeinsam, dass sie aus der reichen Oberschicht des Ostens kamen, aber keinen dynastischen Anspruch auf ihren Thron geltend machen konnten. Von Antonius etabliert, war ihre Herrschaft folgerichtig mit Roms Hegemonie schicksalhaft verwoben. Als Aufsteiger hatten sie nicht den Rückhalt der alteingesessenen Dynasten, deren wankelmütige Haltung die römische Stellung in Kleinasien gerade auch im Hinblick auf die Parthergefahr wiederholt untergraben hatte.

So wurde Polemon, der Sohn des einflussreichen Rhetors Zenon aus Laodikeia am Lykos, zum König von Pontos ernannt, nachdem er sich ab 39 schon als Klientelfürst mit der „Befriedung" eines Teils von Kilikien bewährt hatte. Weder aus der Aristokratie noch überhaupt aus seinem neuen Königreich stammend, setzte er sich energisch und klug gegen den Widerstand des einheimischen Thronprätendenten Arsakes durch und stand im Partherkrieg selbstverständlich auf Antonius' Seite.

In Kappadokien wurde Ariarathes, der Nachfolger des römerfreundlichen Ariobarzanes III., jetzt durch den bereits erwähnten Archelaos Sisines ersetzt, um die romfeindlichen Strömungen zu unterdrücken, die, von Ariarathes gefördert, Auftrieb bekommen hatten. Obwohl landfremd, nahm Archelaos die Zügel fest in die Hand und blieb Antonius treu bis zu dessen entscheidender Niederlage gegen Oktavian.

Bereits im Jahr 40 war Deiotaros, der König von Galatien, gestorben, ein enger Verwandter hatte seine Nachfolge angetreten. Ihn ersetzte Antonius durch Amyntas, der ebenso wie Polemon über seinen Reichtum und seine ausgedehnten Ländereien zu politischer Macht gelangt war. Als Verwaltungsleiter und militärischer Befehlshaber hatte er im Dienst des alten Königs gestanden und war in der Schlacht bei Philippi zu den Triumvirn übergegangen. Aufgrund seiner Doppelkompetenz bekam er 39 schon den Königstitel für Pisidien, eine durchaus zweifelhafte Ehre, denn sie bedeutete eine nominelle Herrschaft über ein schwer zu kontrollierendes Gebiet voller Räuberbanden, die ständig seine Besitzungen überfielen. Amyntas durfte sich jetzt in Roms Namen, aber natürlich auf eigene Faust mit dem organisierten Verbrechen auseinandersetzen. Das aber tat er offenbar so erfolgreich, dass er sich umgehend für die weitaus größere Aufgabe in Galatien empfahl.[2]

Antonius ging also bei seinen Berufungen kaum ein Risiko ein, denn alle Kandidaten hatten schon vorher ihre Fähigkeiten zur Pazifizierung und Kontrolle unruhiger Regionen nachgewiesen und überdies ihre Loyalität angesichts des Parthereinfalls unter Beweis gestellt, was im Übrigen auch auf Kleopatra zutraf. Oktavian hat Polemon auf dem Thron belassen, Archelaos Sisinnes' Gebiet wurde nach Actium gar noch erweitert und auch Amyntas überstand den Sturz des Antonius ohne größere Probleme, nachdem er vor der Schlacht von Actium die Seiten gewechselt hatte. Mit seiner Verwaltungsreform des Jahres 37/36 gelang es Antonius also, den Orient so zu stabilisieren, dass auch Oktavian sich nichts Besseres vorstellen konnte. Alles in allem also ein Erfolgsmodell, aus dem ausgerechnet Kleopatra herausgefallen sein sollte? Ist Antonius hier wirklich seiner Schwäche für erotische Abenteuer und dem hemmungslosen Körpereinsatz der Königin erlegen? Hat er einzig bei seinen „Schenkungen“ an sie alle Vernunft fahren lassen? Wohl kaum!

Werfen wir daher einen Blick auf die Details seiner Gebietsreform: Die ältere der beiden Schlüsselstellen finden wir bei Plutarch im Anschluss an seine Schilderung des erneuten Zusammentreffens der beiden in Syrien: „Als sie kam, machte er ihr zur Vergrößerung ihres Reiches kein kleines und geringfügiges Geschenk, sondern Phoinikien, Koilesyrien, Cypern und einen großen Teil Kilikiens, dazu noch den balsamtragenden Teil von Judäa und von dem nabatäischen Arabien den ganzen Strich, der dem äußeren Meer zugewendet ist. Diese Geschenke erregten den stärksten Anstoß bei den Römern, dabei verschenkte er auch an viele Privatpersonen Tetrarchien und Königswürden über große Völker und nahm vielen Königen ihre Reiche weg, wie dem Juden Antigonos, den er auch vorführen und enthaupten ließ, eine Strafe, die noch über keinen andern König bis dahin verhängt worden war. Aber eben der schimpfliche Anlass war das Kränkendste an den Kleopatra erwiesenen Ehren. ... Aber wohlgewandt, für schändliche Dinge schöne Begründungen zu erfinden, sagte er, die Größe des Reiches der Römer erweise sich nicht in dem, was sie nähmen, sondern was sie verschenkten.“[3]

Cassius Dio erweitert den Katalog der Gebietszuweisungen und ergänzt vor allem die Empfänger jenseits des ptolemäischen Königshauses. Anders als Plutarch, der die Übertragung der genannten Gebiete nach der Begegnung mit Kleopatra in Syrien verortet, lässt Dio in seiner Version den Antonius nach dem gescheiterten Partherfeldzug von 36 erst einmal die geretteten Truppen in Winterquartiere legen, ehe er sich nach Ägypten begibt. Die folgende Passage leitet Dio mit einigen aufschlussreichen Bemerkungen ein, in denen er deutlich macht, dass Oktavian und seine Gefolgsleute sich zum einen über die Aktionen des Antonius intensiv berichten ließen und insofern sehr gut informiert waren, zum anderen aber die offiziellen Nachrichten, die von Antonius nach Rom gemeldet wurden, zwar kritisch erörterten, sie aber in der Öffentlichkeit nicht korrigiert hätten, solange es ihnen vorteilhaft erschien. Ohne dies ausdrücklich zu betonen, enthüllt Dio damit, dass er sich mehr auf die im Nachhinein aus Oktavians Umfeld entwickelte Interpretation als auf die Originalstatements aus dem Osten selbst stützt. Das aber macht die Beurteilung seiner Sicht der Dinge besonders heikel. Antonius habe nun verschiedene Herrschaften verliehen, „so über Galatien an Amyntas, obwohl dieser nur Schreiber des Deiotaros gewesen war, und fügte seinem Gebiet noch Teile Pamphyliens und Lykaoniens hinzu. Ebenso überließ er Kappadokien an Archelaos, nachdem er Ariarathes vertrieben hatte. Dieser Archelaos gehörte väterlicherseits zu jener Gruppe von Archelaern, die gegen die Römer gekämpft hatten, mütterlicherseits war er ein Sohn der Hetäre Glaphyra. Antonius wurde indessen für dieses Vorgehen – dabei denke ich an sein selbstherrliches Verfügen über fremden Besitz – von den Bürgern nicht eben hart verurteilt. Entschiedenen Tadel hingegen erfuhr er Kleopatras wegen, weil er einige von ihren Kindern, die älteren, Alexander und Kleopatra (ein Zwillingspaar), und ein jüngeres, Ptolemaios mit dem Beinamen Philadelphos, als eigene anerkannt und sie mit großen Teilen Arabiens beschenkt hatte, sowohl im Gebiet des Malchos wie auch der Ituräer. Den Lysanias, den er selbst als König über sie eingesetzt hatte, ließ er nämlich wegen angeblicher Unterstützung des Pakoros hinrichten. Dazu vergab er an sie noch viele Teile von Phönikien und Palästina, einige Landstriche auf Kreta und schließlich Kyrene und Cypern.“[4]

Sowohl bei Plutarch als auch bei Cassius Dio wird das Thema noch einmal aufgegriffen bei der Schilderung einer im Sommer 34 im alexandrinischen Gymnasion abgehaltenen Siegesfeier anlässlich des Erfolges über Armenien, in deren Verlauf Antonius und Kleopatra auch Caesarion sowie ihre gemeinsamen Kinder präsentierten. Diese sollen dabei in die Verteilung der Gebiete einbezogen worden sein, das zumindest behaupten unsere beiden Autoren. Was auf den ersten Blick wie ein familiärer Versorgungsfall aussieht, gibt doch bei genauerem Hinsehen Anlass zu Fragen. Die literarische Überlieferung zu den Landschenkungen steht schließlich ganz in der Tradition grundsätzlicher Kritik an Antonius' Verhalten im Osten. Darin spiegelt sich – wie wir schon verschiedentlich gesehen haben – nicht zuletzt die von Oktavian ausgehende Polemik gegen seinen Kollegen im Triumvirat. Kein Wunder also, dass der Komplex der Gebietsübertragungen vereinfacht dargestellt wird als Verschleuderung römischen Besitzes.

Umso wertvoller ist eine kürzlich erschienene Studie von Thomas Schrapel, der systematisch vor allem die Münzprägung sowie die epigraphischen Zeugnisse der betroffenen Gebiete untersucht hat und anhand dieser Quellenbasis die literarische Überlieferung auf den Prüfstand stellt. Angesichts seiner Ergebnisse stellt sich die Entwicklung der Verwaltung im Osten folgendermaßen dar: Zwischen dem Vertrag von Brundisium, der die Voraussetzung schuf für die Umorganisation in Antonius' Zuständigkeitsbereich, und 37 lassen sich keine Indizien anführen für eine ptolemäische Verwaltung auf Kreta oder in der Kyrenaika. Letztere war 96 durch eine testamentarische Verfügung des Königs Ptolemaios Apion als Erbschaft an Rom gefallen und 75 schließlich als Provinz organisiert worden. Grundsätzlich unterscheidet sich die Verwaltung Kretas und der Kyrenaika von der in den weiter östlich gelegenen Gebieten. Während der Teil Kretas, den Antonius unter ptolemäische Verwaltung gestellt hatte, bereits 34 aus dem Verwaltungsverbund mit der Kyrenaika herausgelöst und damit dem ptolemäischen Einfluss entzogen wurde, verblieb das Gebiet um Kyrene unter ägyptischer Hoheit. Bemerkenswerterweise agierten dort bis 34 noch *römische* Beamte unter ptolemäischer Oberhoheit! Parallel zur ptolemäischen Zivilverwaltung treffen wir in diesem Territorium den römischen Militärbefehlshaber L. Pinarius Scarpus an, der immerhin eigene Münzen prägt. Während der Zivilbereich also in ägyptischer Verantwortung lag, blieb die militärische Seite unter römischer Kontrolle. Im Übrigen belegen die Münzen des Kleopatra-Antonius-Typs, dass Kleopatra VII. selbst und nicht, wie Cassius Dio meint, ihre von Antonius stammende Tochter Kleopatra Selene ab 37/36 in die Administration der Kyrenaika involviert war.[5]

Richten wir den Blick nach Osten, so ist Cypern schon vor Antonius' Neuregelung als ptolemäische Außenbesitzung in Erscheinung getreten. Zwar war die Insel 58 v.Chr. gegen den Willen des dortigen Königs Ptolemaios, eines Onkels der Kleopatra, von M. Porcius Cato auf einen Volksbeschluss hin für Rom annektiert worden, allerdings hatte Caesar schon 47 kurz vor Achillas' Angriff die Insel an Kleopatras jüngere Geschwister Arsinoë und Ptolemaios (XIV.) und damit zurück in ptolemäische Hände gegeben. Faktisch haben beide Cypern nie regiert, vielmehr übernahm Kleopatra selbst die Herrschaft, als sie sich in Ägypten durchgesetzt hatte. Im Bürgerkrieg nach Caesars Tod spielte ihr Statthalter Serapion zwar eine unrühmliche Rolle, dennoch verblieb die Insel in ihrem Machtbereich.

Im Zusammenhang mit der Gefangennahme des Labienus im Jahr 39 erähnt Cassius Dio einen gewissen Demetrios, „einen Freigelassenen des älren Caesar, dem damals von Antonius Cypern zugewiesen worden war“. hnlich wie Scarpus in der Kyrenaika muss er eine militärische Funktion isgeübt haben, wahrscheinlich wollte Antonius die Kontrolle auf diesem ektor verstärken, schließlich hatte der inzwischen geflohene Serapion erst ürzlich eine ihm unterstellte ptolemäische Flotte an Cassius ausgeliefert.[6]

Entscheidend für die Korrektur der literarischen Überlieferung ist eine hreninschrift aus der Stadt Salamis auf Cypern, die Diogenes, der Sohn des oumenios, seinem Freund Stasikrates, dem Gymnasiarchen des Vorjahres, ewidmet hat. Diogenes bezeichnet sich selbst nicht nur als Verwandten der Könige, sondern nennt auch seine Amtsstellung als Stratege von Cypern *und* ilikien! Ist schon der Ehrentitel „Verwandter der Könige“ aufschlussreich, eigt er doch den ausgesprochen hohen Rang des cyprischen Statthalters in der ptolemäischen Beamtenhierarchie, so ist das Aufstellungsdatum noch deutlich spannender: Die Inschrift datiert vom 19. November des Jahres 38 v. Chr.! Damit liefert sie den sicheren Nachweis, dass Antonius in Cypern und Kilikien nichts verschenkt, sondern lediglich alles beim Alten gelassen hat! Damit lassen sich die zitierten Aussagen von Plutarch und Cassius Dio in diesem Punkt klar falsifizieren.[7]

Kilikien nahm eine strategische Schlüsselstellung ein, wenn es um den Zugang und die Nachschubwege nach Syrien und damit an die Partherfront ging. Da das sogenannte „ebene Kilikien“ seit 44/43 zu Syrien gehörte, kann Plutarch mit dem Teil der Landschaft, der 37/36 an Kleopatra gekommen sein soll, sowieso nur Landstriche im westlich gelegenen „rauen Kilikien“ gemeint haben. Das Ausmaß der angeblichen „Schenkung“ wird dadurch weiter relativiert, zumal auch das raue Kilikien – wie wir gesehen haben – schon vor Antonius’ Neuordnung zumindest partiell ptolemäischer Verwaltung unterstellt worden war. 37/36 hat dieser die Regelung also bestenfalls noch einmal bestätigt.

Die exakten Grenzen des betroffenen Gebiets können wir nicht rekonstruieren, immerhin aber bietet uns Strabon die Information, dass der Hafen von Hamaxia ein wichtiger Umschlagplatz für Schiffsbauholz gewesen sei, dessen Hinterland vor allem reich an Zedern war, „weshalb Antonius diese zur Ausrüstung von Flotten so geeignete Landschaft der Kleopatra zuteilte“.[8] Der Triumvir hatte also bezüglich der Administration des rauen Kilikien vor allem eines im Sinn, der Königin auf das in der Gegend von Hamaxia und Korakesion reichlich vorhandene Schiffsbauholz direkten Zugriff zu ermöglichen. Ohne Zweifel garantierten die unter ptolemäischer Kontrolle arbeitenden Werften ein hohes Maß an Produktivität. Strabons Nachricht gibt uns einen richtungweisenden Hinweis auf die Intentionen der römischen Seite.[9]

Die Nutzung ägyptischer Fachkompetenz hatte ja vor allem dann Sinn, wenn es um den Aufbau neuer Flotteneinheiten ging, und die hatte bekanntlich nicht allein Antonius, sondern gerade auch Oktavian in seinem Kampf gegen Sextus Pompeius nötig. Seit dem Vertrag von Brundisium im Jahr 40 war es für ihn möglich, bei Antonius um Unterstützung nachzusuchen. Tatsächlich kam ein Teil seiner Schiffe aus Kilikien. Zweifellos war der Caesarerbe mit der längst etablierten ptolemäischen Präsenz in diesem Raum bis zum Sieg über Pompeius absolut einverstanden. Seine spätere Kritik an der Organisation des Ostens wirkt daher ausgesprochen scheinheilig.

Angesichts dieser Korrekturen im Hinblick auf Cypern und Kilikien müssen auch die Quellenaussagen zu den „Landschenkungen" im syrischen Raum einer kritischen Betrachtung unterzogen werden. Zusätzliche Informationen liefert uns Flavius Josephus, der in einer Passage zum Jahr 36 Herodes die Worte in den Mund legt, Antonius habe Kleopatras Forderungen erfüllt, indem er ihr Koilesyrien schenkte. Infolgedessen erhebe sie keinen Anspruch mehr auf das Königreich Judäa.[10] An anderer Stelle präzisiert er diese Angaben, Kleopatra habe einen Teil von Judäa bekommen, ebenso eine Region im nabatäischen Arabien. Dazu sei noch die phönikische Küste zwischen dem Fluss Eleutheros und Ägypten gekommen, allerdings ohne Sidon und Tyros. Weiter erwähnt Josephus, Kleopatra habe Lysanias, den König von Chalkis, ermorden lassen unter dem Vorwand, er wolle die Parther in Aufruhr bringen. Letzteres fiel voll und ganz ins Ressort des Antonius, und so präzisiert Cassius Dio die Angaben des Josephus dahingehend, dass der Triumvir selbst den Lysanias hinrichten ließ wegen angeblicher Unterstützung des parthischen Kronprinzen Pakoros bei dessen Einfall in Syrien. Ob der Vorwurf wirklich aus der Luft gegriffen war, lässt sich nicht sagen, doch hat Pakoros in Syrien durchaus eine gewisse Unterstützung durch partherfreundliche Kräfte erfahren. Jedenfalls profitierte Kleopatra von der Beseitigung des Lysanias, Chalkis selbst und die bislang von dort aus beherrschten, umliegenden syrischen Gaue wurden nun unter ptolemäische Verwaltung gestellt. Hier herrschte Kleopatra direkt, wie zwei Bronzeprägungen zeigen, in denen sie alleine ohne Hinweis auf Antonius auftritt.[11]

Recht drastisch schildert Josephus in seinem Werk über den jüdischen Krieg die Gesamtlage: Kleopatra habe sich ihre eigene Familie so vorgenommen, dass von ihrem Blut niemand übrig geblieben sei, jetzt habe sie ihre Mordgedanken nach auswärts gerichtet. Sie habe die Großen Syriens bei Antonius verleumdet und diesen beredet, sie umbringen zu lassen, um so leichter über deren Besitz verfügen zu können. Ihre gierigen Pläne habe sie auch auf Juden und Araber ausgedehnt und unter der Hand auf die Beseitigung der Könige Herodes und Malchos hingewirkt.

Bei all seiner Polemik mag Josephus insoweit sicher recht gehabt haben, dass Kleopatra die Gelegenheit sah, territoriale Zugewinne im syrisch-phönikischen Raum zu machen. Diesbezüglich hat sie sicherlich – wie etwa auch Herodes – ihre Ansprüche und Vorstellungen bei Antonius vorgebracht.

Allerdings muss selbst Josephus zugeben, dass Antonius „einem Teil ihrer Forderungen gegenüber noch einen nüchternen Sinn bewahrte und die Mordtat an so tüchtigen Männern und bedeutenden Königen für Frevel erachtete".[12]

Suchen wir nach plausiblen Argumenten für eine Übertragung der Gebiete unter Kleopatras Hoheit, so zeigt sich schnell, dass zwei dieser Landstriche eines gemein haben: Sie besaßen genau wie Cypern und die schon behandelten Teile Kilikiens eine immense Bedeutung für den Flottenbau, der kurz zuvor erst als zentrale Aufgabe in die Hand der Königin gelegt geworden war. Die phönikische Küste galt von jeher als ein Gebiet reich an Rohstoffen und Experten für den Schiffsbau; die Zedern des Libanon, der von Chalkis beherrscht wurde, besaßen bereits den Charakter einer stehenden Redensart.

Während die Übertragung dieser Gebiete also durchaus den strategischen Erfordernissen entsprach, sah es im Hinblick auf die Region von Jericho und den Landesteil des Nabatäerreiches etwas anders aus. In den Plantagen von Jericho gewann man den teuren Saft des Balsamstrauchs, der vor allem für medizinische Zwecke in lindernden Salben verarbeitet wurde. Außerdem war die Gegend berühmt für ihre Palmenhaine. Auf den ersten Blick passt dieser ökonomische Schwerpunkt nicht so recht in die bislang stringente Vergabe von Gebieten an die Königin. Bei dem nabatäischen Areal handelt es sich aber auch um die Landschaft südlich des Toten Meeres, in der die wertvollen Bitumenvorkommen lagen. Obwohl Bitumen schon seit der Perserzeit im Schiffsbau eingesetzt wurde, spielte es doch eine sehr vielfältige Rolle als Medikament, Mörtel, Isolier- und Dichtungsmittel, zur Fixierung von Auflagen auf einem Trägermaterial und nicht zuletzt auch im Bestattungswesen. Angesichts der Einsatzmöglichkeit von Holzteer als Alternative war man auf den ptolemäischen Werften jedoch von diesem Material keineswegs abhängig. Das dürfte ein Grund gewesen sein, weshalb die Königin die Region nicht mit einem eigenen Beamtenapparat verwaltet hat.[13]

Ein Flottenbauprogramm war damals wie heute eine teure Angelegenheit und zog, selbst wenn die Rohstofflieferungen gesichert waren, eine Fülle an notwendigen Investitionen nach sich, die bei der geforderten Größenordnung sicher auch die finanziellen Möglichkeiten des reichen Ägypten ersprengten. Solche dringend benötigten Mittel konnte Kleopatra in erklecklicher Höhe aus den beiden Landstrichen ziehen, die sie wiederum postwendend an die Alteigentümer verpachtete. Damit wird deutlich, dass es bei der Zuweisung der beiden Distrikte gar nicht um ptolemäische Territorialherrschaft ging, sondern vielmehr um die Einkünfte, ohne die das Bauprogramm kaum zu realisieren gewesen wäre. Nach Josephus „bezahlte Herodes diese (Pachtsummen) pünktlich, da er es nicht für klug hielt, der Ägypterin Ursache zur Unzufriedenheit zu geben. Der Araberkönig nun, von dem Herodes die Abgaben erhob, weil er sich für deren pünktliche Entrichtung verbürgt hatte, entrichtete zwar eine Zeitlang jährlich 200 Talente, wurde aber später säumig in der Zahlung des Geldes, und wenn er auch einen Teil der Abgaben auf vieles Drängen hin zahlte, so tat er das doch nicht, ohne zugleich noch Unterschlagungen zu begehen."[14] Für Malchos belief sich die jährlich zu leistende Summe demnach auf 200 Talente, von seinem Nachbarn Herodes erhielt die Königin noch einmal den gleichen Betrag.

Die beiden „Geschädigten" blieben also im Besitz des Landes, auch die Verwaltung blieb ihnen überlassen, sie mussten offenbar lediglich einen Finanzbeitrag zur Finanzierung von Antonius' Militärapparat leisten, der allerdings an die für den Flottenbau Verantwortliche abzuführen war. Zweifellos konnten Herodes und Malchos einen höheren Ertrag erwirtschaften und trotz der Abgaben Gewinn abschöpfen, sonst wäre die Pacht wenig sinnvoll gewesen. Insofern erscheint es fast schon als irreführend, hier von Landschenkungen an Kleopatra zu sprechen. Es ist durchaus denkbar, dass Antonius ihr nur die entsprechenden Steuereinkünfte zugewiesen und die wenig wohlwollende Überlieferung die beiden Regionen kurzerhand in die Liste der unter ptolemäische Verwaltung gestellten Gebiete aufgenommen hat.[15]

Wie die numismatischen und epigraphischen Untersuchungen zeigen, wurde die Gebietszuweisung auch im syrisch-phönizischen Raum im Jahr 34 nicht mehr modifiziert, Plutarch und Cassius Dio werden diesbezüglich durch die Primärquellen eindeutig widerlegt. Letztere geben auf der anderen Seite nicht ein Indiz her, dass Antonius' Kinder von Kleopatra wirklich in die Gebietsübertragungen involviert waren, wie dies von den literarischen Quellen und dem Gros der Forschung behauptet wird. Selbst Caesarion taucht nur am Rande auf im Rahmen einer Bronzeprägung aus Paphos, in der seine Geburt gefeiert wird. Der Befund für den Orient deckt sich mit dem Ergebnis hinsichtlich der Kyrenaika.

Offenbar schlägt an dieser Stelle die Propaganda Oktavians voll durch. Zwar werden die Gebiete vergleichsweise korrekt wiedergegeben, dann aber ohne jeden Grund Kleopatras Kinder instrumentalisiert, um der aus der Luft gegriffenen Behauptung, Antonius „verschenke" römische Gebiete, die Krone aufzusetzen. Insgesamt stellt sich diese Einbeziehung des Nachwuchses als eine von mehreren perfiden Attacken gegen Kleopatra dar, sie gehört in den Kontext der propagandistischen Einstimmung der römischen Bevölkerung auf einen Krieg im Osten, der sich bezeichnenderweise nach offizieller Lesart gegen die Königin und nicht gegen Antonius richten sollte. Da war es schon notwendig, die rationale Seite der Zuweisungen durch die Mär vom innerfamiliären Verteilungsfest in Alexandria zu untergraben.

Für eine Einschätzung des Einflusses von Erotik und der Beziehung Kleopatras zu Marcus Antonius auf dessen Politik liefern die sogenannten Landschenkungen ein zentrales Kriterium. Es lässt sich hier eindeutig zeigen, dass er Kleopatra – und nur sie, nicht etwa ihre Kinder – in einer Weise in den Gesamtkomplex seiner Gebietsübertragungen einbindet, die vollkommen an

Sachzwängen und -überlegungen orientiert ist und ganz dem Verfahren in Galatien, Kappadokien und Pontos entspricht. Dort hat es sich ausnahmslos bewährt, was also sprach gegen Kleopatras Mitwirken, außer einer schlechten Presse in Rom, für die sein Gegner Oktavian gesorgt hat, und dem Umstand, dass dieser sie aufgrund ihrer persönlichen Bindung an Caesar und Antonius sowie der mit ihrer Herrscherpräsentation verbundenen Ansprüche und der puren Existenz Caesarions nicht im Amt bestätigt sehen wollte. Gegen die Verunglimpfung seiner Integration der mächtigen und in mehrfacher Hinsicht zuverlässigen Ptolemäerin in die wohlkalkulierte Gebietsreform konnte Antonius nur wenig unternehmen.

Sie allerdings hatte in den Augen ihrer Untertanen einen gewaltigen Erfolg errungen, denn erstmals seit Generationen kontrollierten ptolemäische Beamte weite Teile von Koilesyrien. Diesen Eindruck heizte die Königin ganz bewusst noch zusätzlich an, indem sie ihrem gegen Ende des Jahres 36 geborenen dritten Sohn Ptolemaios den programmatischen Beinamen Philadelphos gab. Jedem halbwegs gebildeten Reichsbewohner musste unwillkürlich die glänzende Zeit des gleichnamigen zweiten Ptolemäers in den Sinn kommen, als Koilesyrien gleichsam als Vorhof Ägyptens gelten konnte.

Offenbar als kultische Klammer zwischen dem ägyptischen Kerngebiet und den neu in ihre Zuständigkeit überführten Gebieten gedacht, adaptierte Kleopatra 37/36 den besonders im syrischen Raum verbreiteten Neotera-Kult. Dieser ist fälschlicherweise verschiedentlich als Kult der „jüngeren Göttin" (Theà Neotéra) interpretiert worden, wobei Kleopatras Annahme dieses Kulttitels als Anlehnung an die seleukidische Königin Kleopatra Thea gedeutet wurde, die mit ihrem Sohn Antiochos VIII. in Syrien regierte, bis dieser sie 121 zum Selbstmord zwang. Nun war Antonius' Geliebte aber zumindest nach antiken Vorstellungen so jung auch nicht mehr, als Gegenargument viel schwerer wiegt jedoch, dass sie wohl kaum an die Seleukiden als die alten Gegner im Ringen um die Vorherrschaft in Syrien ideologisch anknüpfen konnte. Das wäre, obwohl Thea ursprünglich aus dem Ptolemäerhaus nach Syrien verheiratet worden war, in Ägypten nicht gut angekommen. Unter diesem Gesichtspunkt hätte sie die Verehrung als Neotera auf die neu unterstellten Gebiete beschränken müssen, stattdessen lässt sich aber umgehend eine reichsweite Verbreitung des Kultes nachweisen, womit eine etwaige Annäherung an ihre Namensvetterin vom Tisch wäre. Als einzig plausible Erklärung erscheint die Existenz einer eigenständigen Gottheit mit Namen Neotera, mit der Kleopatra vom Zeitpunkt ihrer administrativen Expansion an in den syrischen Raum bis zu ihrem Tod identifiziert wurde. Ihr persönlicher Neotera-Kult ist ganz offensichtlich als religiöses Bindeglied zwischen alten und neuen Untertanen konzipiert worden. Mit dem gut 80 Jahre zuvor geendeten Königtum der Kleopatra Thea hat dies jedoch nichts zu tun.[16]

Zum Charakter der ptolemäischen Herrschaft im syrischen Raum äußert sich im 3. Jahrhundert n. Chr. auch Porphyrios von Tyros in seiner Chronik:

„Nachdem dieser (Ptolemaios XIV.) in seinem vierten Jahr und im achten der Kleopatra durch die Nachstellungen Kleopatras umgekommen war, wurde die nachherige Zeit auf Kleopatra allein geschrieben, bis zu ihrem fünfzehnten Jahr, das <eigentlich> das sechzehnte genannt wurde und <zugleich auch> das erste. Nach dem Tod des Lysimachos [gemeint ist Lysanias], des Königs von Chalkis in Syrien, übergab der Autokrator Marcus Antonius Chalkidia und die rings um dasselbe gelegenen Gaue der Kleopatra. Und von da ab wurden auch die nach diesen noch weiter folgenden Jahre nach derselben Weise der Addition der Zahl geschrieben, so dass das zweiundzwanzigste der Kleopatra gleich dem siebten wurde.“[17] Die Einführung der hier beschriebenen Doppelzählung ihrer Regierungsjahre, die rückwirkend mit dem Jahr 16 = Jahr 1 vom 1. September 37 an gerechnet wurden, betraf nicht allein die neu hinzugekommenen Gebiete, sondern auch das ägyptische Kerngebiet. In den syrisch-phönizischen Städten spiegelt sich die Datierung in der Münzprägung; lokale Prägungen wurden eingestellt, da ab jetzt die Münzhoheit bei Kleopatra lag. Diese führte angesichts der Erweiterung ihres Einflussbereichs einen neuen Porträttyp ein. Charakteristisch für diesen „syrisch-römischen“ Typ sind das Abweichen vom traditionellen Bildprogramm und die Anlehnung an Antonius, der ganz bewusst nach römischer Art porträtiert wird. In der Forschung ist man zwar uneins, ob nun die Doppeldatierung eingeführt wurde, weil oder nur als Antonius den König von Chalkis hinrichten ließ und dessen Machtbereich Kleopatra übertrug; eines steht allerdings fest: Im Zusammenhang mit der Expansion der ptolemäischen Verwaltung in den syrisch-phönizischen Raum etablierte sie eine neue Ära der Zeitrechnung und machte mit den Medien ihrer Zeit sowohl den Bewohnern der gerade frisch unterstellten Landstriche als auch den „alten“ Untertanen deutlich, dass eine neue Epoche in ihrer Herrschaft angebrochen war. Was dieses Zeitalter im Einzelnen auszeichnen sollte oder welches politische Konzept sie von nun an verfolgte, liegt weithin im Dunkeln, wahrscheinlich ließ sie schon ihre Zeitgenossen darüber bewusst im Unklaren.[18]

Aus der Namengebung ihres zweiten Sohnes von Antonius hat man immer wieder auf Großmachtträume der Königin schließen wollen, die auf eine Anknüpfung an die erwähnten glorreichen Zeiten gezielt hätten, und die Vermutung geäußert, Kleopatra habe dadurch ihre Erwartung signalisiert, das Neugeborene werde einst über ein Reich von ähnlicher Größe wie das seines berühmten Urahns herrschen.[19]

Bei derartigen Spekulationen ist größte Vorsicht angebracht, denn insbesondere das Fehlen von Edelmetallprägungen in den übertragenen Gebieten gibt bei der Bewertung von Kleopatras Zielen zu denken. Selbst auf Cypern, wo die ptolemäische Präsenz am längsten und intensivsten nachweisbar ist, lässt sich nichts dergleichen feststellen. Das stellt immerhin einen gravierenden Unterschied zu den Prägungen in der Glanzzeit des Ptolemäerreiches dar. In diesem Punkt wandelte die Königin also nicht in den Fußstapfen ihrer großen Vorgänger, und so ist die vielfach selbst in der neueren Literatur vertretene Auffassung, sie habe das ptolemäische Großreich wieder errichten wollen, in Zweifel zu ziehen. Faktisch bieten die Zeugnisse vor Ort eher das Bild einer ganz auf Praktikabilität ausgerichteten Symbiose römischer Hoheit und ptolemäischer Verwaltungskompetenz, die eine direkte Kontrolle der betroffenen Gebiete durch ptolemäische Beamte erforderte. Die hohen Amtsträger bekamen ihre Anweisungen selbstverständlich aus der Reichszentrale in Alexandria, dafür garantierte die Königin für korrektes Management und die zuverlässige Bereitstellung der für die römische Kriegführung so entscheidenden Ressourcen. Selbst auf dem militärischen Sektor setzt sich das symbiotische Verhältnis fort, war doch Kleopatra vor allem für Bau und Ausrüstung der Flotte zuständig, während Antonius zumindest zunächst das Landheer als seine Domäne betrachtete.[20]

Wie sehr die Königin in das Marinewesen eingebunden war, belegt ein Denar aus einer nicht genauer lokalisierten östlichen Münzstätte. Während auf dem Avers Antonius als Sieger über den armenischen König gefeiert wird, ziert die Rückseite das Porträt Kleopatras, vor allem aber mit einer *prora*, einem Schiffsschnabel. Damit stellte die Münze als das antike Massenmedium schlechthin aufs Deutlichste die Aufgabenverteilung zwischen den beiden Porträtierten heraus.[21]

Die Verbindung zwischen der römischen Macht im Orient und dem Ptolemäerreich war im Zug der Verwaltungsreform noch enger, die Abstimmung intensiver geworden. Dennoch hatte sich das politische Gewicht im Detail weniger verschoben, als die literarischen Quellen suggerieren wollen. Nach wie vor blieb Ägypten ein Klientelreich, auch wenn es sehr viel mächtiger und leistungsfähiger war als die übrigen Vasallenstaaten. Angesichts der rationalen Vorgehensweise des Antonius scheint die Erneuerung seiner Beziehung mit Kleopatra keine besondere Bevorzugung Ägyptens bewirkt zu haben.

Nicht die „große Lösung“ einer Wiederaufrichtung des Ptolemäerreiches in den Grenzen des 3. Jahrhunderts noch eine ptolemäische Seeherrschaft im Ostmittelmeerraum oder gar ein Anknüpfen an die glorreichen Zeiten außenpolitischer Autonomie zeichnen sich im Zuge der sogenannten Landschenkungen ab, vielmehr scheinen Antonius und Kleopatra das übliche Klientelsystem durch ihr Zusammengehen zu beiderseitigem Nutzen gestrafft und in Richtung auf die Bildung größerer Verwaltungskomplexe weiterentwickelt zu haben. Dass mit der Erweiterung der Aufgaben ein entsprechender Machtzuwachs einherging, der sich schließlich in der Herrscherrepräsentation niederschlug, liegt in der Natur der Sache. Die römische Vormachtstellung im Orient wurde dadurch jedoch keineswegs in Frage gestellt.

## Der Partherfeldzug

Durch die Neuordnung der Gebiete im Osten gelang es Antonius, den Rücken frei zu bekommen für den jetzt anstehenden großen Partherfeldzug, mit dem er einen entscheidenden Sieg zu erringen und damit Oktavian und vielleicht sogar den großen Caesar zu überflügeln hoffte. Ein für alle Mal sollte die Parthergefahr gebannt werden, danach war die Bahn frei für eine möglicherweise erforderliche Auseinandersetzung mit seinem Kollegen im Westen.

Die Gelegenheit schien günstig, denn das Partherreich litt seit einiger Zeit an einer Führungskrise. König Orodes war nämlich aus Altersgründen und aus Kummer zurückgetreten, nachdem der Kronprinz Pakoros im Kampf gegen Ventidius gefallen war. In Orodes' Fußstapfen trat nun mit Phraates IV. ein weiterer seiner Söhne, der allerdings in der Familie nicht ganz unumstritten blieb. Daher brachte er zunächst die Kinder aus der letzten Ehe seines Vaters mit einer kommagenischen Prinzessin um, dann seinen Vater selbst, als dieser sich über sein Vorgehen beschwerte, anschließend ließ er alle seine 30 Brüder töten und, da er offensichtlich von seinem eigenen Charakter auf den seiner Nachkommenschaft schloss, selbst seinen eigenen Sohn. Der hieraus resultierende Konflikt mit dem parthischen Adel trieb – ähnlich wie einst Labienus auf der anderen Seite – eine Reihe von Aristokraten ins Lager des Antonius. An ihrer Spitze stand ein gewisser Monaises.

Die Neuankömmlinge trafen anscheinend zur rechten Zeit, nämlich Ende 37/Anfang 36, in Antiochia ein, wo Kleopatra inzwischen dem Antonius im wahrsten Sinn des Wortes zur Seite stand. Tatsächlich war sie mit der Kultur der Parther näher vertraut, schließlich hatte sie sogar deren Sprache erlernt ebenso wie die der Meder. Sicherlich hat Antonius sich von ihr beraten lassen, und so könnte es ihr zu verdanken sein, dass er das gefährliche Doppelspiel des Monaises durchschaute und ihm sensible Informationen vorenthielt. Von Antonius mit drei Städten in Syrien belehnt, nutzte dieser die erste Gelegenheit und nahm ein Angebot des Phraates zur Rückkehr an. Antonius war zwar nach außen hin empört, ließ ihn aber ziehen und gab ihm eine Gesandtschaft mit, die nach Cassius Dio Friedensverhandlungen vortäuschen und Phraates in Sicherheit wiegen sollte. Lediglich die Rückgabe der von Crassus siebzehn Jahre zuvor verlorenen Feldzeichen und die Rücksendung der Gefangenen habe er gefordert. Es muss wohl offenbleiben, ob es sich wirklich um einen Täuschungsversuch gehandelt hat, denn eine Rückgabe der Feldzeichen wäre in Rom sicherlich ähnlich begeistert gefeiert worden wie sechzehn Jahre später, als der inzwischen mit dem Augustustitel geehrte Oktavian Phraates genau dazu bewegen konnte. Das Friedensangebot dürfte also durchaus ernst gemeint gewesen sein, denn inzwischen muss Antonius langsam klar geworden sein, dass sein Hauptgegner auf lange Sicht im Westen stand. Ein akzeptabler Friede wäre ihm sicher recht gewesen, ein siegreicher Krieg aber eröffnete weiter reichende Möglichkeiten.[22]

Energisch trieb Antonius daher im Winter 37/36 seine Vorbereitungen voran und flankierte sie mit religiöser Herrscherpropaganda. Über sein Auftreten als Dionysos hinaus bezog er jetzt auch seine Kinder von Kleopatra mit ein: Sein Sohn Alexander bekam den Beinamen Helios und die Tochter hieß von nun an Kleopatra Selene. Der Hinweis auf Sonnengott und Mondgöttin lag insofern nahe, als beide in der Vorstellungswelt der Griechen ebenfalls ein Zwillingspärchen bildeten. Die Tatsache, dass Sonne und Mond als Attribute der griechischen Siegesgöttin Nike im Hinblick auf den Partherfeldzug ein gutes Omen darstellten, wog für die Eltern sicher weniger als die Verbindung des Sonnenkults mit der weit verbreiteten Hoffnung auf das Goldene Zeitalter. Millionen Menschen im vom Krieg gebeutelten Imperium Romanum ebenso wie in den angrenzenden Reichen sehnten sich nach Frieden, ein guter Ansatzpunkt für die Eltern der vierjährigen Zwillinge.

In den Augen der Ägypter war der Pharao schließlich ein Sohn des Re, der Mond wiederum wurde der Isis zugeordnet. Als solche ließ sich aber bekanntlich ihre Mutter darstellen und verehren, und so boten beide Beinamen eine ganze Reihe von Anknüpfungen an die religiösen Vorstellungen der verschiedenen Bevölkerungsgruppen in der antiken Lebenswelt. In Rom muss man solche Anspielungen verstanden haben, experimentierte doch Oktavian bereits mit einer Anlehnung an Apollon, und stand nicht eine Isis-Statue Kleopatras im Tempel der Venus Genetrix, wo sie vor nicht einmal zehn Jahren kein Geringerer als der inzwischen vergöttlichte Caesar in einem Aufsehen erregenden Akt aufgestellt hatte?[23]

Solchermaßen ideologisch gerüstet ging Antonius in den Partherkrieg. Er verließ Antiochia und zog zunächst an den Euphrat. Kleopatra begleitete ihn dorthin, dann aber zog sie über Damaskus zurück nach Ägypten. Unterwegs regelte sie noch die Pachtangelegenheiten mit Herodes und Malchos. Das Vorrücken an den Euphrat entpuppte sich jedoch als nichts anderes als ein groß angelegtes Täuschungsmanöver, und die Parther fielen darauf herein, zogen ihre Kräfte zusammen und massierten sie genau dort, wo Crassus entlangmarschiert war.[24]

Antonius wandte sich jedoch nicht etwa direkt gegen Parthien, sondern zog stattdessen nach Armenien, dessen König Artavasdes ihm, wenn schon kein regelrechtes Bündnis, so doch Unterstützung angeboten hatte. Seine wirklichen Pläne hat er offenbar erfolgreich geheim halten können, sein Stab muss zwar an den Planungen beteiligt gewesen sein, aber selbst Monaises hat dies nicht durchschaut. Ihm gegenüber hat Antonius keineswegs zu vertrauensselig gehandelt und hatte daher keine Probleme, ihn gehen zu lassen. Wahrscheinlich spielte er dem Partherkönig über Monaises sogar ganz bewusst falsche Aufmarschpläne in die Hände. So viel steht fest: Antonius hat in der ersten Phase des Krieges sein Gegenüber völlig ausmanövriert.

In Armenien stieß ein weiteres Heer zu ihm und brachte die Gesamtstärke seiner Armee auf 100000 Mann, darunter allein 60000 römische Fußsoldaten und 10000 spanische und keltische Reiter sowie 30000 Leichtbewaffnete und Reiter orientalischer Provenienz. Spezialeinheiten mit Schleudern sollten die parthischen Bogenschützen neutralisieren, und tatsächlich verfügten die berühmt-berüchtigten Schleuderbleie über eine noch größere Reichweite sowie eine enorme Durchschlagskraft. Es muss schlichtweg als Meisterleistung und Indiz für eine gute Vorbereitung gesehen werden, dass Antonius' gewaltiges Heer ohne größeren Schaden den Fluss Araxes erreichte und sich von da aus gegen Medien wenden konnte, den östlicher gelegenen Vasallenstaat der Parther.

In Gewaltmärschen stieß er jetzt mit dem Gros seiner Kampftruppen durch unwegsames Gelände tief nach Medien hinein, das weitgehend von feindlichen Soldaten entblößt war. Der Schachzug überraschte den Gegner, hatte doch der medische König seinem Herrn Phraates Heeresfolge geleistet und war daher mit seinen Kerntruppen nach Mesopotamien gezogen, wo Phraates den Hauptstoß des Antonius erwartete. So erreichte der Triumvir ungefährdet die medische Hauptstadt Phraaspa, wo sich die Frauen und Kinder des Königs aufhielten, und schloss sie in Erwartung seines Pionierparks ein. Auch diesbezüglich war er offenbar gut vorbereitet, denn in seinem Tross, der unter dem Schutz zweier Legionen dem schnellen Vormarsch folgen sollte, befanden sich auf dreihundert Wagen zerlegbare Belagerungsmaschinen und alles Notwendige für einen erfolgreichen Sturm auf die Stadt, darunter ein Widder von etwa 24 m Länge.

Aus der Katastrophe des Crassus hatte Antonius seine Lehren gezogen und sich für den Marsch in gebirgigem Gelände entschieden, wo die gefährliche parthische Reiterei ihre Schlagkraft nicht entfalten konnte. Damit folgte er letztlich den Ratschlägen, die der Armenier Artavasdes schon 53 Crassus mit auf den Weg gegeben haben soll.

Der Tross nahm einen etwas leichteren Weg durch das Flusstal des Araxes, kam aber doch zu langsam voran. Inzwischen hatte sich der Gegner nämlich von seiner Überraschung erholt. In Eilmärschen führte Phraates seine Armee heran und so gelang es ihm, den von Oppius Statianus kommandierten Konvoi abzufangen, bevor dieser sich wieder mit Antonius vereinigen konnte. Die Begleittruppen leisteten zwar heftigen Widerstand, wurden aber aufgerieben, wobei der Armenierkönig eine undurchsichtige Rolle spielte. Offensichtlich kämpfte er gar nicht oder wenigstens nicht mit vollem Einsatz für die römische Sache, denn während Oppius fiel und der pontische König Polemon von den Parthern gefangen genommen wurde, konnte Artavasdes entkommen und seine Truppen retten. Plutarch und Cassius Dio erheben hier schwere Vorwürfe, obwohl offenbleibt, ob seine Zusagen an Antonius ein direktes Eingreifen auf feindlichem Boden überhaupt abdeckten.

Der Verlust des Belagerungparks erwies sich als entscheidende Wende in diesem Feldzug. Antonius ließ zwar dennoch zunächst nicht locker, musste aber schließlich nach mehreren Monaten einsehen, dass ohne die Maschinen Phraaspa nicht zu nehmen war. Einer Entscheidungsschlacht, in der Antonius gute Karten gehabt hätte, wich der Parther aus, da jetzt ja Phraaspa nicht mehr so ernsthaft bedroht war wie zuvor, und so blieb ihm letztlich nichts anderes als ein Rückzug unter ständigen Attacken der parthischen Reiterverbände. Es spricht für die Kampfstärke seiner Einheiten und Antonius' Feldherrnqualitäten, dass es ihm gelang, unter gewaltigen Strapazen immerhin zwei Drittel seines Heeres im Winter 36/35 über die armenischen Berge zurückzuführen. Eindrucksvoll schildert Plutarch das dramatische Geschehen und lässt so die Größe dieser Leistung erahnen.[25]

Alles in allem war das Unternehmen zwar fehlgeschlagen, doch hatte Antonius den Krieg ins Gebiet des Gegners getragen und seine Armee vor der Vernichtung bewahrt. Hätte sein Plan funktioniert, jedermann hätte ihn brillant geheißen. Medien aus dem Machtbereich der Parther herauszubrechen, wäre wohl kriegsentscheidend gewesen. Und wenn es ihm nur gelungen wäre, den Gegner zur Schlacht zu stellen, die römische Seite hätte beste Aussichten gehabt, den Sieg davonzutragen und anschließend dem wenig beliebten Phraates die Bedingungen für einen Frieden zu diktieren. Mit Phraaspa hatte Antonius ein festes und erreichbares Ziel ins Auge gefasst. Erst als er durch den Verlust seiner Belagerungsmaschinen die Initiative verlor, hatte sich das Blatt gewendet. Dennoch war der Krieg keineswegs verloren.

Als seine Truppen in Sicherheit waren, eilte er weiter an die libanesische Küste, wohin ihm Kleopatra entgegenkam. In Leuke Kome, einem Hafenort zwischen Beirut und Sidon, trafen sich die beiden wieder. Plutarch behauptet zwar, sie sei lange ausgeblieben, allerdings muss man dies angesichts der negativen Presse für die Königin doch mit Vorsicht genießen. Vielleicht war sie durch die Geburt ihres dritten Kindes von Antonius, das Ende 36 das Licht der Welt erblickte, noch nicht reisefähig. Außerdem trägt zur Glaubwürdigkeit der besagten Stelle die Bemerkung nicht gerade bei, Antonius sei unruhig und ängstlich gewesen und habe sich daher dem Trunk und langen Gelagen hingegeben. Mag man Letzteres glauben, wie sollte er sich denn die Zeit anders verkürzen als mit Zechereien, die eines neuen Dionysos würdig waren? Selbst wenn er länger auf Kleopatra warten musste und währenddessen dem Alkohol zusprach, Haltlosigkeit wird man ihm nicht unterstellen dürfen, dazu hatte er im vorangegangenen Feldzug zu deutlich seine Härte und Entschlossenheit gezeigt. Außerdem konnte er sich auf die Königin verlassen, denn als sie in den Hafen einlief, brachte sie Unmengen an Bekleidung und entsprechende Summen für den Unterhalt der Truppen mit. Sicher hatte sie ihm dies im Vorfeld angekündigt und ihn so weit beruhigen können. Nach ihrer glücklichen Ankunft konnte Antonius an eine neue Offensive denken und erste Vorbereitungen treffen.[26]

## Octavia im Anmarsch

Hilfe nahte auch aus einer anderen Richtung, denn von Rom aus hatte sich seine Gemahlin Octavia auf den Weg gemacht, um ihm Bekleidung und Geld für seine Soldaten sowie Geschenke für seine Offiziere zu bringen. Außerdem wollte sie ihm 2000 Soldaten zuführen, die ihr Bruder für Antonius erübrigen konnte. Plutarch ergeht sich im Preis dieser Kohorten und hebt hervor, dies seien auserlesene und glänzend gerüstete Männer gewesen, doch bleibt festzuhalten, dass sie nicht einmal die Stärke einer einzigen Legion aufwiesen. Das war eine glatte Provokation, bedenkt man, dass Oktavian sich im Vertrag von Tarent verpflichtet hatte, reguläre Truppen in zehnfacher Stärke für den Partherkrieg bereitzustellen. Und so muss Plutarch schon zugeben, der Bruder habe ihr gestattet zu fahren, „wie die meisten sagen, nicht aus Gefälligkeit ihr gegenüber, sondern um, wenn sie unwürdig behandelt und zurückgesetzt würde, damit einen schicklichen Kriegsgrund geliefert zu erhalten".[27] Als sie in Athen ankam, fand sie dort einen Brief ihres Mannes vor, in dem er sie anwies, dort zu bleiben, und ihr gleichzeitig von seinen neuerlichen Feldzugsplänen Mitteilung machte. Noch schien also alles offen, auf dem Feldzug wäre sie für Antonius ein Hindernis gewesen, auch Kleopatra war im Vorjahr an der syrischen Grenze umgekehrt. Wohin also hätte er sie reisen lassen sollen, wenn er sie im Feldlager nun wirklich nicht brauchen konnte? Vielleicht nach Ephesos? Alexandria wäre sicher der falsche Platz gewesen, schon wegen ihrer königlichen Rivalin.

Das Abweisen Octavias kann keinesfalls allein an seiner Liebschaft mit Kleopatra gelegen haben. Seine Frau wusste ja, womit sie zu rechnen hatte, als sie aufbrach. Polygame Verhältnisse waren im Hellenismus nichts Ungewöhnliches. Für eine ähnliche Situation in Rom hatte Caesars Gattin Calpurnia vor nicht allzu langer Zeit ein Verhaltensbeispiel gegeben. Insofern konnte auch Antonius sich zumindest von ihr nicht vor die Wahl gestellt fühlen. Was aber war mit Kleopatra? Und wollte Antonius noch den Ausgleich mit ihrem Bruder, für den Octavia ja ein Symbol darstellte?

Obgleich sie über sein Verhältnis mit Kleopatra und die Kinder aus dieser Verbindung gut informiert war, handelte sie so, wie eine römische Matrone dies eben in einer solchen Situation zu tun gewohnt war: Sie stand weiter zu ihrem Ehemann, blieb vorerst in Athen und fragte an, wohin sie die mitgebrachten Dinge senden solle.[28]

So viel Geduld und Entgegenkommen von einer ernstzunehmenden Konkurrentin, die Antonius schon einmal drei Jahre von Ägypten ferngehalten hatte, obwohl er doch mit ihr in Tarsos und Alexandria intensiv zusammengelebt hatte, musste Kleopatra nervös machen. Insofern wird man Plutarchs Darstellung ihrer Reaktion nicht einfach als literarische Erfindung abtun dürfen: „Als Kleopatra erkannte, dass so Octavia den Kampf mit ihr aufnehmen wollte, begann sie zu fürchten, dass sie, die außer der Würde ihres Charakters und der Macht Caesars auch noch die Gabe des liebenswürdigen und gewinnenden Umgangs Antonius gegenüber besaß, unüberwindlich sein und den Mann ganz und gar fesseln würde, und so stellte sie sich, als ob sie in Antonius verliebt wäre, und suchte sich durch zu leichte Ernährung körperlich herunterzubringen. Ihr Blick strahlte auf, wenn er kam; ging er weg, so war er hinschmelzend und tief betrübt. Sie richtete es so ein, dass er sie oft weinen sah, wischte aber die Tränen ab und suchte sie zu verbergen, als wollte sie, dass er es nicht bemerkte. ... Die Schmeichler ereiferten sich für sie und schalten Antonius einen harten, gefühllosen Mann, der eine Frau in den Tod treibe, die einzig und allein an ihm hinge. Octavia habe sich aus politischen Gründen ihres Bruders wegen mit ihm verbunden und genieße den Vorzug, seine Ehefrau zu heißen; Kleopatra hingegen, die Königin über so viele Menschen, heiße nur die Geliebte des Antonius, und sie lehne diesen Namen nicht ab, halte ihn nicht für unter ihrer Würde, solange es ihr nur vergönnt sei, ihn zu sehen und mit ihm zu leben; würde ihr das versagt, so würde sie es nicht überleben. Auf diese Weise machten sie den Mann schließlich so schwermütig und weibisch, dass er aus Angst, Kleopatra möchte sich das Leben nehmen, nach Alexandria zurückkehrte."[29]

Alle äußeren Umstände sprachen zwar für die Königin, aber dennoch scheint sie auf Nummer Sicher gegangen zu sein und die letzten Register gezogen zu haben, galt doch Octavia als ausgesprochen schöne Frau. Antonius aber war bisher – Zufall oder Wille – so pragmatisch mit seinen beiden Beziehungen umgegangen, dass man auch jetzt ein nüchternes Abwägen voraussetzen kann. Was Octavia bei all ihrer augenscheinlichen Loyalität ihrem Mann gegenüber bei ihrem Bruder noch bewirken konnte, ließ sich ja an der Stärke der in den Orient detachierten Einheiten ablesen! Wieder und wieder hatte Oktavian Absprachen ignoriert und Verträge gebrochen. Jetzt, da er nach dem Sieg über Sextus Pompeius und der gerade erfolgten Ausschaltung des Lepidus in seinem Machtbereich kein ernstzunehmendes militärisches Problem mehr hatte – der Illyrerkrieg kann wohl kaum als ein solches angesehen werden –, bekam er erstmals Oberwasser. Antonius, ein schwer mitgenommenes Heer um sich, das Partherproblem vor sich, sah hinter sich einen zunehmend aggressiveren Konkurrenten um die Macht, der ihm die westlichen Rekrutierungspotentiale widerrechtlich verschlossen hielt. Den Vertrauensvorschuss, der ihm von Antonius wiederholt eingeräumt worden war, hatte, Oktavian längst aufgebraucht. Eine Auseinandersetzung schien langsam, aber sicher unausweichlich, die Frage war nur, wann? Was also konnte Octavia in dieser geopolitischen Lage ihrem Mann noch bieten außer sich selbst? Und selbst dies mag Antonius bei aller Zuneigung und Dankbarkeit, die er vielleicht noch empfand, für sein politisches Überleben nicht förderlich erschienen sein, war sie doch bislang immer für den Ausgleich mit ihrem Bruder eingetreten und Letzterem natürlich ebenfalls eng verbunden.

Kleopatra dagegen war Antonius und der römischen Sache noch mehr ergeben als die von ihm eingesetzten Klientelfürsten, dafür teilte sie mit ihm nicht nur das Bett, auch die gemeinsamen Kinder stellten ein Bindeglied dar, das inzwischen sogar für die Herrschaftsrepräsentation im Orient relevant geworden war. Überdies regierte die Königin das mit Abstand wichtigste Klientelreich im Osten, in ihre Zuständigkeit fiel der Flottenbau, und die Ressourcen Ägyptens sprudelten unabhängig von Oktavians Wohlwollen. Nach dem gescheiterten Feldzug war Antonius mehr denn je auf diesen Nachschub angewiesen.

Die Vernunft sprach also klar gegen Octavia; wenn allerdings an Plutarchs oben zitierter Nachricht wirklich etwas ist, dann hat Kleopatra offenbar gespürt, dass Antonius emotional doch stärker an seiner Frau hing, als dies auf den ersten Blick aus seinem Verhalten ablesbar war. Gerade deshalb scheint sie auf eine klare Entscheidung gedrängt zu haben. Außerdem dürfte ihr Verhältnis zu ihm gerade in dieser Zeit nicht ungetrübt gewesen sein, weil sie gegen den jüdischen König Herodes bei ihm intervenierte, er aber an Herodes als einem seiner verlässlichen Klientelfürsten festhielt und dessen rücksichtsloses Vorgehen in Judäa deckte. Das rechtfertigt zur Genüge ihren vollen Einsatz in der Beziehung. Diesmal war sie näher dran, und sie nutzte ihre Chance.

Octavia musste aus Athen nach Rom zurückkehren, eine Gelegenheit par excellence, die ihr Bruder wohl schon einkalkuliert hatte und die er nun ganz vehement für seine Propaganda zu nutzen gedachte. Es spricht für seine Schwester, dass diese seine Aufforderung zurückwies, sie solle eine eigene Wohnung beziehen. Juristisch immer noch Antonius' Frau, bewohnte sie weiter dessen Haus und sorgte für seine Kinder, nicht nur die von ihr, sondern auch die von Fulvia. Die Freunde und Geschäftsträger ihres Mannes hatten in ihr einen Anlaufpunkt und Unterstützung. Aber dieses Bemühen um Antonius und seine Angelegenheiten zeitigte nicht den beabsichtigten positiven Effekt für sein Ansehen in Rom.[30]

Ihr Bruder sorgte durch außergewöhnliche Auszeichnungen dafür, dass ihr ehrbares Verhalten nun wirklich jedermann ins Bewusstsein gebracht wurde und sich natürlich in den Augen vieler Römer wohltuend abhob vom Auftritt der Königin seinerzeit an Caesars Seite und von dem, was man jetzt in Rom so über sie kolportierte. Antonius' Zurückweisung sollte dadurch noch demütigender erscheinen. Daher erklärte Oktavian seine Schwester – natürlich zusammen mit seiner Frau Livia – für sakrosankt, ein Vorrecht, das unter den römischen Frauen eigentlich nur den Vestalinnen zukam. Beiden wurde das Recht zugesprochen, Bilder von sich aufstellen zu lassen. So steigerte er die bereits vorhandene Empörung und verfügte nunmehr mit Kleopatra auch offiziell über ein weiteres Zielobjekt für seine Agitation.[31]

## Herodes im Konflikt mit Kleopatra

Eine unangenehme Entwicklung ergab sich für Antonius aus der mehr und mehr aufbrechenden Feindschaft zwischen Herodes und Kleopatra, die sich nicht zuletzt in Rangeleien um Gebietsstreifen niedergeschlagen hatte. Von vornherein resultierte ein latenter Konfliktherd aus dem Ausbau der ptolemäischen Stellung in Syrien und den territorialen Ansprüchen in diesem Raum, die Kleopatra von ihren Vorfahren geerbt hatte. Wirklich problematisch wurde das Verhältnis der beiden jedoch, als die Königin in Herodes' Familienangelegenheiten hineingezogen wurde. Alexandra, die Tochter des von den Parthern gefangen genommenen Hohenpriesters Hyrkanos und zugleich Schwiegermutter des Herodes, fühlte sich provoziert, als Herodes ihren Sohn Aristobulos überging und im Herbst 37 einen Aufsteiger und Niemand, den aus Babylon stammenden Ananel, ins Amt des Hohenpriesters hob. Allen Beteiligten stand damit sein Bestreben klar vor Augen, die alteingesessene Aristokratie aus ihrer Machtstellung hinauszudrängen. Alexandra jedenfalls war nicht bereit, die Zurücksetzung ihres jugendlichen Sohnes so einfach hinzunehmen, wandte sich daher brieflich an Kleopatra und bat diese, ihren Einfluss bei Antonius für Aristobulos geltend zu machen. Der Herrscherin des mächtigen Ägypten bot sich damit ein Anlass, in die inneren Angelegenheiten des benachbarten Judäa einzugreifen und dort über Alexandra und ihre Familie dauerhaft an Einfluss zu gewinnen.

Welche politische Linie sie in dieser Frage genau favorisierte, wissen wir nicht, allerdings versuchte Antonius, Hyrkanos' Enkel dem Herodes zu entziehen. Der aber roch den Braten und dachte gar nicht daran, den dynastisch nicht ungefährlichen 16-Jährigen aus der Hand zu geben. Das war ihm wichtiger als die Besetzung des Hohenpriesteramtes, und so ersetzte er kurzerhand Ananel durch Aristobulos in der Hoffnung, dadurch die Gemüter zu beruhigen und Antonius von einem Eingreifen abzubringen. Für den konnte der Jerusalemer Familienzwist kaum unpassender kommen, musste ihm doch an der inneren Stabilität des jüdischen Staates schon wegen seiner Partherpläne besonders gelegen sein. Insofern schien es wohl das Klügste, Herodes auf dem gerade eroberten Thron zu belassen, ihm andererseits aber seinen jungen Schwager zu entziehen und so gleichzeitig ein Druckmittel zu gewinnen, das später einmal ein Eingreifen in Judäa legitimieren konnte.

Auf welchem Niveau Antonius' wohlüberlegte Haltung später kolportiert wurde, zeigt die Darstellung des Josephus: „Während nun Antonius mit der Erfüllung der Bitte (Alexandras) zögerte, kam sein Freund Dellius wegen irgendeines Geschäftes nach Judäa. Als dieser den Aristobulos erblickte, staunte er über die Schönheit und den schlanken Wuchs des Jünglings, wie auch nicht minder über die Anmut der Mariamne, und er konnte sich nicht enthalten, der Alexandra zu schmeicheln, wie schöne Kinder sie habe. Diese ließ sich darauf in ein Gespräch mit ihm ein, in dessen Verlauf er ihr den

Vorschlag machte, die beiden malen zu lassen und die Bilder an Antonius zu senden, der ihr gewiss nichts mehr verweigern würde, wenn er dieselben zu Gesicht bekäme. Alexandra ging darauf ein und schickte Antonius die Bilder. Dellius fügte noch einige Übertreibungen hinzu und schrieb seinem Freund, die Kinder schienen ihm nicht von Menschen, sondern von einem Gott abzustammen. Damit beabsichtigte er, Antonius' sinnliche Lust zu reizen. Der scheute sich nun zwar, Mariamne zu sich kommen zu lassen, weil sie mit Herodes vermählt war und er Kleopatras Eifersucht nicht wecken wollte. Doch schrieb er, man möge ihm den Jüngling schicken, und zwar, um den Schein des Anstands zu wahren, mit dem Zusatz, wenn es nicht zu viel Mühe verursache. Als Herodes hiervon Kenntnis erhielt, hielt er es für gefährlich, den Aristobulos, einen so schönen und im blühenden Alter von sechzehn Jahren stehenden Jüngling, der noch dazu von so vornehmer Herkunft war, zu Antonius zu schicken, einem Manne, ... von dem man erwarten konnte, dass er auch imstande sei, den Jüngling seiner Wollust zu opfern."[32] Wieder einmal suggeriert also eine unserer Quellen, Antonius habe ausschließlich mit der Körpermitte gedacht und unter erotischen Gesichtspunkten gehandelt.

Hatte Herodes bei der Einsetzung des Hohenpriesters einen Rückzieher gemacht, so dachte er doch keineswegs daran, den internen Machtkampf so einfach aufzugeben. Die Erste, die dies zu spüren bekam, war seine Schwiegermutter. Er stellte sie unter Arrest und ließ sie so scharf überwachen, dass sie außer den täglichen Verrichtungen nichts mehr unternehmen konnte. Dennoch gelang es ihr, erneut Kontakt zu Kleopatra aufzunehmen und diese über ihre missliche Lage zu informieren. Letztere riet ihr zu fliehen und erklärte sich bereit, Alexandra mit ihrem Sohn Aristobulos in Ägypten Zuflucht zu gewähren. Josephus, Alexandra nicht gerade wohlgesinnt, berichtet uns von einem abenteuerlichen Fluchtplan: „Sie ließ zwei Särge anfertigen und schloss sich und ihren Sohn darin ein, nachdem sie ihre Diener eingeweiht und ihnen befohlen hatte, sie während der Nacht hinauszutragen. Sie gedachte, sich dann sogleich ans Meer zu begeben, wo ein Schiff lag, das sie nach Ägypten bringen sollte."[33] Der Plan wurde entdeckt, ein Entkommen künftig unmöglich gemacht. Aus Rücksicht auf Kleopatra, die nicht gut auf ihn zu sprechen war – wie Josephus bemerkt –, habe sich Herodes zunächst noch etwas zurückgehalten, damit sie ihn nicht auf eine Anklage der Alexandra hin noch mehr hassen würde. Insgeheim aber habe er beschlossen, den Jüngling bei nächster Gelegenheit aus dem Weg zu räumen.

In der Stadt genoss dessen Familie allerdings immer noch große Sympathien. Herodes hatte zwar Alexandras Tochter geheiratet, aber war natürlich kein Hasmonäer. Vielleicht etwas zu deutlich machten die Jerusalemer beim Laubhüttenfest des Jahres 36 ihren Gefühlen Luft. Als Aristobulos im Ornat des Hohenpriesters an den Altar getreten war, um die religiösen Riten zu vollziehen, da brach die anwesende Menge beeindruckt von seiner Erscheinung und eingedenk der Taten seines Großvaters in Begeisterungsstürme aus, die ein Nachspiel haben sollten. „Denn gerade infolge dieser Vorgänge beschloss Herodes, seinen Anschlag gegen den Jüngling bald ins Werk zu setzen. Als er daher nach dem Fest von Alexandra nach Jericho zum Mahl geladen war, suchte er ihn durch Schmeicheleien an einen stillen Ort zu locken und stellte sich dann, als wollte er sich mit ihm in jugendlichem Spiel ergötzen. Da es aber an dem Ort sehr heiß war, gingen sie, ermattet vom Spiel, beiseite und traten an die Fischteiche, die in beträchtlicher Größe die Anlagen umschlossen und bei der Hitze angenehme Kühlung gewährten. Zunächst nun sahen sie einigen ihrer Freunde zu, wie diese in dem Wasser schwammen, und als sich dann der Jüngling auf Zureden des Herodes gleichfalls unter sie mischte, tauchten ihn die Freunde des Herodes, welche dieser entsprechend beauftragt hatte – es dämmerte bereits –, unter dem Schein des scherzhaften Spiels unter und ließen ihn nicht eher los, als bis sie ihn ertränkt hatten. So kam Aristobulos im blühenden Alter von noch nicht achtzehn Jahren ums Leben, nachdem er nur ein Jahr lang die Hohepriesterwürde bekleidet hatte, die nun wieder auf Ananel überging."[34]

Zutiefst erbittert über die Ermordung ihres Sohnes und das scheinheilige Verhalten des Herodes bei der aufwendigen Beisetzung, informierte Alexandra wiederum brieflich Kleopatra. Diese aber machte – das behauptet jedenfalls Josephus – die Angelegenheit zu ihrer eigenen. Sie habe nun den Antonius bestürmt, er möge doch den Tod des Aristobulos rächen, weil es sich nicht gezieme, dass Herodes, der doch nur durch ihn in den Besitz eines Reiches gelangt sei, das ihm eigentlich gar nicht zustände, solche Verbrechen gegen die wahren Könige begehe. Dieses dynastische Argument verfing zumindest so weit, dass Herodes nach Laodikeia vorgeladen wurde. Dabei bleibt unklar, inwieweit Kleopatra sich dadurch beeinflussen ließ. Sicher mag sie mit Alexandra sympathisiert haben, zumal ein schwacher Hasmonäer an der Spitze des jüdischen Staates ihr sicher erheblich angenehmer gewesen wäre als der energische und machthungrige Idumäer Herodes. Aber lag der eigentliche Antrieb nicht vielmehr in ihrem Streben nach einer wie auch immer gearteten Hegemonialstellung im syrisch-palästinensischen Raum? Das jedenfalls unterstellen ihr die offenkundig tendenziösen Quellen, und die nachweislich erfolgten Gebietsübertragungen erhärten solche Hinweise. Ein derartiges Bestreben konnte sie allerdings leicht in Konflikt mit dem jüdischen König bringen.

Der wiederum konnte sich der Vorladung nach Laodikeia nicht entziehen, wohl war ihm allerdings nicht in seiner Haut, das zeigen die Vorkehrungen, die er vor der Abreise traf. Seinem Bruder Joseph, der für die Dauer seiner Abwesenheit in Jerusalem die Regierungsgeschäfte führen sollte, befahl er, für den Fall, dass ihm bei Antonius etwas zustoßen sollte, seine Frau Mariamne hinzurichten.

Josephus suggeriert zwar, er habe sie so sehr geliebt, dass er es für schmachvoll hielt, wenn nach seinem Tod ein anderer ihre Schönheit besitzen würde. Schließlich sei ihm klar gewesen, dass Antonius über Mariamnes Schönheit Bescheid wisse und ihn daraufhin eine heftige Neigung zu ihr erfasst habe. Wahrscheinlich wollte Herodes mit diesem Befehl aber eher die Anhänger der Hasmonäer von Unruhen abhalten. Dafür spricht zum einen, dass dieser Geheimbefehl eben keineswegs geheim blieb, sondern frühzeitig bei Alexandra und Mariamne bekannt war, und zum anderen, dass Antonius bislang in seinem Verhalten zwar eine gewisse Freizügigkeit im Umgang mit verheirateten Königinnen an den Tag gelegt, seine erotischen Eskapaden aber bislang immer den Erfordernissen der Politik untergeordnet hatte. Wegen einer Frau, und sei sie noch so schön gewesen, lohnte es sich nicht, einen der wichtigsten Klientelfürsten zu verlieren, zumal Antonius keineswegs einsam und verlassen war. Dafür sorgte schon Kleopatra.

Viel eher musste ihm angesichts der Operationen gegen die Parther daran gelegen sein, in seinem Rücken stabile Verhältnisse zu haben. Genau darum stützte er sich ja auf starke Klientelfürsten wie Herodes. Dessen Gewalttaten gegen die Hasmonäer-Dynastie konnte er aber schon deshalb nicht einfach hinnehmen, weil in Anbetracht ihrer starken Anhängerschaft erneute Unruhe in Judäa zu befürchten war. Vielleicht wollte er ihn nur einige Zeit aus der Schusslinie nehmen, bis die Gemüter sich beruhigt hatten. Jedenfalls kam Herodes ausgesprochen glimpflich davon und versäumte natürlich nicht, dies propagandistisch entsprechend auszuschlachten. In einem Brief nach Hause soll er sich gebrüstet haben, sofort nach seinem Eintreffen bei Antonius habe er ihn durch Geschenke gnädig gestimmt und im Verlauf der Unterredung seinen Zorn derart besänftigt, dass auch die Worte der Kleopatra gegenüber seiner milden Einstellung jede Kraft verloren. Der Triumvir habe nämlich gesagt, es zieme sich nicht, einen König für das zur Verantwortung zu ziehen, was er während seiner Regierung tue, er, Antonius, möchte unter solchen Umständen kein Herrscher sein. Wer die Würde und die Macht eines Königs besitze, müsse davon freien Gebrauch machen dürfen.

Josephus, unsere einzige Quelle für das Zusammentreffen in Laodikeia, versteigt sich sogar zu der Bemerkung, Herodes habe der Kleopatra zu verstehen gegeben, dass es unpassend sei, wenn sie sich um die Angelegenheiten der Fürsten kümmere. Darüber hinaus habe der König von all diesen Vorgängen geschrieben, „wie auch weiterhin von den Ehrenbezeugungen, die ihm Antonius tagtäglich in Audienzen und bei Tisch erweise, und dass ihm das alles zuteil werde trotz der Feindseligkeit der Kleopatra, welche, nach seinem Reich lüstern, auf alle mögliche Weise versuche, ihn aus dem Weg zu räumen. Da nun Antonius ihm so wohl gesonnen sei, habe er für die Zukunft nichts Schlimmes zu befürchten, sondern werde bald zurückkehren und angesichts dieses Wohlwollens noch fester dastehen. Kleopatra aber habe weiter nichts mehr zu erwarten, da Antonius, um ihre Forderungen zu befriedigen, ihr Koilesyrien geschenkt und damit sowohl ihren Groll beschwichtigt als auch bewirkt habe, dass sie auf das Königreich Judäa keinen Anspruch mehr erhebe.“[35]

Natürlich gibt Josephus als Herodes’ Atlatus die retrospektive Sichtweise seines Herrn und Meisters sowie die seiner Gefolgsleute wieder, wenn er schreibt, Kleopatra habe keineswegs mit ihrer Absicht hinterm Berge gehalten, sondern ganz offen Antonius immer wieder bedrängt, den jüdischen König aus dem Weg zu räumen und ihr dessen Gebiet zu übertragen. So wollte Herodes später vom siegreichen Oktavian gern als Ziel ihrer Mordpläne gesehen werden, die er als Feind der Königin nur mit Mühe überlebt habe. Zu gut passen diese Vorwürfe in sein Bemühen um Machterhalt und Festigung seiner Stellung unter dem neuen Machthaber, als dass man dem Bericht seines Höflings hier Glauben schenken dürfte.[36]

## Neue Operationen gegen die Parther und das Ende des Sextus Pompeius

Am 3. September des Jahres 36 hatte Sextus Pompeius’ Flotte die entscheidende Niederlage vor Naulochos hinnehmen müssen, nur 17 Schiffe waren entkommen. Mit ihnen und dem, was er sonst noch an Flotteneinheiten zusammenraffen konnte, fuhr ihr Oberbefehlshaber nach Osten. Oktavian ließ ihn anscheinend unbehelligt entkommen. Als Gegner im Westen ausgeschaltet, konnte Pompeius sich ihm im Orient nur nützlich erweisen, denn Antonius war nun gezwungen, sich mit einem neuen Unruhestifter auseinanderzusetzen. Das aber band weitere Kräfte und konnte zur Destabilisierung von Antonius’ Position in Asien beitragen, zumal dieser noch nicht von seinem Feldzug nach Medien zurückgekehrt war.

Zunächst landete Pompeius in Mytilene auf Lesbos, wohin er 48 mitsamt seiner Mutter von seinem Vater in Sicherheit gebracht worden war, als dieser sich für den Endkampf mit Caesar bei Pharsalos vorbereitete. Es war also kein Zufall, dass er gerade diese Insel ansteuerte, hatte doch seine Familie immer schon gute Kontakte dorthin gepflegt. In Mytilene erreichten ihn wohl auch die ersten Nachrichten über das Scheitern des Partherunternehmens, und sofort witterte Pompeius seine Chance. Sicherlich hoffte er, Antonius würde nicht lebend zurückkommen, dann hätte er weitgehend freie Bahn gehabt. Falls doch, konnte er kurzzeitig davon träumen, dieser werde ihn an der Herrschaft im Osten beteiligen. Antonius aber hatte mit Oktavian und den Parthern schon genug Probleme am Hals und so handelte er konsequent, als er mitbekam, dass Pompeius eine weit reichende diplomatische Tätigkeit entfaltete, die mit dem Schutzsuchen eines Flüchtlings kaum vereinbar war, denn inzwischen in Alexandria eingetroffen, erreichte ihn eine Gesandtschaft des Pompeius mit einem Kooperationsangebot. Musste ihn dies schon alarmieren, so waren die Würfel gefallen, als Unterhändler abgefangen wurden, die Pompeius zu den Parthern gesandt hatte, während er gleichzeitig auch nach Thrakien und Pontos seine Fühler ausstreckte. Kaum etwas konnte Antonius mehr provozieren als eine Annäherung an den Partherkönig, das musste in seinen Augen wie Hochverrat aussehen. Sicher fühlte er sich erinnert an die engen Kontakte des Cassius und die unrühmliche Rolle des Labienus als Befehlshaber parthischer Truppen beim Einfall in römisches Gebiet.

C. Furnius, Antonius' Statthalter in der Provinz Asia, hatte anfangs gezögert, weil er keine Weisungen hatte, wie er reagieren sollte. Außerdem waren seine militärischen Mittel zu schwach, um Pompeius alleine in die Schranken zu weisen. Daher eilte jetzt M. Titius im Auftrag des Triumvirn aus Syrien herbei, um mit starken Truppenverbänden dem Spuk ein Ende zu setzen. Die Kämpfe verlagerten sich auf das Festland, als nämlich im Frühjahr 35 die Flotte mit den 70 Schiffen eintraf, die Oktavian im Anschluss an die Seeschlacht von Naulochos wieder in den Osten zurückgesandt hatte, und Titius neben seinem Heer 120 Schiffseinheiten aus Syrien heranführte. Nach Kämpfen am Hellespont und in Bithynien floh Pompeius in Richtung Küste, wurde aber von Reitern des von Antonius' eingesetzten Galaterkönigs Amyntas eingeholt und gefangen genommen. Titius machte – sicher ganz im Sinne des Antonius – mit ihm kurzen Prozess und ließ ihn in Milet enthaupten.[37]

Inzwischen hatten sich jenseits der römischen Grenzen einige Veränderungen ergeben, die Antonius' weitere Operationen grundlegend beeinflussen sollten. Wie Plutarch berichtet, hatte sich der Mederkönig mit seinem parthischen Oberherrn wegen der Beute überworfen, die Antonius auf dem Rückzug hatte zurücklassen müssen. Was im Einzelnen vorgefallen war, wissen wir nicht, allerdings wurde der Meder jetzt nervös und nahm aus Furcht vor Phraates Kontakt zu Antonius auf, um die Möglichkeiten eines Seitenwechsels auszuloten. Er bot dem Römer an, sich an einem gemeinsamen Feldzug zu beteiligen, und eröffnete ihm damit die Chance zur Wiederholung des Feldzuges unter ungleich günstigeren Bedingungen. Mit der medischen Reiterei und ihren Bogenschützen als Deckung konnte Antonius an einen Vorstoß mitten ins Zentrum des Partherreichs denken. Erst allerdings galt es, sich mit den medischen Truppen zu vereinigen, und zu diesem Zweck musste erneut der Weg durch Armenien genommen werden. Am Araxes sollten sich die Heere treffen und dann gemeinsam gegen die Parther vorgehen.

Antonius war schon im Aufbruch begriffen, als er die Nachricht von Octavias Eintreffen in Athen erhielt. Es ist gelegentlich vermutet worden, dies und vor allem natürlich die vehementen Bemühungen Kleopatras um seine Zuneigung hätten ihn davon abgehalten, seinen Vormarsch fortzusetzen. Angesichts seiner schnell erfolgten Anweisung, Octavia solle genau deshalb, weil er eben auf dem Feldzug sei, in Athen warten, sind ihre Avancen als Ursache für den Abbruch des Zuges wohl zu vernachlässigen. Eher wird man an die beunruhigenden Nachrichten von Sextus Pompeius denken müssen. Antonius konnte nicht riskieren, einen so umtriebigen Gegner im Rücken zu belassen, denn zu hoch war noch immer das Ansehen seines Vaters im Osten, wo viele der alten Klientelbeziehungen noch intakt gewesen sein dürften. So blieb dem Triumvirn wohl nichts weiter übrig als zu warten, bis Titius seine Aufgabe gelöst und Sextus unschädlich gemacht hatte. Erst im Hochsommer hätte er Armenien durchqueren und auf den Treffpunkt am Araxes zumarschieren können. Das aber war für die laufende Feldzugsaison einfach zu spät. So überzeugend die Lage in Westkleinasien auch geklärt worden war, Sextus Pompeius hatte ihn ein ganzes wertvolles Jahr gekostet, auch darin ging Oktavians Rechnung auf.[38]

Antonius vertröstete den Meder auf das kommende Jahr. Diesmal fasste er allerdings erst einmal seinen Aufmarschraum Armenien ins Auge. Der dortige König Artavasdes hatte ihn zwar bei seinem Feldzug von 36 unterstützt, aber doch nicht so konsequent an den Kampfhandlungen teilgenommen, wie Antonius sich dies gewünscht hätte. Seine wohlwollend neutrale Haltung war bislang von Antonius zwar akzeptiert worden, hatte sich in dessen Augen aber als Zünglein an der Waage erwiesen, als der Erfolg vor Phraaspa auf des Messers Schneide stand und der römische Tross mit den Belagerungsmaschinen verloren ging. Auf ein so halbherziges Engagement zu bauen, mag Antonius schon Ende 36 als Fehler erschienen sein, jetzt aber zierte sich der Armenier offenbar wegen des erneut bevorstehenden Durchmarschs. Wahrscheinlich waren ihm Bedenken gekommen, ob er bei einem Bündnis zwischen seinem medischen Nachbarn auf der einen und Antonius auf der anderen Seite nicht am Ende in eine deutlich stärkere Abhängigkeit von Rom geraten würde. Durch sein Zögern gelangte jener, die Erfahrungen des Vorjahres noch in frischer Erinnerung, zu der Überzeugung, dass es unabdingbar sei, in Armenien für stabile Verhältnisse im römischen Sinn zu sorgen. Sein bewährtes Modell, durch den Rückgriff auf romtreue Klientelkönige Territorien ans Imperium und natürlich auch an sich persönlich zu binden, ließ sich allerdings in Armenien nur mit Gewalt durchsetzen. So versuchte er es zunächst einmal im Guten, sandte seinen Vertrauten Quintus Dellius zu Artavasdes und ließ Letzterem die Verlobung seines fünfjährigen Sohnes von Kleopatra mit dessen Tochter vorschlagen. Wenn der Armenier auf diesen Vorschlag eingegangen wäre, dann hätte dies von den Parthern nur als ein eindeutiges Votum gegen ihren Großkönig gewertet werden können, denn nicht allein die Anbahnung verwandtschaftlicher Beziehungen zu Antonius, sondern schon der Name Alexander Helios musste wie eine Provokation wirken. Schließlich führte der Partherkönig den Titel „Bruder der Sonne und des Mondes" und Alexander Helios' Zwillingsschwester trug bekanntlich den Beinamen der Mondgöttin Selene, die im Mythos mit Helios ein Götterpaar bildete.[39]

Aus der Retrospektive interpretiert Cassius Dio das Verlobungsangebot als reine Täuschungsmaßnahme, um den Artavasdes in die Hand zu bekommen. Damit übernimmt er kritiklos die Sichtweise Oktavian'scher Bürgerkriegspropaganda, denn die Täuschung des armenischen Königs taucht im Katalog der Vorwürfe anlässlich der Kriegserklärung auf. Immerhin hätte der König infolge der Verlobung entsprechende Leistungen in Form einer aktiveren Teilnahme am kommenden Feldzug gegen Parthien erbringen müssen, mit der Neutralität wäre es endgültig vorbei gewesen. Antonius wäre ein wertvolles Jahr an Kämpfen im armenischen Bergland erspart geblieben und er hätte einen sicheren Verbündeten gewonnen. Von daher spricht viel dafür, dass es sich um ein ernst gemeintes Bündnisangebot handelte. Pikanterweise stand auch Oktavian mit Artavasdes in Verbindung und bestärkte ihn in seiner ablehnenden Haltung. In Verkennung seiner Lage hielt der Armenier an seiner Unabhängigkeit fest und lehnte die Offerte ab.[40]

Im Frühjahr 34 eröffnete Antonius seinen Feldzug, indem er zunächst nach Nikopolis in Kleinarmenien zog. Anlässlich seines dortigen Aufenthalts bat er Artavasdes, er möge doch zu ihm kommen, um einige Maßnahmen gegen die Parther zu beraten. Der König jedoch kam nicht. Damit aber war das Kriegsziel mit der höchsten Priorität für die kommenden Monate klar abgesteckt. In schnellem Vormarsch führte Antonius die römischen Truppen vor die armenische Hauptstadt Artaxata. Gleichzeitig sandte er erneut Dellius voraus, um weitere Überzeugungsarbeit zu leisten. Mit einer Mischung aus Diplomatie und militärischem Druck brachte der Triumvir Artavasdes nach langem Hin und Her ins römische Lager, wo er ihn festnehmen ließ. Er behandelte ihn zunächst gut, musste aber bald einsehen, dass die Armenier trotz der Gefangennahme des Königs ihre Festungen nicht übergeben und ihren Königsschatz nicht herausrücken wollten. Stattdessen erhoben sie kurzerhand seinen ältesten Sohn Artaxias zum Nachfolger. Jetzt legte Antonius dessen Vater in Ketten und nahm die Kampfansage an. Er schlug Artaxias und konnte Armenien vollständig in seinen Besitz bringen.[41]

Als Nächster bekam der Mederkönig Alexander Helios für seine Tochter Iotape angeboten. Er zierte sich nicht lange, sondern griff zu und bekräftigte durch die Verlobung das Bündnis mit Antonius. Man tauschte gegenseitig ein paar Einheiten der beiden Heere aus, der Meder bekam einige Teile des gerade eroberten Armenien und Antonius durfte seine angehende Schwiegertochter Iotape gleich mitnehmen.[42]

Der Armenienfeldzug erwies sich als voller Erfolg, Antonius hatte den Partherkönig in Verbindung mit den Klientelfürsten eingekreist, großartige Möglichkeiten taten sich dadurch auf. Es schien nur eine Frage der Zeit, bis ein neuerlicher Schlag die Parthergefahr endgültig aus der Welt schaffen würde. Ein aus römischer Sicht standesgemäßer Abschluss des Konfliktes der Großmächte lag in greifbarer Nähe. In Armenien stationierte Antonius jetzt starke römische Truppenverbände unter seinem besten Feldherrn Canidius Crassus, der offensichtlich die Invasion in Parthien vorbereiten sollte, dann verließ er das eroberte Land, um den Winter in Ägypten zu verbringen.

## Siegesfeiern in Alexandria

Endlich kam Antonius als Sieger zurück, und wenn man den Stand der Dinge im Herbst 34 betrachtet, so hatte er wirklich Gewaltiges erreicht. Grund genug für Oktavian, ihm seinen Erfolg madig zu machen. So sorgte Caesars Erbe dafür, dass kaum einer der Berichte, die Antonius über seine Erfolge in Armenien nach Rom sandte, dort bekannt gemacht wurde.[43]

Außerdem war er inzwischen dazu übergegangen, praktisch jedem seiner Feldherren, der eine noch so unbedeutende Schlacht für sich entschieden hatte, einen Triumph zu gewähren. Das schrie regelrecht nach einem Gegengewicht. Ein Triumph in Rom lag für Antonius aber in Anbetracht des Verhältnisses zu Oktavian außerhalb jeder Möglichkeit. Also musste eine Alternative her, das aber konnte nur eine dem Anlass entsprechende Feierlichkeit in der ägyptischen Metropole sein.

Ob Kleopatra sich über die möglicherweise daraus resultierenden Irritationen in Rom Gedanken gemacht hat, wissen wir nicht, allerdings war sie noch im Jahr zuvor gegen die Hinrichtung des Sextus Pompeius gewesen, ohne diese allerdings verhindern zu können. Das zeigt zumindest ein gewisses Gespür für die politischen Angriffsflächen, die man Oktavian bot, der dies ja bewusst in Kontrast zu seiner großmütigen Behandlung des entmachteten Lepidus setzte. Antonius muss sich über die Risiken klar gewesen sein, die er mit seiner Siegesparade einging. Einerseits verlangte die Herrschaftspropaganda ein deutliches Zeichen der Sieghaftigkeit, zumal es in den letzten Jahren nichts zu feiern gegeben hatte. Dies galt zwar in erster Linie den Menschen im Osten, aber auch für den Westen sollte es ein Signal geben, das altes Vertrauen in die Fähigkeiten des Triumvirn wachrüttelte. Dabei musste er peinlich darauf achten, den Römern in der Heimat nicht den Eindruck zu vermitteln, er wende sich von ihnen ab. Wohlweislich vermied er es daher, einen römischen Triumph nach Alexandria zu verlegen, das kann ihm selbst ein so herber Kritiker wie Velleius Paterculus nicht vorwerfen, und gerade weil Letzterer Antonius so wenig gewogen ist, kommt seinem Bericht von den Ereignissen in Alexandria eine besondere Glaubwürdigkeit zu: „Er hatte befohlen, man solle ihn als neuen Liber Pater (= Dionysos) bezeichnen. Mit Efeu bekränzt, mit einer goldenen Krone geschmückt, den Thyrsosstab in der Hand und Kothurne an den Füßen, so war er auf einem Prozessionswagen wie Liber Pater durch Alexandria gefahren.“[44] Antonius verzichtete also auf alle römischen Insignien und präsentierte sich der alexandrinischen Bevölkerung stattdessen mit den Epitheta des Dionysos, eine passende Wahl, führte er doch damit seine schon in Ephesos begonnene Anlehnung an den göttlichen Erlöser fort und knüpfte gleichzeitig an dessen angeblichen Zug nach Indien an. Die Parade entsprach also mitnichten römischem Brauch, vielmehr einer hellenistischen *pompé*, einer Prozession, wie sie uns im Detail von Kleopatras Vorfahren, Ptolemaios II., überliefert ist.[45]

Nach Cassius Dio „kehrte er (Antonius) mit der sonstigen großen Beute sowie dem Armenierkönig samt Frau und Kindern nach Ägypten zurück. Er schickte sie und die übrigen Gefangenen in einer Art Siegeszug nach Alexandria voraus, worauf er selbst auf einem Wagen in die Stadt einfuhr. Und er machte Kleopatra nicht nur die gesamte sonstige Beute zum Geschenk, sondern führte ihr auch den Armenierkönig mit seinen Familienmitgliedern in goldenen Fesseln zu. Dabei saß sie inmitten der Volksmenge vorne auf einer silberbelegten Bühne und in einem vergoldeten Stuhl. Die Barbaren aber richteten weder Bitten an sie, noch warfen sie sich ihr zu Füßen, obwohl man sie vielfältigem Zwang aussetzte oder durch diverse Hoffnungen dazu bestimmen wollte, sondern redeten Kleopatra nur mit ihrem Namen an. Dies verschaffte ihnen den Ruhm stolzer Gesinnung, doch mussten sie deshalb viel üble Behandlung erdulden."[46] Viel wichtiger als das stolze Benehmen der Gefangenen, das von Dio wohl nur deshalb so aufgebauscht wird, um Kleopatra herunterzusetzen, ist die vollständige Integration der Königin in die *pompé*. Vor dem Sarapistempel empfängt sie, die Nea Isis, den siegreichen Dionysos. Beide nahmen sie göttliche Ehren entgegen, ein gewaltiger Prestigeerfolg im Orient war ihnen sicher, gerade weil sie sich in hellenistischen Formen des Herrscherkults bewegten.[47]

Dennoch kursierte in Rom das Gerücht von einem Triumph, den Antonius in Alexandria gefeiert habe, wobei offenbar von Seiten der Oktavianer besonders an die Neidgefühle der römischen *plebs* appelliert wurde, die sich von einem *triumphus* in Rom natürlich Bewirtung, Geldspenden und Festspiele versprach. Wieder einmal vertritt Plutarch die oktavianische Interpretation des Geschehens: „… er brachte ihn (den Artavasdes) gefesselt nach Alexandria und führte ihn im Triumph auf. Damit kränkte er die Römer besonders, weil er die höchste Ehre und Auszeichnung, die das Vaterland zu vergeben hatte, Kleopatra zuliebe den Ägyptern zugute kommen ließ."[48]

Bei dem in Rom fälschlich als Triumph ausgegebenen Umzug aber wollten weder Kleopatra noch der Triumvir es bewenden lassen. Schon wenige Tage später fand im Gymnasion von Alexandria eine denkwürdige Veranstaltung statt, die vor allem durch die polemische Ausschmückung und Übertreibung der oktavianischen Seite in die Überlieferung eingegangen ist. Der äußere Rahmen wirkt durchaus nachvollziehbar, auf einer silbernen Bühne standen zwei goldene Throne, auf denen Kleopatra und Marcus Antonius Platz nahmen. Damals wie sonst auch, wenn sie vor das Volk trat, so erzählt Plutarch, habe sie die heilige Tracht der Isis getragen und die Regierungsgeschäfte als Neue Isis geführt. Antonius hingegen trug eine goldene Rüstung, darüber die Purpurtoga eines römischen Imperators.

Für die vier Kinder der Königin waren kleinere Thronsessel aufgestellt, der Älteste, Caesarion oder korrekter Ptolemaios XV. Kaisar, war verständlicherweise dem Paar am nächsten platziert, schließlich handelte es sich bei ihm offiziell immerhin noch um den Mitregenten seiner Mutter. Es folgten Alexander Helios und Ptolemaios Philadelphos sowie wohl dem Rang entsprechend am Ende Kleopatra Selene. Jedes Detail war mit Bedacht gestaltet, die Kleidung bewusst gewählt. Alexander Helios war in medischer Tracht gekleidet, auf dem Kopf eine Tiara. Sein zweijähriger Bruder erschien in makedonischen Stiefelchen, ebensolchem Mantel und einer mit einem Diadem geschmückten Kausia, der traditionell makedonischen Kopfbedeckung. Und um den Eindruck noch zu verstärken, waren Alexander und Ptolemaios von einer Leibwache in medisch-armenischer beziehungsweise makedonischer Tracht umgeben.[49]

Rein optisch war die Botschaft klar, hier sollte ein außenpolitisches Konzept visuell umgesetzt werden. In den verschiedenen landesüblichen Aufmachungen wurde natürlich die Größe des ptolemäischen Einflussbereiches demonstriert und auf die wichtigsten ethnischen Gruppen angespielt, viel wichtiger aber erscheint die Symbiose der verschiedenen Kräfte, die durch die herausragende Rolle des Antonius noch einmal in aller Bewusstsein gerückt wurde. Gerade deshalb sollte man insbesondere in der Bewertung des kleinen Philadelphos in makedonischer Aufmachung Vorsicht walten lassen. Diese symbolisiert zunächst einmal nur den griechisch-makedonischen Beitrag zur Reichsbevölkerung und ergänzt den Auftritt seiner Mutter, die als Nea Isis die ägyptischen Teile der Gesellschaft ansprach.

Die Frage nach den jetzt folgenden Geschehnissen ist in Anbetracht einer extrem problematischen Quellenlage nur mit großen Einschränkungen zu beantworten. Das liegt vor allem daran, dass die Veranstaltung im Gymnasion eine ausgezeichnete Gelegenheit bot, die Verunglimpfung wegen des dionysischen Umzugs noch einmal zu steigern. Was schloss sich besser an den Vorwurf an, Antonius habe dem römischen Volk einen Triumph weggenommen und ihn nach Ägypten gegeben, als die Anschuldigung, er habe römisches Territorium weggeschenkt, und das nicht einmal nur an Kleopatra, sondern sogar an ihre unmündigen Kinder? Wie wir bei der Behandlung der sogenannten Landschenkungen Marcus Antonius' bereits festgestellt haben, hat Kleopatra zwar im Zug der administrativen Reformen des Jahres 37/36 zusätzliche Verwaltungsaufgaben vor allem im Libanon und an der phönikischen Küste übernommen, allerdings lassen sich keinerlei numismatische oder epigraphische Belege für eine irgendwie offiziell gemachte Beteiligung ihrer Kinder an der Herrschaft über diese neuen Gebiete finden. Nicht einmal ihr Mitregent tritt in den ptolemäischen Außenbesitzungen in einer administrativen Funktion auf. Außerdem gibt es keinerlei Anzeichen für eine erneute Verwaltungsreform oder Landverteilung im Herbst 34.[50]

Das aber gibt zu denken, wenn man die übrigen Informationen der beiden Autoren für die Szene im alexandrinischen Gymnasion analysieren möchte. Wenn nämlich schon deren Angaben über eine Verteilung der nachweislich ptolemäisch verwalteten Gebiete an die Kinder überhaupt keinen Niederschlag in den Primärquellen finden, dann müssen wir auch die angebliche Einsetzung des zweijährigen Ptolemaios Philadelphos als Herr über gestandene, höchst durchsetzungsfähige Klientelkönige wie Polemon von Pontos und Amyntas von Galatien sowie über Syrien und das übrige Kleinasien ernsthaft in Zweifel ziehen. Eine derartige Aktion hätte vor allem die betroffenen Klientelfürsten beunruhigt oder sogar provoziert und war angesichts der noch immer ungelösten Partherfrage und der Spannungen mit Oktavian so überflüssig wie ein Kropf. Umso mehr eignete sich das Thema aber für die Verunglimpfung des Antonius unter besonderer Betonung seiner Abhängigkeit von der Königin, die nicht allein die Aufgabe römischer Tugenden, sondern auch den Verlust seines gesunden Menschenverstandes zur Folge habe. Wir tun sicher gut daran, diesen Teil der Nachrichten ins Reich der Fabel und gegnerischer Propaganda zu verweisen. Gleiches gilt für die Berücksichtigung von Kleopatra Selene, der nach Cassius Dio die Kyrenaika zugeteilt worden sei. Abgesehen davon, dass aus den nichtliterarischen Quellen dort allein ihre Mutter als Herrscherin nachweisbar ist, ignoriert selbst Plutarch Selene völlig und nennt für diese Außenbesitzung nur Kleopatra VII. Die aber kontrollierte das Gebiet schon seit Jahren, eine „Schenkung" 34 v. Chr. erscheint daher absolut unsinnig.

Etwas anders sieht es mit der Glaubwürdigkeit immerhin bei Alexander Helios aus, der laut Plutarch Armenien, Medien und Parthien übertragen bekam. In seinem Fall – und nur bei ihm – haben wir eine Parallelüberlieferung in Livius' *periochae*, wo es heißt, Antonius habe den armenischen König Artavasdes, der auf ein gegebenes Wort hin zu ihm gekommen sei, in Fesseln gelegt und die Königsherrschaft über Armenien seinem Sohn von Kleopatra übertragen, die er, schon längst von Liebe zu ihr ergriffen, als seine Frau zu betrachten begonnen habe.[51] Selbst im Hinblick auf den letzten kleinen Seitenhieb gegen Kleopatra, erst recht aber bezüglich der Gebietsübertragung hinterlässt die kleine Passage einen plausiblen Eindruck. Armenien seinem Sohn zu unterstellen, den er gerade mit der Tochter des Mederkönigs verlobt hatte, bot sich in gewisser Weise an. Das konnte von medischer Seite nur als weiteres Signal des guten Willens bezüglich der Zusammenarbeit aufgefasst werden. Auf den Partherkönig hingegen erhöhte sich der Druck. Nun spricht aber Plutarch davon, Antonius habe dem Alexander Helios nicht nur Armenien, sondern auch Medien und das Partherreich übertragen, Letzteres sobald er es erobert haben würde. Cassius Dio schreibt einfach: „Armenien und was sonst östlich des Euphrat bis nach Indien zu liegt". Antonius habe selbst diese Bereiche verschenkt, als habe er sie bereits im Besitz.[52]

Auf den ersten Blick erscheint diese Erweiterung unangemessen, und sie ist wohl mit Vorsicht zu genießen. Eine Übertragung des Partherreiches, selbst wenn sie einen lediglich theoretischen Anspruch beinhaltete, wäre einer weiteren Kampfansage an Phraates IV. gleichgekommen.

Es bleibt also zunächst einmal als Ergebnis mit sofortiger Wirkung nur die Einsetzung des neuen Königs von Armenien, und genau dies hat Antonius neben anderen Erfolgsberichten an die Konsuln in Rom gemeldet. Cn. Domitius Ahenobarbus und C. Sosius, beide Parteigänger des Antonius, wurden von Oktavian jedoch an der Verlesung der Mitteilung gehindert, angeblich weil Letzterer Mitleid mit dem gestürzten Armenierkönig gehabt habe. Die Unterdrückung der positiven Nachrichten begründete die Antonius übel gesinnte Geschichtsschreibung mit der angeblich vorausgegangenen Weigerung der Konsuln, die ihnen mitgeteilte Verschleuderung der Provinzen an Kleopatras Kinder zu veröffentlichen. Da aber ganz offensichtlich die angeprangerte Vergabe von Provinzen gar nicht stattgefunden hat, eine Weigerung der Konsuln also gar nicht notwendig war, kann man sich seinen Teil denken hinsichtlich der Methoden Oktavians zur Beeinflussung der öffentlichen Meinung.[53]

Zu den Hinweisen auf eine Übertragung des Partherreiches passt die Information zu den Titeln, mit denen Kleopatra und Antonius an jenem Tag im Gymnasion hantiert haben sollen. Eigentlich ging es allein um den Titel „König der Könige“, ein fester Bestandteil der parthischen Königstitulatur. Ihn auf den künftigen armenischen König zu übertragen, musste den Parther bis zur Weißglut reizen.

Was diese Titulatur angeht, weichen die Berichte bei Plutarch und Cassius Dio voneinander ab. Während Letzterer Kleopatra und Caesarion mit dem besagten Titel ausstattet, versichert Plutarch, Antonius habe seine beiden Söhne zu „Königen der Könige“ ernannt. Bei dem kleinen Ptolemaios Philadelphos hatte das schlichtweg wenig Sinn, aber für den Verlobten der medischen Prinzessin Iotape und künftigen König Armeniens war dies ein Pfund, mit dem man wuchern konnte. Angesichts der ideologischen Schlagkraft dieses Titels, unter Berücksichtigung seiner Funktion für den armenischen König und der Parallelüberlieferung für die Vergabe Armeniens an Alexander Helios, spricht vieles dafür, dass wir hier den historischen Ausgangspunkt für die Tiraden oktavianischer Propaganda fassen, die schon Plutarch und Dio den Blick verstellt haben: Antonius übertrug das gerade eroberte Armenien an Alexander Helios und stattete ihn mit dem aggressiven Titel „König der Könige“ aus, um den geplanten Generalangriff auf Parthien ideologisch vorzubereiten!

Da nun aber schon der mittlere der drei anwesenden Brüder mit einem so hochtrabenden Titel bedacht werden sollte, wäre es schlechterdings unmöglich gewesen, die Herrscherin und ihren Mitregenten zurückzusetzen. Dem entsprach dann die Annahme des Titels „Königin der Könige“ durch Kleopatra. Analog wurde auch Caesarion zum „König der Könige“ ernannt.

Mehr als dies lässt sich nach dem aktuellen Forschungsstand zu den Landschenkungen nicht erhärten. Als unsicher muss Dios Behauptung gelten, Antonius habe bei dieser Gelegenheit erklärt, Kleopatra sei tatsächlich die Frau und Caesarion der Sohn Caesars, und so getan, als ob er die geschilderten Maßnahmen jenem zuliebe getroffen habe, „während er doch die Absicht verfolgte, den Caesar Oktavianus in ein ungünstiges Licht zu rücken, weil dieser ja nur ein angenommener und kein leiblicher Sohn des älteren Caesar war".[54] Da Antonius die Abstammung Caesarions von Caesar bei anderer Gelegenheit ebenfalls thematisiert hat, wäre so etwas zwar an dieser Stelle nicht ungewöhnlich, als reine Attacke auf Oktavian war eine solche Bemerkung im Kontext der Feierlichkeiten aber sicher fehl am Platz.

Nach kritischer Analyse der Überlieferung kann man in der Szene im Gymnasion nicht einmal mehr eine außergewöhnliche Provokation Oktavians und schon gar keinen Generalangriff auf römische Besitzungen und Werte sehen. Damit muss man nicht weiter nach Erklärungen suchen, warum Antonius sich erneut gen Osten gewandt hat und offenbar immer noch den Krieg gegen die Parther, nicht aber gegen Oktavian im Kopf hatte. Wenn er den Caesarerben nicht völlig brüskiert hatte mit Triumph und Landverteilung, ja wenn es Letztere mit Ausnahme Armeniens nicht einmal gegeben hat, dann bestand aus seiner Sicht kein Anlass, so schnell mit einem Bürgerkrieg zu rechnen. Die Form seines Einzugs in Alexandria stellte sowieso kein Problem dar, bis sein Gegenspieler ihn dazu machte.

Das Selbstbewusstsein der Königin und ihres Liebhabers zeigte sich, als Kleopatras neuer Titel nicht nur im Osten, sondern im ganzen römischen Einflussbereich den Menschen bekannt gemacht wurde. Dafür sorgte unter anderem ein römischer Denar, den Antonius jetzt prägen ließ. Auf der Vorderseite trug die Münze das Bildnis des Antonius mit der Umschrift *„Antoni Armenia devicta"* (= „des Antonius nach dem völligen Sieg über Armenien"), auf der Rückseite fand sich die nach rechts drapierte Büste Kleopatras mit Diadem und Juwelen im Haar, dazu bezeichnenderweise ein Schiffsschnabel sowie die programmatische Umschrift *„Cleopatrae reginae regum filiorum regum"* (= „der Kleopatra, Königin der Könige [und] von Söhnen, die Könige sind"). Die Prägung konnte sie als großen Erfolg und weiteres wichtiges Signal bei der Vertiefung der Symbiose zwischen dem Ptolemäerreich und Rom verbuchen, zumal sie als erste Nichtrömerin in einen solchen Genuss kam – vor ihr waren nur Antonius' Ehefrauen Fulvia und Octavia auf römischen Münzen abgebildet worden. Die Gestaltung der Rückseite entsprach so gar nicht den sonstigen Gepflogenheiten, was Aufmerksamkeit erregte: Das Massenmedium der Antike schlechthin wurde für die Verbreitung des im Gymnasion von Alexandria vorgestellten Programms eingesetzt. Die Prora als Epitheton wies darauf hin, dass sie eine konkrete Aufgabe übernommen und schon teilweise gelöst hatte, den Bau einer Flotte für Antonius.

Abb. 6: Marcus Antonius und Kleopatra, Denar aus einer nicht lokalisierten östlichen Münzstätte.

Die Münzprägung macht deutlich, dass beide, Antonius wie Kleopatra, durchaus nicht das Gefühl hatten, etwas Unrechtes zu tun. Keinesfalls wollte man wohl die Bevölkerung im Westen gegen sich aufbringen. Das übernahmen allerdings ihre Feinde.

Wie sehr auch das Renommee des vergöttlichten Paares durch die Feierlichkeiten in Alexandria im Osten gestiegen war, so wog dies doch keineswegs den Schaden auf, der Antonius und damit Kleopatra durch Oktavians geschickte und zugleich skrupellose Umdeutung der Ereignisse im Westen entstand. Insbesondere des Antonius Anhänger in Rom, wo er immer noch über viele Sympathisanten verfügte, hatten zusehends einen schwereren Stand.

Der Blick der beiden war jedoch immer noch nach Osten gerichtet. Hier wollten sie die Entscheidung suchen, mit der die Weichen für das weitere Schicksal ihrer Herrschaft gestellt werden sollten. Ob Kleopatra wirklich von der Wiederherstellung vergangener ptolemäischer Größe geträumt hat – wie verschiedentlich in modernen Studien behauptet wird –, muss man angesichts der nach kritischer Analyse der Quellen doch deutlich auf ein realistisches Maß zusammengeschrumpften Gebietsübertragungen wirklich bezweifeln.[55]

## Kleopatra als Isis und ein Tempel für Antonius

Die vielen Facetten, unter denen Isis den Menschen begegnete und durch die natürlich Kleopatra die Beziehung zu ihren Untertanen zu stärken suchte, werden deutlich in einer Inschrift aus Kyme, einer Stadt im Westen Kleinasiens:

„Isis bin ich, die Herrin eines jeden Landes, und ich wurde erzogen von Hermes, und die Schriftzeichen habe ich erfunden mit Hermes, die Hieroglyphen und die demotische Schrift, damit alles in ihnen geschrieben werden kann. Ich habe die Gesetze für die Menschen aufgestellt und in Kraft gesetzt, die niemand ändern kann. Ich bin des Kronos älteste Tochter. Ich bin Gattin und Schwester des Königs Osiris. Ich bin es, die die Feldfrucht für die

Menschen gefunden hat. Ich bin die Mutter des Königs Horus. Ich bin es, die im göttlichen Hundsstern aufgeht. Ich bin es, die von den Frauen als Göttin angerufen wird. Für mich wurde die Stadt Bubastis erbaut. Ich habe die Erde vom Himmel getrennt. Ich habe den Sternen ihren Weg gewiesen. Ich habe den Lauf der Sonne und des Mondes bestimmt. Ich habe die Werke der Seefahrt erfunden.

Ich habe das Gerechte stark gemacht. Ich habe Frauen und Männer zusammengeführt. Ich habe den Frauen befohlen, ihre Kinder im zehnten Monat ans Licht zu bringen. Ich habe geboten, dass die Eltern von den Kindern geliebt werden. Ich habe eine Strafe für diejenigen aufgestellt, die ohne Liebe für ihre Eltern sind. Ich habe mit meinem Bruder Osiris dem Essen von Menschen ein Ende bereitet. Ich habe den Menschen die Einweihung in die Mysterien gezeigt. Ich habe die Verehrung der Götterbilder gelehrt. Ich habe die Bezirke der Götter geheiligt.

Ich habe die Herrschaft der Tyrannen beendet. Ich habe die Frauen gezwungen, die Liebe der Männer anzunehmen. Ich habe das Recht stärker gemacht als Gold und Silber. Ich habe befohlen, die Wahrheit zu lehren. Ich habe die Eheverträge entworfen …

Ich bin die Herrin der Flüsse, der Winde und des Meeres. Niemand wird ohne mein Wissen geehrt. Ich bin die Herrin des Krieges. Ich bin die Herrin des Donnerkeils. Ich wühle auf und glätte das Meer. Ich bin in den Strahlen der Sonne. Ich begleite den Weg der Sonne.

Wenn es mir gefällt, wird zu Ende gehen, was enden soll. Mir gehorcht alles. Ich löse die Gefesselten. Ich bin die Herrin der Seefahrt. Ich mache das Schiffbare unschiffbar, wenn es mir gefällt. Ich habe die Mauern der Städte geschaffen. Ich werde die Gesetzgeberin genannt. Ich habe die Inseln aus der Tiefe ans Licht gebracht. Ich bin die Herrin der Regenstürme. Ich besiege das Schicksal. Auf mich hört das Schicksal.“[56]

Isis war also in nahezu allen Lebensbereichen präsent, die Königin als Neue Isis ebenso. Der Charakter ihrer Herrschaft stellt sich so als allumfassende Sorge für die Ordnung in der Welt dar, sie ist die Garantin für die Existenz der Lebenswelt ihrer Untertanen. Kein Wunder, dass sie mit Antonius als Neuem Dionysos an ihrer Seite vielen Menschen im Osten Hoffnung auf ein besseres Leben, auf Frieden und Erlösung zu vermitteln vermochte.

Genau dies unterstrich sie durch eine spektakuläre Baumaßnahme in der Hauptstadt. Hatte Caesar bereits einen Tempel gewidmet bekommen, so erst recht jetzt Antonius. Ihm ließ sie ganz in der Nähe des Großen Hafens einen Kultbezirk errichten. Auf dem nahen monumentalen Platz sollte auf ihre Anordnung hin der große Obelisk aufgestellt werden, der heute das Zentrum des Petersplatzes in Rom markiert.[57]

## Heiße Nächte in Alexandria

In die Mitte der dreißiger Jahre gehören wohl die Eskapaden, die Plutarch dem Triumvir schon anlässlich seines Besuches in Alexandria im Winter 41/40 anhängen möchte, im Übrigen ein gutes Beispiel für antike Mund-zu-Mund-Propaganda, war doch zumindest eine der Geschichten in der Familie des Autors selbst über mehrere Generationen hinweg tradiert worden: „Sie hatten da eine Vereinigung, die sich Amimetobioi, ‚die unnachahmlichen Lebenskünstler', nannte. Diese bewirteten einander Tag für Tag und trieben einen geradezu unglaublichen Aufwand. Davon hat der Arzt Philotas von Amphissa meinem Großvater Lamprias folgende Geschichte erzählt: Er habe damals in Alexandria seine Wissenschaft, die Medizin, studiert, sei mit einem der königlichen Köche bekannt geworden und habe sich von ihm – ein junger Mensch, wie er war – bereden lassen, sich einmal die kostbare Zubereitung der königlichen Tafel zu besehen. Als er, in die Küche geführt, außer der großen Menge anderer Speisen acht Wildschweine sah, die gerade gebraten wurden, habe er sein Erstaunen über die Menge der Gäste geäußert. Da habe der Koch gelacht und gesagt, es seien gar nicht so viele Gäste, sondern nur etwa zwölf. ‚Aber jedes Gericht, das aufgetragen wird, muss die volle Garheit haben, die ein kurzer Augenblick zerstört. Denn es könnte geschehen, dass Antonius sofort eine Mahlzeit verlangt und nach kurzem, wenn es gerade so trifft, das Essen verschiebt und vielmehr zu trinken verlangt, oder dass eine Unterhaltung dazwischenkommt. Daher ist nicht eine, sondern sind viele Mahlzeiten, so sagte er, bestellt. Denn die Zeit der Tafel ist nicht zu erraten.' Diese Geschichte erzählte Philotas und ferner, dass er in der Folge zu denen gehört habe, die dem ältesten der Söhne des Antonius, den er von Fulvia hatte, aufwarteten, und er habe gewöhnlich mit den anderen Freunden bei ihm gespeist, außer wenn er bei seinem Vater zur Tafel war."[58]

Tatsächlich war etwas dran am Verein der Amimetobioi, wie ein ungewöhnliches Zeugnis aus Alexandria zeigt. Denn bei der Tilgung von Antonius' Namen auf den Denkmälern infolge der *damnatio memoriae* blieb eine einzige Inschrift erhalten, die – Ironie der Geschichte? – ausgerechnet diese genussvolle Seite seines „Wirkens" aufgreift. Eine Statuenbasis aus Basalt trägt die auf den 28. Dezember 34 datierten Zeilen: „Antonius, den Großen, den Unnachahmlichen, seinen eigenen Gott und Wohltäter, (ehrt) der Tischgenosse Aphrodisios, im Jahr 19, das auch das Jahr 4 (ist), am 29. Choiak."[59] Mit Aphrodisios fassen wir ein Mitglied der „Unnachahmlichen" und finden so die literarische Überlieferung bestätigt. Einer seiner Zechkumpane scheint sich also bemüßigt gefühlt zu haben, seinen spendablen Wohltäter mit einer aufwendigen Stiftung zu ehren. Die zugehörige Statue ging leider verloren. Seine Investition lässt jedoch erahnen, welcher Aufwand in diesem exklusiven Klub getrieben wurde. Im Übrigen deutet der griechische Ausdruck *parásitos* als Selbstbezeichnung des Tischgenossen schon an, wer bei den Gelagen im Wesentlichen die Zeche zahlte.[60]

Antonius' Tischsitten und ägyptischer Luxus regten den älteren Plinius zur Aufnahme einer berühmt gewordenen Anekdote in seine Naturkunde an. Zwei Perlen, so berichtet er, seien die größten gewesen und beide habe Kleopatra besessen. Als sich nun Antonius täglich mit ausgesuchten Leckerbissen mästete, habe sie in stolzer und frecher Verachtung seinen Aufwand und Prunk verhöhnt. Plinius vergisst nicht hinzuzufügen, „wie es einer königlichen Hure zukommt". Auf Antonius' Frage, was dem an Prachtentfaltung fehle, habe sie geantwortet, sie wolle bei einer einzigen Mahlzeit zehn Millionen Sesterzen verzehren. Er habe die Wette angenommen und – wir kennen alle das Ende – Kleopatra löste eine der beiden berühmten Perlen in Essig auf, um sie zu trinken. Als sie das Gleiche mit der zweiten habe tun wollen, sei der zum Schiedsrichter bestimmte L. Munatius Plancus dazwischengegangen und habe Antonius für besiegt erklärt. Wenn schon nicht wahr, so ist die Geschichte doch gut erfunden: Perlen lösen sich in Essig nicht auf! Hier widerlegt also das chemische Experiment missgünstige Propaganda.[61]

Bei einem anderen Bankett „erfreute" besagter Plancus die Gäste mit einer besonderen Einlage, als er in die Rolle des Meeresgottes Glaukos schlüpfte und einen Tanz aufführte, „bei dem sein nackter Körper mit blauer Farbe bemalt war und er auf dem Kopf einen Schilfkranz trug. Er hatte sich einen Fischschwanz angebunden und hüpfte auf allen Vieren auf dem Boden herum."[62] Was an sich wie ein schlechter Scherz aussieht, kann durchaus als Element eines kultischen Gelages interpretiert werden und mag in Alexandria nicht ungewöhnlich erschienen sein. In den Augen vieler römischer Bürger ziemte sich solch ein Benehmen für einen Konsul jedoch definitiv nicht.

Auch jenseits der Festessen ging es offenbar hoch her, wenn Antonius den Winter über in Alexandria weilte, und die Königin tat das Ihrige, die persönliche Bindung zu vertiefen und ihn zum Wiederkommen zu ermuntern. „Kleopatra wusste die Kunst des Schmeichelns … vielfach einzuteilen, stets, ob er sich mit ernsthaften oder scherzhaften Dingen befasste, ein neues Vergnügen und einen neuartigen Reiz hineinzubringen, und fesselte auf diese Weise den Antonius, indem sie ihm weder bei Tage noch bei Nacht von der Seite wich. Sie würfelte, zechte und jagte mit ihm, sah ihm zu, wenn er seine Waffenübungen hielt, und wenn er nachts an die Türen und Fenster der einfachen Leute trat und mit ihnen seine Witze trieb, ging sie mit und flanierte mit herum, als Dienerin verkleidet; denn auch er suchte sich so zurechtzumachen. Daher kam er immer mit Spott überhäuft, oft auch verprügelt nach Hause; die meisten aber dachten sich schon, wer dahintersteckte. Indes fanden die Alexandriner auch an seinen Possen Gefallen und machten den Spaß nicht ohne Witz und Geist mit, hatten ihn gern und sagten, den Römern zeige er die tragische, ihnen die komische Maske. Alle die Possen, die er damals trieb, herzuzählen, wäre ein leeres Geschwätz. Nur eine Probe sei gegeben. Als er einmal beim Angeln nichts fing und sich darüber ärgerte, weil Kleopatra dabei war, befahl er den Fischern, heimlich unter Wasser heranzuschwimmen und schon gefangene Fische an der Angel zu befestigen, zog denn auch zwei- oder dreimal eine Beute herauf. Die Ägypterin bemerkte es wohl, tat aber sehr erstaunt, erzählte es den Freunden und lud sie ein, am nächsten Tage zuzusehen. Als viele in die Boote gestiegen waren und Antonius die Angel ausgeworfen hatte, hieß sie einen ihrer Taucher zuerst an die Angel heranschwimmen und einen pontischen Räucherfisch an den Haken spießen, und als Antonius in dem Glauben, er habe einen Fang getan, die Angel hochzog und es natürlich ein großes Gelächter gab, sagte sie: ‚Überlass doch, Imperator, die Angelrute uns Königen von Pharos und Kanopos (den Vororten der Metropole), dein Fang sind Städte, Königreiche und Kontinente.'"[63]

Keine Frage, Antonius sprühte vor Humor und Lebensfreude, ganz anders als sein Konkurrent Oktavian. Kein Wunder, wenn die Alexandriner ihm Sympathie entgegenbrachten, die Partei seines Gegners dies alles aber als kindisch anprangerte und ihm Ernsthaftigkeit und Entschlossenheit im politischen Handeln absprach. Angriffsflächen bot er wahrlich genug, jedenfalls gemessen an altrömischen Idealen. Sein exzessiver Lebenswandel war allgemein bekannt, er selbst aber sah dies wohl eher als Zeichen von Vitalität und ging noch einen Schritt weiter, indem er mit seiner Neigung zum Alkohol regelrecht zu renommieren suchte. Er veröffentlichte sogar eine Schrift *de ebritate sua* (über seine Trunksucht). Im Osten betrachtete man dies eher als dionysischen Zug, ein Antialkoholiker hätte sich wohl kaum als Neos Dionysos präsentieren und legitimieren können.[64]

Auch diesbezüglich stand ihm Kleopatra kaum nach, ihre Trinkfestigkeit hebt Properz hervor, der sie noch ganze Sätze formulieren lässt, obwohl „ihre Zunge begraben lag in reichlich genossenem Wein".[65] Horaz beschreibt sie orgiastisch „mit ihrem von der Wollust verseuchten Schwarm entehrter Männer, selbst vom süßen Glück betäubt, im Unmaß höchstes hoffend" und benutzt das Bild vom „Rausch des Nilweins, der ihren Sinn umfing".[66] Mit Orgien in Kanopos und Taphosiris hat sie Antonius aber weder halten können noch wollen, obwohl Plutarch uns das in seinem Vergleich mit Demetrios Poliorketes zu verstehen geben möchte.[67]

Die an Verschwendung grenzende Prachtentfaltung (Tryphé) war fester Bestandteil hellenistischer und insbesondere auch ptolemäischer Herrschaftsrepräsentation. Dies galt natürlich uneingeschränkt auch für Kleopatra. Wie ihre Vorgänger propagierte sie so das Idealbild einer Wohlstand und Glück schenkenden Herrschaft, da gehörte es sich eben, auch bei den Festlichkeiten aus dem Vollen zu schöpfen. Für einen Durchschnittsrömer mag es kaum nachzuvollziehen gewesen sein, dass Ausschweifungen der Bevölkerung ein positives Bild des Herrschers als Garant des allgemeinen Wohlergehens vermittelten. Im Orient und speziell in Ägypten sah man dies jedoch so.[68]

# VI. Schlacht bei Actium und die Entscheidung

## Propagandaschlacht mit Oktavian

Seit dem Sieg über Sextus Pompeius hatte Oktavian seinen Reichsteil unter Kontrolle, während Antonius sich weiterhin dem Partherproblem gegenübersah. Konsequent bereitete Oktavian nun die letzte große Auseinandersetzung innerhalb des Imperiums vor, den Krieg gegen den zweiten mächtigen Mann Roms. Man hat oft gemutmaßt, er habe viel klarer gesehen als Antonius, dass es zu diesem Entscheidungskampf kommen musste. Aus der Retrospektive mag dies so wirken. Dem ist entgegenzuhalten, dass er einfach *früher* seinen Herrschaftsbereich in den Griff bekam, während Antonius durch wiederholte Verhandlungen in Italien und nicht zuletzt durch Sextus Pompeius, den Oktavian ja in den Osten entkommen ließ, wertvolle Zeit verlor. Der gescheiterte Partherfeldzug brachte ihn endgültig ins Hintertreffen. Als Antonius noch seine schwer mitgenommene Armee auf einen neuen Versuch unter besseren Vorzeichen vorbereitete, hatte Oktavian längst schon mit der Aufnahme diplomatischer Kontakte zu Artavasdes von Armenien in seinen Zuständigkeitsbereich hineingegriffen und definitiv gegen ihn gearbeitet. Antonius hat dieses Intermezzo durch die Festnahme des Königs bald schon beendet, doch sein Kollege ließ nicht locker, sondern nutzte – wie wir gesehen haben – die Siegesfeiern in Alexandria und die Erhebung seines Ältesten aus der Verbindung mit Kleopatra zu Artavasdes' Nachfolger, um seine Position systematisch zu untergraben. Dass Oktavian es mit der Wahrheit nicht gerade genau nahm, haben wir schon gesehen, jetzt aber bekam die propagandistische Auseinandersetzung eine neue Qualität. Hatte er schon 34 die Eroberung Armeniens, und damit den ersten großen Schritt seines Kollegen hin auf einen Sieg im Partherkrieg, ignoriert und stattdessen fünf seiner hohen Militärs in Rom Triumphe für weitaus weniger bedeutsame Leistungen feiern lassen, so eskalierte die Situation, als er sich anlässlich der Übernahme des Konsulats am 1. Januar 33 kurze Zeit in Rom aufhielt. Er kehrte einmal mehr den Hüter römischer Interessen und Privilegien heraus und bezichtigte Antonius der Verschleuderung römischen Eigentums. Auch wenn diese Anschuldigung auf tönernen Füßen stand, verfehlte sie doch keineswegs ihre Wirkung auf die *plebs*: Roms Bürger fürchteten ökonomische Verluste. Da die Lage für den einfachen Mann auf der Straße angesichts von Versorgungsengpässen und Krankheiten schon länger recht angespannt war, genügte bereits ein vages Bedrohungsgefühl, um das Stimmungsbarometer zugunsten Oktavians ausschlagen zu lassen, zumal dieser, von Agrippa als Aedil kräftig unterstützt, gerade in seinem Konsulatsjahr eine besondere Fürsorge für die Bevölkerung der Hauptstadt entfaltete.

Dem hatte sein mehr als 2000 km entfernter Kontrahent für den Moment wenig entgegenzusetzen.

Antonius musste dringend reagieren, er schrieb Briefe und schickte Gesandte, um seinen Gegenklagen Gehör zu verschaffen. Als zentrale Punkte nennt Plutarch „erstens, dass er (Oktavian) dem Pompeius Sizilien abgenommen, aber nicht einen Teil der Insel ihm abgetreten habe. Zweitens, dass er Schiffe von ihm für den Krieg entliehen, aber nicht zurückgegeben habe. Drittens, dass er ihren Mitregenten Lepidus aus seinem Herrschaftsbereich vertrieben, seiner Würden entkleidet und sich sein Heer, sein Land sowie die ihm zugewiesenen Einkünfte angeeignet habe. Endlich, dass er fast ganz Italien als Kolonien an seine eigenen Soldaten aufgeteilt und für die des Antonius nichts übrig gelassen habe."[1] Cassius Dio ergänzt diesen Katalog noch durch Antonius' Vorwurf, sein Kollege habe sich die Streitkräfte von Lepidus und Sextus Pompeius angeeignet, die ihnen doch gemeinsam hätten gehören sollen. Daher habe Antonius die Hälfte von diesen Einheiten verlangt und ebenso die Hälfte der Soldaten, die Oktavian in Italien, ihrem gemeinsamen Besitz, ausgehoben habe.[2] Gerade in den führenden Kreisen waren nicht allein die Abmachungen von Tarent bekannt, sondern auch die Tatsache, dass Oktavian seinem Partner nur wenig mehr als die Hälfte der geliehenen Flotte und gerade einmal ein Zehntel der versprochenen Soldaten für den Partherkrieg geschickt hatte. Die übrigen Klagen entbehrten ebenfalls keineswegs jeder Grundlage.

Oktavian aber kartete nach, warf seinem Kontrahenten vor, er habe Gebiete einschließlich Ägyptens in seiner Hand, die ihm nicht rechtmäßig zugeteilt worden seien. Außerdem habe er durch Täuschung den Armenierkönig festgenommen und so das Ansehen des römischen Volkes geschädigt. Des Weiteren habe er Sextus Pompeius hinrichten lassen, obwohl er, Oktavian, ihn geschont hätte. Besonders aber konzentrierten sich die Vorwürfe auf Kleopatra und deren Kinder, zum einen weil Antonius diese als seine eigenen anerkannt hatte, zum anderen weil er ihnen Gebiete geschenkt habe. Eigens scheint Oktavian sich mit Caesarion und seiner Rolle als natürlicher Sohn Caesars beschäftigt zu haben. Ihn empfand er offenbar als besondere Bedrohung, und das wohl kaum zu Unrecht. Antonius propagierte sicherlich nicht erst jetzt dessen Abstammung von Caesar, aber auch er machte im Lauf des Konflikts Kleopatras ältesten Sohn verstärkt zum Gegenstand des ideologischen Kampfes. Zusätzlich goss Cassius von Parma, einer der Caesarmörder und jetzt Parteigänger Mark Antons, Öl ins Feuer, indem er Oktavians angeblich niedrige Abstammung betonte.[3]

Ständig gingen weitere Botschaften und Argumente hin und her. Den Inhalt eines Schreibens aus jenen Tagen können wir über Sueton, der sich für Skandalgeschichten ja besonders interessierte, wenigstens teilweise fassen. Als Konter für Attacken auf Kleopatra und ihre gemeinsamen Kinder schrieb Antonius noch vor dem endgültigen Bruch an den Noch-Schwager:

„Was hat Dich verändert? Vielleicht die Tatsache, dass ich mit einer Königin schlafe? Ist sie denn meine Frau? Habe ich denn erst jetzt damit angefangen oder nicht bereits vor neun Jahren? Und Du, schläfst Du weiterhin nur mit Drusilla? Es möge Dir so gut gehen, dass Du, wenn Du diesen Brief liest, weder mit Tertulla noch mit Terentilla, Rufilla, Salvia Titisenia oder allen zusammen geschlafen hast. Oder ist es etwa von Bedeutung, wo und auf welche Frau Du geil bist?“[4] Wenn schon Sueton Kenntnis von diesem Schreiben erlangt hat – und viel spricht für die Echtheit seines Auszugs –, dann können wir davon ausgehen, dass die Zeilen für die Veröffentlichung gedacht waren. Da nennt Antonius wohl im Sommer 33 Ross und Reiter und dürfte damit Oktavian empfindlich getroffen haben, ohne jedoch die Tür völlig zuzuschlagen. Genau dies zeigt sein fast schon verzweifeltes Bemühen, einen erneuten Bürgerkrieg doch noch abzuwenden oder wenigstens seinen Ausbruch zu verzögern.

Bis zum bitteren Ende bleibt unklar, ob Kleopatra und Antonius eine regelrechte Ehe eingegangen sind, obwohl Plutarch behauptet, er habe sich zwei Frauen zugleich genommen, was sich noch kein Römer bislang erlaubt habe. Wie wenig dies allerdings als Argument für eine rechtmäßige Eheschließung taugt, macht er selbst durch den Hinweis deutlich, der Triumvir habe die gesetzmäßig mit ihm verheiratete römische Bürgerin Octavia verstoßen zugunsten der fremden, nicht legitim mit ihm verbundenen Kleopatra. Nun steht außer Zweifel, dass römisches Recht die Bigamie verbot. Aber konnte er nicht zusätzlich mit einer Nichtrömerin eine Ehe etwa nach ptolemäischem Recht eingehen, das in dieser Hinsicht den Rahmen großzügiger steckte? Polygamie hatte in hellenistischen Adelskreisen eine lange Tradition, auch wenn sie durchaus nicht mehr die Regel war.[5]

Nichts hinderte das Paar sich mittels einer Götterhochzeit in einer kultischen Vereinigung zu präsentieren, die in den Augen der hellenistischen Bevölkerung des Ostens noch bedeutsamer erscheinen musste als ein Akt menschlichen Rechts. Eine derart himmlische Hochzeit passte bestens in das Konzept ihrer Herrscherrepräsentation, in der sie seit der Begegnung in Tarsos einander als Aphrodite und Dionysos oder auch als deren ägyptisches Pendant Isis und Osiris ergänzten. Eine Heirat nach menschlichem Recht wäre da doch geradezu als Zweifel an der Wirksamkeit ihrer längst etablierten kultischen Rolle erschienen! Außerdem bewahrte sich Kleopatra so eine größere Unabhängigkeit im eigenen Reich, während sich bei einer herkömmlichen Ehe mit Antonius sofort die Frage nach dessen Stellung als Herrscher in Ägypten und vielleicht sogar nach dem Königstitel gestellt hätte. Als Mann hatte er es in der ägyptischen Gesellschaft allemal leichter, wenn es um die Herrschaft ging. Warum sich also Konkurrenz ins eigene Revier holen, und sei es auch nur der Geliebte! Für Kleopatra jedenfalls dürfte eine am Mythos orientierte Kulthochzeit erheblich attraktiver gewesen sein, und Antonius seinerseits konnte wenig daran liegen, die Römer in der Heimat mit einer Doppelehe zu provozieren, gleichgültig ob diese aus juristischer Sicht einem römischen *matrimonium iustum* entsprochen hätte oder nicht.[6]

Die ständigen Attacken auf sein Zusammenleben mit der fremden Königin beantwortete Antonius schließlich mit dem Vorwurf, Oktavian habe seine Tochter Julia zuerst mit seinem Sohn Antonius verlobt, dann aber mit Cotiso, dem König der Geten, ja er habe Letzteren um eine Tochter für sich selbst gebeten.[7]

Das römische Überlegenheitsgefühl und die Fremdenfeindlichkeit wurden von Oktavians Seite bewusst geschürt, die Gegner mit Blick auf die Untertanen der Königin als Schurken bezeichnet, „die, beim Hercules, doch nur Alexandriner und Ägypter sind – was für einen schlechteren oder mehr der Wahrheit entsprechenden Namen könnte man ihnen ja sonst geben? –, die kriechende und sonstige Tiere wie Götter verehren, die ihre eigenen Leichen einbalsamieren lassen, um ihnen den Anschein der Unsterblichkeit zu verleihen, und zu Frechheiten sehr geneigt, sich, was Mannesmut anlangt, nur als erbärmliche Schwächlinge erweisen? Und was das Allerschlimmste ist, sie dienen als Sklaven einer Frau statt einem Mann und haben sich sogar erkühnt, nach unseren Besitzungen die Hand auszustrecken und unsere Hilfe für deren Aneignung zu gebrauchen. Wohl in der Erwartung, dass wir ihnen freiwillig den Wohlstand, über den wir verfügen, abtreten? Wer würde denn nicht klagen, wenn er sehen müsste, wie römische Soldaten ihrer Königin als Leibgarde dienen? Wer wird nicht seufzen auf die Kunde hin, dass römische Ritter und Senatoren sie gleich Eunuchen umschmeicheln?“[8]

Antonius' Aufgeschlossenheit der griechischen Kultur und Lebensweise gegenüber geriet angesichts einer solchen Polarisierung selbstverständlich mit unter Beschuss. Seine Gegner kreideten ihm an, dass er des Öfteren griechische Kleidung trug, Gymnasien besuchte, an Philosophengesprächen teilnahm und kultische Ehren genoss. Dabei ignorierte man, dass sein Philhellenentum ihm in den zu kontrollierenden Gebieten wertvolle Sympathien eingebracht hatte, die letztlich die römische Herrschaft insgesamt stabilisieren halfen. Primär ging es ihm um Volksnähe und nicht etwa um eine Abwendung von römischen Sitten.[9]

Seine Selbstdarstellung als Neuer Dionysos oder Osiris tat ein Übriges. Man bezichtigte ihn schließlich, die guten alten Sitten der Väter aufgegeben zu haben und sich – natürlich unter dem verderblichem Einfluss Kleopatras – orientalischem Lebensstil hinzugeben. Fraglos ließ sich die Vergöttlichung gut gegen ihn wenden, aber hatten nicht schon Caesar und Pompeius im Osten göttliche Ehren empfangen? Zwangsläufig betonte die gegnerische Propaganda daher weniger die hellenistische Verehrung als vielmehr die ägyptischen Kulte. Cassius Dio legt Oktavian die Worte in den Mund: „Wem kämen nicht die Tränen, wenn er hört und sieht, dass Antonius selbst, der zweifache Konsul und mehrmalige Imperator, … dass dieser Mensch jetzt sämtliche Lebensformen seiner Vorfahren abgelegt und dafür allen fremden und barbarischen Sitten nachgeeifert hat, dass er weder uns noch den Gesetzen noch unseren väterlichen Göttern Ehre erweist, jenem Frauenzimmer aber wie einer Art Isis oder Selene huldigt und ihre Kinder Helios und Selene nennt? Und schließlich hat er selbst den Beinamen Osiris und Dionysos angenommen und nach all dem, so als wäre er der Herr der ganzen Erde und des ganzen Meeres, ganze Inseln und Teile von Kontinenten verschenkt."[10]

Im gleichen Atemzug versteigt sich der spätere Princeps zu der Aufforderung, man solle Antonius doch eher Serapion nennen als bei seinem römischen Namen, die heimischen Götter habe er verraten.[11]

Oktavian will sogar davon gehört haben und der Nachricht glauben, Antonius sei regelrecht von Kleopatra verhext worden und ihr willenloser Sklave. So kehrt er dessen genealogische Herleitung von Herakles gegen ihn, denn Antonius' mythischer Stammvater war ja der Sage nach zumindest streckenweise der Omphale verfallen. Die Oktavianer nutzten diese Parallele mit dem Verweis auf einschlägige Gemälde des Omphalemotivs. Genauso wie Omphale auf diesen Bildern Herakles die Keule entwinde und sein Löwenfell von den Schultern ziehe, so habe auch Kleopatra Antonius entwaffnet, betört und dazu gebracht, wichtige Unternehmungen und Feldzüge hintanzusetzen.[12]

Für zusätzliche Stimmungsmache in der Bevölkerung sorgten Prophezeiungen, die in jener Zeit in Syrien und anderen Gebieten des hellenistischen Ostens entstanden. In ihnen spiegelten sich eine antirömische Grundtendenz sowie die Sehnsucht nach einem Retter und Erlöser wider, die immer schon im hellenistischen Bereich latent vorhanden gewesen ist. Diese Sybillinischen Orakel werden an einigen Stellen so konkret, dass wir den Zeitbezug zum Triumvirat greifen können: „Und während Rom noch zögert, in Ägypten einzufallen, wird diese Königin als mächtige Erbin eines Unsterblichen unter den Menschen hier erscheinen. Drei Männer werden Rom dann knechten, das tief daniederliegt. In ihren Häusern kommen alle Bürger um, wenn eine Feuerflut vom Himmel sich ergießt. Der Heilige Herr wird über dieser Erde sein Zepter schwingen zu herrschen auf der Welt für alle Zeit."[13] Sprüche wie dieser müssen im spannungsgeladenen Klima des Konflikts zwischen den beiden verbliebenen Triumvirn verfasst und kolportiert worden sein. Auf Kleopatra werden die Hoffnungen auf Erlösung und Gerechtigkeit beim Weltgericht projiziert, wie eine weitere Passage enthüllt: „Dann wird die Welt von den Händen einer Frau beherrscht und wird ihr in allem gehorchen. Dann, wenn eine Witwe über die ganze Welt herrschen wird, und das Gold und das Silber in die göttliche Salzflut geworfen hat und Erz und Eisen der kurzlebigen Menschen ins Meer geworfen hat, dann werden alle Elemente der Welt verlassen sein, wenn Gott, der den Äther bewohnt, den Himmel aufrollt wie man eine Buchrolle aufwickelt. Und das ganze vielgestaltige Himmelsgewölbe wird auf die göttliche Erde fallen und aufs Meer, und es wird fließen ein Gießbach mächtigen Feuers unermüdlich. … Und dann wird das Gericht des großen Gottes erscheinen inmitten der großen Weltperiode, wenn dies alles geschieht."[14]

Die hier demonstrierte Endzeiterwartung bleibt jedoch nicht im Transzendenten verhaftet, sondern geht einher mit sehr konkreten Träumen von einer Revanche an Rom, das ja mit ansteigender Intensität seit mehr als 150 Jahren in den hellenistischen Bereich hinein expandiert hatte: „Wie viel von dem tributpflichtigen Asien Rom empfangen hat, dreimal so große Reichtümer wird wiederum Asien empfangen von Rom, und es wird den abscheulichen Übermut an Rom rächen. Wie viele aber aus Asien dem Haus der Italer gedient haben, zwanzigmal so viel werden in Asien dienen, Italer in Armut, und sie werden zehntausendmal mehr verschuldet sein. O Jungfrau, du verzärtelter von Gold strotzender Sproß des latinischen Rom, oftmals bei deinen Hochzeitsfeiern mit vielen Freiern berauscht, wirst du als Sklavin ohne Schmuck vermählt werden, oftmals wird deine Herrin dein schönes Haar scheren lassen!"[15] Angesichts der aktuellen politischen Lage konnte ein Zeitgenosse in der besagten Herrin die ägyptische Königin sehen, gegen die sich Oktavians Krieg ja dann auch richtete. Außerdem passen die sich direkt anschließenden Verse, in denen frohe Verheißungen für die Zeit nach dem Sturz Roms verbreitet werden, zu ihr als Reinkarnation der Isis und Garantin der göttlichen Ordnung in Ägypten: „Und des Rechts waltend wird sie (die Herrin) Dich vom Himmel zur Erde stürzen, und wiederum von der Erde Dich zum Himmel erheben, weil die Sterblichen sich eines schlimmen und ungerechten Lebens schuldig erwiesen … Friedvolle Ruhe wird ins Land Asien einkehren, und dann wird auch Europa glücklich sein, der Himmel strahlend, jahrelang gesund, ohne Winterstürme und Hagel, alles hervorbringend, Vögel und Kriechtiere auf der Erde. O Glückseligster, der in jener Zeit leben wird, Mann oder Frau, es wäre eine Verkündigung von Seligen, wie unter Hirten. Denn jegliche Gesetzestreue wird vom gestirnten Himmel (herab)kommen auf die Menschen und Gerechtigkeit, und mit ihr zusammen die alles übertreffende besonnene Eintracht unter den Sterblichen und Liebe, Treue, Gastfreundschaft. Von ihnen werden Ungesetzlichkeit, Schande, Neid, Zorn, Torheit fliehen, und die Armut wird von den Menschen fliehen und die Not wird fliehen und Mord und verderbliche Streitereien und betrübliche Zänkereien und nächtliche Diebstähle und jegliches Böse in jenen Tagen."[16] Für beide Welten, Orient wie Okzident, tun sich in dieser Prophezeiung Perspektiven auf. Ob dies allerdings als Hinweis zu werten ist auf die Vision einer echten Partnerschaft zwischen Römern und Griechen im Rahmen einer von Antonius und Kleopatra nach dem Sieg im Westen neu zu schaffenden Ordnung, muss dahingestellt bleiben.[17]

Die Orakelsprüche zeigen teilweise jüdischen Einfluss, gerade wenn es um Völkerverfluchungen oder Apokalypsen geht. Daher lässt sich nicht sagen, ob sie bewusst in den Propagandakrieg der Triumvirn eingebracht wurden oder gar als ein Beitrag von Seiten der Königin aufzufassen sind. In jedem Fall konnte man ganze Passagen auf Kleopatra und die bevorstehende Auseinandersetzung zwischen Ost und West beziehen. Die Hoffnung auf ein Goldenes Zeitalter und eine gewisse antirömische Stimmung im hellenisierten Osten musste man nicht erst hervorrufen, solche Vorstellungen waren längst verbreitet, es genügte, sie zu kanalisieren.

In Italien und Rom ließen sich mit der Veröffentlichung derartiger Sprüche natürlich weiter die Ängste schüren, die man schon durch das Propagieren angeblicher Angriffe auf römisches Hab und Gut angeheizt hatte. Das Feindbild Kleopatra konnte so systematisch weiter ausgebaut werden.[18]

Das Niveau der gegenseitigen Angriffe sank bis unter die Gürtellinie, Manfred Clauss spricht diesbezüglich zu Recht von Schlammschlachten. Die Königin erwies sich hier selbstverständlich als hervorragende Zielscheibe. Ihr Einfluss auf Antonius, der gemessen an seinem Vorgehen im Osten bislang jedenfalls nicht zu Entschlüssen geführt hatte, die Rom zum Nachteil gereicht und Ägypten bevorzugt hätten, wurde nun extrem hochgespielt. Die Kinder mit Antonius, die vermeintliche oder tatsächliche Brüskierung der Octavia und schließlich immer wiederkehrend die angeblichen Schenkungen römischer Gebiete an die Königin und ihren Nachwuchs lieferten die Anknüpfungspunkte. Gerade unter diesem letzten Aspekt wurde Kleopatra als äußerst habgierig dargestellt, weil sie es auf den Besitz der Römer abgesehen habe. Auf primitivem Level wurden so Ängste geschürt, als ob die Königin Anschläge auf das Vermögen jedes einzelnen Bürgers plane.[19]

Stereotypen wie übermäßiger Luxus, hemmungslose Schwelgerei und Zügellosigkeit bedienten alte Vorurteile. Bei Seneca können wir derartiges Gedankengut noch greifen, wenn er schreibt, gerade die Trunksucht und – nicht geringer als der Wein – die Liebe zu Kleopatra hätten Antonius zugrunde gerichtet, ihn zu exotischen Verhaltensweisen und unrömischen Charakterschwächen verführt. Unter dem Einfluss des Alkohols sei er grausam und verschwenderisch geworden.[20] Der Triumvir ein Säufer und Pantoffelheld? Der Redner M. Valerius Messalla Corvinus warf Antonius gar vor, er habe sich zur Verrichtung seiner Notdurft goldener Gefäße bedient, wobei man sich fragen kann, woher Messalla das so genau gewusst hat. Immerhin geißelt er dies als schändlichen Missbrauch der Natur und Frechheit, deren sich sogar Kleopatra zu schämen gehabt hätte.[21]

Unterstellungen physischen Verfalls gehen über in Verunglimpfungen auf der sexuellen Ebene. Von oktavianischer Seite hieß es, die Zeit, da Antonius noch im Vollbesitz seiner körperlichen und geistigen Kräfte war, sei vorbei; jetzt sei er verweichlicht, benehme sich wie eine Frau und fröne unnatürlicher Lust.[22] Auch hier hielt der Angegriffene voll dagegen, indem er etwa behauptete, Oktavian habe sich die Adoption durch Caesar nur deshalb erschleichen können, weil er mit ihm ins Bett gestiegen sei. Der Vorwurf mag vielen Römern nicht aus der Luft gegriffen erschienen sein. Man kannte schließlich Caesar und außerdem hatte auch Sextus Pompeius seinerzeit dem späteren Princeps in aller Öffentlichkeit unterstellt, er sei zur Frau geworden. Als bei einem Schauspiel der Spruch fiel: „Siehst du, wie das männliche Liebchen mit dem Finger den Kreis regiert?“, bezog das Publikum dies sofort auf den Caesarerben und pflichtete der vermeintlichen Verunglimpfung unter großem Beifall bei.[23]

In Bezug auf seinen Lebenswandel war Oktavian so angreifbar, dass selbst seine Freunde die ehebrecherischen Verhältnisse nicht bestreiten konnten. Sie führten zu seinen Gunsten offenbar lediglich an, er habe dies nie aus Lüsternheit, sondern gewissermaßen im Dienst der Sache – wohlgemerkt seiner eigenen – getan, um von den Frauen der Betreffenden etwas über die Pläne seiner Gegner zu erfahren![24]

Sein Eheleben war nun auch nicht gerade angetan, Vorwürfe zu entkräften. Ende 39 hatte er sich von Scribonia scheiden lassen, einen Tag nachdem sie ihm seine einzige Tochter Julia geboren hatte. In dieser Zeit lernte er Livia Drusilla kennen, die Frau des Tiberius Claudius Nero, der als Parteigänger des L. Antonius gegen ihn gekämpft hatte und jetzt nach Rom zurückkehrte. Livia war mit ihrem zweiten Kind von Nero schwanger, als Oktavian ein Auge auf sie warf, ihren Mann zur Scheidung zwang und sie Hals über Kopf am 17. Januar 38 heiratete. Für die Eheschließung benötigte er eine Sondergenehmigung des Priesterkollegiums der *pontifices*, weil Livia eben noch im sechsten Monat war und das Kind von ihrem Exmann stammte. Letzterer durfte dann zu allem Überfluss noch den Brautführer machen. Sogar die abgebrühten Römer der späten Republik empfanden das Gebaren des damals 24-jährigen Triumvirn als skandalös. Obwohl die Heirat ein Resultat von Verliebtheit und Begierde war, entbehrte sie doch nicht einer rationalen Komponente, denn Livia selbst gehörte wie Nero zur *gens* der Claudier, und so knüpfte Oktavian durch die neue Ehe verwandtschaftliche Verbindungen zu einer der wichtigsten Familien Roms.[25]

Wie Sueton glaubhaft versichert, hielt Antonius ihm in der Auseinandersetzung um den Lebenswandel über die anstößige, viel zu schnelle Heirat mit Livia hinaus vor, er habe die Frau eines gewesenen Konsuls vor den Augen aller Anwesenden aus dessen Speisesaal hinaus in das Schlafzimmer geführt und sie nach einiger Zeit mit roten Öhrchen und durcheinandergeratener Frisur zur Tischgesellschaft seines Gastgebers zurückgebracht.[26]

Es fiel Oktavian also gar nicht so leicht, Antonius in die unmoralische Ecke zu stecken, ohne sich ebenfalls dorthin gestellt zu sehen. Die beiden schenkten sich nichts, allerdings zeigte sich einmal mehr, wie wichtig die Hoheit über Rom und Italien war, denn es gelang Antonius' Freunden trotz vehementen Agierens nicht, der Öffentlichkeitsarbeit Oktavians etwas Gleichwertiges entgegenzusetzen, zumal Antonius immer wieder Angriffsflächen bot. Kleopatra war ihm keine große Hilfe, wenn es galt, den einen oder anderen Fauxpas zu vermeiden. Sie kannte zwar die Verhältnisse in Rom, doch wie es scheint, hat sie die römische Politik zu wenig durchschaut. Man musste wohl dort aufgewachsen sein, um die komplexen Meinungsbildungsprozesse der späten Republik und die Genese der Machtstrukturen in ihren Feinheiten zu begreifen.

## Der Kriegsausbruch

Die Signale aus dem Westen konnte Antonius kaum missdeuten. Alles lief über kurz oder lang auf eine große Auseinandersetzung hinaus. Vorher aber wollte er anscheinend um jeden Preis den Partherkrieg erfolgreich abschließen. Weil sein Bündnispartner, der Mederkönig, wohl schon Informationen über die sich abzeichnende parthische Offensive besaß und langsam nervös wurde, zog er im Spätsommer 33 an den Araxes. Inzwischen waren Antonius' Beschwerden über Oktavian nach Rom gedrungen. Wie viel sie dort bewirkten, können wir aufgrund der einseitigen Quellenlage nicht sagen, doch mit der jetzt folgenden Reaktion seines Kollegen änderten sich schlagartig die Prioritäten. Auf seine Klagen bezüglich des Verfahrens bei den Landanweisungen sowie der Vereinnahmung von Africa und Sizilien teilte Oktavian ihm mit, „was er durch den Krieg gewonnen habe, werde er mit Antonius teilen, wenn dieser auch Armenien mit ihm teile, und auf Italien hätten dessen Soldaten keinen Anspruch, denn sie hätten ja Medien und Parthien, die Länder, die sie in ihrem glorreichen Feldzug unter ihrem Imperator für die Römer erobert hätten".[27] Diese sarkastische Spitze zielte nicht nur auf die Wunden, die das Desaster von 36 bei der Orienttruppe und ihrem Oberbefehlshaber hinterlassen hatte, sie bedeutete zugleich den endgültigen Bruch. Denn der Ausschluss seiner Veteranen von der Verteilung kam einer Kriegserklärung gleich. Nicht allein, dass sich die Soldaten um ihre Versorgung betrogen sahen, die Landvergabe ausschließlich an Oktavians Männer erweiterte dessen Heeresklientel ganz erheblich, und dies ausgerechnet in Italien, wo nach wie vor Antonius in der Öffentlichkeit noch eine durchaus nennenswerte Unterstützung genoss. Dadurch verschoben sich peu à peu die Gewichte, Oktavian konnte jetzt an Boden gewinnen und mehr und mehr Druck auf die Antonianer ausüben. Seit Marius und Sulla war die Veteranenversorgung der Schlüssel zur Macht in Rom.

In der Armeniensache stellte Oktavian gar seine gewaltsame Einnahme römischer Provinzen auf eine Stufe mit der Eroberung eines politisch immer noch weitgehend eigenständigen Reiches. Klar, dass in die Forderung nach Teilung Armeniens auch Kleopatra involviert war, wurde doch soeben die Integrität gerade des Reiches in Frage gestellt, das Antonius ihrem ältesten gemeinsamen Sohn übertragen hatte. Ob Oktavian den Krieg jetzt schon wollte oder nur darauf spekulierte, durch derart heftige Provokationen den Druck auf seinen Konkurrenten zu erhöhen, um diesen zu strategischen Fehlern gegenüber den Parthern zu verleiten und dadurch zu schwächen, wird man dahingestellt sein lassen müssen. Antonius aber sah in ihm von nun an seinen Hauptgegner. Er stellte das Partherproblem zurück und wandte sich ihm zu, um die Machtfrage im Imperium ein für alle Mal zu klären. Die Alternative wäre ein Festhalten am Partherkrieg gewesen, in der Hoffnung, als strahlender Sieger über den Angstgegner nicht allein Oktavians Erfolge gegen Sextus Pompeius und Lepidus, sondern auch die anschließenden Züge gegen die Illyrer deutlich zu übertrumpfen, bei denen Letzterer militärisch hatte punkten können. Jetzt eilte er nach Westen, wobei er Kleopatra aufforderte, ihm mit der Flotte von Alexandria aus entgegenzukommen. In irgendeiner phönikischen Hafenstadt sahen sie sich wieder. Dort muss er an Bord gegangen und mit ihr gemeinsam weiter nach Ephesos gefahren sein.[28]

Im Nachhinein kann man konstatieren, dass er wohl einen Fehler machte, als er den Feldzug abbrach und sich nach Ephesos begab, wo er seine Flotte und das Landheer zum Marsch gen Westen sammelte. Wir wissen nicht, welchen Schwierigkeiten er sich in Armenien gegenübersah, leicht hat er sich die Entscheidung sicher nicht gemacht, denn er gefährdete die gerade erst etablierte Königsherrschaft seines Sohnes und den wichtigen medischen Bundesgenossen. Noch einmal stellte er eine gewaltige Streitmacht auf die Beine. Allein 16 Legionen führte sein Feldherr P. Canidius Crassus aus dem armenischen Bereitstellungsraum herbei, von allen Seiten trafen seine Flottenverbände ein, auf achthundert Schiffe insgesamt, die Transporter eingerechnet, brachte es seine Flotte. Allein ein Viertel seiner Seemacht führte ihm Kleopatra zu, dazu zwanzigtausend Talente für die Kriegskasse und Unmengen an Proviant.[29]

Möglicherweise war Oktavian überrascht, als Antonius umgehend von der medischen Grenze nach Kleinasien zurückkehrte, aber die Entfernung war groß genug gewesen, um ihm ausreichend Reaktionszeit zu sichern. Außerdem traf Antonius erst einmal seine eigenen Vorbereitungen, und die nahmen Zeit in Anspruch, möglicherweise zu viel Zeit. Allerdings konnte er hoffen, im kommenden Jahr seine Position im Mutterland wieder zu stärken. Im Vertrag von Tarent hatten die beiden Kontrahenten nämlich nicht nur die Verlängerung des Triumvirats vereinbart, sondern auch die Besetzung wichtiger Ämter für die nächsten Jahre festgelegt. Infolgedessen übernahmen zwei Freunde des Antonius, Cn. Domitius Ahenobarbus und C. Sosius, am 1. Januar 32 das Konsulat. Am gleichen Tag noch startete Sosius einen heftigen Angriff auf den abwesenden Oktavian. Wann genau die triumviralen Vollmachten ausliefen, ist unsicher, sie könnten schon am 31. Dezember 33 geendet haben, nicht erst ein Jahr später. Dann wäre Oktavian noch angreifbarer gewesen. Offenbar hat Sosius nicht nur ein Loblied auf Antonius gesungen, sondern in Absprache mit ihm eine viel weitreichendere Attacke unternommen. Wie wir wissen, forderte Antonius Oktavian auf, die triumvirale Gewalt niederzulegen, und bot an, das Gleiche zu tun. Sosius brachte das Ansinnen bei seinem Amtsantritt vor. Es ist ein Indiz für die immer noch starke Anhängerschaft des Antonius, dass der Senat kurz davorstand, ganz in seinem Sinne diese Rückgabe der Vollmachten einzufordern. Für den Beherrscher des Ostens hätte dies zunächst einmal nur sehr geringfügige Veränderungen seiner Machtposition bedeutet, eine Ablösung war nicht in Sicht und eine eigenständige Machtposition hatte er sich dort längst erarbeitet. Anders stand jedoch sein Gegenüber da: Oktavian hätte sich in eine gefährliche Situation begeben, denn nach wie vor sah er sich in Rom und Italien mit einer starken Opposition konfrontiert. Nur durch das Veto eines Volkstribuns aus seinem eigenen Lager konnte die Annahme von Sosius' Antrag durch die Senatsmehrheit verhindert werden.[30]

In welch prekäre Lage der Caesarerbe geraten war, machen seine heftige Reaktion und die rücksichtslose Gewaltbereitschaft deutlich, die er im Folgenden an den Tag legt. Zur nächsten Senatssitzung erschien er nämlich mit einer bewaffneten Leibwache und griff, so nicht nur moralisch aufgerüstet, den Sosius aufs Heftigste an. Die Rücktrittsforderung suchte er ins Leere laufen zu lassen, indem er verlangte, Antonius müsse nach Rom kommen und die Gewalten dort mit ihm gemeinsam niederlegen. Angesichts der aktuellen Spannungen und seiner Erfahrungen aus den letzten Italienbesuchen war klar, dass Antonius aus Rücksicht auf seine persönliche Sicherheit nicht kommen würde.

Dennoch scheint dies nur ein recht unbefriedigender, aus der Not geborener Gegenschlag gewesen zu sein. Oktavian glaubte, die Lage anders nicht mehr in den Griff zu kriegen. Sein Verhalten kam einem Staatsstreich gleich, und ein großer Teil des Senats quittierte dies, indem er der nächsten Sitzung fernblieb. In Rom wurde der Boden für die Aristokraten jetzt richtig heiß. Angeführt von den beiden Konsuln verließen mehr als 300 Senatoren fluchtartig die Stadt und reisten nach Ephesos, wo sie bei Antonius Aufnahme fanden. Über ein Drittel des Senats, darunter gerade die Mitglieder der alten Familien, zog es also vor, die beschwerliche Reise zu dem doch angeblich so von den Sitten der Väter und den Göttern der Heimat abgefallenen Wüstling auf sich zu nehmen, als eine weitere Senatssitzung mit Oktavian erdulden zu müssen – ein eindrucksvoller Nachweis für die bislang sehr begrenzte Wirkung der oktavianischen Propaganda in der römischen Oberschicht.

Für Antonius bedeutete der Exodus einen enormen Prestigegewinn. Wie einst Pompeius konnte er daran denken, eine Art Gegensenat aufzubauen, um Oktavian weiter die Legitimität abzusprechen. Diesem blieb nicht mehr viel übrig, als darauf hinzuweisen, er habe die Senatoren immerhin unbehelligt abreisen lassen, ein vielsagender Beleg für seine Einstellung zum Senat überhaupt.

Allerdings erwiesen sich die bei Antonius versammelten Herren als ein recht gemischter Haufen mit höchst unterschiedlichen Interessen: Da gab es Caesarianer neben alten Republikanern und sogar einige überlebende Caesarmörder wie Cassius von Parma. Außerdem sahen sich die Mitglieder der hervorragendsten Familien der Nobilität mächtigen Aufsteigern gegenüber, die wie P. Canidius Crassus herausragende Kommandoposten innehatten. Interne Konflikte waren vorprogrammiert. Dazu kam bei einigen vor Ort dann die Ernüchterung, als sie bemerkten, dass auch Antonius keineswegs daran dachte, dem Senat die alten Vorrechte wieder einzuräumen, ja dass mehr und mehr östliche Kräfte eine Rolle in den Entscheidungszirkeln spielten.

Schließlich gaben sich bei Antonius die Klientelfürsten des Ostens die Klinke in die Hand, da mag mancher Senator mit Neid auf deren prunkvolles Auftreten und ihre auf Truppenmacht beruhende Rangstellung geblickt haben. Mit ihren gegenseitigen Einladungen und Festlichkeiten konnten sicherlich viele der Neuankömmlinge aus Rom nicht mithalten. Da trafen sich unter anderem die uns bereits von der Neuordnung des Jahres 37/36 bekannten Amyntas von Galatien, Archelaos von Kappadokien und Polemon von Pontos, des Weiteren Bocchus von Mauretanien, Iamblichos von Emesa, Tarkondimotos von Kilikien, Mithridates von Kommagene, Philadelphos von Paphlagonien und nicht zuletzt die Thraker Rhoimetalkes und Sadalas.[31]

Zwei direkte Nachbarn Kleopatras fehlten. Herodes von Judäa und der Nabatäerkönig Malchos hatten ihre Einheiten unter dem Kommando von Stellvertretern geschickt. Geht man nach dem Bericht des Flavius Josephus, dann scheint die Ursache relativ klar: „Herodes, der sich schon lange im Besitz eines vorzüglich bebauten Landes befand und sich große Reichtümer aus seinen Einkünften erworben hatte, sammelte ein Heer, rüstete es in jeder Beziehung vortrefflich aus und wollte damit dem Antonius zu Hilfe kommen. Antonius aber erklärte ihm, dass er seiner Hilfe nicht bedürfe, und trug ihm auf, den Araberkönig (Malchos) zu bekriegen, von dessen Treulosigkeit er sowohl durch Herodes als auch durch Kleopatra in Kenntnis gesetzt worden war. Kleopatra nämlich wünschte sehr, dass die beiden miteinander in Krieg verwickelt würden, weil sie daraus Nutzen zu ziehen hoffte. Herodes kehrte also, nachdem er den Auftrag des Antonius erhalten hatte, wieder um und rüstete sich, in Arabien einzufallen.“[32] Wieder einmal wird Kleopatra als durchtriebene Machtpolitikerin dargestellt, die den wenig souveränen Antonius fast nach Belieben manipulieren kann. Sie scheint kaum zu bremsen und nur um eigener Vorteile willen die beiden Fürsten aufeinandergehetzt zu haben.

Bei genauerem Hinsehen wirkt der Angriffsbefehl gegen den Nabatäerkönig allerdings widersinnig, war dieser doch Antonius' Aufruf zur Heeresfolge nachgekommen und hatte ein eigenes Kontingent zum Kampf gegen Oktavian zur Verfügung gestellt. Eine Kriegserklärung von römischer Seite oder eine Verurteilung als Staatsfeind ist nicht erfolgt, sonst hätte Josephus dies sicher zu Herodes' Gunsten ins Feld geführt. Eine plausible Erklärung für die Notwendigkeit der Operationen des jüdischen Königs zeitgleich zum Westfeldzug liegt daher allein in der heterogenen Struktur der Nabatäer.

Unter dieser Oberbezeichnung war wohl eher ein lockeres Konglomerat an arabischen Stämmen subsumiert, dessen König Malchos sehr vom Wohlwollen der einzelnen Scheichs abhing. Angesichts des parthischen Einflusses in der Region scheinen sich mehrere Stämme vom romfreundlichen Kurs ihres Königs losgesagt zu haben und im nördlichen Transjordanien aktiv geworden zu sein, und zwar im Umfeld der Stadt Diospolis/Dion in der Dekapolis, einem Gebiet, das 37/36 unter ptolemäische Verwaltung gestellt worden war. Malchos wird also gar nicht in die nun folgenden Kämpfe involviert gewesen sein. Wahrscheinlich konnte er schon deshalb nicht mehr eingreifen, weil eben Teile seiner eigenen, loyalen Militärmacht nach Ephesos abmarschiert waren.

Warum Kleopatra hier eine Intrige gesponnen haben soll, bleibt bei Josephus ebenfalls unklar, ging es für sie doch primär darum, die ptolemäischen Außenbesitzungen zu schützen. Da war Herodes, der tatkräftige König des ebenfalls von Einfällen bedrohten Judäa, sicher die geeignete Wahl. Man muss also gar nicht die Aversion der Königin gegen Herodes ins Feld führen, um dessen Marschbefehl zurück in die Heimat zu begründen. Josephus hat dies wohl selbst bemerkt und versucht nun die Schwäche seiner Argumentation durch ein ptolemäisch-jüdisches Scharmützel zu kompensieren: Nach anfänglichen Erfolgen des Herodes hätten sich die unterlegenen Araber nahe der Stadt Kanatha im Haurân reorganisiert und dann den entgegen dem ausdrücklichen Befehl ihres Königs nachdrängenden judäischen Truppen eine schwere Niederlage beigebracht. An der Höhe der Verluste, ja der Niederlage überhaupt, sei aber eigentlich ein gewisser Athenion schuld, der „im Namen der Kleopatra den Oberbefehl über das derselben gehörende arabische Gebiet führte".[33] Dieser habe beschlossen, den Dingen ihren Lauf zu lassen, solange die Araber im Vorteil blieben, das judäische Heer aber anzugreifen, falls sie unterliegen würden. Athenion hätte also als Stratege Kleopatras – zweifellos mit deren Einverständnis – hinterrücks Herodes angegriffen und ihn derart geschwächt, dass er sich fürs Erste auf eine Guerillataktik verlegen musste. Erst im Sommer 31 gelang dem König der Durchbruch in für die Nabatäer sehr verlustreichen Kämpfen in der Umgebung von Philadelphia, dem heutigen Amman.

Hätte der Verwaltungschef und militärische Befehlshaber der Königin in Koilesyrien wirklich bei Kanatha das judäische Aufgebot attackiert, dann müsste man erklären, warum er in den nachfolgenden Kämpfen tatenlos zusah, in denen Herodes ausgerechnet im Haurân und der Dekapolis gnadenlos gegen die Nabatäer vorging und schließlich einen klaren Sieg errang. Und wenn Athenion in der Lage war, Herodes' Armee zu schlagen, warum konnte sich nicht er um die Eintreibung ausstehender Pachtgelder kümmern, die offiziell den Anlass boten, für das Zurückschicken des Herodes? Die offensichtlichen Widersprüche in der Darstellung des Josephus führen nahezu zwingend zu dem Schluss, dass Athenions Attacke eine Erfindung des Autors oder seiner Quellen sein muss, mit der jegliche Interessengemeinschaft von Herodes mit Kleopatra geleugnet werden sollte. Nach dem Sieg Oktavians erschien es Herodes opportun, sich als alten Gegner von dessen Erzfeindin, aber als guten Parteigänger Roms darzustellen. Es spricht für sein propagandistisches Geschick, dass genau dieser Aspekt seiner Selbstdarstellung in die antike Überlieferung Eingang gefunden hat.

Wie Athenion war auch der Nabatäerkönig Malchos nicht in die Ereignisse involviert, er überstand diese Krise ohne ernsthafte Folgen für seinen Einflussbereich, vielleicht deshalb, weil er wie Herodes im Lande geblieben war. Die bei Philadelphia Besiegten leisteten Letzterem einen Gefolgschaftseid, ein weiterer Beleg dafür, dass unabhängige arabische Verbände die schweren Angriffe auf Judäa und die ptolemäischen Gebiete in Koilesyrien vorgetragen haben.[34]

Angesichts einer so instabilen Lage im strategisch ungemein wichtigen syrisch-phönikischen Raum stellte es schlicht eine Notwendigkeit dar, dass der judäische König als einer der treuen Parteigänger des Triumvirn zurückeilte, um eine Eskalation zu verhindern. Die Einfälle der Parther steckten allen Beteiligten noch tief in den Gliedern.

Da nun aber ein hinterlistiges Doppelspiel als Erklärungsmotiv nicht erforderlich ist und Antonius' Auftrag für Herodes sich geradezu als Sachzwang erweist, muss man Kleopatras angebliche Intrige gegen den jüdischen König als böswillige Erfindung oder üble Nachrede abtun. Zudem war sie ja auch sonst im Heerlager ihres Liebhabers von zahlreichen, ihr wenig wohlgesinnten Persönlichkeiten umgeben, da wäre es auf eine mehr oder weniger nicht angekommen! Und war es nicht besser, Herodes als agilen, wenig vertrauenswürdigen Nachbarn in der Nähe und damit im Auge zu behalten?

Ende April 32 fuhr Antonius mit Kleopatra und seiner gesamten Führungsspitze von Ephesos nach Samos, wo er den Feldzug kultisch zu flankieren gedachte, indem er die im Kollegium der Dionysischen Techniten organisierten darstellenden Künstler, als deren Schutzherr er als Neuer Dionysos fungierte, dorthin befahl und diese Dichter, Schauspieler, Sänger und Musiker jetzt zahlreiche Aufführungen und musische Wettkämpfe bestreiten ließ. Umfangreiche Kulthandlungen und Opfer rundeten das Intermezzo auf Samos ab.

Damit trug er zwar vor allem östlichen Anschauungen Rechnung, aber ein Gutteil seiner Soldaten und Schiffsbesatzungen kam ja aus den hellenisierten Gebieten. Ihnen durch dionysische Aktivitäten Mut und Selbstvertrauen zu geben, war sicher kein Fehler. Und da schien es eine Frage der Ehre, nicht zu kleckern, sondern zu klotzen, eine Verpflichtung, der man im Westen wenig Verständnis entgegenbrachte, wie die Interpretation des Geschehens bei Plutarch verdeutlicht: „... und während die Streitkräfte sich sammelten, fuhren sie nach Samos und lebten dort herrlich und in Freuden. Denn wie allen Königen, Fürsten und Tetrarchen, allen Völkern und Städten zwischen

Syrien und der Maiotis (dem Asowschen Meer), Armenien und Illyrien befohlen war, alles, was sie für den Krieg gerüstet hatten, zu senden und heranzubefördern, so war auch allen Dionysischen Techniten die Pflicht auferlegt, sich nach Samos zu begeben; und während ringsum fast der ganze Erdkreis von Seufzen und Klagen erfüllt war, erschallte diese einzige Insel viele Tage lang von Flöten- und Saitenspiel, füllten sich die Theater und wetteiferten die Chöre miteinander. Jede Stadt sandte einen Ochsen und beteiligte sich so an dem Opferfest, und Könige suchten einander mit glänzenden Bewirtungen und Spenden zu überbieten; daher ging die Rede um: Was werden die Leute, die jetzt den Kriegsausbruch so großartig feiern, erst bei den Siegesfeiern tun, wenn sie die Oberhand gewinnen?"[35]

Die Königin hat als Lebensgefährtin und mit Abstand mächtigste Klientelfürstin Roms an Antonius' Seite die Festlichkeiten zur eigenen Selbstdarstellung nutzen können, die schon mehrfach angesprochene Verbindung von Aphrodite/Isis zu Dionysos bot ihr beste Anknüpfungspunkte, zumal in den Monaten des Propagandakrieges ihre Rücksichtnahme auf die Gefühle der konservativen römischen Kreise offenbar mehr und mehr nachließ.

Nach wenigen Wochen brach man von Samos aus nach Westen auf. Im Mai 32 traf Antonius mit Kleopatra in Athen ein, wo er bis auf weiteres sein Hauptquartier aufschlug. Jetzt hatte die Königin die Stadt erreicht, in der Jahre zuvor Octavia an der Seite ihres Mannes gelebt und außergewöhnliche Ehren erhalten hatte.

Athen pflegte schon seit den Zeiten des Dynastiegründers gute Beziehungen zu den Ptolemäern. Mit ihrem Vater hatte sie selbst wohl hier schon Station gemacht, als er aus Alexandria vertrieben worden war. Antonius hatte sich in Athen oft und für längere Zeit aufgehalten, war in die Eleusinischen Mysterien eingeweiht und unter anderem mit dem Bürgerrecht der Stadt ausgezeichnet worden. Anlässlich der ihm seinerzeit angetragenen Götterhochzeit mit der Stadtgöttin Athene hatte er den Bürgern noch 1000 Talente als „Mitgift" abgeknöpft. Dank Kleopatra waren seine Kassen nun besser gefüllt, und so fiel es der Königin nicht schwer die Sympathien der Bürger zu gewinnen. Sie zeigte sich umgänglich und ließ sich nicht lumpen. Angesichts großzügiger Stiftungen überschlugen sich die Athener, um ihr Ehre zu erweisen. Inwieweit Antonius in die einzelnen Aktionen involviert war, ob er ihnen etwa den ein oder anderen Wink gegeben hatte, bleibt unklar; immerhin trat er aber als Mitglied einer Gesandtschaft attischer Bürger vor sie hin, um einen Volksbeschluss bezüglich der ihr zu verleihenden Ehren zu überbringen. Dabei soll er selbst im Namen der Stadt eine Rede gehalten haben. Schon Ende des 4. Jahrhunderts waren einige der Diadochen mit göttlichen Ehren ausgezeichnet worden, jetzt huldigten die Bürger dem Römer und der Ägypterin, indem sie Statuen der beiden als Reinkarnationen von Dionysos und Isis auf der Akropolis aufstellten. Damit war ihnen eine kultische Verehrung sicher, möglicherweise ist sogar die Einführung des Staatskults der Isis in Athen als Folge der Anfertigung des Kultbilds mit den Zügen der Königin zu sehen.[36]

Obwohl wir Kleopatra im Hinblick auf das vermeintliche Ausmanövrieren des Herodes entlasten konnten, bleibt doch, dass sie im Lager des Antonius einen Stein des Anstoßes darstellte. Dies mag zum einen an ihrem überaus selbstbewussten Auftreten gelegen haben, das sicher auch aus ihrer privaten Beziehung zu Antonius gespeist wurde. Gerade in letzter Zeit hatten sich hier die Gewichte verschoben, sie war an Aufgaben wie der Verwaltung kriegswichtiger Gebiete oder dem Flottenbau gewachsen und stellte nach Antonius selbst mit Abstand den größten Beitrag für den kommenden Krieg. Und sie wollte mitreden in den Diskussionen und vor allem mitentscheiden, was allein schon viele der römischen Aristokraten provozieren musste. Außerdem war da noch die oktavianische Propaganda, der sie einfach zu viele Angriffspunkte bot. Deren Wirkung diente denn auch als Argument für Männer wie Cn. Domitius Ahenobarbus, um Antonius vorzuschlagen, ja ihm dringend zu raten, die Königin zurückzusenden nach Ägypten. Dieser Ratschlag war sicher klug, zumal er durchaus nicht aus Antipathie heraus gegeben wurde, denn Ahenobarbus stand gut mit der Königin, hatte sie doch allem Anschein nach die im Taurusgebirge gelegene Stadt Domitiopolis nach ihm benannt. Um so ernster war jetzt sein Drängen zu nehmen, außerdem stand er keineswegs allein mit seiner Auffassung, und so hat Antonius sich dazu bewegen lassen, Kleopatra vorzuschlagen, sie solle nach Ägypten fahren und dort den Ausgang des Krieges abwarten.[37]

Nach Plutarch habe sie aus Sorge vor einem erneut von Octavia vermittelten Ausgleich versucht, dagegenzuhalten und keinen Geringeren als P. Canidius Crassus, der später bei Actium das Landheer kommandieren sollte, als Fürsprecher gewonnen. Dass dabei große Geldsummen geflossen seien, ist allein ein böswilliges Gerücht aus der Ecke ihrer Gegner.

Ihren Ausgang könnten die Behauptungen von einem, einige Zeit zurückliegenden Steuer- und Abgabenerlass zu seinen Gunsten genommen haben. Ein spektakulärer Papyrusfund hat in den letzten Jahren gerade diesbezüglich viel Staub aufgewirbelt. Das in seiner Zuweisung umstrittene Stück stammt aus den zu Beginn des 20. Jahrhunderts bei Abusir el-Melek gefundenen Särgen und liegt heute in Berlin. Wir haben es also mit einer Zweitverwendung zu tun, Recycling von Papyri als sogenannte Mumienkartonage war auch in der römischen Kaiserzeit außerordentlich beliebt. Im Jahr 2000 erstmals veröffentlicht, gelangte das Dokument als „Kleopatra-Papyrus" (Abb. 7) gleichsam über Nacht ins Rampenlicht der Öffentlichkeit, als eine Forschungsposition publiziert wurde, nach der die Königin die Urkunde mit eigener Hand unterschrieben habe. Sowohl von der Form als auch vom Inhalt her öffnet der Papyrus schlaglichtartig einen Blick in den Mikrokosmos des Alltagslebens im spätptolemäischen Ägypten. Die erste und die letzte Zeile weisen im Schreibstil jeweils unterschiedliche Hände auf. Den Haupt-

Abb. 7: Papyrus, möglicherweise mit eigenhändiger Unterschrift Kleopatras.

text hat ein Schreiber aus der königlichen Kanzlei sicherlich auf Anordnung der Königin verfasst. Die Unterschrift „es soll geschehen" (genésthô) stammt anscheinend von einer anderen Hand, aber stammt sie wirklich von Kleopatra persönlich? Dies anzunehmen, mag zwar reizvoll sein und hat eine Reihe von entsprechenden Meinungsäußerungen hervorgerufen, gerade hier ist jedoch Vorsicht angebracht!

Wie der Vermerk des zuständigen Beamten in der ersten Zeile belegt, wurde das Dokument an offizieller Stelle eingereicht, wir haben es hier also mit einem archivierten Exemplar zu tun. Daher muss man ernsthaft die Möglichkeit in Betracht ziehen, dass es sich lediglich um eine antike Abschrift des verlorenen Originaldokuments handelt. Schließlich zeigt der Schreibstil keine ausgeprägte Kanzleischrift und auch der augenscheinliche Schreiberwechsel erweist sich keineswegs als schlagendes Argument, denn bei Abschriften amtlicher Korrespondenz in langen Aktenrollen stellen wir immer wieder fest, dass man versuchte, den originalen Schlussgruß durch Wechsel der Schriftgröße und Veränderung des Schreibstils zu *imitieren*![38]

(1) (3. Hand) „Entgegengenommen im 19. Herrscherjahr, das zugleich das 4. ist, am 26. Mecheir. (= 23. Februar 33)

(2) (1. Hand) An … (Ptolemaios (?). Wir haben dem Publius Canidius (oder Quintus Cascellius) und dessen Erben zugestanden, jährlich zehntausend Artaben (à ca. 40 l) Weizen auszuführen und fünftausend koische Keramien (unbestimmtes Hohlmaß) Wein einzuführen, wobei ihm keinerlei Steuer von irgendjemandem abgefordert werden soll, noch sonst andere Kosten.

(7) Wir haben aber auch für sämtliche Ländereien, die er in der Chora besitzt, Steuerfreiheit zugestanden, so dass ihm nichts, weder für die allgemeine Finanzverwaltung noch für die Unsere und Eure (oder der Kinder) Sonderkasse, auf irgendeine Weise abgefordert werden soll, auf alle Zeit.

(9) Es sollen aber auch alle, die ihm das Land bewirtschaften, frei von Belastungen und Steuern sein, wobei ihnen nichts von irgendjemandem abgefordert werden soll, und sie sollen auch nicht bei den gelegentlich festgesetzten Zwangspachtabgaben in den Gauen Beiträge schuldig sein, noch sollen ihnen zivile oder militärische Kosten abgefordert werden.

(12) Und die Zugtiere für die Aussaat, die Lasttiere und die Schiffe für den Transport des Weizens sollen in derselben Weise frei von allen Belastungen, Steuern und Zwangsdiensten sein.

(15) Es soll also den zuständigen Instanzen geschrieben werden, damit sie es wissen und sich daran halten.

(16) (2. Hand, Kleopatra?) Es soll geschehen.“[39]

Der Eingang erfolgte am 23. Februar 33, die Verleihung des Privilegs ist damit im Vorfeld von Kleopatras Ephesos-Aufenthalt zu verorten. Alles würde für Plutarchs Bestechungsthese sprechen, wäre da nicht der Name des Begünstigten nur fragmentarisch erhalten. Zwei Lesungen stehen derzeit zur Debatte, mit guten Gründen wird gegen die Identifikation mit dem oben genannten P. Canidius Crassus ein sonst nicht weiter bekannter Q. Cascellius ins Feld geführt, der dem Namen nach immerhin einer wichtigen römischen Aristokratenfamilie zuzuordnen wäre. Darüber hinaus hat man wahrscheinlich machen können, dass Caesarion der Adressat des Schreibens war. Endgültige Klarheit ist aber weder in der einen noch in der anderen Hinsicht zu erreichen, man kann lediglich davon ausgehen, dass der im Erlass Begünstigte ein nicht genauer identifizierbarer römischer Bürger gewesen ist.

Unabhängig vom Problem der Zuweisung gibt uns der Inhalt Aufschluss über die ökonomische Begünstigung in Ägypten lebender Römer. Dort nannten Mitglieder der Senatsaristokratie längst größere Landgüter ihr eigen und haben sich in nennenswertem Umfang auch im Handel mit Getreide und Wein engagiert, wofür der Papyrus einen schönen Beleg liefert. Durch solche und ähnliche Privilegien suchte Kleopatra die römische Führungsetage an sich zu binden. Sie setzte also keineswegs allein auf Antonius. Insofern wäre es nicht verwunderlich, wenn sich im Feldlager von Ephesos noch andere Stimmen gefunden hätten, die ähnlich wie Canidius Crassus gegen die Neuankömmlinge aus dem Westen für den Verbleib der Königin plädierten.

Im Gegensatz zu vielen der Neuankömmlinge hatte Canidius Crassus in den letzten Jahren Kleopatra schon sehr viel besser kennen gelernt und sich eine eigene Meinung gebildet. Außerdem wird er als bewährter Truppenführer die Wirkung ihrer Abreise auf die ptolemäischen Kontingente bedacht haben. So hielt er Antonius vor, „es sei weder gerecht, eine Frau, die einen so großen Beitrag dazu liefere, von diesem Krieg auszuschließen, noch sei es vorteilhaft, den Ägyptern den Mut zu nehmen, die einen großen Teil der Seemacht bildeten. Übrigens könne er nicht erkennen, welchem der am Feldzug beteiligten Könige Kleopatra an Einsicht und Klugheit nachstehe, sie, die lange Zeit schon selbständig ein so großes Reich regiere, auch lange schon mit ihm zusammenlebe und gelernt habe, mit großen Dingen umzugehen.“[40] Plutarch behauptet zwar, Canidius Crassus habe nur Kleopatras eigene Auffassung wiedergegeben, warum aber sollte er nicht wirklich von seinen Argumenten überzeugt sein? Dass jede dieser Aussagen sicherlich auch ihrer Sichtweise entsprach, steht auf einem anderen Blatt. Antonius ließ sich jedenfalls überzeugen und so blieb Kleopatra auch weiterhin an seiner Seite.

Ihre Beweggründe waren aber noch komplexer. Wenn man sich den Einzug in Athen anschaut und ihr krampfhaftes Bemühen, Octavia durch die ihr selbst erwiesenen Ehren in den Schatten zu stellen, dann scheint Plutarch in seinen Anspielungen wohl richtig zu liegen. Die Königin hatte unter anderem Bedenken, dass ihr Liebhaber sich wieder seiner Ehefrau zuwenden könnte. Das erste Mal hatte offenbar doch tiefere Spuren hinterlassen, als man dies bei einer so selbstbewussten Frau erwarten würde. Dies erklärt auch, warum sie Antonius jetzt zur Scheidung drängte. Vielleicht lagen nach den Diskussionen um ihre Person einfach die Nerven blank und sie wollte endlich einen weiteren Schritt zur Klärung ihrer Position in der Öffentlichkeit erzwingen. Über der symbiotischen Beziehung zwischen Königin und römischem Teilherrscher, zwischen Nea Isis und Neos Dionysos sollte nicht mehr der Schatten eines römischen *matrimonium iustum* liegen.

Lange hatte Antonius gezögert, Octavia war immer noch eine integre Sachwalterin seiner Belange und als Sympathieträgerin in Rom von hohem Wert. Jetzt endlich gab er nach und schickte seiner Frau den Scheidebrief, obwohl ihm klar gewesen sein muss, dass er sich eine Menge zusätzlicher Schwierigkeiten einhandeln würde. Niemand anderem brachte diese Scheidung Vorteile außer der Königin, denn Octavia lebte immer noch mit Antonius' Kindern in Rom, ohne ihrem Mann Schwierigkeiten zu machen, ja im Gegenteil, sie sorgte sich um seinen Nachwuchs und ließ sich nicht einfach vor Oktavians Karren spannen. Am besten hätte Antonius ihr gegenüber gar nichts unternommen, die Scheidung aber und insbesondere die Tatsache, dass er sie aus seinem Haus ausziehen hieß, wirkten sich ausgesprochen negativ auf seine Sympathiewerte aus. Dennoch waren die Folgen zumindest für ihn nicht gänzlich katastrophal, wie wir wiederum Plutarchs Darstellung entnehmen können, der hervorhebt, die Römer würden nicht allein Octavia, sondern auch Antonius bedauern, weil Kleopatra weder an Schönheit noch an Jugendblüte an seine Exfrau heranreiche. An Kleopatra lässt die Überlieferung allerdings kein gutes Haar.[41]

Für Oktavian bedeuteten die Scheidung und ihre Umstände Wasser auf seine Mühlen. Langsam gelang es ihm, einen Stimmungsumschwung zu seinen Gunsten in Teilen der Bevölkerung herbeizuführen. Ob die Scheidung einer Kriegserklärung von Seiten des Antonius entsprach, kann man wohl bezweifeln, denn obwohl sie das letzte Band zwischen den ehemaligen Partnern zerschnitt, waren doch Scheidungen und Wiederverheiratungen in der römischen Aristokratie an der Tagesordnung. Wenn aber der Scheidebrief an Octavia tatsächlich einer Kriegserklärung gleichgekommen sein sollte, dann hat vor allem die Propaganda ihres Bruders ihn dazu gemacht. In der römischen Öffentlichkeit sah man die Ursache für den drohenden Krieg von nun an vor allem in Kleopatra. Zumindest im Hinblick auf die Scheidung tat man ihr da nicht einmal Unrecht, dazu kam ihre Teilnahme am Vormarsch des Antonius, dessen Heer inzwischen ins griechische Mutterland übergesetzt hatte.

Sie aber ließ sich nicht beirren, sondern hielt an ihrem Kurs fest. Antonius hat nach dem halbherzigen Versuch auf den Vorstoß des Ahenobarbus hin anscheinend keinen weiteren unternommen, sie zur Heimfahrt zu bewegen und damit etwas aus der Schusslinie zu nehmen. Beide waren sich offenbar ihres Sieges recht sicher, und sie hatten auch einigen Grund dazu, denn Oktavian hatte Schwierigkeiten, Rekruten auszuheben und musste eine Sondersteuer einfordern, die ihm zwischenzeitlich erheblichen Unwillen in der Bevölkerung seines Reichsteils einbrachte. Kleopatras und damit auch Antonius' Kriegskasse war da erheblich besser gefüllt. Möglicherweise hat sie sich in dieser Phase etwas zu sehr gehen lassen und im Gefühl der bevorstehenden Einnahme Italiens schon Äußerungen getan, die selbst wohlwollende Geister in ihrer Umgebung verunsicherten.[42]

Die feindliche Propaganda legte ihr jedenfalls solche Sprüche in den Mund und suchte ihre Hoffart an ihrem Verhalten gegenüber einigen Antonianern besonders wirkungsvoll darzustellen. So sei Geminius, einer von Antonius' Freunden, der als Abgesandter seiner römischen Parteigänger nach Griechenland kam, von Kleopatra gleich verdächtigt worden, er wolle im Sinne der Octavia wirken. Er sei von ihr stets bei Tafel verspottet und durch Zuweisung eines seiner Würde nicht entsprechenden Platzes gekränkt worden. Er aber habe sich das nicht gefallen lassen und bei Tisch aufgefordert, sein Anliegen zu schildern, erklärt, was er sonst zu sagen habe, gehöre in eine nüchterne Stunde, eines aber wisse er genau, ob nüchtern oder betrunken, dass alles gut gehen werde, wenn Kleopatra nach Ägypten zurückginge. Dies habe Antonius erbost, Kleopatra aber habe daraufhin festgestellt, er habe die Wahrheit ohne Folter eingestanden. Daraufhin sei Geminius nach wenigen Tagen entwichen und nach Rom zurückgekehrt.[43] Wie so vieles andere ist auch diese Nachricht mit Vorsicht zu genießen. Wieder einmal wird die Trunkenheit zum Thema gemacht, aber ist es nicht etwas unglaubwürdig, dass Antonius beim Essen in großer Runde sensiblen Gesandtschaftsverkehr abgewickelt haben soll? Zahlreiche Gäste müssen ja zugegen gewesen sein, sonst hätte Geminius sich nicht über einen schlechten Platz beschweren können. Subtil wird mit dem Motiv der Tortur gespielt, ein Fingerzeig, der eindeutig die drohende Fremdherrschaft im Visier hatte, denn das Foltern römischer Bürger war in Rom ja bekanntlich verboten. Wieder einmal tauchen in der Überlieferung gängige Stereotype auf, weitergehende historische Schlussfolgerungen können wir hieraus aber ebenso wenig ziehen wie aus Behauptungen böswilliger Zungen, Männer wie Quintus Dellius seien wie viele andere Freunde des Antonius von den Schmeichlern Kleopatras verjagt worden, deren trunkene Späße und Possenreißereien sie nicht mehr ertragen hätten. Dellius wird sogar Furcht vor Anschlägen der Königin nachgesagt, weil er Kleopatra bei Tisch beleidigt habe durch die Äußerung, ihnen würde nur Essig eingeschenkt, während Sarmentus, einer der Lustknaben Oktavians, in Rom Falerner Wein zu trinken bekomme.[44]

Wenn wir uns fragen, von welcher Seite solche Anschuldigungen kamen oder wie sie in Umlauf gebracht wurden, lohnt sich ein Blick auf einen gewissen P. Calvisius Sabinus. Dieser Anhänger Oktavians hatte 39 das Konsulat bekleidet, gehörte also zu den höchsten Kreisen Roms. Das beflügelte ihn anscheinend zu einem regelrechten Rundumschlag im Dienste seines Herrn, und so steuerte er zu all den diffamierenden Geschichten um die Königin noch folgende Mixtur bei: „Er (Antonius) habe ihr die Bibliotheken in Pergamon geschenkt, in denen sich zweihunderttausend Buchrollen befanden. Er sei einmal bei einem Gastmahl in Gegenwart vieler Gäste auf Grund einer abgeschlossenen Wette aufgestanden und habe ihr die Füße massiert. Er habe geduldet, dass die Ephesier in seiner Gegenwart Kleopatra als Herrscherin begrüßten. Er habe oftmals, wenn er auf seiner Tribüne über Tetrarchen und Könige zu Gericht saß, Liebesbriefchen von ihr, auf Onyx oder Kristall geschrieben, in Empfang genommen und gelesen. Während Furnius, ein Mann von großem Ansehen und als einer der besten Redner Roms bekannt, eine Rede hielt, sei gerade Kleopatra in einer Sänfte über den Markt getragen worden. Da sei Antonius, als er sie sah, aufgesprungen, habe die Gerichtsverhandlung verlassen, sich an ihre Sänfte gehängt und sie begleitet."[45] Die Botschaft war klar: Antonius, dieser Schwächling, befindet sich in den Fängen Kleopatras und vernachlässigt nicht nur die Gebote des Anstands, sondern auch seine alltäglichen Pflichten. Die Königin ist unser Unglück!

Wahrscheinlich hat Calvisius die Anekdoten selbst erfunden. Man muss nicht von einer zentralen Planung der Invektiven ausgehen, obwohl Oktavian bei seinen Tiraden in gleicher Weise nicht gerade durch besonderes Niveau glänzt – es dürfte schon genügt haben, Ziel und Stil vorzugeben. Plutarch, der uns von all diesen Anwürfen berichtet, fügt am Ende eigens hinzu, das Publikum habe geglaubt, die Geschichten seien größtenteils von Calvisius erlogen. Diese Feststellung ist eines der seltenen, aber umso wertvolleren Indizien dafür, dass die wüste Propaganda der Oktavianer doch nur einen begrenzten Effekt zeitigte.

Obwohl sich viele Skandalgeschichten als pure Verleumdung entpuppen, muss es in Antonius' Hauptquartier dennoch zu schweren Konflikten gekommen sein, die zu einem gewissen Abbröckeln der Front gegen Oktavian führten. Angeblich, weil sie von Kleopatra beleidigt worden seien, liefen die Konsulare L. Munatius Plancus und M. Titius zum Gegner über und setzten sich nach Rom ab. Die westliche Propaganda feierte die Überläufer in einer Weise, dass der Verdacht aufkommt, es seien wohl nicht allzu viele Rückkehrer zu bejubeln gewesen. Es passt einfach zu gut in die Agitation ihres neuen Herrn Oktavian, als dass wir viel auf die Behauptung geben dürfen, in ihrem Eintreten gegen die weitere Teilnahme der Königin am Feldzug liege der Hauptgrund dafür, dass sie ausgerastet sei, woraufhin die beiden die Seiten gewechselt hätten.

Plancus, der noch vor nicht allzu langer Zeit bei einer Feier des jetzt von ihm verratenen Paares mit einem angebundenen Fischschwanz über die Tanzfläche gerutscht war, hatte die Verbindung zur Gegenseite nie abreißen lassen und zeigt sich als gewiefter Taktiker mit einem Mangel an Rückgrat. Wahrscheinlich schätzte er die Siegchancen anders ein als Kleopatra oder Antonius und nutzte eine günstige Gelegenheit, um das in seinen Augen sinkende Schiff zu verlassen. Titius stand Kleopatra noch sehr nahe. Wie nach Domitius Ahenobarbus hatte sie auch nach ihm eine Stadt in den 37/36 unter ihre Kontrolle gekommenen Landstrichen benannt. Auch wenn der Name Titiopolis etwas gewöhnungsbedürftig gewirkt haben mag, war dies doch eine wahrhaft königliche Auszeichnung, die für ein enges persönliches Verhältnis spricht.[46]

An freizügige Gesellschaften, gewagte Sprüche und Kleopatras Gehabe waren beide gewöhnt, daran hatten sie nie Anstoß genommen, auch wenn sie jetzt plötzlich die konservativen römischen Patrioten mimten. Den wirklichen Grund für den Seitenwechsel kann man den Quellen nicht entnehmen, zu sehr überdecken die der oktavianischen Stimmungsmache entsprungenen Attacken auf die Königin die Darstellung. Umso mehr muss uns eine beiläufige Bemerkung Cassius Dios zu denken geben, wonach Titius und Plancus „*nach Reibereien mit Antonius* oder auch aus einem gewissen Groll gegen Kleopatra" die Seite gewechselt hätten.[47] Den Hinweis auf Auseinandersetzungen in der Führungsspitze sollte man ernst nehmen, gerade wegen der Konzentration der feindlichen Öffentlichkeitsarbeit auf die Königin. Gab es Rangstreitigkeiten zwischen den Neuankömmlingen aus Rom und Antonius' alten Gefährten? Beide, Titius und Plancus zählten zu seinen Vertrauten und hatten die letzten Jahre im Osten verbracht. Oder ging es um die Strategie, mit der man Oktavian begegnen wollte? War es zu Streitereien um Kommandoposten gekommen? Genaueres wissen wir nicht, aber man macht es sich zu leicht, wenn man Plutarch folgt und die Schuld am Übertritt der beiden einfach Kleopatra in die Schuhe schiebt.[48]

Bei Velleius Paterculus hat gerade Plancus eine extrem schlechte Presse. Velleius tituliert ihn als Niedrigsten aller Schmeichler bei der Königin, noch abhängiger als ein Sklave sei er gewesen. Als Anstifter und Helfershelfer habe er bei den größten Schändlichkeiten mitgewirkt. Der Verrat habe in ihm gesessen wie eine Krankheit und so habe er sich an jeden und für alles verkauft. Mag Velleius' Darstellung völlig überzogen wirken, so bringt er doch noch einen weiteren Gesichtspunkt in die Suche nach Motiven für das Überlaufen ein: Plancus' Verhältnis zu Antonius habe sich abgekühlt, weil dieser ihm bei finanziellen Unregelmäßigkeiten auf die Schliche gekommen sei. Da sei er dann – quasi prophylaktisch – übergegangen zu Oktavian.

Selbst wenn man Zweifel hat an der sehr auf persönliche Schwächen gerichteten Polemik des Velleius, zeigt die Parallelüberlieferung, wie wenig Skrupel beide Überläufer beim Verrat von Plänen und Geheimnissen ihres ehemaligen Oberbefehlshabers an den Tag legten. Insofern wirkt die Nachricht glaubhaft, speziell Plancus habe sich für üble Propagandaaktionen hergegeben und im Senat dem abwesenden Antonius jede Menge Schandtaten vorgeworfen. Velleius lässt es sich nicht nehmen, noch eine kleine Anekdote einzufügen, indem er auf den ehemaligen Prätor Coponius zu sprechen kommt, der den schwadronierenden Plancus lächerlich machte mit der Bemerkung: „Wahrhaftig, Antonius hat schon allerhand angestellt, bevor Du ihm endlich den Rücken gekehrt hast."[49]

Mit Plancus und seinem Neffen Titius verlor Kleopatra zwar zwei bedeutende Römer aus ihrer engeren Umgebung, viel herber aber traf der Verlust Antonius. Der Seitenwechsel allein hätte ihn sicher nicht über die Maßen geschmerzt – gerade Ersterer war nie ein sonderlich guter Truppenführer –, wäre da nicht die intime Kenntnis der Privatangelegenheiten des Triumvirn gewesen. Denn beide wussten um den Inhalt seines Testaments, ja sie hatten es sogar als Zeugen beurkundet! Alles wäre vielleicht nicht so schlimm gekommen, wenn Antonius dieses Schriftstück nicht ausgerechnet im Tempel der Vesta in Rom hinterlegt hätte. Und immer noch wäre die Sache halbwegs glimpflich abgegangen, hätte nicht Oktavian – von den Überläufern präzise über den Inhalt informiert – Antonius' letzten Willen zum Gegenstand des politischen Machtkampfes gemacht.

Wo aber sollte Antonius seinen letzten Willen hinterlegen, wenn nicht genau dort, in Rom! Das hatte vor ihm schon Caesar so gehalten, und niemand hatte es gewagt, sein Testament zu öffnen. Außerdem besaß Antonius neben seinem Haus, in dem Octavia noch bis vor kurzem gelebt hatte, auch im Westen noch ein beträchtliches Vermögen und entsprechende Güter. Sein Haupterbe und Stammhalter war zunächst einmal sein gleichnamiger ältester Sohn von Fulvia, den die Griechen Antyllus nannten. Daneben aber hat er mit Sicherheit wie vor ihm schon Caesar Legate für das römische Volk eingesetzt, die ihm ein gutes und lobendes Andenken sichern sollten. Dazu kam seine enorme Klientel, die gemeinsam mit dem Vermögen einen Erben sofort in die Lage versetzen konnte, in Rom große Politik zu machen. Welche Chancen so ein gewaltiges Erbe in der Hand eines entschlossenen Mannes bot, hatte ja sein Gegner Oktavian eindrucksvoll demonstriert. Kleopatras Kinder wurden zwar nach dem Zeugnis des Sueton im Testament genannt, sie können aber gar nicht in größerem Maß bedacht worden sein, denn angesichts der politischen und gesellschaftlichen Strukturen und der von Oktavian geschürten Aversionen hätten sie bestenfalls im Osten von Antonius' Besitzungen und Verbindungen profitieren können und selbst dies nur zum Teil. Es entbehrte also jeden Sinnes, Kleopatras unmündige Kinder stärker zu berücksichtigen, solange ihr Vater sich nicht auch im Westen durchgesetzt hatte. Gab es dann eigentlich einen Grund zur Aufregung?[50]

In Anbetracht seiner Stellung im Staat und seines enormen Vermögens sprengte Antonius' Testament den Rahmen privater Regelungen. Eine offizielle Verfügung aber deponierte man am besten dort, wo sie durch einen sakralen Raum geschützt war. Und kein anderer Tempel wäre da geeigneter gewesen als der mit dem nie verlöschenden Herdfeuer, das den Bestand der römischen Herrschaft demonstrierte und garantierte. Natürlich blieb es trotzdem eine heikle, hochpolitische Angelegenheit, aber wer ahnte schon, dass jemand göttliches und menschliches Recht missachten und an das Dokument herangehen würde.

Sein junger Kollege und jetziger Kontrahent kannte dahingehend jedoch keine Skrupel, er verlangte von den Vestalinnen die Auslieferung des brisanten Schriftstücks und brachte es, als diese sich weigerten, mit Gewalt an sich, wohl wissend, dass er dabei einen sakralen Frevel beging und noch dazu gegen ein Gesetz Sullas verstieß, das die Öffnung von Testamenten noch lebender Personen mit einer Fälschung gleichsetzte und unter dieselbe Strafe stellte. Selbst wenn man das Sakrileg außer Acht lässt, hätte er mit Deportation und Einziehung seines Vermögens bestraft werden müssen. Nichts dergleichen geschah, ein klares Indiz für seine Machtstellung! Vor allem interessierten ihn diejenigen Passagen des Dokumentes, aus denen man Argumente gegen seinen Gegner und Belege für die bislang schon lancierten Verunglimpfungen und Anschuldigungen ziehen konnte. Tatsächlich fanden sich Bestimmungen, die, wenn man sie entsprechend verkürzte oder aus dem Zusammenhang riss, in den Augen vieler Römer als Fauxpas erscheinen mussten.[51]

Nach Plutarch las er es daher „erst selbst für sich durch und markierte sich gewisse Stellen, aus denen sich leicht Anklagen ableiten ließen, versammelte dann den Senat und las es vor, was die meisten als peinlich empfanden. Denn es erschien allem Brauch zuwider und unerhört, dass jemand bei seinen Lebzeiten Rechenschaft für das geben sollte, was er nach seinem Tode getan wissen wollte.“[52] Oktavians Anklagepunkte bestanden zum einen in „Riesengeschenken“ für „die aus der Verbindung mit der Ägypterin entsprossenen Kinder“, besonders aber geißelte er Antonius' Regelung hinsichtlich seiner Bestattung: „Er bestimmte nämlich, dass sein Leichnam, wenn er in Rom stürbe, in feierlichem Zuge über das Forum getragen und dann nach Alexandria zu Kleopatra überführt werden sollte.“[53] Ob dies alles wirklich Antonius' letzter Wille war, wissen wir nicht, sicher ist nur die Verwendung dieser Version durch die oktavianische Propaganda und eine gewisse Wirkung in der römischen Öffentlichkeit. In Anbetracht der Tatsache, dass Oktavian nur Auszüge vorlas, bleiben gewisse Zweifel an der Echtheit der Bezichtigungen. Wir hören jedenfalls nicht, er habe etwa das Dokument zur Einsicht vorgelegt.

Auf der anderen Seite ließ sich das Risiko von Rechtsbruch und Sakrileg nur dann rechtfertigen, wenn man schon vorher wusste, dass die „im Testament niedergelegten Bestimmungen tatsächlich von der Art waren, dass das doch ganz gesetzwidrige Vorgehen Caesars (Oktavians) ihm von Seiten der Bürger nicht den mindesten Tadel eintrug“. Wenn Cassius Dio uns hier glauben machen will, es habe nun gar keine Kritik an der Vorgehensweise gegeben, ist dies natürlich eine starke Übertreibung, Plutarch spricht ja davon, die Senatoren hätten diese Handlung als empörend angesehen. Aber letztendlich kam Oktavian mit seiner Skrupellosigkeit durch und konnte mit der Veröffentlichung der neuralgischen Bestimmungen – seien sie nun echt oder erfunden – die Propagandaschlacht in Italien für sich entscheiden.[54]

Das lag nicht zuletzt daran, dass in einer konzertierten Aktion Gerüchte in Umlauf gesetzt wurden, die aus dem eigentlich verständlichen Wunsch, an der Seite der Lebensgefährtin in deren von ihm regelmäßig als Residenz genutzten Heimatstadt begraben zu werden, eine komplette Abwendung von Rom und Italien konstruierten, die Antonius mitnichten im Sinn gehabt hat, als er dies festlegte. Es hieß, er wolle im Fall eines Sieges die Stadt an Kleopatra verschenken und die Hauptstadt nach Alexandria verlegen. Vermutlich gehört in diese Zeit auch die Behauptung, Kleopatra und ihre Umgebung rechneten damit, dass sie über Rom herrschen werde, daher habe ihre stärkste Eidesformel gelautet: „So wahr ich einmal auf dem Kapitol Recht spreche!“[55] Wie absurd derartige Behauptungen auch sein mochten, in Kombination mit den besagten Punkten des Testaments erfüllten sie ihren Zweck. Die Stimmung in Rom kippte, und selbst im Senat konnten die neutralen oder oppositionellen Kräfte Oktavian nicht mehr im Zaum halten.

Solcher Zorn habe die Bürger erfüllt, schreibt Dio, dass sie alle und nicht nur seine Gegner oder die Neutralen, sondern sogar seine engsten Freunde ihn hart tadelten. Letztere hätten sich, erschüttert von den verlesenen Dokumenten und bemüht, dem Misstrauen Oktavians entgegenzuwirken, der Haltung der anderen angeschlossen. Auch an dieser Stelle sind der Druck und die Bedrohung durch den Caesarerben mit Händen zu greifen. Man erkannte Antonius das Konsulat für das Jahr 31, für das er schon designiert war, ab und nahm ihm jegliche Amtsgewalt. Als Staatsfeind wurde er jedoch – mit Rücksicht auf seine zahlreichen Anhänger – nicht gebrandmarkt, da schob Oktavian lieber auch weiterhin die Königin in den Fokus der Kritik. Ihr und nicht Antonius wurde jetzt der Krieg erklärt. Inwieweit dies rechtens war, wo doch ein großer Teil des Senats inklusive der beiden Konsuln im Lager der Beschuldigten weilte, muss man dahingestellt sein lassen. Der *consensus universorum*, also der Konsens *aller*, d.h. aller, die Oktavians Meinung mehr oder weniger freiwillig vertraten, wurde bemüht, um dieses zweifelhafte Vorgehen zu rechtfertigen.

Oktavian ließ es sich nicht nehmen, als Mitglied des uralten Priesterkollegiums der *fetiales* das Ritual der Kriegserklärung selbst zu vollziehen, und warf eine in Blut getauchte Lanze auf ein Stück Land beim Tempel der Bellona, das symbolisch für Ägypten herhalten musste.[56]

Die Kriegserklärung war in mehrfacher Hinsicht ein ausgesprochen geschickter Schachzug Oktavians. Ein „auswärtiger“ Krieg gegen das Ptolemäerreich war natürlich besser zu vermitteln als ein Bürgerkrieg gegen Antonius, zumal Oktavian nach der Ausschaltung des Sextus Pompeius die Zeit der Bürgerkriege für beendet erklärt hatte. Außerdem winkte bei einem Sieg über Ägypten ein Triumph, für Bürgerkriegserfolge war eine solche Ehrung nicht vorgesehen. Und zu guter Letzt zwang man Antonius auf diese Weise, für eine ptolemäische Königin gegen römische Bürger in den Kampf zu ziehen. Die Menschen, auch die Einwohner Roms, dürften in ihrer großen Mehrheit diese Spitzfindigkeit durchschaut haben, zumal die Antonianer nach wie vor eine starke Kraft auf der Apenninenhalbinsel blieben.

Aus den Anekdoten, die uns Macrobius überliefert hat, können wir ersehen, wie offen die Sympathien auch jetzt noch verteilt waren. Da hören wir nämlich, unter denen, die Oktavian bei der Rückkehr von Actium empfingen, sei ein Mann mit einem Raben gewesen, den er darauf trainiert hatte zu sagen: „Ave Caesar, siegreicher Imperator!" Nachdem der so Geehrte ihm das Tier für 20 000 Sesterzen abgekauft hatte, kam aber heraus, dass er einen zweiten Raben ausgebildet hatte, der die Worte beherrschte: „Ave, siegreicher Imperator Antonius!"[57]

Und wenn die Kinder in Rom bei ihren Kriegsspielen immer noch beide Seiten mit ausreichend Anhängern beschicken konnten, dann lässt dies indirekt auch auf die Einstellung ihrer Eltern schließen.[58]

Angesichts derart heterogener Loyalitäten kann man gut nachvollziehen, dass beide Oberbefehlshaber im Spätherbst 32 die Bevölkerung in ihren Herrschaftsgebieten noch einmal auf ihre Person einschwören wollten. Oktavian stellt dies in seiner Autobiographie am Ende seines Lebens so dar: „Mir hat aus freiem Entschluss ganz Italien den Gefolgschaftseid geleistet und mich als Führer für den Krieg gewählt."[59] Den militärischen Charakter des Treueschwurs erwähnt auch Cassius Dio. Ganz so freiwillig, wie Oktavian dies darstellt, ist die Eidesleistung allerdings nicht gewesen. Antonius seinerseits forderte im Osten ebenfalls einen Eid ein, über den wir aber noch schlechter informiert sind als über den des Westens für die Konkurrenz. Sowohl die Provinzialen als auch die Untertanen der Klientelfürsten sollten so noch einmal Antonius persönlich verpflichtet werden. Er versprach dafür umgekehrt, es werde in diesem Krieg kein Verhandeln geben. Damit signalisierte er nicht nur Siegeszuversicht, sondern auch den festen Willen, seinen Gegner zur Kapitulation zu zwingen. Wer von beiden mit der Treueschwur-Kampagne angefangen hat, liegt im Dunkeln.

Nach der Kriegserklärung intensivierte Oktavian noch einmal die verbalen Attacken auf Kleopatra, indem er behauptete, Antonius stehe unter dem Einfluss von Drogen und sei nicht mehr ganz bei Sinnen. Auf dessen Seite würden der Krieg ebenso wie die wichtigsten Regierungsgeschäfte von dem Eunuchen Mardion sowie von Kleopatras Friseuse Eiras und der Hofdame Charmion geführt.[60]

## Aufmarsch zum Entscheidungskampf

Antonius' Kriegsplan musste auf die Wiedergewinnung Italiens gerichtet sein; nur so konnte er sich den Zugang zu den Ressourcen der römischen Kernlande wieder öffnen und verhindern, dass aus ihm über kurz oder lang lediglich ein hellenistischer Monarch römischer Provenienz wurde mit einem auf den Orient beschränkten Reich. Außerdem sah es nicht so aus, als ob Oktavian ihn in Ruhe eine wie immer geartete Herrschaft etablieren lassen würde.

Im Sommer 32 verteilte er daher seine Truppen an der Westküste Griechenlands und der Küste von Epirus. Außerdem stationierte er Einheiten auf wichtigen Inseln wie Korkyra und Leukas. Oktavian hingegen sammelte seine Streitkräfte bei Brundisium. Insgesamt 100000 Legionäre und Hilfstruppen zu Fuß sowie 12000 Mann Kavallerie konnte Antonius in die Waagschale werfen, dazu 500 Kriegsschiffe, die bestens gepflegt und ausgerüstet eine Armada darstellten, wie sie seit den Perserkriegen vor 450 Jahren keine Macht im Mittelmeerraum mehr hatte aufbieten können. Beim Landheer war Oktavian mit 80000 Fußsoldaten und 12000 Reitern einigermaßen konkurrenzfähig, bei der Zahl der Kriegsschiffe kam er allerdings nur auf 400 im Durchschnitt etwas kleinere Einheiten und war damit zunächst klar im Nachteil.[61]

Eine Landung in Italien, mit der man nach dem Zeugnis des Horaz auf der Gegenseite rechnete, wäre sicherlich spektakulär gewesen und hätte dem Ruf des Antonius als tapferem und risikobereitem Feldherrn alle Ehre gemacht, doch sollte man bedenken, dass Tarent und Brindisi, die großen Häfen Süditaliens, sich fest in der Hand des Gegners befanden und bestenfalls nach längerer Belagerung einzunehmen waren. Gerade an Brundisium hatte sich Antonius schon einmal im Jahr 40 die Zähne ausgebissen. Außerdem galt es trotz seiner gewaltigen Flotte die immer länger werdenden Versorgungswege zu bedenken, denn Getreide für die Truppen musste bis aus Ägypten herbeigeführt werden. Oktavian hatte den Vorteil der inneren Linie, und je länger Antonius' Nachschubwege wurden, desto anfälliger waren sie für feindliche Attacken. Dies erklärt zur Genüge seinen Entschluss, auf eine Invasion Italiens zu verzichten und die Entscheidung in Griechenland zu suchen. Außerdem war seine Kriegskasse gefüllt, seine Transportschiffe hatten enorme Kapazitäten und die Küstenstellungen waren durch Festungen gesichert, die es einem landenden Feind erschweren sollten, sich entlang der Verbindungswege festzusetzen.

Wenn wir uns die Dislokation seiner Truppenverbände ansehen, fällt auf, dass offenbar von vornherein in der Umgebung von Actium am Golf von Ambrakia eine Entscheidung geplant war. Weiter nördlich gab es eine vorgeschobene Stellung auf Korkyra (Korfu), die aber im Folgejahr beim Erscheinen der oktavianischen Flotte recht schnell zurückgenommen wurde. Actium gegenüber lag die Basis auf Leukas und weiter südlich am Ausgang des Korinthischen Golfes in der Nordwestecke der Peloponnes schloss sich Patrai an. Auf Zakynthos existierte schon lange ein starker Flottenstützpunkt. Im Südwesten der Halbinsel nahm Methone eine Schlüsselstellung ein. Die Bastion am Kap Tainaron bot das Sprungbrett nach Kreta, wo ebenso einige Flottenstandorte lagen wie in der Kyrenaika.

Vor der Entscheidung für Westgriechenland als Aufmarschraum wurden im Kriegsrat des Antonius mit Sicherheit noch einmal die Feldzüge und Entscheidungsschlachten der jüngsten Vergangenheit analysiert; sowohl derjenige Caesars gegen Pompeius als auch seine eigenen Operationen gegen Cassius und Brutus müssen ihm vor Augen gestanden haben. Damals war er zu-

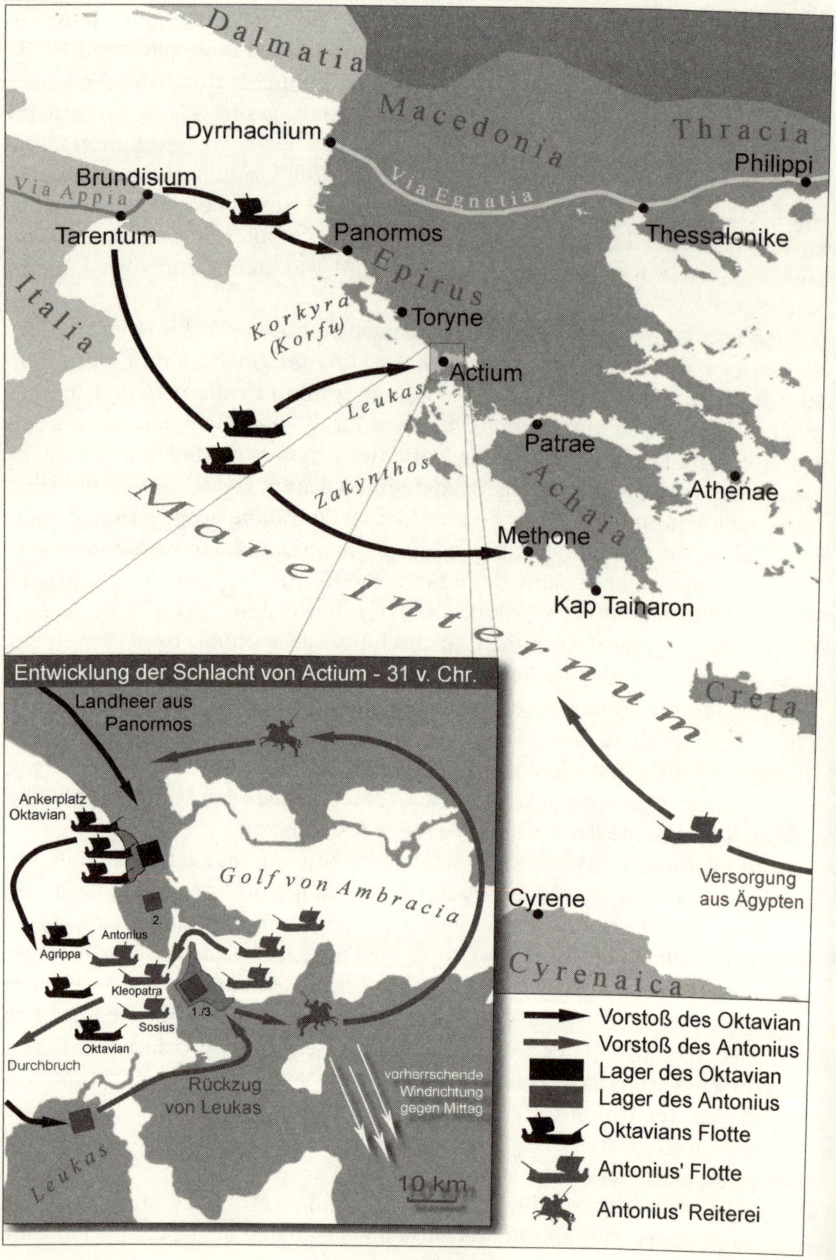


Karte 3: Actium.

sammen mit seinem jetzigen Gegenspieler von Brundisium über die Adria gefahren, bei Dyrrhachium an Land gegangen und dann entlang der Via Egnatia in schnellem Vormarsch bis in die Gegend von Philippi gekommen, wo er die aus dem Osten herangeführten Legionen der Caesarmörder entscheidend schlagen konnte. Damals hatten sich die Triumvirn einer überlegenen feindlichen Flotte gegenübergesehen und daher konsequenterweise ihr Heil in der Verlagerung des Kriegsgeschehens ins Binnenland gesucht, und dies mit durchschlagendem Erfolg.[62]

Jetzt aber hatten sich die Voraussetzungen grundlegend verändert. Antonius kam von Osten und gerade auf See lag nicht zuletzt dank Kleopatras Flottenbaumaßnahmen seine Stärke. Auf den Einsatz seiner Flotte konnte und wollte Antonius daher keinesfalls verzichten. An Kriegsschiffen war er seinem Gegner schließlich sowohl im Hinblick auf die Zahl als auch die Schwere der Einheiten überlegen. Warum also sollte er Oktavian die Chance bieten, noch einmal die Orientflotte zur Bedeutungslosigkeit zu verdammen und die Kampfhandlungen auf Makedonien oder das Hinterland der nordgriechischen Küste zu lokalisieren? Da war es doch eindeutig vorteilhafter, das Heer in Küstennähe zu halten und die südliche Route zu benutzen. Dass er dann nur bis auf die Höhe von Korfu vorstieß und Oktavian die weiter nördlich gelegenen Küstenregionen für eine Landung regelrecht anbot, entsprang offenbar seinem Bemühen, die Anmarschwege für die Einheiten Oktavians nicht gar zu bequem zu gestalten und den Kontrahenten zu zwingen weitere Wege zu gehen bis zum ersten Feindkontakt. Ein Nebeneffekt mag die Absicherung der Schifffahrtsrouten nach Ägypten gewesen sein, allerdings war dies wohl kaum ausschlaggebend.

Ebenfalls aus strategischen Überlegungen wurde das Hauptquartier im Herbst 32 nach Patrai verlegt, wo Kleopatra zusammen mit Antonius den Winter verbrachte. Patrai nahm eine Schlüsselstellung im Netz der Flottenbasen und Festungen ein. Von hier aus konnte man schnell reagieren, wenn der Feind auftauchte. Es spricht für die Ernsthaftigkeit und das persönliche Engagement in der Kriegsführung, dass beide auf einen Aufenthalt im erheblich reizvolleren Athen verzichteten und sich lieber in die Nähe der Kampfeinheiten begaben, obwohl doch die Seekriegssaison erst im Frühjahr wieder beginnen würde. In den Herbst- und Wintermonaten erreicht insbesondere der aus Südosten kommende Schirokko regelmäßig Sturmstärke und machte jede größere Flottenoperation unmöglich.

Wenn Kleopatra ihren Lebensgefährten wirklich zu dieser defensiven Strategie gedrängt hat, dann bewies sie strategisches Geschick und einen klaren Blick für das Machbare. Aber auch ohne sie konnte der erfahrene Oberbefehlshaber Antonius bei Abwägung aller Faktoren zu seinem aus der Retrospektive so sehr kritisierten Kriegsplan kommen. Damals wie heute war es eben nicht völlig vorhersehbar, wo der Feind als Nächstes zuschlagen würde, und wer konnte schon ahnen, wie effektiv und erfolgreich Oktavians

Feldherr Agrippa in den ersten Monaten des Schicksaljahres 31 zur See operieren würde.

Der Vorwurf, er habe nur aus Rücksicht auf Kleopatra von einer Landung an der süditalischen Küste Abstand genommen, geht also fehl. Dennoch geistert durch die moderne Literatur die Meinung, der Einfluss der Königin sei so maßgeblich gewesen, dass es der an Machtmitteln überlegene Antonius verabsäumt habe, den Krieg sofort nach Italien zu tragen. Sie habe vielmehr eine umfassende Defensivstrategie favorisiert, um alles auf eine Seeschlacht zulaufen zu lassen.[63] Aus den vielen Hinweisen der Gegenseite, die Königin persönlich bedrohe das Kapitol und wolle in Rom selbst herrschen, darf man aber keinesfalls auf eine ursprünglich einmal geplante Invasion schließen. Und auch Plutarchs Nachricht, die Verzögerung des Krieges rechne man zu den größten Fehlern, die Antonius begangen habe, weil Oktavian dadurch Zeit gefunden habe, seine Vorbereitungen abzuschließen, spiegelt nur die Retrospektive einer vom Sieger beherrschten Welt.[64]

Aufgrund seiner bisherigen Erfahrungen mit der Kriegsführung in Griechenland und der besagten logistischen Probleme sah sich Antonius regelrecht gezwungen, eine solche defensive Strategie zu verfolgen, zumal er bei gesicherten Nachschublieferungen aus Kleinasien und Ägypten bis ins Frühjahr 31 hinein glauben musste, dass die Zeit für ihn arbeite, während Oktavian aufgrund mangelhafter Ressourcen unter Druck komme. Dem war wohl auch so, und genau dies mag dessen Stabschef M. Vipsanius Agrippa zu einem schnellen Handeln bewogen haben. Ihm überließ Oktavian im Bewusstsein der eigenen Grenzen die Kriegsführung.

Die deutlich geringere Flottenstärke diktierte denn auch die Taktik bei Agrippas Operationen. Seine Leistung muss man vor allem im klaren Blick für die neuralgischen Punkte der gegnerischen Verbindungswege sehen sowie in der Entschlossenheit, diese Punkte mit schnellen und konzentrierten Schlägen weitgehend auszuschalten. Mit einem starken Flottenverband, vermutlich aus schnell segelnden Liburnen zusammengestellt, stieß er Ende des Winters nach Süden vor. Dabei wählte er den direkten Weg über die See in Richtung Südwestspitze der Peloponnes, ließ so die anderen Basen des Antonius ostwärts liegen und griff Anfang März völlig überraschend die Festung Methone an.

Agrippa ging dabei ein hohes Risiko ein, denn er nutzte eine der ersten ruhigeren Wetterphasen aus, wohl wissend, dass die Saison der Winterstürme noch nicht vorüber war. Nur so konnte er den Gegner überraschen. Was aber, wenn der Schirokko eingesetzt hätte? Südlich von Korfu waren ihm die Häfen verschlossen, überall an der Küste lagen Truppen des Antonius im Winterquartier. Er hatte Glück und konnte Methone im Handstreich besetzen, bevor Antonius in der Lage war zu reagieren. Dabei muss er von der Sorglosigkeit der Besatzung profitiert haben oder es war Verrat im Spiel, denn Methone, auf einer felsigen Halbinsel gelegen, war keineswegs leicht einzunehmen. Viel später sollten das auch die Türken zu spüren bekommen, als die Venezianer diese Stellung jahrzehntelang verteidigten. Ganz ohne Gegenwehr aber hat Agrippa diesen eminent wichtigen Stützpunkt denn doch nicht in die Hand bekommen; es kam zu Scharmützeln, in deren Verlauf Antonius' Festungskommandant Bogudes, der vertriebene König von Mauretanien, getötet wurde.[65]

Jetzt saß Agrippa Antonius wie ein Stachel im Fleisch, von Methone aus konnte er die Schifffahrtsrouten nach Norden beobachten, über die der Nachschub für einen Großteil der Flotte und des Landheeres transportiert wurde. Wiederholt fing er Transporte ab und führte weitere Landungsunternehmen durch. Mit diesen Aktionen im Rücken der Hauptstreitmacht traf er Antonius' Achillesferse. Es kam zu besorgniserregenden Versorgungsengpässen. Vielleicht liegt hier auch die Wurzel für die dem Dellius angedichtete Bemerkung zu Kleopatra, sie serviere nur noch sauren Wein. Richtig ernst wurde die Lage, als die Getreidelieferungen aus Ägypten ganz oder doch zumindest teilweise ausblieben.

Plutarchs Urgroßvater Nikarchos vermittelt uns einen Eindruck von den Folgen. Er erzählte noch seinem Urenkel, wie seinerzeit alle Bürger seiner Heimatstadt Chaironeia in Böotien von Soldaten des Antonius gezwungen worden seien, eine Sonderabgabe an Getreide zu leisten und diese auch noch auf den Schultern auf einem beschwerlichen Weg die etwa 25 km nach Antikyra am Korinthischen Golf zu tragen, wo das Getreide verladen wurde. Eine zweite Lieferung sei nur durch die Nachricht von der Niederlage und die Flucht der Antonianer gestoppt worden.[66] Der Augenzeugenbericht scheint authentisch, das Langzeitgedächtnis des alten Mannes funktionierte offenbar noch ganz gut. Die Passage verdeutlicht uns aber vor allem, wie schlecht die Versorgungslage durch die Attacken auf die Nachschubwege geworden war, da man dazu übergehen musste, im wenig ertragreichen griechischen Hinterland Nahrungsmittel zu requirieren.

Als Antonius im Süden alle Hände voll zu tun hatte, seine Versorgungsrouten wenigstens halbwegs intakt zu halten, setzte Oktavian über 100 Seemeilen weiter nördlich sein Landheer nach Epirus über. Südlich der Via Egnatia, wohl im Hafen von Panormos, gingen die Truppen ungehindert von Bord. Zügig stießen sie nach Süden vor und standen bald schon bei Toryne, nicht allzu weit nördlich von Actium.[67]

Oktavians Landkriegsführung entsprach damit voll und ganz den Erwartungen seines Gegners. Wenn Antonius ihn an der Überfahrt hätte behindern wollen, dann wäre wohl kaum seine Stellung so weit im Süden aufgebaut gewesen. Ganz im Gegenteil, er musste daran interessiert sein, Oktavians ganzes Heer nach Griechenland zu bekommen, um seinem Kontrahenten dieses Machtinstrument ein für alle Mal aus der Hand zu schlagen und dann bei einer Landung in Italien weitgehend freie Bahn zu haben. Es ist kaum vorstellbar, dass er von der Landung und vom Vormarsch des Oktavian erst Kenntnis bekam, als dieser kurz vor Actium stand, denn sein Landheer und der starke Flottenverband bei Actium waren schon um der eigenen Sicherheit willen gezwungen, Aufklärung zu Land und zur See zu betreiben. Daher kann man eine wieder einmal gegen die Königin gerichtete Anekdote aus diesen Tagen nur als üble Nachrede ansehen. Nach Plutarch habe Kleopatra, als die Freunde des Antonius sich beunruhigt zeigten, weil der Feind schon bei Toryne, was so viel wie Schöpfkelle heißt, lagere und die eigenen Truppen noch nicht vollzählig seien, gespottet, was schon dabei sei, wenn Oktavian auf einer Schöpfkelle sitze. Was in der Quelle aussieht wie Überheblichkeit, kann man auch als Nervenstärke deuten, denn schließlich war ihr Partner Antonius nicht der Mann, der sich so leicht aus der Ruhe bringen ließ. Wie er wusste sie um die Stärke der Stellung bei Actium und die Qualitäten seiner Befehlshaber, daher konnten sie es sich erlauben, ihr Hauptquartier in Patrai erst jetzt in aller Ruhe nach Norden zu verlegen. Cassius Dio meldet zwar, Antonius sei nicht mehr zu halten gewesen und nach Actium geeilt, räumt aber gleichzeitig ein, dass er seine gesamte Umgebung mitgenommen habe. Ganz so schnell kann dies nicht gegangen sein.[68]

## Die Schlacht bei Actium

Erstmals tauchte jetzt Oktavians Flotte vor Actium auf, Antonius aber ließ sich nicht auf eine Schlacht ein, angeblich weil er unvorbereitet gewesen sei. Plutarch, der an Strategie und Kriegsführung nur insoweit Interesse zeigt, als er seine Protagonisten in Aktion zeigen oder seine Darstellung durch spannende Anekdoten auflockern kann, nutzt die Gelegenheit, uns eine Kriegslist des Antonius zu präsentieren. Dieser habe, weil die Geschwader noch nicht ausreichend bemannt gewesen seien, die Ruder hochbinden lassen und die Schiffe in Formation mit dem Bug zum Feind gebracht, worauf dieser sich habe täuschen lassen und abgefahren sei. Plutarchs Unterhaltungswert in Ehren, aber wenn wir von einer Defensivstrategie im Lager von Antonius und Kleopatra ausgehen, dann kann man hier keinerlei Interesse an einer sofortigen Seeschlacht gehabt haben, denn endlich hatte man Oktavian dort, wo man ihn haben wollte.[69]

Letzterer bezog ein festes Lager auf einem Hügel der nördlichen Halbinsel, die den Golf von Ambrakia umschließt. Die südliche war fest in der Hand des Antonius, dort am Eingang des Golfes lag Actium und nicht weit davon entfernt das Feldlager, das durch lange Mauern mit dem Hafen verbunden war. In Actium und im Golf war die Flotte bestens geschützt, den nur etwa 700 m breiten Sund konnte man über Bastionen auf beiden Ufern mit Fernwaffen komplett bestreichen und so für feindliche Schiffe sperren, überdies war die Ausfahrt noch durch die Flottenbasis auf der nahe gelegenen Insel Leukas gesichert. Deutlich ungünstiger sah es da für sein Gegenüber aus. Oktavians Landheer besaß zwar ebenfalls einen Zugang zum Meer, aber da Antonius' Flottillen den Golf kontrollierten, blieb nur die dem Meer zugewandte Seite der Halbinsel mit der Bucht von Gomaros. Dort aber lagen die Schiffe besonders bei stärkerem Südwestwind ungeschützt, außerdem hatte man ständig mit auflandigem Seegang zu kämpfen. Die Schwäche der Stellung auf dem maritimen Sektor erklärt, warum Agrippa und Oktavian zur See die Schlacht anboten. Antonius aber war zu klug, sich ohne Not darauf einzulassen. Auch die Offerte einer Landschlacht nahm er nicht an, solange seine Vorbereitungen nicht abgeschlossen waren.[70]

Angesichts der besagten Konstellation empfahl es sich für ihn zu warten, ob nicht die Wetterverhältnisse und der Seegang ausreichen würden, um Oktavian in ernste Schwierigkeiten zu bringen. Da galt es nur, dafür zu sorgen, dass jener nicht den Fehler erkennend sein Lager abbrach und sich auf eine Position zurückzog, die eine bessere Anbindung an die Flotte garantierte. Dies muss neben der Selbstsicherheit des erfahrenen Schlachtenlenkers einer der Faktoren gewesen sein, die Antonius bewogen, seine Hauptstreitmacht über die Meerenge hinüber in die direkte Nachbarschaft des feindlichen Lagers zu führen. Dort, nur dreieinhalb Kilometer entfernt, baute er jetzt sein Hauptlager auf. Damit war sichergestellt, dass Oktavian sich nur noch unter erheblichen Verlusten zurückziehen konnte, im Fall eines Abrückens wäre ihm Antonius' Armee dicht auf den Fersen gewesen. Das Angebot einer Landschlacht schlug Oktavian wohlweislich aus, er hatte schließlich schon hautnah erleben dürfen, wie entschlossen und kompetent sein ehemaliger Partner da zu Werke ging.

Nachdem er endlich die Initiative an sich gerissen hatte, legte Antonius nach und schickte seine Reiterei, die er auf dem engen Raum der nördlichen Halbinsel sowieso nicht spezifisch einsetzen konnte, um den gesamten Golf von Ambrakia herum mit dem Auftrag, den Gegner im Rücken zu fassen. Obwohl seine Reiterei keinen durchschlagenden Erfolg erzielte, befand sich Antonius nun taktisch im Vorteil. Das unterstreichen auch Oktavians wirkungslose Ablenkungsmanöver durch Detachements in den makedonisch-thrakischen Raum.

Es schien, als ob Antonius' Konzept aufgehen könnte, da brachte wieder einmal Agrippa die entscheidende Wende. In einem überraschenden Angriff von See her gelang es ihm, den Streitkräften des Antonius die Insel Leukas zu entreißen. Das änderte mit einem Schlag die Situation. Jetzt war die südliche Halbinsel ernsthaft bedroht, die ja nur durch einen schmalen Sund von Leukas getrennt wird. Agrippa hatte damit eine hervorragende Flottenbasis in nächster Nähe gewonnen. Was das für die Versorgung der Antonianer über See zu bedeuten hatte, kann man sich lebhaft ausmalen! Antonius und mit ihm Kleopatra waren von ihren wichtigsten Nachschublinien abgeschnitten. Die Versorgung konnte von nun an einzig und allein über Land erfolgen. Doch es sollte noch schlimmer kommen, denn jetzt nahm sich Agrippa den

Eingang zum Golf von Korinth vor, über den ein großer Teil der Seetransporte laufen musste. Antonius' Admiral Q. Nasidius zog in einem Seegefecht den Kürzeren und Agrippa nahm Patrai ein. Ob er die Ausfahrt aus dem Korinthischen Golf auf Dauer zu sperren vermochte, bleibt unklar, aber jeder Tag brachte Oktavian einen Schritt näher zum Sieg. Eigentlich war die Entscheidung mit Agrippas Erfolgen gegen die Flottenbasen des Gegners längst gefallen, bevor sich die Kampfhandlungen bei Actium zuspitzten.[71]

In der Führungsriege um Antonius muss man sich über die Aussichtslosigkeit der Situation im Klaren gewesen sein, denn selbst langjährige Getreue und alte Kampfgefährten zogen jetzt die Konsequenzen und setzten sich ab ins Lager Oktavians. Den Anfang machte offenbar der paphlagonische König Deiotaros Philadelphos, der anlässlich eines Aufeinandertreffens der Reiterei die Seiten wechselte. Tat dies schon weh, so schmerzte erst recht, dass sich der letztjährige Konsul Cn. Domitius Ahenobarbus absetzte und sich in einem Boot zu Oktavian rudern ließ. Viel hat ihm dies zwar nicht eingebracht – er starb schon kurz darauf an einer der Krankheiten, die inzwischen in Antonius' Lager kursierten –, aber für die Männer in den exponierten Positionen wirkte sein Verhalten wie ein Startschuss. Nun beeilten sich auch andere hochgestellte Persönlichkeiten, ihr Schäfchen ins Trockene zu bringen. Antonius stemmte sich gegen diese Entwicklung. Hatte er anfangs noch großzügig reagiert, indem er etwa dem Ahenobarbus sein Gepäck hinterherschickte und mit der flapsigen Bemerkung, dieser habe sich nur nach seiner Geliebten Servilia Nais gesehnt, die Sache herunterzuspielen suchte, so musste er bald schon einen härteren Ton anschlagen. Den Araberfürsten Iamblichos ließ er foltern und hinrichten und an dem Senator Q. Postumius wurde wegen Verrats das Todesurteil vollstreckt.[72]

Wie ernst die Lage inzwischen geworden war, zeigt der Seitenwechsel zweier ausgesprochen naher Gefolgsleute. Selbst Q. Dellius, Antonius engen Vertrauten, den er so oft in heiklen Gesandtschaftsmissionen seine Interessen vertreten hatte lassen, dem man sogar in jungen Jahren ein Verhältnis mit ihm nachsagte, hielt es nicht mehr an seiner Seite. Und als König Amyntas von Galatien mit seinen 2000 Reitern ebenfalls ins Lager der Feinde überlief, da diskutierte der Kriegsrat des Antonius nur noch, wie man sich am besten aus der unhaltbar gewordenen Stellung zurückziehen könne.

Da der Gegner eine Entscheidungsschlacht zu Land bislang verweigert hatte und die Rahmenbedingungen für Antonius immer schlechter wurden, schied diese Möglichkeit von vornherein aus. Und so gab er das vorgeschobene Lager auf der nördlichen Halbinsel auf und führte sein geschwächtes Heer zurück über die Meerenge an den früheren Standort. Nun ging es darum, wohin man sich absetzen würde und wie der Krieg dann weitergeführt werden sollte. In den heftigen Diskussionen, von denen die Quellen berichten, taucht nach längerer Pause endlich auch Kleopatra wieder auf: Natürlich soll sie den Ausschlag gegeben haben für die Entscheidung, die dann letztlich zu den schweren Verlusten führte. Dabei hat sie aufgrund ihrer Machtposition unter den Klientelfürsten die ganze Zeit schon an den Beratungen teilgenommen, nur ging es jetzt offensichtlich darum, ihr als der erklärten Feindin Roms die Schuld an der Niederlage in die Schuhe zu schieben.

Plutarch behauptet, Antonius sei, weil die Flotte in allen Belangen Unglück hatte und jedes Mal zu spät zum Einsatzort kam, eigentlich genötigt gewesen, sein Augenmerk wieder mehr auf das Landheer zu richten. Dessen Kommandeur Canidius Crassus habe im Gegensatz zu früher seine Meinung geändert und nun doch empfohlen, Kleopatra nach Hause zu schicken. Außerdem sei er der Meinung gewesen, man solle mit den Landtruppen nach Makedonien oder Thrakien durchbrechen und dort den Kampf von neuem beginnen.[73] Falls sein Hinweis auf die verbündeten Geten, die dem Heer zu Hilfe kommen würden, nicht sowieso eine Mär ist, hat ihn wohl kaum jemand im Kriegsrat noch ernsthaft erwogen. Dazu war die Erosion unter den Verbündeten definitiv zu weit fortgeschritten. Es stellt sich sogar grundsätzlich die Frage, ob ein Mann wie Canidius, der als bester Feldherr seines Oberkommandierenden galt, wirklich noch auf das Landheer als tragende Säule der Kriegsführung setzen konnte. Realistisch betrachtet konnte es eigentlich nur um die Rettung der Kerntruppen und einen Neuaufbau gehen – wenn der Gegner ihnen die Zeit dazu ließ.

Cassius Dio hebt Canidius bezeichnenderweise nicht hervor, sondern spricht lediglich von kontroversen Diskussionen, an denen sich diverse Persönlichkeiten beteiligt hätten. Schließlich aber habe sich Kleopatra mit ihrem Vorschlag durchgesetzt, man solle an den strategisch wichtigsten Punkten Besatzungen zurücklassen, während der Rest mit ihr und Antonius nach Ägypten fahre. Wenn wir Dio glauben wollen, wäre sie zu dieser Erkenntnis aufgrund erschreckender Vorzeichen gekommen, etwa weil aus Bienenwachs Milch und Blut tropften und ihrer beider Statuen auf der Akropolis von Blitzschlägen in das Theater hinuntergeschleudert worden seien. So leicht war die Königin normalerweise aber nicht zu beeindrucken, daher führt er nachher an, sie sei wegen der Entmutigung des Heeres und der dort herrschenden Krankheiten ängstlich geworden und habe Antonius mit ihrer Furcht angesteckt.[74]

Auch wenn man im Kriegsrat über die thrakisch-makedonische Variante sicherlich gesprochen hat, konnte doch kaum einer der hohen Militärs ernsthaft die Meinung vertreten, man könne im Balkanraum Oktavians Armee noch einmal mit Aussicht auf Erfolg die Stirn bieten. Die Nachschubwege, die gerade schon den Ausschlag für die Zwangslage gegeben hatten, wären nicht entscheidend verkürzt worden, von der unsicheren Haltung vieler Fürsten einmal abgesehen. Außerdem hätte der Feind den abmarschierenden Truppen sofort nachsetzen können. Das war bei einem Abzug über See und der Rückkehr in den Osten nicht so einfach möglich. Hierdurch konnte man noch einmal Zeit gewinnen, um sich neu zu formieren. Immerhin standen noch sieben Legionen allein in Syrien und Ägypten, weitere vier in der Kyrenaika. Und nur mit der Flotte würde selbst ein Agrippa es nicht wagen, ihnen auf dem Fuß zu folgen. Der Preis für diesen taktischen Rückzug war allerdings hoch, denn es konnte fast als sicher gelten, dass man das Landheer abschreiben musste.

Heute ist sich die Forschung einig, dass das Aufeinandertreffen bei Actium als Durchbruchsschlacht angelegt war. Plutarchs Behauptung, Kleopatra habe die Entscheidung zur See nur deshalb durchgesetzt, weil sie fliehen wollte, Antonius aber hätte am Sieg gezweifelt und daher die Segel mitgenommen, hat ihre Wurzeln in der böswilligen Propaganda der Sieger. Im Kampf wurden die Schiffe gerudert, in einem normalen Gefecht hätte man die Segel als überflüssigen Ballast wohl an Land gelassen; da aber eine Rückkehr gar nicht geplant war, kann man Plutarchs Bemerkung über die angebliche Mutlosigkeit des Antonius nicht folgen.[75]

Die Ausfahrt musste jedoch erst einmal freigekämpft werden. So traf man die notwendigen Vorbereitungen, 230 Schiffe, davon 60 der Kleopatra, waren noch so einsatzfähig, dass man mit einem erfolgreichen Entkommen rechnen konnte, der Rest wurde verbrannt, um ihn nicht in feindliche Hände fallen zu lassen. Neben den üblichen Besatzungen nahm Antonius die besten Soldaten seines Landheeres, 20000 Legionäre und 2000 Bogenschützen, an Bord. Wenn er die Flotte ohne größere Verluste in den Orient brachte, konnte er hoffen, mit diesen Eliteeinheiten und den dort verbliebenen Truppenverbänden binnen kurzer Zeit noch einmal eine gewaltige Armee auf die Beine zu stellen. Es gab keinen Grund, jetzt schon alles verloren zu geben. Selbstverständlich wurden die notwendigen Ausrüstungsstücke für die lange Reise an Bord genommen, zuallererst natürlich die Segel. Sobald der Durchbruch geschafft war, sollten diese gesetzt werden und die Flotte mit günstigem Wind nach Süden bringen.

Agrippa und Oktavian aber mussten die Rettung von Antonius' Kerntruppen zu verhindern suchen, über dessen Pläne waren sie durch die ständig eintrudelnden Überläufer informiert, vermutlich bis hin zu Einzelheiten. Wenn sie einen Großteil der Schiffe abfangen konnten, dann bedeutete dies eine Vorentscheidung auch für den weiteren Kriegsverlauf. Angesichts der Interessenlage beider Kriegsparteien war damit klar, dass es vor Actium in Kürze zu einer der großen Seeschlachten des Altertums kommen würde.

In Konstruktion und Ausrüstung unterschieden sich die Flotten nicht unerheblich. Angesichts der Erfolge großer Kampfschiffe etwa bei Naulochos hatten Kleopatra und Antonius vor allem auf schwere Schlachtschiffe mit hohen, teilweise mit Eisen gegen Rammstöße gepanzerten Bordwänden gesetzt. Diese Einheiten verfügten über eine starke und vielseitige Artillerie, entsprechende Munitionsvorräte und Türme, von denen aus vor allem Bogenschützen und Schleuderer agieren konnten. Nur vergleichsweise wenige

Trieren fanden sich in dieser Marine, beim Gros der Kampfschiffe reichte die Zahl der Ruderreihen von vier bis zehn!

Dagegen sollen gerade Liburnen und Trieren, also Zwei- und Dreiruderer das Rückgrat von Oktavians Flotte gebildet haben. Hier ist insofern Vorsicht angebracht, als Agrippa nur wenige Jahre zuvor mit viel schwereren Einheiten vor Sizilien über Sextus Pompeius' Flotte gesiegt hatte. Diese Schiffe wird man nicht einfach eingemottet und durch kleinere Neubauten ersetzt haben. Wozu auch, schließlich hatten sie sich ja bewährt. Von einem großen Neubauprogramm hören wir in den Quellen nichts. Florus betont schließlich, Oktavians Schiffe seien von zwei bis auf sechs Ruderreihen angewachsen, aber nicht noch mehr. Der Kern der Flotte bestand demnach aus schweren Schiffen, die insgesamt zwar nicht ganz so wuchtig waren wie die von Antonius und Kleopatra, aber doch durchaus konkurrenzfähig. Es kann also keine Rede von einem Kampf David gegen Goliath sein, wie ihn die Oktavian-freundliche Überlieferung stilisiert.[76]

Wo aber kamen die kleineren Schiffe her, eben jene Liburnen, die für einen höheren Anteil an leichten, schnellen Fahrzeugen sorgten? Als Schiffstyp taucht die Liburne erstmals am Ende des 3. Jahrhunderts v. Chr. bei Philipp V. von Makedonien auf. Sie wurde vor allem zu einem beliebten Standardschiff für die Seeräuber. Im Zug des illyrischen Feldzugs hat Oktavian eine größere Zahl dieser schlanken Galeeren von den im Seeraub durchaus versierten Bewohnern der dalmatischen Küste übernommen.[77]

Aufgrund der Zusammensetzung seiner Flotte konnte sein Admiral Agrippa gegen Antonius die Taktik, die noch bei Naulochos zum Sieg über Sextus Pompeius geführt hatte, jetzt verständlicherweise nicht anwenden. Agrippa musste die Geschwindigkeit und Manövrierfähigkeit seiner Einheiten zum Tragen bringen. Damit trat das Schiff selbst als Waffe stärker in den Vordergrund, was aber nicht heißt, dass man nicht ebenfalls Fernwaffen installiert hatte und Munition mit sich führte. Auf ein Fernwaffenduell durfte man sich aber mit den „dicken Pötten" des Gegners nicht einlassen, dafür konnten die wendigeren Fahrzeuge schnell anfahren zur Attacke auf die Riemen, die Bordwand oder das Steuerruder und wieder zurückweichen, wenn die Geschosssalven zu heftig wurden.

Die zahlenmäßige Überlegenheit und eine zwangsläufig andere taktische Ausrichtung als bei Antonius' Geschwadern erhöhten die Chance, dem stärker bewaffneten Gegner erfolgreich begegnen zu können. Der hochgerüsteten Orientflotte auf ihrem eigenen Terrain, den schweren und überschweren Kampfeinheiten, Konkurrenz machen zu wollen, dafür reichten die Ressourcen und vielleicht auch das Wissen nicht annähernd aus. Insofern blieb Agrippa gar nichts anderes übrig, als aus der Not eine Tugend zu machen und das gesamte Vorgehen auf die große Zahl an leichteren Kriegsschiffen abzustimmen. Von Fahrzeugen dieses Typs konnte sein Kriegsherr Oktavian immerhin etwa 400 Exemplare aufbieten, als die Schlacht von Actium begann. Damit war man an Zahl und Wendigkeit Antonius und Kleopatra deutlich überlegen, und das sollte in der bevorstehenden Schlacht von großer Bedeutung sein.[78]

Als sich das Wetter nach viertägigem Sturm beruhigte, gab Antonius den Befehl zum Auslaufen. Am Morgen des 2. September 31 legten die Schiffe ab und begannen vor der Einfahrt in den Sund von Actium eine geschlossene Schlachtformation zu bilden. Dahinter lauerte das Geschwader der Königin auf seine Chance, an Bord nicht nur Kleopatra selbst und ihr Stab, sondern auf mehrere Schiffe verteilt auch die Kriegskasse, die auf keinen Fall in Feindeshand gelangen sollte. Vor ihnen hatte die gegnerische Flotte unter Agrippas Kommando in einem Abstand von etwa acht Stadien (ca. 1400 m) Stellung bezogen. Das Meer war ruhig und so hatte man anscheinend keine Probleme, die Positionen zu halten.

In den vorangegangenen Monaten hatte man genug Zeit gehabt, die Strömungs- und Windverhältnisse zu studieren, und genau darauf baute jetzt der Plan des Antonius auf. In den Sommermonaten kommt normalerweise am späten Vormittag vor dem Eingang des Ambrakischen Golfs eine Tagesbrise meist aus nördlichen Richtungen auf. Dies war Voraussetzung für das Gelingen des Ausbruchs. Aufgrund ihrer Konstruktion waren antike Schiffe nämlich nicht in der Lage, hoch am Wind zu kreuzen. Mit dem Wind im Rücken aber konnte die Flotte, wenn sie erst einmal die feindlichen Linien durchstoßen hatte, auf Vorwind- oder Raumschotkurs mit hoher Geschwindigkeit nach Süden ablaufen.[79]

Jetzt galt es erst einmal abzuwarten, bis der Wind einsetzte, um dann möglichst geschlossen die hohe See zu gewinnen, wo eine Kursänderung dem Verband das Hissen der Segel ermöglichen würde. Man musste zwar mit Verfolgern rechnen, aber in voller Fahrt unter Segeln war man erheblich weniger angreifbar für etwaige feindliche Ramm- oder Enterattacken und konnte daher die eigene Überlegenheit an Fernwaffen stärker zum Tragen bringen. Alles kam also darauf an, zum richtigen Zeitpunkt möglichst geschlossen durch die Reihen des Gegners zu brechen. Bis dahin galt es Disziplin zu wahren.

Genau dies schien ein Problem zu werden, als der linke Flügel des Antonius unter Sosius vorrückte. Vielleicht konnte Sosius die Position nicht mehr halten, Wind war aufgekommen, und daher *musste* er Fahrt aufnehmen, um manövrierfähig zu bleiben. Bei starkem Wind aus Nord bis West kann sich in der Meerenge eine hohe Grundsee aufbauen, die das Manövrieren wegen der Versetzung des Schiffes gefährlich macht. Je nach Windverhältnissen können die unregelmäßigen Gezeitenströme eine Stärke von 3,5 Knoten (ca. 6,5 km/h) erreichen.

Der ihm gegenüberliegende Oktavian zog seine Schiffe zurück, um erst dann anzugreifen, wenn die Formation des Gegners nicht mehr so geschlossen war. Die Windverhältnisse sowie die Erkenntnis, dass eine Rückkehr in den Hafen ohne größere Verluste nicht mehr möglich war, müssen Antonius dazu bewogen haben, das Zeichen zum Vorrücken zu geben. Agrippa auf dem anderen Flügel dehnte seine Linien aus, die Schiffe des Antonius folgten diesem Beispiel, um sich nicht überflügeln zu lassen. Jetzt geriet man auf voller Länge der Formationen aneinander.

Von ihrer rückwärtigen Position aus konnte Kleopatra das Kampfgeschehen verfolgen. Was genau sich da vor ihren Augen abspielte und wie hart auf den Schiffen gefochten wurde, schildert uns Cassius Dio: „Der Kampf … wurde mit äußerster Erbitterung geführt. Caesars Leute beschädigten nämlich ringsum sämtliche unteren Teile der Fahrzeuge, zerbrachen die Ruder, rissen die Steuer weg und stiegen schließlich auf die Verdecke; dort fassten sie die einen und zerrten sie herunter, die anderen schleuderten sie ins Meer und kämpften mit den übrigen, da sie ihren Gegnern nunmehr an Zahl gleich waren. Hingegen stießen die Männer des Antonius die Angreifer mit Ruderstangen zurück, schlugen sie mit Äxten nieder, warfen Felsbrocken und sonstige schwere, für eben diesen Zweck vorbereitete Geschosse auf sie herab, vertrieben diejenigen, die heraufzuklettern versuchten, und rangen mit jedem, der in ihre Reichweite kam. … Jetzt bekam die Schlacht ein anderes Gesicht: Von vielen Seiten zugleich stürzten die Angreifer auf ihre Opfer, beschossen sie mit Brandpfeilen, warfen mit ihren Händen an Lanzen befestigte Fackeln und schleuderten mit Hilfe von Maschinen aus der Ferne sogar etliche Töpfe, voll von glühenden Kohlen und von Pech, auf die feindlichen Schiffe. Die Verteidiger versuchten die Feuerbrände, so wie sie einzeln kamen, abzuwehren, und wenn ihnen trotzdem einige entgingen, die Holzteile in Brand setzten und wie ja bei einem Schiff ein mächtiges Feuer entzündeten, dann benutzten sie zunächst das an Bord mitgeführte Trinkwasser und löschten damit einige Brandstellen; versagte diese Hilfe, so schöpften sie Wasser aus dem Meer. … Als sie sich nun auch in diesem ihrem Bemühen unterlegen sahen, warfen sie ihre dicken Mäntel und die Toten auf die Brandstellen; das dämpfte für einige Zeit das Feuer, und man konnte an ein Nachlassen glauben, doch dann schlugen die Flammen, zumal auch ein heftiger Wind einfiel und gerade jener Brennstoff neue Nahrung lieferte, höher denn je empor. Solange nur ein Teil des Schiffes brannte, stellten sich Männer an den betreffenden Platz und sprangen sogar darauf, um die Holzplanken teils abzuhauen, teils zu zerstreuen. Und die einen warfen die brennenden Stücke ins Wasser, andere wieder auf ihre Gegner, in der Hoffnung, ihnen ebenfalls vielleicht einen Schaden zuzufügen. Andere schließlich begaben sich zu dem noch heilen Schiffsteil und machten dort mehr denn je von den Eisenkrallen und den langen Speeren Gebrauch, um ein feindliches Schiff an das ihrige zu binden und, wenn möglich, hinüberzuwechseln oder, sollte das nicht gelingen, dieses ebenfalls in Brand zu stecken. Als aber keine Feinde mehr nahe genug kamen … und das Feuer die ringsum laufenden Bordwände ergriff und auf den Schiffsboden sich hinab fraß, da erlitten sie alle das schlimmste Schicksal: Die einen, und zwar besonders die Matrosen, erstickten schon, ehe sich ihnen noch die Flamme näherte, im Rauch, während die anderen gerade mitten im Feuermeer wie in Öfen gebraten wurden. Weitere starben in ihrer Rüstung, als diese sich erhitzte. Wieder welche warfen, ehe ihnen noch dies widerfuhr oder als sie schon halbverbrannt waren, ihre Waffen weg und ließen sich von den Ferngeschossen verwunden oder sprangen ins Meer, wo sie ertranken. Manche gingen auch, von den Streichen ihrer Gegner getroffen, in den Wellen unter, manche wurden von Seeungeheuern in Stücke gerissen. Angesichts solcher Leiden fanden nur jene ein erträgliches Ende, die, ehe noch ein solches Schicksal sie ereilte, sich entweder gegenseitig töteten oder Selbstmord begingen. Sie brauchten ja keine Qual zu erdulden, verbrannten vielmehr als Leichen mit ihren Schiffen zusammen wie auf einem Scheiterhaufen."[80]

Durch die Ausdehnung an den Flügeln war das Zentrum der Flotten nicht mehr so massiv besetzt wie beim Aufmarsch. Damit eröffnete sich jetzt für die Königin die Gelegenheit, auf die man offenbar die ganze Zeit schon gewartet hatte. Sie ließ anrudern, stieß mit ihrem Geschwader durch die Kampflinien hindurch und gewann die hohe See, wo sie nach Süden abdrehte, um sofort Segel zu setzen und mit günstigem Wind Kurs auf die Peloponnes zu nehmen.

Aus Sicht des Cassius Dio stellt sich die Situation jedoch ganz anders dar. Lange Zeit habe die Seeschlacht unentschieden gestanden, bis Kleopatra, die hinter der Kampfzone vor Anker lag, entsprechend ihrer Wesensart als Frau und Ägypterin durch das lange Warten sowie die Unsicherheit die Nerven verloren und ihren eigenen Untertanen das Zeichen zur Flucht gegeben habe. Als diese Segel gesetzt und, begünstigt von einem *zufällig* aufkommenden Fahrtwind, auf die offene See hinausgesteuert hätten, habe Antonius geglaubt, sie machten sich nicht auf Kleopatras Befehl, sondern weil sie sich für besiegt hielten, davon, und habe sich ihnen angeschlossen. Infolgedessen hätten die übrigen Soldaten den Mut sinken lassen und so sei Chaos ausgebrochen. War die Königin an allem schuld?[81]

Obwohl Dio hier von Flucht und Verrat durch Kleopatra spricht, entpuppt sich das Ganze bei genauerem Hinsehen als wohlgeplante Aktion. Antonius konnte nicht damit rechnen, dass Agrippa ihn so einfach entkommen lassen würde, und hielt deshalb seine wichtigste Flottenabteilung zunächst aus der Schlacht heraus, damit diese dann in einem konzentrierten Vorstoß die feindlichen Linien an einer sich zwangsläufig im Schlachtengetümmel ergebenden Schwachstelle durchbrechen könne. Die Königin musste mitsamt der Kriegskasse um jeden Preis sicher zurück in den Orient gebracht werden. Nur wenn er sich diese Hilfsquellen erhielt, konnte er hoffen, in absehbarer Zeit ein neues Heer gegen Oktavian zu mobilisieren. Außerdem galt es, die Überfahrt durch einen starken und möglichst intakten Schiffsverband gegen Verfolgung und ein Abfangen durch feindliche Kräfte zu sichern.

In Anbetracht solcher Zwänge hatten Antonius und Kleopatra die erste Phase ihres Schlachtplans ausgesprochen erfolgreich abgeschlossen. Jetzt galt es für ihn und die zurückgebliebenen Einheiten, sich möglichst schnell vom Feind zu lösen und ebenfalls gen Süden zu segeln. Wenn dies ohne allzu große Verluste gelang, dann konnte man die Schlacht als vollen Erfolg betrachten. Antonius selbst musste zwar sein schwer bedrängtes Flaggschiff aufgeben und auf eine Pentere überwechseln, allerdings gelang es ihm mit diesem Großkampfschiff die feindlichen Galeeren abzuschütteln und Kleopatra nachzueilen. Die meisten seiner Flotteneinheiten waren von der gegnerischen Übermacht jedoch so gebunden, dass sie versenkt wurden oder kapitulieren mussten. Ein Teil konnte sich zwar noch behaupten, aber das offene Meer nicht mehr erreichen und musste daher zurückfahren in den Hafen von Actium.[82]

Inzwischen war Antonius zu Kleopatra gestoßen und so erreichten sie nach drei Tagen gemeinsam Kap Tainaron, wo ihre Flottenbasis noch intakt war. Unterwegs soll er sich allerdings völlig niedergeschlagen auf das Vordeck von Kleopatras Flaggschiff zurückgezogen haben, erst dann schafften es die Frauen in Kleopatras Gefolge, die beiden wieder zusammenzubringen. Obwohl wir nicht sicher sein können, ob Antonius sich wirklich derart deprimiert gezeigt hat – immerhin hatte er etwa ein Drittel seiner Flotte gerettet –, war die Schlacht vor Actium doch alles andere als ein voller Erfolg. Dazu waren aus der vordersten Linie zu wenige Schiffe nachgekommen. Von Tainaron aus informierte er Canidius Crassus über sein Entkommen und gab ihm den Befehl, das Landheer durch Makedonien nach Kleinasien zurückzuführen.

Der Tag von Actium war noch nicht recht vorüber, da begann schon die Legendenbildung. Kleopatra sei geflohen, nur um sich zu retten, und habe Antonius schmählich im Stich gelassen, dieser aber sei ihr gefolgt, weil er ihr völlig verfallen sei. Plutarch lässt in diesem Zusammenhang die Bemerkung fallen: „Nunmehr bewies Antonius in aller Deutlichkeit, dass er sich nicht von den Überlegungen eines Führers noch eines Mannes noch überhaupt seinen eigenen Überlegungen leiten ließ, sondern – wie jemand scherzend gesagt hat, dass die Seele eines Menschen im Körper eines anderen lebe – dass er von der Frau mitgezogen wurde, als ob er mit ihr zusammengewachsen sei."[83]

Und jetzt ging es natürlich erst einmal an die Verherrlichung des Sieges, der als die große glänzende, alles entscheidende Waffentat propagiert wurde, obwohl doch der Durchbruch von Kleopatra und Antonius eben nicht hatte verhindert werden können; lediglich den größeren Teil der Flotte hatte man aufgehalten. Es handelte sich also lediglich um einen Teilerfolg. Aber wie so oft, entscheidend ist nicht, was passiert, sondern wie man darüber redet. Und in dieser Hinsicht konnte sich der spätere Augustus auf die römischen Dichter verlassen. Horaz widmete Actium eine euphorische Ode. In Vergils Epos wurde sogar eine Darstellung beschrieben, die auf dem Schild des Aeneas zu sehen gewesen sei und den Charakter einer Prophezeiung besaß: „Doch dann erblickst auf einer breiten Woge Du das goldene Ebenbild der aufschäumenden See. Die blauen Wellen sind gekrönt von weißem Schaum, und silbern glänzende Delphine peitschen das Wasser mit den starken Flossen. Und in der Mitte dieses Bildes dann die Schlacht: Ganz Leukas lag im Licht, so blitzten dort die Waffen. Die Wellen glühten wie geschmolzenes Gold. Dort stand Augustus, führte die Römer in die Schlacht. Ihm folgte der Senat, und hinter ihm das Volk. Die häuslichen Penaten führt es mit und auch die Himmlischen. Hochragend steht er dort im Heck, zwei Flammen seine Augen, und der Stern, der seinen Vater führte, steht hoch über ihm. An anderer Stelle steht Agrippa, günstigen Wind im Rücken und die Macht der Götter. Die Flotte führt er, stolz trägt er das Siegeszeichen auf dem Helm, verziert mit Abbildern der Schnäbel seiner Schiffe. Ihr Gegner ist Antonius … und – o bittere Schande – die ägyptische Geliebte! … Die Königin mit ihrer Flotte hielt das Zentrum, doch sehen wir noch nicht die beiden Vipern auf sie lauern. … Mit zerrissenem Mantel fährt herab die Zwietracht, und es folgt Bellona mit der blutigen Keule. Apollo von Actium sieht das Schauspiel, spannt den Bogen, den die Ägypter fürchten, die Inder, Araber und Sabäer. Alle wenden sich zur Flucht. Die Königin jedoch lässt Flöten spielen, den Wind zu rufen, um sie fortzuführen. Sie setzt die Segel, die am Mast jetzt flattern. Der Herr des Feuers lässt ihre bleiche Haut erglühen, denn angesichts des Todes musste sie erblassen, der ihr naht, mag sie auch jetzt das Kampfgetümmel fliehen, gefolgt von Wind und Wellen.“[84]

Endlich konnte Oktavian sich also gebührend feiern lassen. Vergessen war die blamable Vorstellung des Jahres 38 in der Straße von Messina. Vergessen auch die Tatsache, dass der „Held“ von Actium in den Seeschlachten bei Mylae und Naulochos das Kampfgeschehen lieber von Land aus verfolgt und seine von Agrippa geführten Einheiten nicht durch seine Anwesenheit und eine mögliche Gefährdung seiner Person „irritiert“ hatte.[85]

## Endkampf auf ägyptischem Boden

Von Tainaron aus segelte Kleopatra mit Antonius an Bord auf ihrer bisherigen Nachschubroute weiter nach Afrika, wo er im Hafen der ägyptischen Grenzfestung Paraitonion erst einmal von Bord ging, um die weiter westlich stationierten Kräfte zu mobilisieren. Sie sandte er voraus ins 280 km östlich gelegene Alexandria. Antonius trat nun mit L. Pinarius Scarpus in Verbindung, der die vier in der Kyrenaika stehenden Legionen kommandierte. Dieser aber weigerte sich, seinem Befehl zu folgen, und ging zu Oktavian über. Bei den Truppen besaß Antonius noch einigen Rückhalt und so musste Scarpus zu Hinrichtungen greifen, ehe sie so weit diszipliniert waren, den

Seitenwechsel ihres Anführers mitzumachen. Als sich die Hoffnung auf die hiesigen Truppen zerschlug, wollte Antonius sich den Tod geben, seine Freunde hielten ihn jedoch davon ab und schafften den Lebensmüden zu Kleopatra.[86]

Diese war inzwischen in Alexandria eingelaufen, wo sie sofort eine Reihe von Maßnahmen einleitete, um die nächste Zukunft zu sichern. Cassius Dio berichtet, sie habe bei der Anfahrt aus Furcht um ihre Sicherheit das Vordeck der Schiffe bekränzen und zum Klang der Flöten Siegeslieder anstimmen lassen. Sobald sie aber unversehrt gelandet war und die Nachricht von der Niederlage durchsickerte, habe sie Säuberungsaktionen gegen führende Oppositionelle durchgeführt und Reichtümer aus deren Besitz zusammengetragen. Sicherlich übertreibt Dio, wenn er von Konfiskationen geweihter Gegenstände spricht, von denen selbst die größten Heiligtümer nicht verschont geblieben seien. Allerdings wird sie auch von den Tempeln einen Beitrag zur Finanzierung jener Streitkräfte eingefordert haben, die jetzt neu aufgestellt und ausgerüstet wurden.[87]

Nach der jüngsten Niederlage war ihr Vertrauen in Antonius' Möglichkeiten jedoch so weit erschüttert, dass sie Vorkehrungen für eine etwaige Eroberung Ägyptens traf. Einen möglichen Fluchtweg sah sie offenbar im Roten Meer, von wo aus Schifffahrtsrouten bis nach Indien führten. Als die Freunde mit Antonius eintrafen, war man bereits dabei, Schiffe aus ihrer Flotte über den alten „Suez"-Kanal von Bubastis nach Kleopatris zu fahren oder zu ziehen. Dieser noch aus dem 6. Jahrhundert v. Chr. stammende Kanal verband das östliche Nildelta über das Wadi Tumilat und den Timsahsee sowie die Bitterseen mit dem Golf von Suez. An seiner Mündung hatte einst der zweite Ptolemäer die Stadt Arsinoë gegründet, die später den Namen Kleopatris erhielt.[88]

Die an sich kluge Maßnahme – schließlich hatten ihre Vorfahren die Seewege im Roten Meer und im Indischen Ozean schon seit dem 3. Jahrhundert erforschen lassen und zahlreiche Niederlassungen an den Küsten gegründet – hätte wohl im Notfall ein schnelles Entkommen mit einem Großteil des Königsschatzes sowie dem umfangreichen Gefolge ermöglicht, wären da nicht auf Veranlassung des neuen syrischen Statthalters Quintus Didius nabatäische Verbände aus dem Herrschaftsgebiet des Königs Malchos aufgetaucht und hätten die Schiffe attackiert und verbrannt.[89]

Etwas unwahrscheinlicher als der Schiffstransfer erscheinen da schon Fluchtpläne, die in den Westen des Mittelmeerraumes zielten. Nach Cassius Dio hätte Kleopatra zusammen mit Antonius Vorbereitungen getroffen, um gegebenenfalls nach Spanien zu fahren und dort mit ihren enormen finanziellen Ressourcen einen Aufstand zu entfachen. Angesichts des Überlaufens zahlreicher Truppenverbände und Befehlshaber in nächster Nähe konnten sie aber nicht ernsthaft mit nennenswerter Unterstützung im weit entfernten Spanien rechnen. Zu gering wären die Erfolgsaussichten einer Rebellion gegen Oktavian gewesen, zu fest hatte dieser die westlichen Provinzen inzwischen im Griff.[90]

Realistischer war da schon der Widerstand auf „ihrem“ Terrain in Syrien und Kleinasien, und den suchte sie in der Folge zu aktivieren. Glücklos blieb sie bei dem Versuch, weitere Bundesgenossen zu gewinnen. Antonius musste jetzt feststellen, dass sein sorgfältig aufgebautes System von Klientelkönigen erstaunlich schnell abbröckelte. Es zeigte sich, dass die Fürsten zwar Rom grundsätzlich die Treue hielten, ihr Schicksal aber keineswegs mit dem seinen verbanden. In schneller Folge fielen seine Bündnispartner von ihm ab. Selbst Herodes, dem er doch immer die Stange gehalten hatte, sah es als Gebot der Stunde an, im eigenen Interesse die Seiten zu wechseln, und ging auf Distanz. Er unterstützte stattdessen den syrischen Statthalter Quintus Didius erfolgreich bei dem Versuch, Antonius' treue Verbände am Durchzug nach Ägypten zu hindern. Cassius Dio spricht von Gladiatoren, die in Kyzikos am Marmarameer für die geplanten Siegesfeiern über Oktavian ausgebildet worden seien und auf die Nachricht von der Niederlage nach Ägypten eilten, in der festen Absicht, ihren Herrschern beizustehen. Es kann sich dabei kaum um ein verlorenes Häuflein tapferer Krieger gehandelt haben, denn sie konnten sich erfolgreich gegen den Galaterkönig Amyntas und die Söhne des Tarcondimotus in Kilikien behaupten, die bereits die Seiten gewechselt hatten. Die besagten Gladiatoren mögen den Kern der Streitmacht gebildet haben, es müssen sich aber weitere kleinasiatische Einheiten angeschlossen und einen starken Truppenverband gebildet haben, wenn selbst der syrische Statthalter mit seinen Legionen nicht ohne Herodes' Hilfe mit ihnen fertig wurde. Antonius und Kleopatra sahen sich nicht in der Lage, ihnen zum Durchbruch zu verhelfen oder auch nur ihre Befehle zu übermitteln. Deshalb schlossen diese Verbände schließlich widerstrebend ein Abkommen mit Didius und bezogen Quartier in Daphne, der Vorstadt von Antiochia.[91]

Mitten hinein in die Kriegsvorbereitungen des geschlagenen Paares platzte Canidius Crassus, der beim Landheer vor Actium geblieben war. Er hatte befehlsgemäß den Versuch unternommen, sich mit möglichst vielen Einheiten vom Feind zu lösen und diese nach Osten zu führen, eine schier unlösbare Aufgabe, aber man musste eben alles versuchen, wenn man Oktavian noch einmal mit geballter Heeresmacht entgegentreten wollte. Tatsächlich konnte er das Rumpfheer in Marsch setzen, obwohl er mit zahlreichen Desertionen zu kämpfen hatte. Auf dem Weg nach Makedonien wurde er jedoch eingeholt, der Gegner zog die Soldaten kampflos auf seine Seite und so war ihm und seinen Kommandeuren nur die Flucht nach Ägypten geblieben, wo er später Oktavian in die Hände fiel und auf dessen Befehl hin getötet wurde. Der Sieger hatte ebenso wie die übergelaufenen Truppen ein vehementes Interesse daran, ihre Version der Dinge zu verbreiten, wonach Canidius sie im Stich gelassen habe, ihnen also gar nichts anderes übrig geblieben sei, als zu kapitulieren.[92]

Hatte Antonius sich nach seiner Ankunft in Alexandria noch depressiv gezeigt und sich bei Pharos in eine ganz vom Wasser umschlossene, nur über einen Damm erreichbare Behausung zurückgezogen, die er Timoneion nannte, so änderte sich das wieder nach Canidius' Eintreffen. Wie uns Plutarch versichert, „hauste er dort (im Timoneion) als Flüchtling vor den Menschen und erklärte, sein Muster und Vorbild sei die Lebensart Timons, weil es ihm ähnlich gegangen sei wie jenem. Auch ihm sei von seinen Freunden Unrecht und Undank zuteil geworden, darum empfinde er Misstrauen und Abscheu gegen alle Menschen."[93] Der lebensfrohe Antonius ein Misanthrop? Kein Wunder, dass er das nicht lange durchgehalten hat. Mit der endgültigen Gewissheit, dass vom ehemals vor Actium liegenden Landheer kein Zuzug mehr zu erhoffen war, erfasste ihn, wenn schon nicht neuer *Lebens-*, dann doch *Todes*mut. Humor ist, wenn man trotzdem lacht, scheint er sich gedacht zu haben, und so nahm er am Ende des Jahres sein gewohntes Leben wieder auf. Kleopatra stand ihm auch hier zur Seite, und beide lösten sie ihren „Klub der unnachahmlich Lebenden" auf und gründeten an seiner Stelle den „Klub der gemeinsam Sterbenden". Selbstverständlich herrschte in der Nachfolgeorganisation ebenfalls eine übermütige Stimmung, Orgien und Ausschweifungen waren angesagt.

Alexandria, die Metropole des Ptolemäerreiches, ließ sich anstecken von der neuen Fröhlichkeit. In dieser Zeit erklärten Kleopatra und Antonius ihre beiden ältesten Söhne von jeweils anderen Partnern für volljährig. Der etwa sechzehnjährige Caesarion wurde in die Ephebenliste eingeschrieben und der ungefähr fünfzehnjährige Antyllus, Antonius' Sohn von Fulvia, bekam die *toga virilis* verliehen. Ein solches Ereignis musste natürlich gebührend gefeiert werden, und so jagte viele Tage lang eine Festlichkeit die andere, Balsam für die angespannten Gemüter. Es hat den Anschein, als ob hier schon die Weichen gestellt werden sollten für eine eventuelle Nachfolge, und zwar sowohl für einen neuen Herrscher auf dem ptolemäischen Königsthron als auch für einen römischen Aristokraten, der nicht nur das Vermögen, sondern vor allem die riesige Klientel des Antonius erben konnte. Künftig war keiner der beiden jungen Männer mehr durch einen Vormund von der Macht fernzuhalten.[94]

Man hat spekuliert, ob dies für Oktavian ein triftiger Grund gewesen sei, die beiden umgehend zu töten, als er ihrer habhaft wurde. Dagegen spricht, dass besonders Caesarion allein durch seine Existenz immer den genealogischen Schwachpunkt des Caesarerben in Erinnerung brachte und damit schon unmündig ein Ärgernis für dessen Legitimierung als Sohn des Divus Iulius war. Antyllus seinerseits konnte man nicht mehr allzu lange von der *toga virilis* fernhalten, weshalb so oder so die Gefahr bestand, dass dieser in den nächsten Jahren als Kristallisationspunkt für die Klientel ähnlich schnell zu großer Macht aufsteigen würde wie seinerzeit Oktavian selbst, als er im Alter von 19 Jahren nach eigener Aussage damit begann, aus privaten Mitteln ein Heer aufzustellen, um den Staat zu „retten". Oktavian wäre nicht so weit gekommen, wenn er nicht mit solchen potentiellen Gegenspielern ohne Zögern kurzen Prozess gemacht hätte. Die Volljährigkeitserklärung der beiden hat ganz sicher nicht den Ausschlag für ihre Beiseitigung durch den Sieger gegeben.[95]

Parallel zu den Feiern für die beiden Teenager bereitete man sich auf das Schlimmste vor. Kleopatras Grabmal befand sich zwar noch im Bau, war aber so weit fortgeschritten, dass es seinen Zweck erfüllen konnte, wie sich bald schon zeigen sollte. Wie man aber am würdevollsten und zugleich möglichst schmerzlos vom Leben zum Tod gelangte, diese Frage scheint die Königin in jenen Wochen umgetrieben zu haben. Sie bereitete sich auf alle Eventualitäten vor und entschied sich für Gift, sollte Selbstmord unausweichlich werden. Sicherlich wurde auch dieses Thema im „Klub" diskutiert. Die makabre Situation an sich und Kleopatras tatsächliches Ende haben zu den wildesten Gerüchten geführt, das Motiv war einfach zu dankbar, als dass man einer Ausschmückung hätte widerstehen können. Noch halbwegs zurückhaltend erzählt Plutarch, die Königin habe sich eine Sammlung von Pflanzengiften zugelegt und täglich Versuche an zum Tod verurteilten Verbrechern durchführen lassen. Weil sie dabei festgestellt habe, dass die schnellwirkenden Mittel den Tod unter Schmerzen herbeiführten, die angenehmeren ihr aber zu langsam wirkten, sei sie zu Experimenten mit giftigen Tieren übergegangen. Im Endeffekt sei nur noch die Kobra geblieben, weil ihr Gift ohne Krampf und Ächzen eine Betäubung und unüberwindliche Neigung zum Einschlafen bewirke, so dass die Gebissenen unter leichtem Schweißausbruch und Hinschwinden der Sinne nach und nach hinstürben … wie Leute, die in tiefem Schlaf lägen.[96]

Cassius Dio schreibt in diesem Punkt einen Tick nüchterner und teilt lediglich mit, Kleopatra habe, als sie sich beim Einzug Oktavians in Alexandria in ihrem Grabmal einschloss, für alles vorgesorgt und daher tödliche Nattern und Kriechtiere bereitgehalten, deren Wirksamkeit sie jeweils zuvor an Menschen ausprobiert habe.[97]

Der Verfasser eines Werkes über den *ägyptischen Krieg*, das als Fragment unter den Papyri aus Herculaneum publiziert worden ist, weidet sich aber regelrecht an den Details und den Todesqualen der Opfer. Bezeichnenderweise lässt er Kleopatra auf dem Thron sitzend die grausamen Experimente vollziehen, bei denen einer der Verurteilten durch das Schwert umkommt, ein anderer angeschwollen vom Gift, dem dritten hängt die Schlange noch um den Hals, Gift wird in eine Wunde geschmiert, Delinquenten werden erstickt, ertränkt und so weiter. Das heimliche Schaudern seiner Leser dürfte dem Autor der Zeilen sicher gewesen sein. Der bis vor kurzem für authentisch angesehene Papyrus ist allerdings ein Zeugnis eher für die Rezeption in der Moderne als in der Antike. Erst kürzlich wurde der Text nämlich mit überzeugenden Argumenten als ungeheuer geschickte Fälschung des Ersteditors Nicola Ciampitti entlarvt, der die 1809 veröffentlichten Zeilen anscheinend nur wenige Jahre zuvor selbst auf einem zwar antiken, aber bislang unbeschriebenen Papyrus verfasst hatte. Das gute Stück brachte nicht nur seinem Erfinder eine Professur in Neapel ein, es hat auch Generationen von Wissenschaftlern beschäftigt und ist immer wieder als fulminanter Beleg für die Experimente der Königin herangezogen worden. Was Ciampitti angerichtet, wie sehr er die Phantasie der Fachleute angeregt hat, kann man ermessen, wenn man einen Blick in die reiche Forschungsliteratur zu seinen Versen wirft.[98]

Lassen wir die Fälschung beiseite, bleiben als Belege nur noch die kleine Anekdote bei Plutarch und Dios lapidare Bemerkung zu Menschenversuchen. Richtig aber ist, dass das plötzliche Engagement in der medizinischen Forschung, das man Kleopatra nachsagt, völlig überflüssig gewesen wäre, denn längst hatte die Medizin in Alexandria einen Stand erreicht, auf dem die Ärzte ihr die Frage, wenn nicht aus dem Stegreif, so doch in jedem Fall aus der Literatur beantworten konnten. Die Königin hatte noch genug andere Sorgen und so wird sie ohne Not keinesfalls selbst Reihenuntersuchungen vorgenommen haben. Einzig vorstellbar ist, dass sie einer Hinrichtung mit einem Mittel beigewohnt hat, das sie später gegebenenfalls benutzen wollte. Das könnte den historischen Kern für die Legenden geliefert haben. Vielleicht aber hat es nicht einmal diesen Ausgangspunkt gegeben.[99]

Während noch die diversen Vorbereitungen auf vollen Touren liefen und rauschende Feste gefeiert wurden, schöpfte Kleopatra, offenbar anders als Antonius, die Mittel der Diplomatie voll aus, um vielleicht doch noch etwas zu retten. Wieder ist es allerdings der Schleier oktavianischer Außendarstellung, der sich über die Einzelheiten legt und zur kritischen Analyse der Quellen mahnt. In Kleinasien erreichte Oktavian die erste Botschaft. Nach Plutarch sandten *beide* in Ermangelung anderer vertrauenswürdiger Kandidaten Euphronios, den Lehrer ihrer Kinder, mit reichlich Bestechungsgeldern für die Umgebung des Siegers von Actium. Kleopatra bot ihre Abdankung an, wenn ihre Kinder die Herrschaft übertragen bekämen. Antonius soll darum gebeten haben, den Rest seines Lebens als Privatmann in Alexandria oder, wenn dies nicht ginge, in Athen verbringen zu dürfen.[100]

Während man Kleopatras Bitte um den Fortbestand der Dynastie durchaus nachvollziehen kann, erscheint es schlicht unvorstellbar, dass Antonius sich so weit erniedrigt und darum gebeten habe, in den vorgezogenen Ruhestand treten zu dürfen. Selbst wenn man ihm sein Vermögen nahm, konnte Oktavian ihn angesichts seiner Klientel auf Dauer nicht am Leben lassen, dazu blieb er viel zu gefährlich. Das wusste Antonius, außerdem kannte er die Skrupellosigkeit seines ehemaligen Kollegen, und Plutarch selbst liefert uns in der Passage über die Ankunft in der Kyrenaika den Beleg, dass er offenbar aus dieser Erkenntnis heraus schon Monate zuvor bereit war, sich selbst den Tod zu geben. Die Anekdote stellt also nur einen weiteren Schritt der oktavianischen Propaganda zur Demontage des Verlierers dar. An Antonius sollte nichts Heroisches bleiben, und da man seinen späteren Selbstmord nicht verhindern konnte, sollte er doch wenigstens vorher um Gnade gewinselt haben.

Realistischer ist da schon die Überlieferung hinsichtlich der Antwort, in der Oktavian der Königin signalisiert haben soll, er werde mit sich reden lassen, wenn sie Antonius töten lasse oder fortjage. Es würde zu Oktavians Diplomatie passen, wenn er versucht hätte, solchermaßen einen Keil zwischen das gegnerische Paar zu treiben. Antonius habe er gar nicht geantwortet, schreibt Plutarch. Hat es am Ende also gar keine Gesandtschaft des Antonius gegeben?[101]

Im Übrigen wird auch Kleopatra weiter in Verruf gebracht, denn angeblich schickte Oktavian mit dem zurückkehrenden Euphronios einen seiner Freigelassenen mit Namen Thyrsos zu ihr, weil dieser „in gewinnender Weise im Namen eines jungen Feldherrn zu einer stolzen, ihrer Schönheit außerordentlich bewussten Frau zu reden verstand".[102] Er habe ihr vorgespiegelt, Oktavian sei – wohlgemerkt aus der Ferne und nach all dem, was passiert war – in Liebe zu ihr entbrannt. Weil Thyrsos länger mit ihr sprach als andere und ungewöhnliche Ehren genoss, habe Antonius Verdacht geschöpft, ihn auspeitschen lassen und anschließend an Oktavian zurückgeschickt. Schuldbewusst habe daraufhin Kleopatra den Antonius wie ein rohes Ei behandelt, ihren Geburtstag ganz bescheiden, den seinen aber mit enormem Prunk gefeiert.

Cassius Dio berichtet gar von drei Gesandtschaften Kleopatras und Antonius' mit Friedensvorschlägen an Oktavian. Von vornherein qualifiziert er allerdings diese diplomatischen Bemühungen als ein Spielen auf Zeit ab, in Wirklichkeit hätten die beiden ihre Flucht oder einen angeblich geplanten Meuchelmord an Oktavian verschleiern wollen. Was die erste Botschaft des Antonius angeht, kann Dio uns bezeichnenderweise keinerlei Details nennen. Kleopatras Anliegen wird ähnlich wie bei Plutarch geschildert, nur sendet sie in dieser Version ohne Wissen ihres Geliebten dem Sieger ihre Insignien inklusive Königsthron, um so ihren Rücktritt anzubieten. Oktavians Antwort fällt so ähnlich aus wie die bei Plutarch, er verlangt als Preis für die Begnadigung den Mord an Antonius. Auch in den folgenden beiden Verhandlungsrunden habe er ihr vielerlei Drohungen und Versprechungen zukommen lassen. Details kann oder will Dio hierzu allerdings nicht nennen.

Antonius hingegen erhält keinerlei Antwort oder Zusage, dafür stellt Dio ihn als völlig haltlos hin. In der zweiten Gesandtschaft lässt er den früheren Triumvirn an alte Zeiten, die frühere Freundschaft und gemeinsame Liebesabenteuer sowie Jugendstreiche erinnern und so ans Gemüt des Feindes appellieren. Beim dritten Mal sei Antonius' Sohn Antyllus mit viel Geld zu Oktavian gekommen, worauf dieser zwar die Summe behalten, Antyllus aber unverrichteter Dinge zurückgeschickt habe.

Abgesehen davon, dass die beiden schon wegen des Altersunterschiedes ihre Jugend nicht gemeinsam verbracht haben können, sinkt die Darstellung verdächtig schnell ab in Banalitäten, so dass man lediglich feststellen kann, es hat sicher einen Gesandtschaftskontakt gegeben, in dem Kleopatra die Chancen für den Erhalt der Dynastie und die Sicherung der Throne für eines oder mehrer ihrer Kinder ausloten wollte. Als gesichert wird man die Information zur Antwort Oktavians ansehen dürfen: Er wollte den Kopf des Antonius. Wenn Kleopatra ihm die Arbeit abnahm und er am Tod seines Widersachers nur indirekt schuld war, umso besser. Alles Weitere aber, insbesondere die vorgeblichen Bemühungen des Antonius, seinen Hals zu retten, dienen einzig und allein der Diskreditierung des Feldherrn. Der Held Antonius musste nicht nur physisch, sondern vor allem literarisch umgebracht werden. So erleben wir in diesen Quellenpassagen einen Teil vom sukzessiven Sterben eines Mythos.

Für Kleopatra war Plutarchs Thyrsos-Episode natürlich wenig schmeichelhaft, nicht allein, weil sie auf ihre erotische Ausstrahlung Hoffnungen gesetzt haben soll, sondern weil sie geradezu naiv und überheblich wirkt, als sie Oktavian auf den Leim geht. Oktavian hat nach Dio schon darauf spekuliert, sie werde seinen Liebesbeteuerungen Glauben schenken, weil sie dies erstens wünsche und sich zweitens schon Caesar und Antonius auf die gleiche Weise gefügig gemacht habe. So habe er sie dazu gebracht, den Antonius zu beseitigen und sich sowie ihre Schätze unversehrt zu erhalten. Nur noch als peinlich kann man diese Berichterstattung charakterisieren. Ein rationaler Oktavian widersteht anders als sogar der große Caesar einer lüsternen Königin, die sich ihm an den Hals wirft? War das der Stil einer Kleopatra, deren Sorge vor allem einem *würdevollen* Leben und Sterben galt?[103]

So viel ist allerdings klar: In irgendeiner Form muss Oktavian noch Hoffnung gemacht haben, denn bei ihrer entschlossenen Art hätte sie sich zu einem Zeitpunkt das Leben genommen, zu dem Ägypten noch nicht vollständig erobert war. Einen frühzeitigen Selbstmord musste Oktavian unter allen Umständen verhindern, denn er hatte Probleme. Nach Actium war ein Teil der Truppen entlassen worden. Die Veteranen brachte man zurück nach Italien, ohne ihnen allerdings die versprochenen Belohnungen für ihren monatelangen Einsatz auszuhändigen. Daraufhin kam es zu derart schweren Unruhen, dass Agrippa, dem Oktavian Italien anvertraut hatte, sich nicht mehr anders zu helfen wusste, als ihn zurückzurufen.

Allerdings war Oktavian mit dem übrigen Heer inzwischen auf der Anmarschroute des Antonius über Athen nach Samos gezogen, wo er sein Winterquartier aufschlug. Infolge der alarmierenden Nachrichten aus der Heimat wagte er die gefährliche Überfahrt nach Westen und erreichte mit Mühe und Not Brundisium. Eine Entlohnung der Veteranen überstieg bei weitem seine finanziellen Möglichkeiten. Mit den Geldern, die er in den letzten Monaten bei seinem Vormarsch im Osten eingezogen hatte, suchte er guten Willen zu zeigen und die Forderungen zumindest ansatzweise zu erfüllen. Darüber hinaus nahm er eine Reihe von Landzuweisungen vor. Ansonsten aber blieb ihm nicht viel mehr als das Vertrösten auf die bevorstehende Eroberung Ägyptens, wenn er den sagenhaften Königsschatz der Kleopatra in seinen Besitz gebracht habe. Das war nicht viel mehr als ein Wechsel auf die Zukunft, aber es reichte, die aufbegehrenden Veteranen fürs Erste ruhig zu stellen. Nur einen Monat blieb er in Italien, dann kehrte er nach Samos zurück, wobei man wegen der Gefahren der winterlichen Fahrt um die Peloponnes, die ihn auf dem Hinweg fast das Leben gekostet hätte, die Schiffe über den Isthmos von Korinth zog. Wenn sein Ansehen in der Heimat nicht schwersten Schaden nehmen und weitere Unruhen seine Position untergraben sollten, musste er Kleopatras Staatsschatz möglichst unversehrt in die Hand bekommen. Es galt also zu verhindern, dass sie ihre Schätze zerstörte oder außer Landes brachte. Schon einmal hatte ein Ptolemäer, als man daranging, sein Reich auf Cypern einzuziehen, vor dem Selbstmord seine Kostbarkeiten lieber ins Meer geworfen, als sie den Römern in die Hände fallen zu lassen. Ähnliches musste man auch bei Kleopatra befürchten, zumal sie bereits einen Großteil ihrer Preziosen in ihr Grabmal hatte bringen lassen, das mit Werg und Brennstoffen entsprechend präpariert war. In Anbetracht einer solchen Konstellation hat Oktavian Kleopatra wohl tatsächlich gewisse Hoffnungen gemacht, aber eher hinsichtlich einer dynastischen Nachfolgeregelung, ganz sicher nicht im Hinblick auf eine Liebesaffäre.[104]

Zurück im Osten, begann er den Vormarsch über Rhodos in Richtung Syrien. Nach Rhodos kam ihm Herodes entgegen, der bereits übergelaufen war und Quintus Didius geholfen hatte, den Durchzug Antonius noch ergebener Einheiten durch Syrien und Palästina zu verhindern. Durch Flavius Josephus sind wir etwas genauer informiert, in welcher Form man als Klientelfürst adäquat aus dem Lager von Antonius und Kleopatra zu Oktavian überwechselte, ein Problem, vor dem in jenen Tagen auch etliche seiner Kollegen standen: „Sobald er in der Stadt ankam, legte er sein Königsdiadem ab, behielt aber seinen übrigen Schmuck an. Und als er nun vor Caesar (Oktavian) trat und mit ihm sprach, bewies er großen Mut, da er durchaus nicht ... zu demütigen Bitten seine Zuflucht nahm, um etwa Verzeihung für seine Fehler zu erflehen, sondern freimütig Rechenschaft über seine Handlungen ablegte. Er erklärte nämlich Caesar offen, dass er mit Antonius sehr befreundet gewesen sei und nach Kräften dazu beigetragen habe, ihm den Besitz der höchsten Gewalt zu sichern. Mit Waffen habe er ihn freilich nicht unterstützt, weil er in einen Krieg mit den Arabern verwickelt gewesen sei. Dafür aber habe er ihm Geld und Getreide geliefert. Doch glaube er, auch damit seiner Pflicht noch nicht genügt zu haben, denn wer eines anderen Freund sein wolle und von ihm nur Gutes erfahren habe, müsse bei Gefahr ebenso gern sein Leben wie sein Besitztum für ihn hingeben.“[105]

So weit können wir Herodes' Selbstdarstellung als verlässlicher Partner nachvollziehen, spannend aber ist, wie er die Wende zum Abfall hinbekommt. Ganz geschickt greift er die gegen Kleopatra gerichtete Propaganda auf, um seinen Verrat als höchst honorig zu rechtfertigen: „Obwohl er ihm (dem Antonius) nun weniger geleistet hätte, als sich ziemte, glaube er, doch gut daran getan zu haben, dass er ihn, als er bei Actium geschlagen war, nicht im Stich gelassen und sich bei der jähen Wendung seines Glücks nicht von ihm abgewandt habe. Vielmehr habe er ihm, wenn er auch keine hinreichende Hilfe habe gewähren können, doch wenigstens einen sehr guten Rat (!) gegeben, indem er ihm als einzige Möglichkeit für seine Rettung die Tötung Kleopatras vorgeschlagen habe. Habe er diese erst einmal aus dem Weg geräumt, so könne er die Hoffnung hegen, sich der höchsten Gewalt zu bemächtigen und sich mit Caesar auszusöhnen."[106] Da Antonius aber den Rat nicht befolgt habe, sah Herodes sein Klientelverhältnis zumindest ihm gegenüber als beendet an und ließ ihn im Stich, obwohl dieser ihn doch wiederholt gegen Kleopatras Angriffe in Schutz genommen hatte. Dass Herodes eine gewisse Aversion gegen Kleopatra pflegte, machte diese Rechtfertigung der prinzipiellen Treue eines Überläufers noch eleganter. Seine Loyalität galt – wie die der anderen Klientelfürsten – nur Rom an sich, die aber war wahrhaft unerschütterlich, wie die Worte verdeutlichen, die ihm Josephus am Ende der besagten Passage in den Mund legt: „Ist aber auch der Name des höchsten Befehlshabers ein anderer geworden, so werde ich nichtsdestoweniger diesem gleichfalls meine unerschütterliche Freundschaft beweisen." Klar, dass Oktavian auf so einen Anhänger Roms nicht verzichten wollte, ihm das Diadem wieder aufsetzte und ihn ermahnte, er möge sich gegen ihn ebenso freundschaftlich benehmen wie gegen Antonius. Das ließ sich Herodes nicht zweimal sagen, sondern unterstützte nun, in seiner Königsherrschaft über Judäa bestätigt, den Vormarsch Oktavians durch Syrien. Besondere Freude bereitete er seinem neuen Herrn durch die Übergabe von 800 Talenten, die dessen unter Schwindsucht leidende Kasse erst einmal aufbesserten. Er begleitete ihn auch auf dem Zug durch Syrien nach Ägypten und richtete bei der Ankunft in Ptolemais (Akkon) einen prächtigen Empfang aus. So zählte er alsbald „zu den vertrautesten Freunden Caesars".[107]

Wie viel Hoffnung auf eine Wende des Schicksals Kleopatra und ihr Liebhaber jetzt noch hatten, liegt im Dunkeln. Die Fakten zeigen allerdings eine zum Widerstand entschlossene Königin, die gleichwohl schon Vorkehrungen für den Fall einer endgültigen Niederlage traf. Noch einmal aber stellten sich Kleopatra und Antonius zum Kampf. Während Oktavian, unterstützt von Herodes, von Osten heranzog, näherte sich von Westen C. Cornelius Gallus, der die Legionen des Pinarius Scarpus übernommen hatte. Im Frühsommer 30 nahm er Paraitonion ein, den westlichen Sperrriegel zum Schutz Ägyptens. Unterdessen rückte Oktavian auf Pelusion vor, die östliche Grenzfestung und Schlüssel zum Delta des Nil. Die Bastion, die schon oft monatelang Feinde aufgehalten hatte, fiel erstaunlich schnell, wobei der ptolemäische Kommandant Seleukos eine zwielichtige Rolle spielte. Kleopatra war über seine Kapitulation so erbost, dass sie seine Frau und seine Kinder Antonius zur Hinrichtung überstellen ließ, wobei wir aber nicht wissen, ob diese tatsächlich vollzogen wurde.[108]

Vor Alexandria erwartete Antonius den Feind mit allem, was ihm an Truppen geblieben war. Noch einmal kehrte der 52-Jährige zu seinen Wurzeln als Reiterführer des großen Caesar zurück, siegte in einer Reiterschlacht und verfolgte die Feinde bis zu Oktavians Lager beim Hippodrom, das er mit Reitern alleine natürlich nicht angreifen konnte. Euphorisch kehrte er zu Kleopatra in den königlichen Palast zurück. Oktavian bot er einen Zweikampf an, den dieser wohlweislich nicht annahm, sondern mit der süffisanten Bemerkung antwortete, es stünden Antonius ja viele Wege zum Tod offen.[109]

Wie hoffnungslos die Lage von seinen Soldaten und seiner Umwelt empfunden wurde, verdeutlicht Plutarch durch eine Anekdote: Nach dem erfolgreichen Reitergefecht habe Antonius Kleopatra einen Soldaten vorgestellt, der sich besonders hervorgetan hatte. Daraufhin habe sie ihm als Auszeichnung einen goldenen Panzer und einen ebensolchen Helm geschenkt. Schon in der kommenden Nacht aber sei der Mann mitsamt dem Geschenk zum Feind übergelaufen. Seit Actium war genau dies zum größten Problem für das geschlagene Paar geworden. Nicht militärische Niederlagen, sondern Abfall, Verrat und Desertion verursachten den Zusammenbruch im Orient.

Dennoch wagte Antonius wenige Tage nach dem Reitergefecht erneut einen Waffengang mit Heer und Flotte. Die Lage war zwar verzweifelt, er aber sorgte sich offenbar ebenso um seine Würde wie Kleopatra um die ihre. Und ihm gemäß schien eher die Feldschlacht als ein Verschanzen hinter den Mauern Alexandrias. Ein Fünkchen Hoffnung hat er sicherlich immer noch gehegt, vielleicht würde ihm ja noch einmal das Schlachtenglück winken. Stattdessen musste er erleben, wie sowohl die Flotte als auch die Reiterei zum Gegner übergingen, demoralisiert und ohne Deckung durch die Kavallerie wurde sein Fußvolk geschlagen. So verlor Antonius seine letzte Schlacht durch Fahnenflucht.[110]

Wieder unterstellen die Quellen der Königin, sie stecke hinter dem Seitenwechsel, aber was hatte sie denn zu gewinnen durch das Überlaufen? Eine förmliche Kapitulation zu halbwegs annehmbaren Bedingungen entbehrte nicht einer gewissen Attraktivität, aber gerade diese Bedingungen räumte Oktavian ja nach Auskunft unserer Überlieferung nicht ein. Wenn sie ihn bisher nicht beseitigt hatte, warum sollte sie Antonius dann jetzt noch verraten?

# VII. Kleopatras Tod

## Zeit zu sterben, aber wie?

Noch am gleichen Tag eroberte Oktavian Alexandria und so ging an diesem 1. August 30 eine Ära zu Ende; das letzte der großen Diadochenreiche hörte auf zu existieren. Antonius hat diesen Tag nicht überlebt. Möglicherweise hat Kleopatra ihren Tod vorgetäuscht, um ihn zum Selbstmord zu veranlassen. Für sich selbst hatte sie wohl jede Hoffnung aufgegeben, für ihre Kinder allerdings nicht, wie sich in den kommenden Tagen zeigen sollte. Jedenfalls hatte sie sich bei seiner Rückkehr in die Stadt bereits in ihr Grabmal zurückgezogen, nur begleitet von zwei Dienerinnen und möglicherweise einem Eunuchen. Antonius ließ sie mitteilen, sie sei schon tot. Daraufhin zögerte dieser nicht länger, sondern bat einen seiner Begleiter, Plutarch nennt einen treuen Sklaven namens Eros, um den Todesstoß. Dieser aber entleibte sich lieber selbst und so musste Antonius persönlich Hand anlegen. Er stürzte sich also in sein Schwert, starb allerdings nicht sofort. So erreichte ihn noch Kleopatras Sekretär Diomedes, der ihn auf ihren Befehl hin zum Mausoleion schaffen ließ. Dessen Türen waren mit einer Mechanik ausgestattet, die, einmal geschlossen, ein erneutes Öffnen nicht mehr zuließ. Allerdings besaß das Monument im ersten Stock Fenster. Daher zogen Kleopatra und ihre beiden Kammerzofen Eiras und Charmion den Sterbenden mit Seilen und Tauen nach oben und hinein. Mitleidig bemerkt Plutarch: „Keinen jammervolleren Anblick habe es geben können, sagen diejenigen, die dabei gewesen sind. Denn mit Blut bedeckt und mit dem Tod ringend, wurde er hinaufgezogen, während er im Schweben die Arme nach ihr ausstreckte. Es war für eine Frau keine leichte Arbeit, sondern mit großer Mühe nahm Kleopatra, indem sie mit beiden Armen zugriff und vor Anstrengung das Gesicht verzog, das Bündel herein, während die Leute unten ihr Weisungen erteilten und sich mit ihr ängstigten. Nachdem sie ihn so in Empfang genommen und gebettet hatte, zerriss sie ihre Kleider, zerschlug und zerkratzte ihre Brust mit ihren Händen, besudelte ihr Gesicht mit seinem Blut, nannte ihn ihren Herrn, ihren Gatten, ihren Imperator und hatte im Jammer um sein Leiden fast ihr eigenes vergessen. Antonius gebot ihrem Klagen ein Ende und verlangte Wein zu trinken, sei es, dass er Durst hatte, sei es, dass er hoffte, es werde dann schneller mit ihm zu Ende gehen. Nachdem er getrunken hatte, mahnte er sie, auf ihre Erhaltung bedacht zu sein, wenn es ohne Schande geschehen könne. … Ihn sollte sie wegen des letzten Schicksalsschlags nicht beklagen, sondern glücklich preisen um des Guten willen, das er genossen, dass er höchsten Ruhm unter den Menschen errungen, die größte Macht besessen habe und jetzt nicht unrühmlich, ein Römer von einem Römer, überwunden worden sei."[1] Unabhängig davon, wieweit wir Plutarch hinsichtlich der Einzelheiten Glauben schenken, eines steht fest: An diesem Tag starb Marcus Antonius in Kleopatras Armen. Seine Würde hatte er gewahrt, lebendig hat Oktavian ihn nicht bekommen. Wie einst Cato Uticensis zog auch Antonius mit dem Freitod die Konsequenz aus der endgültigen Niederlage. Wenn Oktavians einseitige Sicht seines Konkurrenten die Überlieferung nicht so verformt hätte, wäre er als einer der großen Römer der späten Republik in die Geschichtsschreibung der Antike eingegangen, dank seiner Liebesbeziehung zu Kleopatra war ihm allerdings ein etwas weniger schmeichelhaftes literarisches Denkmal sicher.

Antonius war gerade gestorben, da traf schon der römische Ritter Proculeius ein, um als Abgesandter Oktavians mit Kleopatra zu verhandeln. Zu Recht machte sich Letzterer wohl Sorgen um die Schätze Kleopatras, die sie jederzeit mit ihrer und des Antonius Leiche verbrennen konnte. Die Vorbereitungen hierfür waren ja längst getroffen, und so hielt sie noch einen letzten Trumpf in der Hand, mit dem sie nun in die Verhandlungen ging. Verständlicherweise lehnte sie es ab, mit Proculeius persönlich zusammenzukommen, sonst hätte er sie ja in seine Gewalt bringen können. Daher musste er von außen an eine ebenerdige Tür herantreten, die zwar infolge ihres besonderen Mechanismus fest verschlossen blieb, aber eine Stimme durchließ.

Kleopatras Grabmal muss ein monumentaler Bau im makedonischen Stil gewesen sein, zweistöckig, mit Fenstern im Obergeschoss, die nach Plutarch aufs Meer hinausgingen. Über einem Vor- und einem Hauptraum im Erdgeschoss befand sich wohl eine umlaufende Galerie. Anscheinend ließ sich der Architekt von Palastbauten zu seinem Entwurf inspirieren. Das Mausoleum lag auf dem Areal des königlichen Palastes, neben einem Isistempel, passend für eine Königin, die sich als „Neue Isis" verehren ließ.[2]

Im ersten Gespräch mit Proculeius forderte Kleopatra die Königsherrschaft für ihre Kinder und damit den Erhalt des Klientelkönigtums. Dieser sprach ihr Mut zu und verabschiedete sich, um Oktavian zu berichten. Die brennende Sorge um die Kinder trieb sie dann zu einer neuen Verhandlungsrunde an die besagte Tür. Während unten Cornelius Gallus das Gespräch in die Länge zog, stieg Proculeius auf einer Leiter durch ein Fenster ein und konnte die Frauen überrumpeln. Nach Plutarch soll Kleopatra noch einen Versuch unternommen haben, sich mit einem Seeräuberdolch das Leben zu nehmen. Sollte dies den Tatsachen entsprechen, konnte Proculeius sie im letzten Augenblick daran hindern. Von nun an war sie Oktavians Gefangene, ihre Schätze, ihr letzter Verhandlungsgegenstand, waren in die Hand des Siegers gefallen, der sie streng bewachen ließ, damit sie sich nicht das Leben nehme.[3]

Es wurde ihr erlaubt, den Leichnam des Antonius für die Beisetzung einzubalsamieren und ihn prachtvoll zu bestatten. Da Plutarch für die Beschreibung ihres weiteren Schicksals die Aufzeichnungen ihres Leibarztes Olympos benutzt, können wir uns auf die Details recht gut verlassen. Kleopatra macht einen elenden Eindruck in diesen letzten Tagen, Schmerzen plagten sie, denn ihre Brust war von den Kratzern und Schlägen entzündet und vereitert, die sie sich aus Trauer um den sterbenden Antonius zugefügt hatte. Physisch angegriffen durch Infektion und Kummer, fieberte sie, ohne allerdings ihren festen Willen zu verlieren. So nahm sie das Fieber zum Anlass, die Nahrung zu verweigern, und versuchte auf diese Weise, unauffällig aus dem Leben zu scheiden. Oktavian allerdings schöpfte Verdacht und erpresste sie, indem er drohte, ihren Kindern etwas anzutun. Diesem Druck hielt sie nicht stand, sie brach den Hungerstreik ab und ließ sich von ihrer engsten Umgebung pflegen.[4]

Als Oktavian sie nach einigen Tagen besuchte, machte sie einen verhärmten Eindruck. Plutarch erzählt, sie sei im bloßen Unterkleid von ihrem Ruhebett aufgesprungen und dem Besucher zu Füßen gefallen. Dabei hätte sie im Gesicht und in den Haaren schrecklich verwildert ausgesehen, ihre Brust zeigte noch die Spuren der Selbstmisshandlung. Ihrer körperlichen Verfassung entsprach die seelische. Mit verweinten Augen und zitternder Stimme habe sie sich vor Oktavian gerechtfertigt und sich schließlich, als dieser ihr Punkt für Punkt widersprach, auf Bitten umgestellt und an sein Mitleid appelliert. Das Flehen fruchtete nicht viel, er beruhigte sie lediglich etwas, damit sie nicht einen neuerlichen Selbstmordversuch starte. Darüber hinaus ging es ihm vor allem um die vollständige Sicherstellung der erbeuteten Schätze, denn Plutarch schildert in diesem Zusammenhang eine Szene, in der sie im Beisein Oktavians mit einem ihrer Verwaltungsleiter um die Vollständigkeit eines Verzeichnisses streitet, weil dieser ihr nachzuweisen suchte, dass sie immer noch einiges verstecke und unterschlagen wolle. – So beruhigend, wie die Quellen dies signalisieren, kann das Gespräch mit Oktavian nicht geendet haben, denn als er ging, hatten die Wachen immer noch Anweisung, alles zu kontrollieren, was man ihr brachte. Er traute ihr also nach wie vor ein Suizid zu.[5]

Völlig unglaubwürdig sind Verführungsversuche, die man ihr anlässlich seines Besuches angedichtet hat. Plutarch berichtet noch relativ gemäßigt, ihr früherer Reiz und ihre Verführungskraft seien noch nicht ganz erloschen gewesen, sondern hätten irgendwie von innen durchgeschimmert und sich in ihrem Mienenspiel verraten. Cassius Dio lässt sie dagegen eine schmalzige erotische Attacke auf Oktavian reiten, in der sie sich bühnenreif in einem bezaubernden Trauerkleid mit süßen Blicken und schmelzender Stimme präsentiert. Das Ganze passt so wenig zum übrigen Geschehen und steht in tiefstem Kontrast zu den auf Olympos zurückgehenden Informationen, dass wir die Verführungsanekdote getrost ins Reich der Fabel verweisen dürfen. Der Tenor erinnert an die Gerüchteküche ihrer Feinde: Sie, die jegliche Hemmung vermissen lässt und sowieso schon stark auf die erotische Schiene reduziert wird, sucht nach Antonius' Tod einfach die Pferde zu wechseln und wirft sich als fast Vierzigjährige dem 32-jährigen Oktavian an den Hals. Der sei zwar nicht unempfindlich gewesen für ihre leidenschaftliche Sprache und ihre Reize, habe es sich aber nicht anmerken lassen, sondern die Augen zu Boden gesenkt. Deshalb hatte sie keinen Erfolg. Die Geschichte wirkt so grotesk, dass sich jeder weitere Kommentar erübrigt.[6]

Offenbar hatte die Königin in dem Gespräch mit Oktavian den Eindruck gewonnen, er werde keinesfalls ihren Wunsch nach dem Fortbestand eines ptolemäischen Königtums akzeptieren. Wahrscheinlich war ihr klar geworden, dass sie, selbst wenn sie am Leben blieb und sich als Besiegte erniedrigen ließ, für ihre Kinder nichts mehr bewirken würde. Caesarion, ihr Ältester, befand sich noch auf der Flucht im Süden Ägyptens, aber Antyllus, Antonius' Sohn von Fulvia, war wohl inzwischen bereits hingerichtet worden.

Letzterer hatte sich in den Tempel des vergöttlichten Caesar geflüchtet und wurde dort vom Kultbild weggerissen. Sein Lehrer Theodoros lieferte den Antyllus aus, wurde aber selbst getötet. Man warf ihm vor, er habe, als die Soldaten Antyllus den Kopf abschnitten, einen kostbaren Edelstein eingesteckt, den dieser um den Hals trug. Theodoros' Leugnen half nichts, schuldig oder unschuldig fand er als Nichtrömer den Tod am Kreuz. Möglicherweise hatte Oktavian ihm ein ähnliches Entgegenkommen dem Antyllus gegenüber signalisiert wie er dies offenbar dem Rhodon in Bezug auf Caesarion übermittelte, um diesen in die Falle zu locken. Vielleicht wollte man daher mit der Exekution des Theodoros nur einen lästigen Zeugen für einen Wortbruch beseitigen. Mit hoher Wahrscheinlichkeit hat Kleopatra von der Hinrichtung des Antyllus erfahren, damit dürfte die Hoffnung auf eine milde Behandlung ihrer Kinder oder gar ein Fortbestehen der Dynastie auf dem Thron Ägyptens erheblich gesunken sein. Nach dem, was gerade mit Antonius' Ältestem passiert war, stand für Caesarion fest, dass er erst recht Ähnliches zu erwarten hatte, falls man ihn zu fassen bekam.[7]

Mit der Erkenntnis, ihren Kindern nicht mehr helfen zu können, gewann Kleopatra ihr inneres Gleichgewicht wieder. Ein junger Römer mit dem klangvollen Namen Cornelius Dolabella soll ihr auf ihre Bitte hin insgeheim enthüllt haben, dass Oktavian auf dem Landweg über Syrien zurückkehren wolle und beschlossen habe, sie mit ihren Kindern in drei Tagen nach Rom zu schicken. Damit war endgültig klar, was ihr blühte. Ihre Schwester Arsinoë, die einst von Caesar im Triumphzug allen Römern zur Schau gestellt worden war, muss ihr vor Augen gestanden haben. Das galt es um jeden Preis zu verhindern. Und wo gab es einen besseren Ort zu sterben als in ihrem Palast in Alexandria, wo sie vielleicht noch hoffen konnte, in ihrem Mausoleum an der Seite des Antonius beigesetzt zu werden?

Verschiedene Versionen sind uns von ihrem Selbstmord überliefert. Nach Cassius Dio gab sie zunächst ihren Bewachern ein versiegeltes Schreiben an Oktavian, in dem sie um die Beisetzung ihrer Leiche neben Antonius bat, dann legte sie das herrlichste Kleid an und schmückte sich aufs Vornehmste, nahm die Insignien ihrer Königsherrschaft in die Hände und ging aus dem Leben. Nur einige kleine Einstiche seien an ihrem Arm zu sehen gewesen, mehr wisse man nicht. Zwei Erklärungen hält Dio für die Nachwelt parat: „Die einen sagen, sie habe sich, in einem Wasserkrug oder vielleicht in einem Blumengebinde versteckt, eine Natter bringen lassen und diese dann angelegt. Andere wieder meinen, sie habe eine Nadel, mit der sie die Haare aufzustecken pflegte, mit einem Gift bestrichen, das sonst dem Körper nicht schaden, aber bei der geringsten Berührung mit Blut einen sehr raschen und schmerzlosen Tod herbeiführen konnte. Die Nadel habe sie zuvor wie gewöhnlich auf ihrem Kopf getragen, zu diesem Zeitpunkt aber sich damit eine kleine Stichwunde am Arm zugefügt und so die Nadel ins Blut gebracht."[8] Der Versuch, die Königin mit Hilfe von Psylli zu retten, die sich als Schlangenbeschwörer darauf verstanden, das Gift von Reptilien aus Wunden zu saugen, erwies sich als sinnlos.

Noch dramatischer schildert Plutarch das Geschehen. Auf die Nachricht vom bevorstehenden Abtransport nach Rom habe sie bei Oktavian die Erlaubnis zu einem Totenopfer für Antonius erwirkt. Mit einer bewegenden Klage habe sie das Grab bekränzt, Abschied genommen und dann gebadet. Anschließend habe sie sich zu Tisch gelegt und noch einmal köstlich gespeist. Währenddessen sei ihr ein Korb mit Feigen gebracht worden, den die Wächter nach oberflächlicher Kontrolle passieren ließen. Nach der Mahlzeit schickte sie einen versiegelten Brief an Oktavian, wies alle außer ihren beiden Kammerzofen aus dem Raum und verschloss die Türen. Oktavian habe, als er in dem Schreiben die inständige Bitte las, sie neben Antonius beizusetzen, sofort begriffen, was geschehen war, und erst selbst zu Hilfe eilen wollen, dann aber doch lieber andere geschickt. Als man die Türen aufbrach, fand man Kleopatra in königlichem Ornat tot auf einem goldenen Bett liegen. Eiras, eine der beiden Dienerinnen, lag zu ihren Füßen im Sterben, die andere, Charmion, war taumelnd noch damit beschäftigt, das Diadem auf dem Kopf der Königin zurechtzurücken. Nach einem kurzen Wortwechsel sei sie neben dem Bett zu Boden gesunken.[9]

Wie Dio bietet uns auch Plutarch verschiedene Varianten zur Todesursache an: „Man sagt, eine Kobra sei mit jenen Feigen gebracht worden, unter ihnen und den darauf gelegten Blättern versteckt. Denn so habe Kleopatra es angeordnet, damit, ohne dass sie es wüsste, das Tier sie anfiele. Als sie aber einige Feigen wegnahm und es sah, habe sie gesagt: ‚Da ist es ja!', den Arm entblößt und zum Biss hingehalten. Andere sagen, die Schlange sei in einem Wasserkrug verschlossen gehalten worden, und Kleopatra habe sie mit einer goldenen Spindel so lange gelockt und gereizt, bis sie hervorschnellte und sie in den Arm biss. Doch die Wahrheit weiß niemand. Es wurde nämlich auch erzählt, sie habe Gift in einer hohlen Haarspange bei sich getragen und diese Spange im Haar verborgen. Doch zeigte sich kein

Fleck an ihrem Körper noch sonst ein Zeichen einer Vergiftung. Auch wurde das Tier nicht drinnen im Zimmer gesehen, doch behaupteten einige, sie hätten Kriechspuren von ihm am Meer gesehen, wo Fenster waren und wohin das Zimmer Aussicht hatte. Manche sagen endlich, an Kleopatras Arm seien zwei feine, kaum bemerkbare Einstiche zu sehen gewesen.“[10] So weit Plutarch. Der Geograph Strabon steuert schließlich noch das Auflegen eines Giftpflasters als potentielle Todesursache bei.

Um die Frage nach dem Schlangenbiss ranken sich zahlreiche Spekulationen. Das ganze Arrangement des Selbstmords war eine Inszenierung erster Güte. Kleopatra wollte deutlich machen, hier starb die Königin Ägyptens, die Nea Isis, hier endete eine Epoche. Dabei konnte sie darauf rechnen, dass eine Vielzahl an Deutungen von einem Selbstmord durch den Biss einer Uräusschlange ihren Ausgang nehmen würde. Steuern und instrumentalisieren ließen sich die Deutungen nicht mehr, allerdings wusste sie im Tod um die gewaltige Fernwirkung ihres Sterbens. Das musste ihr ein Trost sein. Dieser Abgang war wirklich einer großen Königin würdig.

Endzeitstimmung herrschte nicht nur im Palast in diesen schweren Tagen des Umbruchs, sondern in ganz Ägypten. Das Reich existierte nicht mehr, die letzte Königin aus dem Leben geschieden, was lag da näher, als ihren Tod durch eine Kobra als eschatologisches Zeichen aufzufassen. Gerade das Ende der geordneten Welt, die durch die Maat zusammengehalten wurde, machte den Ägyptern große Sorgen. Und kein ptolemäischer Pharao mehr, der die Ordnung garantierte. Da musste man unwillkürlich an Uroboros denken, die sich in den Schwanz beißende Schlange, die vor allem die zyklische Wiedergeburt der Welt symbolisierte. Derart apokalyptische Vorstellungen sind Thema des 175. Spruchs des ägyptischen Totenbuchs: „Diese Welt wird wieder in das Urgewässer zurückkehren, in die Urflut, wie bei ihrem Anbeginn. (Nur) ich bin es, der übrig bleibt, zusammen mit Osiris, nachdem ich mich wieder in andere Schlangen verwandelt habe, welche die Menschen nicht kennen und die Götter nicht sehen.“[11] Die Ähnlichkeiten zwischen Atum, der in Schlangengestalt am Anfang und am Ende der Welt steht, und Kleopatras Inszenierung des eigenen Todes liegen auf der Hand. Nicht umsonst bäumte sich die Nachbildung der ägyptischen Kobra am königlichen Diadem auf.

Eine weitere Möglichkeit für die Bevölkerung Ägyptens, das spektakuläre Ereignis zu deuten, lag im Glauben an die Uräusschlange als eine Erscheinungsform der Isis. Insofern traf beim Schlangenbiss in Kleopatras Arm eine Inkarnation der Isis die andere. Darauf konnte nur eine himmlische Wiedergeburt erfolgen. Kleopatra als Isis war damit zumindest für religiöse Ägypter den Menschen entrückt, in eine himmlische Sphäre eingetreten.

Speziell die Alexandriner konnten mit dem Schlangenbiss-Motiv sogar noch mehr verbinden, denn bei der Gründung der Stadt ließ Alexander der Große eine Schlange erschlagen, die er dann zur Kultfigur machte. In Kleopatras Metropole wurde das Tier als gute Gottheit (agathos daimon) verehrt.[12]

Trotz solcher Erklärungen und Beweggründe für den Schlangentod bleiben viele Fragen offen. So findet sich in der antiken Überlieferung kein Hinweis auf die Anwesenheit einer oder gar mehrerer Schlangen in der Nähe der Toten. Plutarch betont, man habe im Raum selbst keine Schlange entdeckt, und spricht von einem *Gerücht*, wonach einige Leute irgendwo am Meer Kriechspuren entdeckt hätten. Dort hinaus seien die Fenster des Grabmals gegangen, aber ist das schon ein Indiz? Die Schlange(n) hätte(n) also in aller Ruhe aus dem Fenster kriechen müssen, oder die letzte der beiden Dienerinnen hätte sie, selbst schon das Gift im Körper, hinauswerfen müssen. Ob dies unbemerkt möglich war, kann man bezweifeln.

Moderne Untersuchungen zur Wirkung von Schlangenbissen auf den menschlichen Organismus nähren die Skepsis weiter, denn nur unter optimalen Umständen reicht ein einziger Kobrabiss aus, um in der geschilderten Weise Selbstmord zu begehen. Außerdem erweist sich die Handhabung speziell der Kobra als schwierig, was das zielgerichtete Anlegen betrifft. Hat sich die Schlange zuvor schon mit dem Gift verausgabt, benötigt sie etwa zwei Wochen, bis der Vorrat wieder vollständig aufgefüllt ist. Wollte man bezüglich der Wirkung sichergehen, musste man für drei Personen mehrere Schlangen bereithalten! Ein solches Schlangen„team" aber hätte sowohl hinsichtlich der Haltung als auch in der konkreten Anwendung jede Menge Probleme verursacht und mit Sicherheit Spuren hinterlassen. Ferner kann sich der Tod über Stunden, wenn nicht sogar Tage hinziehen. Angesichts schmerzhafter Schwellungen und quälender Atemnot bewirkt der Biss der ägyptischen Kobra keineswegs einen angenehmen und damit erstrebenswerten Tod.[13]

Bemerkenswert ist bei Plutarchs Version schließlich das Verhalten der römischen Wachmannschaft. Wenn man schon befürchtete, sie werde sich etwas antun, warum soll man dann so lax kontrolliert haben, dass ein verdächtiger Korb ungeprüft passieren konnte? Wahrscheinlicher ist doch, dass die Königin sich schon längst vor ihrer Gefangennahme von der vergleichsweise leicht zu verhindernden Schlangenbeschaffung unabhängig gemacht hatte. So wünschenswert der Tod durch Schlangenbiss als würdiges Ende einer Königin gewesen sein mag, war es nicht noch besser, diesen mit einigen Einstichen zu simulieren und dadurch ein neues Rätsel zu schaffen? Die Zeitgenossen mussten sich doch fragen: War die unauffindbare Schlange nicht göttlicher Natur, da sie doch so einfach „verschwinden" konnte?

So viel scheint nach den divergierenden Ausführungen der antiken Autoren plausibel: Auf die Information, sie solle nach Rom gebracht und im Triumphzug Oktavians mitgeführt werden, beging Kleopatra wohl am 10. August 30 im Alter von 39 Jahren Selbstmord, wahrscheinlich im Grabmonument, das sie für sich selbst hatte errichten lassen und in dem nun schon ihr

Geliebter ruhte. Die Königin starb, so attraktiv der Schlangenbiss auch für Kunst und Literatur sein mag, wohl eher an einer Injektion in den Arm. Sie hat aber mit Blick auf die religiösen Vorstellungen ihrer Untertanen ihren Tod offenbar so inszeniert, als ob sie von einer Schlange gebissen worden sei. Dies erscheint viel entscheidender als die Frage: Kobra oder Nadel? Mit ihr starben ihre beiden Dienerinnen Eiras und Charmion.[14]

Ihre engste Umgebung, darunter ihr Arzt Olympos, hat jedenfalls die Uräus-Version verbreitet. Das war sicher im Sinn der Königin. Die Geschichte von dem Eunuchen, der sich nach Dio beim ersten Rückzug in das Grabmal mit einschließen ließ, trug ebenso zur Glaubwürdigkeit bei. Dieser soll schon bei Kleopatras Festnahme freiwillig den Tod durch *Schlangenbiss* gewählt und sich sterbend in den für ihn vorgesehenen Sarg gelegt haben. Man konnte glauben, im Grabbau wimmele es nur so von giftigen Nattern. Wissentlich oder unwissentlich sorgte ihr Todfeind Oktavian höchstpersönlich dafür, dass die Schlangenbissversion sich durchsetzte, indem er bei seinem Triumph über Ägypten ein Bild Kleopatras mit zwei angelegten Uräusschlangen mittragen ließ.[15]

Ihre Leiche wurde auf die gleiche Weise einbalsamiert wie die ihres Geliebten. Der Sieger erfüllte der toten Königin den letzten Wunsch und ließ sie in ihrem Grabmal neben den sterblichen Überresten des Antonius beisetzen. Eiras und Charmion, die ihrer Herrin in den Tod gefolgt waren, wurden durch zwei Bronzestatuen vor dem Eingang des Monuments geehrt. Kleopatras Statuen und Reliefs wurden im Gegensatz zu denen des Antonius geschont, nachdem ein vermögender Alexandriner Bürger namens Archibios die ungeheure Summe von zweitausend Talenten zahlte, zweieinhalbmal so viel wie Herodes, als er sein Königtum retten wollte! Obwohl sie durchaus nicht unumstritten war als Herrscherin, besaß sie doch am Ende ihres Lebens einen erheblichen Rückhalt in den führenden Kreisen und der Bevölkerung Ägyptens. Sonst wäre sie wohl kaum noch lange nach ihrem Tod kultisch verehrt worden.[16]

Ihre Kinder von Antonius nahm Oktavian mit nach Rom. Sie mussten neben dem erwähnten Bild ihrer toten Mutter in seinem Triumphzug mitmarschieren. Allerdings ließ er sie am Leben und erlaubte Octavia, sie bei sich aufzunehmen. Seine Schwester zeigte in diesem Punkt noch einmal die Loyalität gegenüber ihrem Exmann, derentwillen dieser sie einst so geschätzt hatte. Die Kinder der ägyptischen Konkurrentin wurden mit ihren Halbschwestern erzogen. Das weitere Schicksal von Alexander Helios und Ptolemaios Philadelphos liegt allerdings im Dunkeln. Kleopatra Selene wurde später mit Iuba II., dem König von Mauretanien, vermählt. Die Kinder aus dieser Verbindung, Drusilla und der mauretanische König Ptolemaios, waren die letzten Nachfahren aus dem Haus der Ptolemäer. Mit der Hinrichtung des Kleopatraenkels Ptolemaios durch Caligula starb ihr Geschlecht endgültig aus.[17]

## Caesarions Ende

Neben seiner übermächtigen Mutter wirkt Caesarion zeitlebens eher schwach und hilflos. Die Energie und den Machtwillen beider Elternteile vermissen wir bei ihm auf seiner letzten Reise. Fairerweise müssen wir jedoch bedenken, dass er einerseits nicht so gefordert wurde wie seinerzeit die junge Kleopatra und andererseits der Fokus der Überlieferung eindeutig auf Kleopatra und Antonius liegt. Außerdem hatte Oktavian keinerlei Interesse daran, dem natürlichen Sohn Caesars auch nur eine minimale politische Rolle zuzuerkennen. Und die Sichtweise des Siegers hat schließlich die Historiographie geprägt.

Allerdings unterstützt gerade das Ende Caesarions das Bild eines politisch unerfahrenen, vielleicht sogar unfähigen jungen Mannes, der naiv genug war, den Versprechungen Oktavians zu trauen. Plutarch berichtet, Kleopatra habe ihn finanziell reich ausgestattet nach Äthiopien geschickt, von wo aus er nach Indien weiterreisen sollte. Sein Lehrer Rhodon habe ihn allerdings umgestimmt und veranlasst zurückzukehren. Möglicherweise hat Rhodon seinen Schützling schlichtweg verraten und Oktavian in die Hände gespielt. Wahrscheinlicher aber hat Oktavian Caesarion Hoffnung gemacht, er würde Ägypten als Klientelkönigtum erhalten und ihn als König bestätigen. Dies deutet jedenfalls Plutarch an, wenn er erzählt, Rhodon habe seinen Schützling mit dem Argument überredet, Oktavian würde ihm die Königswürde übertragen.[18]

Der aber dachte gar nicht daran, seinen Nebenbuhler am Leben zu lassen. Einmal in seiner Gewalt, ließ er Caesarion hinrichten. Kleopatra hat die Beseitigung ihres Sohnes und Mitregenten nicht mehr erleben müssen, sie war zu diesem Zeitpunkt bereits tot. Es wirkt aufgesetzt und krampfhaft beschönigend, wenn Plutarch in seine Darstellung einflicht, Oktavian habe noch gezögert und sei erst durch einen Ausspruch des Philosophen Areios zu dieser Tat bewogen worden, der ihm unter Anspielung auf den Caesar-Namen gesagt habe, vielfache Caesarei (polykaisaríe) sei nicht von Nutzen. Bei der Härte und Brutalität, zu der Oktavian auch in anderen Fällen fähig war, wenn es darum ging, potentielle Rivalen auszuschalten, wird es solcher Hinweise gar nicht bedurft haben. Caesarions Schicksal war mit seiner Rückkehr besiegelt. Während seine jüngeren Geschwister überlebten, sind ihm seine Stellung als nomineller König und nicht zuletzt die von seiner Mutter so vehement hervorgehobene Vaterschaft Caesars sowie die programmatische Nomenklatur Kaisar zum Verhängnis geworden.

Oktavian aber trat nun persönlich in die Fußstapfen der Ptolemäer: In Alexandria besuchte er das Grab Alexanders des Großen, ließ sich dessen Leiche zeigen, fasste ihn an und brach bei dieser Gelegenheit ein Stück von der Nase des großen Makedonen ab. Obwohl dies wie ein Lauffeuer durch die Stadt gegangen sein muss, war doch jedem klar, der neue Herr Ägyptens knüpfte – wenngleich unbeholfen – direkt an den Gründer an. Den Bruch mit der alten Dynastie demonstrierte er durch die deutlich zur Schau getragene Weigerung, die Gräber der Ptolemäer zu besichtigen. Dabei soll er laut Dio gesagt haben, er wünschte einen König, nicht aber Leichen zu sehen. Auch den Apisstier suchte er nicht auf, indem er betonte, er bete Götter an und keine Rinder. Ansonsten trat er in die Fußstapfen der Pharaonen und ließ sich selbst entsprechend verehren.[19]

Im Osten bestätigte er weitgehend Antonius' Regelungen: Amyntas von Galatien und Archelaos von Kappadokien behielten ihre Territorien, Polemon, der König von Pontos, blieb zwar im Amt, musste aber eine Gebietsverschiebung nach Nordosten hinnehmen, weil der inzwischen von den Parthern vertriebene Mederkönig Artavasdes Kleinarmenien zugewiesen bekam. Der judäische König Herodes profitierte offenbar am meisten von der Neuordnung, denn ihn belohnte Oktavian für den Seitenwechsel und seine Unterstützung beim Vormarsch durch Syrien mit dem bislang unter ptolemäischer Verwaltung stehenden Küstenstreifen von der ägyptischen Festung Pelusion bis Tyros. Die 400 Gallier, die Kleopatras Leibwache gebildet hatten und wahrscheinlich noch von Caesar stammten, schenkte Oktavian jetzt ihrem alten Konkurrenten Herodes.[20]

Ägypten richtete er als Provinz ein, es bekam allerdings einen Sonderstatus und wurde ihm persönlich unterstellt. Im Gegensatz zu den übrigen Provinzen wurde das Land am Nil nicht von einem senatorischen Statthalter verwaltet, sondern von einem Präfekten aus dem Ritterstand. Bald durfte kein Senator mehr Ägypten auch nur betreten. Eine Epoche war zu Ende gegangen, das letzte Großreich des Hellenismus zerschlagen.

## Roms Triumph

In Ägypten blieben – wie wir gesehen haben – Kleopatras Bilder und Statuen erhalten, sie besaß nach wie vor ein entsprechendes Ansehen, üble Nachrede blieb aus. Der erste Statthalter, Cornelius Gallus, sah sich sogar mit Aufständen in Heroonpolis und Oberägypten konfrontiert, wohin die Königin besonders gute Verbindungen hatte.

Ganz anders gestaltete sich die Lage in Rom. Der Senat verhängte die *damnatio memoriae* über Antonius, sein Name wurde aus Inschriften getilgt, seine Statuen umgestürzt. Später hat Oktavian diese Maßnahmen etwas abgemildert, aber der literarische Rufmord blieb dafür bestehen und wurde sorgsam weiter gepflegt. Die Stereotypen und Vorurteile, die durch die vom Sieger geprägte Überlieferung geistern, fasst Cassius Dio prägnant zusammen: „Was das nötige Pflichtbewusstsein betraf, stand Antonius niemandem nach, doch ließ er sich zahlreiche Torheiten zuschulden kommen. Ebenso zeichnete er sich manchmal durch Tapferkeit aus, während ihm Feigheit wiederholt Misserfolge einbrachte. Seelengröße und Sklavensinn waren ihm gleichermaßen zu Eigen. Er pflegte fremdes Gut zu plündern und eigenen Besitz zu verschleudern, grundlos vielen Mitleid zu bezeigen und noch mehr Menschen rechtswidrig zu bestrafen. Die Folge war, dass Antonius, obwohl er aus äußerster Schwäche zu höchster Macht emporstieg und nach tiefster Armut unendlich reich wurde, aus keiner der beiden Möglichkeiten Nutzen zog. Vielmehr endete er, der allein das Imperium Romanum zu gewinnen hoffte, durch Selbstmord."[21]

Während bei Antonius gute Ansätze ins Schlechte gekehrt werden, wird die Königin reduziert auf Erotik, Hybris und den angeblichen Anspruch auf die Herrschaft in Rom: „Kleopatra hingegen war unersättlich in Liebesgenuss und Habsucht und ließ sich oftmals von lobenswertem Ehrgeiz, oft aber auch von frecher Geringschätzung leiten. Durch Liebe gewann sie die Würde einer Königin von Ägypten, und als sie sich Hoffnung machte, mit dem gleichen Mittel auch die Stellung einer Königin der Römer zu erringen, erreichte sie dieses Ziel nicht und verlor darüber auch noch das andere Königtum. Sie fesselte die zwei größten Römer ihrer Zeit und nahm sich wegen des dritten das Leben."[22] Kein Wunder, wenn bei einer solchen „Presse" in der Ewigen Stadt überschwängliche Siegeslaune herrschte, wie sie Horaz in seiner Hymne auf Actium und den Tod des *fatale monstrum* Kleopatra von sich gibt: „Nun lasst uns trinken! Nun mit freiem Fuß den Boden stampfen! Nun zu saliarischen Dankmählern den Polstersitz der Götter zu schmücken, ist es Zeit, Freunde!"[23]

Bei so viel Überschwang in historischer Überlieferung und Dichtung fällt eine adäquate Würdigung Kleopatras keineswegs leicht. Geprägt durch den vielfältigen Kampf ihres Vaters um den Erhalt seines Thrones fand sie sich bereits nach kurzer Regierung als Vertriebene in einem ziemlich aussichtslosen Existenzkampf gegen ihren Bruder und seinen Beraterstab wieder. In Caesar sah sie zu Recht den Retter in der Not, ohne Rom lief schon lange nichts mehr im Ptolemäerreich. Offensiv ging sie auf Caesar zu, den Rest übernahm der Konsul und nachmalige Diktator, wobei sich die Monate der Zwangspause durch die Belagerung im Königspalast für Kleopatra in mehrfacher Hinsicht als fruchtbar erwiesen. Nicht allein, dass so die Machtfrage in Ägypten zu ihren Gunsten entschieden wurde, man kam sich auch privat näher und schließlich ging hieraus der gemeinsame Sohn Caesarion hervor. Im monarchischen Konzept ihres Liebhabers spielte die Königin eine zentrale Rolle. Wie diese im Einzelnen aussah, liegt jedoch im Dunkeln. Schuld daran ist Caesars plötzlicher Tod, der für Kleopatra eine Zäsur bedeutete und ihre Hoffnungen auf die Etablierung einer ptolemäisch-römischen Dynastie zunichte machte.

Nach der Rückkehr aus Rom verfolgte sie begrenztere Ziele in Ägypten, bezog aber im Bürgerkrieg vehement Stellung gegen die Caesarmörder, obwohl dies ihre Herrschaft ernsthaft gefährdete. Konsequent wandte sie sich

Antonius zu, als dieser in den Osten kam. Anders als bei Caesar, konnte sie ihm aus einer gefestigten Stellung als Königin Ägyptens gegenübertreten. Ihr gemeinsames politisches Wirken zeigt den Charakter einer echten Symbiose, wieder stehen römische und ptolemäische Elemente nebeneinander bei der Entwicklung einer monarchischen Konzeption für Ägypten und das Imperium. Zweimal ging sie mit ihm ein Verhältnis ein, das beide Male nicht ohne Folgen blieb. Drei Kinder hat sie ihm geboren. Anders als Caesar konnte Antonius jedoch die Alleinherrschaft in Rom nicht erringen. Durch den Abfall zahlreicher Truppenverbände und Bundesgenossen im Gefolge der Schlacht bei Actium wendete sich das Blatt, Oktavian eroberte Ägypten. Nach vergeblichen Bemühungen, das Reich zumindest für ihre Kinder zu retten, folgte sie ihrem Geliebten in den Tod und schuf dadurch den Mythos Kleopatra.

Analysiert man ihre politischen Entscheidungen und die Maßnahmen ihrer beiden Partner, indem man zunächst die von der oktavianisch geprägten Überlieferung so sehr betonte emotionale Komponente beiseite lässt und stattdessen erst einmal nach rationalen Erklärungen sucht, zeigt sich Erstaunliches. Nicht allein ihr eigenes, auch das Handeln Caesars und sogar das Agieren des Antonius erweisen sich in Anbetracht der jeweiligen Rahmenbedingungen, Zwänge und Interessen als außerordentlich logisch und stringent. Weder weibliche Unvernunft noch männliche Verliebtheit muss man zur Rechtfertigung heranziehen. Lediglich zu dem Punkt, dass sie kurz vor Actium Antonius zur Scheidung von Octavia drängt, bleiben Fragen offen.

Mit erotischer Besessenheit oder sexueller Hörigkeit hat all dies nichts zu tun. Sicherlich lief etwas im Bett, zumindest aus römischem Blickwinkel galten die Ptolemäer ja als recht aufgeschlossen, über die Details wissen wir aus verständlichen Gründen nichts. Im Übrigen schliefen die beiden Römer vielleicht nicht mit der liebreizendsten, sicherlich aber mit der reichsten Frau der Welt. Und Geld wirkte auf Machtmenschen wie Caesar und Antonius sicherlich recht stimulierend ...

Welche *Gefühle* aber hegte sie etwa dem deutlich älteren Caesar gegenüber? Darüber zu urteilen, fehlen uns die Indizien. Immerhin gestattet ihr gut belegtes Verhalten bei Antonius' Sterben und seiner Bestattung einen der wenigen Einblicke in die emotionale Seite ihrer Persönlichkeit. Anklänge finden wir schon während der Rückfahrt von Actium oder auch in ihrem Bemühen, Antonius nach seinem Eintreffen in Alexandria wieder aufzuheitern, sowie im Verzicht auf die eigene Geburtstagsfeier. Nirgends aber tritt ihre enge gefühlsmäßige Bindung so deutlich hervor wie in den letzten Tagen ihres Lebens. Und Antonius? Er hat ihr mehr und mehr vertraut, ihr Schicksal mit dem seinen verbunden und suchte im Sterben noch ihre Gegenwart. War das Liebe? Ein einfaches Ja würde ihrer vielschichtigen Verbindung nicht gerecht, ein Nein noch weniger.

Beider politisches Handeln lässt sich, wie gesagt, rational erklären, Gefühle haben ihre Entscheidungen kaum beeinflusst. Erst die letzten Monate,

Tage und Stunden geben uns trotz aller Quellenprobleme einen flüchtigen Eindruck vom emotionalen Kern ihrer Partnerschaft. Kleopatra also eine *femme fatale* mit Herz? Die Antwort hat Antonius mit ins Grab genommen.

Welche Entwicklung das Imperium Romanum genommen hätte, wenn am Ende Kleopatra mit Antonius über Oktavian gesiegt hätte, wissen wir nicht. Nur so viel ist sicher: Es wäre lebensfroher, dionysischer zugegangen im Reich!

# VIII. Darstellung und Rezeption

## Zeitlos schön?

Schon zu Lebzeiten rätselte man, wie Kleopatra so einfach mit den mächtigsten Männern ihrer Zeit auf einer Ebene verkehren und ihre politischen Ideen wenigstens teilweise verwirklichen konnte. Eine ebenso klare wie plakative Erklärung bietet uns Cassius Dio an: „Sie war ja überhaupt eine Frau von einzigartiger Schönheit und damals in der Blüte ihrer Jugend besonders berückend. Auch führte sie eine sehr gepflegte Sprache und verstand es, jedermann auf gewinnende Art zu begegnen. Herrlich war es, sie anzusehen und ihr zu lauschen, und sie konnte so jeden, selbst einen liebessatten Mann in bereits vorgerücktem Alter, sich gefügig machen."[1]

Schönheit wurde eben nicht erst im Zeitalter der Supermodels und Liftings aller Art groß geschrieben und als Voraussetzung für eine entsprechende Wirkung auf das jeweils andere Geschlecht angesehen. Dafür musste man natürlich etwas tun, und das wusste auch die junge Königin, wie uns Lukan bestätigt: „Kleopatra, deren gefährlich schönes Gesicht geschminkt war, … ist mit Perlen geschmückt und trägt ein Vermögen am Hals und im Haar … Ihre Brüste schimmern weiß durch Gewebe aus Sidon …"[2]

Nun ist Schönheit absolut relativ, abgesehen vom Schönheitsempfinden des Einzelnen wandelt sich auch der Geschmack von Gesellschaften, begehrte Typen kommen aus der Mode. Marilyn Monroe würde heute bei Supermodel-Castings wegen Übergewicht gnadenlos durchfallen. Wie aber hat es Kleopatra geschafft, über mehr als 2000 Jahre ihr Image als Schönheitssymbol zu erhalten?

Nun, viel brauchte es nicht dazu, den Mythos pflegten andere, sie wurde zu einem Vamp *gemacht*. Moderne Autoren traten in die Fußstapfen der antiken Überlieferung. Je weiter die historische Kleopatra in der Vergangenheit ruhte, umso schöner machte „Mann" sie, denn wir stützen uns in der antiken wie modernen Literatur in erster Linie auf Gewährs*männer*. Wie aber sah sie wirklich aus? Welche Züge trägt die Frau hinter dem Bild, das uns die Autoren vermitteln? Caesar, der es wissen musste, bleibt merkwürdig stumm. Ein Gentleman genießt und schweigt!

Zwar sind uns eine ganze Reihe direkt oder indirekt benannter Abbildungen erhalten, trotzdem dürfen wir aus ihnen nur mit großer Vorsicht Schlüsse auf Kleopatras wirkliches Aussehen ziehen. Vielerlei Gründe erschweren den Zugang: Zum einen wurde in Ägypten eine indigen-traditionelle Darstellungskonvention gepflegt, die zu den zeitgleich existierenden, von der griechisch-makedonischen Oberschicht Alexandrias bevorzugten hellenistischen Bildformen in deutlichem Widerspruch steht. Da die ägyptischen Dar-

Abb. 8: Bronze aus Alexandria, Kleopatra VII. mit breitem Diadem und im Nacken geknoteter „Melonenfrisur" (51–30 v. Chr.).

stellungen wie etwa die am Hathor-Tempel in Dendera völlig den standardisierten, abstrahierend formelhaft gehaltenen Typen des Herrscherbildes folgen, in denen keine individuellen Züge fassbar sind, können wir uns nur an den Bildnissen hellenistischen Stils orientieren.

Individuell-physiognomische Charakteristika lassen sich in erster Linie Kleopatras Münzprägung entnehmen. Zwei Grundtypen kristallisieren sich dabei heraus, die man nach ihren Prägestätten unterscheidet. Den Porträts des früheren „alexandrinischen" stehen solche des späteren „syrisch-römischen" Typs gegenüber.[3] Beide Porträttypen wurden parallel geprägt, so dass gleichzeitig zwei Varianten ihrer Physiognomie die Münzstätten verließen.

Der „alexandrinische" Typ kam gleich nach Kleopatras Regierungsantritt im Jahr 51 auf und wird bis zum Ende ihrer Herrschaft durchgehalten. Eine Reihe von nicht näher datierbaren Bronzetetradrachmen aus Alexandria sowie silberne Tetradrachmen aus Alexandria (47/46 v. Chr.) und Askalon (Tetradrachmen, 50/49 und 39/38 v. Chr.) können als Beispiele angeführt werden. Spätere syrische Prägungen der Jahre 37–31 aus den Städten, die wie Orthosia, Tripolis, Berythos und Damaskus im Zuge der sogenannten Landschenkungen unter ptolemäische Verwaltung kamen, greifen diesen Typus auf.

Auf einer alexandrinischen Bronzemünze sehen wir die Königin im Profil. Ihr Haar wurde im Melonenlook gestylt mit großem Haarknoten auf der Rückseite, der bevorzugten Frisur der Ptolemäerinnen. Als Zeichen ihrer Königsherrschaft trägt sie ein breites Diadem, unter dem Stirnhaar sowie Haarlocken im Umfeld der Ohren und des Hinterkopfes hervorquellen.[4] Das Gesichtsprofil zeigt sie mit großen Augen, einer markanten Nase und mit etwas vorragendem, spitzem Kinn. Am Hals kann man Venusringe ausmachen.[5]

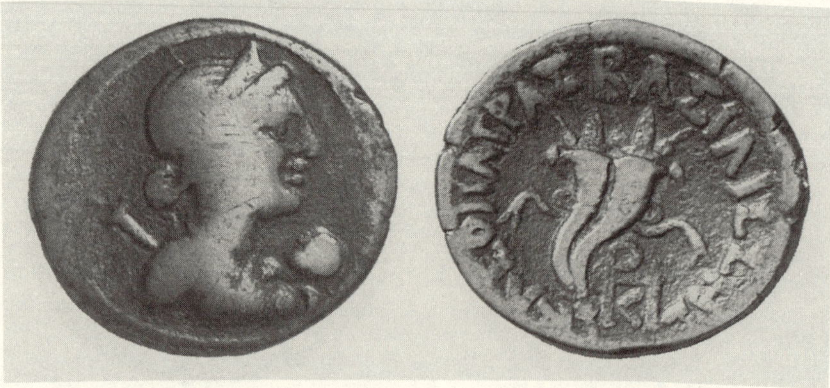

Abb. 9: Bronzemünze aus Zypern (51–30 v. Chr.), Kleopatra VII.

Insgesamt wirkt sie jugendlich und leicht lächelnd, der Stil des Münztyps entspricht ganz hellenistischer Tradition.

Nur leicht abweichend kommt von der Insel Cypern ein sonst ganz ähnliches Porträt, auf dem sie einen Kranz auf dem Kopf trägt, ein Zepter über der Schulter, während die Rückseite, abweichend vom sonst üblichen Adler, ein doppeltes Füllhorn aufweist.[6]

Ab 37 v. Chr. tritt schließlich auch der syrisch-römische Typus auf. Am besten fassbar wird er bei den, wahrscheinlich erstmals in Antiochia geprägten, silbernen Tetradrachmen.[7] Während auf dem Avers das Bildnis Marcus Antonius' erscheint, sehen wir auf dem Revers diesen zweiten, jüngeren Porträttyp kombiniert mit der Umschrift BASILISSA KLEOPATRA THEA NEOTERA. Beim Vergleich mit den Porträts des alexandrinischen Typs fallen einige Unterschiede deutlich ins Auge. Das Bild zeigt Kleopatras Profil bis zum Brustansatz. Der Kopf erscheint hochgereckt, er wirkt auf dem langen Hals starr und beinahe quadratisch.

Geschmückt ist die Königin mit einer Halskette, ein drapiertes Gewand ersetzt den Mantel. Wieder wurde die Melonenfrisur gewählt, allerdings mit wesentlich kleinerem Haarknoten am Hinterkopf. Das Diadem trägt sie auf dieselbe Weise wie beim ersten Stil im Haar, allerdings ist es jetzt wesentlich schmaler gefasst. Außerdem lässt es die Ohren der Königin frei, Die Locken am Hinterkopf sowie im Bereich von Ohren, Schläfen und Stirn treten auch hier deutlich hervor. Abermals fällt die außergewöhnlich große Augenpartie auf. Der Blick ist fest nach vorn gerichtet. Nase und Kinn sind ebenfalls stark ausgeprägt, nur weist die Nase in dieser Version eine deutliche Krümmung auf, Kleopatra hat hier eine regelrechte Hakennase. Das vorstehende Kinn ist mit dem des alexandrinischen Typs vergleichbar, jedoch sticht es durch die Strenge der Gesamtkonzeption deutlicher heraus. Die Venusringe fehlen.

Abb. 10: Silberne Tetradrachme – syrisch-römischer Typ.

Insgesamt vermittelt das Porträt im Gegensatz zum alexandrinischen Typus einen weniger schmeichelhaften Eindruck. Kleopatra wirkt nicht nur älter, sondern geradezu markant maskulin.[8]

Noch stärker verdeutlichen die Umzeichnungen den grundlegenden Unterschied. Die weiche, leicht üppige Frühform des Porträts der jungen Kleopatra wird beim alexandrinischen Typ beibehalten. Dagegen knüpft die syrisch-römische Variante an römische Porträttypen an, die Gesichtszüge werden eher streng gehalten, das Alter durchaus wiedergegeben. Treffend bemerkt Manfred Clauss, Kleopatra sähe ein wenig aus wie Antonius mit Perücke. Und tatsächlich lässt sich auch bei den Münzbildern Octavias, des L. Antonius und des M. Antonius iunior eine ähnliche Annäherung an den Triumvir feststellen. Offenbar wollte die Königin ihr enges Verhältnis zu ihm demonstrativ unterstreichen und sich regelrecht als weibliches Pendant ihres Liebhabers präsentieren.[9]

Auch wenn beide Typen immer noch idealisierte Darstellungen bieten, können wir doch davon ausgehen, dass beim Anblick der Königin in natura ein gewisser Wiedererkennungseffekt einsetzen sollte. Allzu weit dürften sich die numismatischen Darstellungen von ihrem tatsächlichen Aussehen dann doch nicht entfernt haben. Ihre Nase muss jedenfalls im wahrsten Sinn des Wortes herausragend gewesen sein. So erhalten wir über die Münzen einen ersten Eindruck vom ungefähren Aussehen der *femme fatale* Kleopatra.

Mit einer gewissen Vorsicht können wir diesen Befund durch einige plastische Porträts im griechisch-römischen Stil erweitern. Die Plastiken unterscheiden sich in ihrer Gestaltung derart, dass ein Vergleich, losgelöst von den Münzporträts, kein befriedigendes Resultat zeitigen würde. Eine Zuordnung kann also nur anhand einzelner Münzmerkmale erfolgen, der jeweilige Typus muss dabei mitberücksichtigt werden. Das Hauptproblem besteht so-

Abb. 11: Umzeichnung alexandrinischer und syrisch-römischer Porträttyp.

wieso in der Identifizierung der betreffenden Büsten, denn es ist zwar schon eine ganze Reihe von Porträtköpfen aus Marmor mit Kleopatra in Verbindung gebracht worden, tatsächlich kann eine solche Identifikation aber nur an drei Köpfen mit einiger Sicherheit vorgenommen werden. Weitgehende Übereinstimmung gibt es in der Forschung jedoch gerade einmal bei zwei Porträts.

Bei einem der beiden handelt es sich um das Porträt einer Frau aus feinkörnigem, goldgelbem, vermutlich pentelischem Marmor (Abb. 12). Vor 1790 wurde es in Rom nahe der Via Cassia auf einer nicht dazu passenden Statue entdeckt, gelangte später in päpstlichen Besitz und befindet sich heute in den Vatikanischen Museen. Die Oberfläche des lebensgroßen Kopfes weist besonders linksseitig leichte bis stärkere Verreibungsspuren auf. Ausgerechnet von der Nase ist bis auf Reste der Nasenwurzel und den äußersten Ansatz nichts erhalten. In der Frontalansicht bemerkt man eine geringfügige Asymmetrie der beiden Gesichtshälften, was La Rocca annehmen lässt, dass die Statue einstmals eine leichte Kopfwendung aufgewiesen haben muss.[10]

Das füllige, ovale Gesicht der Dargestellten wirkt fleischig, infolgedessen bleibt uns das Knochengerüst verborgen. Die bekannte Melonenfrisur läuft wie im Münzbild am Hinterkopf in einem Haarknoten aus. Ein breites Kopfband bedeckt Frisur und Ohransatz und zieht sich unterhalb des Haarknotens entlang. Kleine, regelmäßig angeordnete Haarlocken fallen in die Stirn und entlang der Schläfen herab. Die von schweren Lidern umrahmten, tief sitzenden Augen sind groß und oval geschnitten. Der leicht asymmetrische Mund weist eine auffällige, dickere Unterlippe auf. Das Kinn fällt eher klein aus. An der Stirn trägt der vatikanische Kopf einen unerklärlichen Marmorstumpf, an dem möglicherweise das Uräusschlangen-Attribut zu ergänzen wäre.

Vollständiger, mit Nase, präsentiert sich uns das aus einem leicht gelblichen Marmor gefertigte Berliner Porträt (Abb. 13). Das Berliner Antikenmuseum erwarb dieses Exemplar 1976 aus privaten Händen, es soll aber laut unbestätigter Gerüchte ursprünglich aus dem Besitz einer griechischen Familie in Alexandria stammen. Ebenfalls etwa lebensgroß, hatte man den Kopf einst in eine Statue eingesetzt. Im Haar fanden sich Reste roter Grundierung. Eine kleine Drehung nach rechts bewirkt wie bei dem vatikanischen Porträt eine gewisse Asymmetrie in der Frontalansicht.[11]

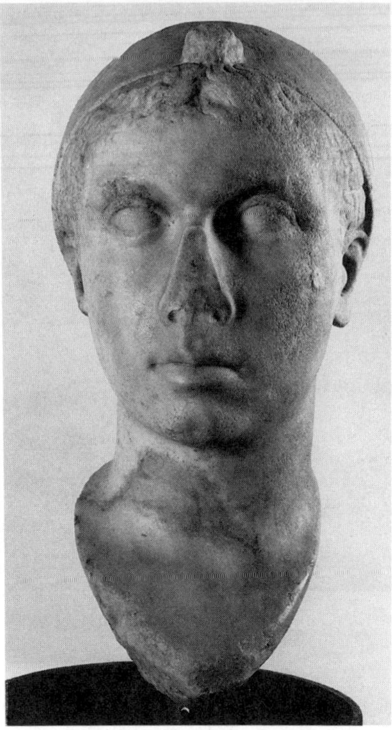

Abb. 12: Marmorporträt aus den Vatikanischen Museen.

Wieder mutet das ovale Gesicht im Bereich des Halses und der Wangen etwas fleischig an. Dennoch tritt das Knochengerüst andeutungsweise zutage. Große Augen werden von schweren Augenlidern gesäumt. Die prominente Nase ist lang und spitz. Das Kinn erzielt seine Wirkung nicht durch Größe, sondern durch spitzes Zulaufen. Am Mund erscheint die deutlich größere Unterlippe bemerkenswert.

Ein Band hält das im charakteristischen Melonenstil frisierte Haar, der Haarknoten ist jedoch in der gegenwärtigen Fassung angesetzt. Freibleibende Ohren, in vollen, aber geordneten Strähnen hervorquellendes Stirnhaar sowie kleine, kaum sichtbare Löckchen an Stirn und Hinterkopf stellen weitere Merkmale dar.

Sowohl der Berliner Kopf als auch das vatikanische Porträt korrespondieren stark mit dem alexandrinischen Münztyp. Herauszustellen sind vor allem das breite Haarband, die Melonenfrisur mit dem niedrig sitzenden Haarknoten und das kleine, aber im Gegensatz zur sonstigen Gesichtsfülle knochig gestaltete Kinn. Weiterhin betonen beide Porträts die großen, tiefsitzenden Augen, wie wir sie insbesondere auf einer alexandrinischen Bronzemünze finden (siehe Abb. 16). Dieses Münzbild zeigt auch die kleineren Haarlöckchen vor dem Diadem, die auf beiden Marmorporträts als kleiner, fast reliefartiger Haarflaum wiedergegeben werden. Die im alexandrinischen Typus deutlich modellierte Stirnlocke, die Anastolé, ist bei den Marmorporträts zumindest in dieser Ausprägung nicht erkennbar[12].

Ansonsten könnte vor allem ein lebensgroßer Marmorkopf aus dem algerischen Cherchel für die Identifizierung in Frage kommen (Abb. 14). In Bezug auf Diadem, Augen, Frisur, Nase, Kinn und Anastolé ist seine Überein-

Abb. 13: Marmorporträt aus Berlin.

Abb. 14: Marmorkopf aus Cherchel.

stimmung mit den numismatischen Merkmalen evident, allerdings wirkt der Lockenkranz im Stirnbereich wesentlich geordneter und markanter. Außerdem macht das rundovale, fleischige Gesicht einen dicklicheren Eindruck.[13]

Weitere Beispiele lassen die ganze Variationsbreite der mit Kleopatra in Verbindung gebrachten Porträts erahnen.

In den Kapitolinischen Museen wird unter den römischen Spolien ein in der Villa Doria Pamphili entdeckter weiblicher Kopf (Abb. 15) aufbewahrt, dessen Merkmale wie die sehr großen, tiefsitzenden Augen und die trotz der Zerstörung erkennbar markante Nase zu einer vagen Zuordnung zu Kleopatra geführt haben. Angesichts unvollständiger Frisur und der eher klassizistisch wirkenden Ausdruckslosigkeit des Gesichts, die nicht zum alexandrinischen Münzbild passt, bleiben jedoch gewisse Zweifel.[14]

Noch außerordentlicher erscheint ein Frauenporträt aus dem Haus des Diadumenos auf der Insel Delos, das an die Prägungen des syrisch-römischen Typs erinnert (Abb. 17). Eine entsprechende Kopfhaltung und die prominente Hakennase werden nämlich flankiert von extrem betonten Wangenknochen sowie einem spitz nach vorn ragenden Kinn. Einzelne, nicht zur Frisur passende, spiralförmige Locken ragen aus der Melonenfrisur zwischen Wange und Ohr heraus. Des Weiteren fehlt jede Spur des diagonal getragenen Diadems, der senkrechte Streifen im Haar am Hinterkopf kann kaum als ein solches angesprochen werden, da eine derartige Komposition den von

Kleopatra bekannten Darstellungskonventionen zuwiderlaufen würde. Am langen Hals fallen die ausgeprägten Venusringe auf. Insgesamt erzeugen die Stilelemente eine sehr maskuline, reife Ausstrahlung.[15]

Abb. 15: Marmorporträt aus der Villa Doria Pamphili in Rom.

Abgesehen von den eingangs besprochenen beiden Ausnahmen im Vatikan und in Berlin sowie einer Londoner Gemme erweisen sich die Kleopatra zugeschriebenen Porträts als echte Problemfälle. Zwar lassen sich diverse Details mit den Münzbildern in Einklang bringen, dagegen muss man aber auch etliche Abweichungen konstatieren. In Fragen der Physiognomie kommt man sowieso nicht weit, da schon die zwei numismatischen Porträttypen keine eindeutige Sprache sprechen. Bei den fraglichen Plastiken machen besonders die häufig fehlenden Attribute wie Diadem oder dreifacher Uräus eine Identifikation mit der Königin zu einer unsicheren Angelegenheit.

Das physiognomische Dilemma führt insbesondere der Cherchel-Kopf vor Augen, der von der Anlage des Gesichtes wenig mit den Münzbildern zu tun zu haben scheint, trotz aller dargestellten Attribute. In Anbetracht des Fundorts kann man auch vermuten, dass es sich hier um die Darstellung von Kleopatras gleichnamiger Tochter mit dem Beinamen Selene handelt, die mit dem mauretanischen König Iuba II. verheiratet worden war.[16]

Abb. 16: Bronzemünze aus Alexandria (51–30 v. Chr.).

Übereinstimmung herrscht lediglich hinsichtlich ihrer Nase, die – ganz in der Tradition ihrer Thronvorgänger – groß und markant gewesen sein muss, ebenso verhält es sich mit den großen, tiefliegenden Augen.

In jüngster Zeit hat die Venus vom Esquilin (Abb. 19) Diskussionen in der Forschung ausgelöst. 1874 auf einem Areal entdeckt, das einmal

Abb. 17: Wahrscheinlich Kopf Kleopatras VII., gefunden im Haus des Diadumenos auf Delos.

Agrippina, der Frau des Kaisers Claudius gehörte, kann sie aufgrund stilistischer Merkmale in claudische Zeit datiert werden. Angestoßen hat die jetzt wieder aufgeflammte Debatte ursprünglich kein Archäologe, sondern der im linguistischen Bereich profilierte Historiker Licinio Glori. Er sah wegen der kräftigen Fesseln und der starken Gelenke eine – wen würde das angesichts von Stil und Fundort überraschen – mediterrane Frau vor sich und zögerte nicht, auf deren ästhetische Unzulänglichkeiten hinzuweisen, wie die Dissonanz des unreifen Busens wegen der kleinen, weit auseinanderliegenden Brüste. Glori verstieg sich sogar zu der Prognose, man könne beim Becken die Verformung einer kürzlich erst absolvierten Schwangerschaft erkennen.[17] Weil sich nun um die als Stütze dienende Vase eine Uräusschlange ringelt, schloss er messerscharf, es könne sich eigentlich nur um Kleopatra handeln. Paolo Moreno griff 1994 diese Hypothese auf, verglich die Gesichtszüge mit denen der Porträts in Berlin und im Vatikan und betonte etwa die exotischen Elemente wie das Kosmetikkästchen mit den für Aphrodite wie für Isis typischen Rosen, die neben der Kobra als Herrschaftssymbol der Pharaonen und Ptolemäer für eine Identifizierung mit Kleopatra ins Feld geführt werden können. Tatsächlich lassen sich etliche physiognomische Details an dieser Statue nachweisen, die wir von den Münztypen und den Porträtköpfen her kennen. Wie heikel die Argumentation mit der Physiognomie ist, haben wir aber bei Letzteren schon gesehen.

Es wäre natürlich zu schön, wenn wir mit der Venus vom Esquilin wirklich eine Statue vor uns hätten, die Kleopatra repräsentieren sollte. Dem lässt sich entgegenhalten, dass man in den literarischen Quellen keinen ernst zu nehmenden Hinweis darauf findet, dass die Königin nackt aufgetreten sei. Sogar in Tarsos ist dies – wie wir gesehen haben – in höchstem Maße unwahrscheinlich. So hat Peter Higgs pointiert bemerkt, eine Schlange, eine Hakennase, große Augen und eine Melonenfrisur machten noch keine Kleopatra.

Mit neuen Argumenten hat allerdings Bernard Andreae kürzlich den Gedanken von Moreno wieder aufgegriffen und die Auffassung vertreten, die Venus vom Esquilin sei „das lebendigste Zeugnis ihrer reizvollen, aber keineswegs vollendeten körperlichen Schönheit". Zum einen weist er gegen Higgs wohl zu Recht darauf hin, dass die Gesichtszüge der Venus durchaus nicht so idealisiert seien, wie es einer Göttin zukommt. Das Antlitz habe vielmehr etwas knabenhaft Maskulines und Energisches. Besonders hebt er die lange Nase hervor sowie die dicklichere Unterlippe. Deswegen und angesichts des Körpers, der mit keiner Aphroditestatue übereinstimmt, dränge sich der Gedanke auf, es handele sich um eine Porträtstatue. In diesem Fall dürfe die Uräusschlange als eindeutiges Identifikationsmerkmal für Kleopatra herangezogen werden. Als zweiten Aspekt verweist er auf das Prinzip der Haaranordnung, das starke Ähnlichkeit zu den Münzbildern aufweist. Und zum dritten führt er erstmals einen Miniaturkopf Kleopatras in die Diskussion ein, der in der Form der Stirnhaare eine erstaunliche Ähnlichkeit mit der Venus aufweist (Abb. 18).

Dass der Venus die großen Augen der Ptolemäerporträts abgehen, erklärt er mit dem römischen Künstler, der natürlich eine andere Stilrichtung vertrat. Angesichts der nur von Kleopatra bekannten eingerollten Stirnlocken und der Mundpartie, die mit dem Berliner Kopf übereinstimmt, kommt Andreae zu dem Schluss, es handele sich wohl wirklich um Kleopatra VII. Die Statue vom Esquilin stelle sie als junge Frau von Anfang zwanzig dar, also genau zu der Zeit, als sie zwei Jahre in Rom verbrachte.[18]

Nun handelt es sich offenbar um eine Kopie, die unter Kaiser Claudius in Auftrag gegeben wurde, der als Enkel des Marcus Antonius ein reges Interesse an Kleopatra besaß. Für das ältere Original kommt als Auftraggeber natürlich vor allem Caesar selbst in Frage. Ob die Venus vom Esquilin mit der goldenen Statue Kleopatras in Verbindung gebracht werden kann, die Caesar im Tempel der Venus Genetrix neben dem Kultbild der Göttin aufstellen ließ, kann man schwer sagen, wahrscheinlich wäre es schon – vorausgesetzt das Standbild aus den Gärten des Claudius stellt wirklich die junge Kleopatra dar. Ansonsten hätte Caesar hinsichtlich des Aufstellungsortes für das Original genug Alternativen gehabt, allein seine Gärten jenseits des Tiber hätten ausreichend Möglichkeiten geboten, zumal dort ja seine junge Geliebte logierte. Von der Statue im Tempel wissen wir allerdings, dass nicht einmal Oktavian sich getraut hat, sie zu beseitigen. Nur dort war Kleopatras Standbild sicher.

Außerdem stellt sich noch die Frage, ob das Original nach einem lebendigen Modell gefertigt worden ist – Beispiele hierfür gibt es – oder ob es sich um eine irgendwie doch idealisierte Darstellung handelt. Eine Lösung dieser Kontroverse ist derzeit nicht in Sicht. Auch in Zukunft wird die Frage nach Kleopatras Aussehen die Gemüter von Wissenschaftlern und historisch Interessierten in aller Welt erhitzen – und das ist vielleicht auch ganz gut so.

Wie *schön* war Kleopatra? Schönheit ist bekanntlich Geschmacksache. Außerdem sind Schönheitsideale stark abhängig vom gesellschaftlichen Wandel sowie den Lebensformen und -normen der jeweiligen Epoche, vom

Abb. 18: Miniaturkopf Kleopatras VII.

oft sehr unterschiedlichen Schönheitsempfinden der Geschlechter ganz zu schweigen. Kleopatras markantes Kinn und die ausgeprägte Nase waren sicherlich Merkmale, die nicht jedermann zusagten. Weder Caesar noch Antonius haben sich daran gestört. Was hatte Kleopatra sonst noch zu bieten? Eine gepflegte Erscheinung mit üppiger und – zumindest aus ptolemäischer Sicht – modischer Frisur!

Eine der frühesten Meinungsäußerungen stammt von Plutarch: „Denn an und für sich war ihre Schönheit, wie man sagt, gar nicht so unvergleichlich und von der Art, dass sie beim ersten Anblick berückte, aber im Umgang hatte sie einen unwiderstehlichen Reiz, und ihre Gestalt, verbunden mit der gewinnenden Art ihrer Unterhaltung und der in allem sie umspielenden Anmut, hinterließ einen Stachel. Ein Vergnügen war es auch, dem Klang ihrer Stimme zu lauschen.“ Hinweise auf ihre Fremdsprachenkenntnisse, den Hang zur Philosophie, eine hervorragende Bildung komplettieren das Bild einer Königin, die zwar im Luxus lebt, ohne aber ein Luxusweibchen zu sein. Vielmehr sprühte sie – wenn wir der Überlieferung glauben wollen – regelrecht vor Dynamik und Willenskraft.

Unbestreitbar besaß sie eine gewisse Ausstrahlung, was den Erfolg beim anderen Geschlecht sicherlich begünstigt hat. Allerdings waren weder Caesar noch Antonius bei ihren Affären sonderlich wählerisch, keine Königin scheint vor ihnen sicher gewesen zu sein. Insofern musste sich Kleopatra nichts darauf einbilden, die beiden ins Bett bekommen zu haben. Eher konnte sie zufrieden sein, sie zu halten! Das war die eigentliche Leistung! Da reichte es völlig, mit durchschnittlichem Aussehen den Anfang hinzukriegen, dann aber durch andere Qualitäten diese erfahrenen Männer zu halten. Im Bett konnte sie ihnen mit hoher Wahrscheinlichkeit nichts Neues bieten.

Einen Anhaltspunkt für ihre Körpergröße liefert der Bettsack, allerdings nur, wenn wir die Episode für echt ansehen. Laut Plutarch ließ sie sich darin *voll ausgestreckt* zu Caesar tragen. Es lässt sich nämlich zeigen, dass der Ausdruck weder einen Teppich noch einen Schlafsack meint, vielmehr eine Hülle für das zusammengerollte Bett oder die Bettdecke. Da man weder das

Abb. 19: Venus vom Esquilin, Rom, Kapitolinische Museen.

eine noch das andere längs zusammengerollt haben wird, kann die Länge eines Bettsacks die Querbreite eines Bettes nur wenig überschritten haben. Dann aber wird Kleopatra außergewöhnlich klein gewesen sein. Kleinwüchsigkeit lag sowieso in der Familie, bei ihrem Urgroßvater Ptolemaios VIII. ist sie sogar ausdrücklich belegt.[19]

Dabei war sie offenbar nicht ganz schlank. Der fleischige Charakter des frühen Porträttypus und vor allem eine Schlankheitskur weisen darauf hin, dass sie durchaus mit Gewichtsproblemen zu kämpfen hatte. Von Plutarch erfahren wir, dass sie mittels einer Diät abzuspecken suchte, als sie im Jahr 35 befürchtete, Antonius könne ihr entgleiten und sich wieder seiner Frau Octavia zuwenden.[20] Kleopatra also klein und pummelig? Vielleicht müssen wir der Realität endlich ins Gesicht sehen!

## Inspiration Kleopatra

Als eine der bekanntesten Frauen überhaupt regt Kleopatra noch heute unsere Phantasie in einer Weise an wie kaum eine andere historische Figur. Politisch gescheitert, noch in relativ jungen Jahren per Selbstmord aus dem Leben geschieden, wird sie – das zeigt eine aktuelle Umfrage – mit Epitheta wie klug, charmant, schön und hinreißend belegt. Erotik und Exotik fallen als Stichworte ebenso wie Vamp und Geliebte. Dagegen stehen negative Assoziationen wie männermordende Bestie, Hure oder Verschwenderin, skrupelloser Machtmensch und grausame Herrscherin. Wie bei James Dean und Marilyn Monroe wurde mit ihrem spektakulären Ende ein Mythos geboren, der ewige Jugend signalisiert und die Menschen aller Zeiten bewegt hat.

Durch die höchst unterschiedlichen Phasen und Ausdrucksformen der Rezeption erfahren wir Erstaunliches über den Zeitgeist, von dem die Kleopatrabilder der jeweiligen Epoche geprägt wurden. Kleopatra im Spannungsfeld zwischen Staat und privat, zwischen Politik und Liebe, das interessierte zu allen Zeiten. Können wir ihr eigenes politisches Handeln und die Entscheidungen ihrer großen Liebhaber Caesar und Antonius – tatsächlich kann man ihr nur diese beiden nachweisen – auch weitgehend rational erklären, so bleibt aufgrund der Quellenlage die private Seite ihrer Person für den Historiker erstaunlich blass. Erst in den Extremsituationen ganz am Ende ihres Lebens greifen wir etwas wie Liebe sogar über den Tod hinaus. In der Rezeption aber spielt gerade dieser so schlecht nachzuweisende Gesichtspunkt die entscheidende Rolle. Nicht ihre politische Leistung, sondern Erotik und Exotik machen sie zu einer der großen Figuren der Weltgeschichte!

Zwei Nasen prägen gar Ägyptens Ruf: Neben der fehlenden Nase der Sphinx von Gizeh erreichte ausgerechnet dieses Körperteil bei Kleopatra eine eigenständige Berühmtheit. Schuld daran ist nicht zuletzt der bedeutende Mathematiker, Physiker und Philosoph Blaise Pascal (1623–1662), der ohne erkennbaren Tiefgang den flotten Spruch abließ: „Kleopatras Nase: Wenn sie kürzer gewesen wäre, das gesamte Gesicht der Erde sähe anders aus."[21] Wie es denn in diesem Fall ausgesehen hätte, darüber schweigt er sich jedoch bezeichnenderweise aus.

Abb. 20: Kleopatra in *Asterix und Kleopatra*, 1969.

Seit mehr als vier Jahrzehnten schon haben René Goscinny und Albert Uderzo mit dem Comic „Asterix und Kleopatra“ Generationen von Kindern und Jugendlichen geprägt, indem sie Caesar, Asterix und Obelix sowie den Druiden Miraculix Audienzen bei der Königin mit Bemerkungen wie dieser enden lassen: „Sie hat wohl einen schwierigen Charakter ... aber eine hübsche Nase.“ „Eine sehr hübsche Nase.“ Dazu kommt eine an Liz Taylors Verkörperung der Kleopatra orientierte überaus spitze Zeichnung dieses körperlichen Vorzugs, die zwanzig Jahre später unverständlicherweise in eine Stupsnase umgewandelt wurde. So ist heutzutage Kleopatras Nase mindestens so bekannt wie die gesamte Person.[22]

In der Malerei, in Zeichnungen und Skulpturen tritt Kleopatra uns massenhaft entgegen, kaum weniger stark bedienten sich Musik, Oper und Ballett, Kino und Comics verschiedener Couleur der populären Königin vom Nil als Sujet. Gestärkt durch Literatur, Theater und Poesie wurde der Mythos Kleopatra Vorläufer und Zeugnis der abendländischen Ägyptomanie. Allein über 129 Titel aus den Bereichen Oper, Operette, Kantaten, Sinfonien, Filmmusik und Ballett listet Alexander Reischert in seinem Kompendium der musikalischen Sujets auf, darunter durchaus bekannte Komponisten wie Georg Friedrich Händel oder Alex North, der die Musik zum „Cleopatra“-Film von 1963 schuf.[23]

## Ägyptomanie und Kleopatra

Schon in römischer Zeit, nach der Schlacht von Actium, entwickelte sich eine erste regelrechte Ägyptenmode in Europa. Ägyptisierende Gräber wie die Pyramide des Volkstribuns und Prätors C. Cestius Epulo wurden errichtet.[24] Ägyptische Motive beeinflussten die Wandmalerei und die Mosaikkunst. Transportable Kunstgegenstände und bewegliche Monumente wurden nach Rom gebracht. Einige der 14 allein in der Hauptstadt nachweisbaren Obelisken schaffte man schon in der Regierungszeit des Oktavian/Augustus aus Alexandria herbei, zwei wurden beispielsweise vor seinem Mausoleum aufgestellt, einer diente gar als Zeiger der berühmten, auch als Kalender fungierenden Sonnenuhr. Tagtäglich erinnerte der Prinzeps so die Bürger an den Sieg über Kleopatra und betonte dessen epochalen Charakter.[25]

Im europäischen Mittelalter lässt sich ein deutlich nachlassendes Interesse an Ägypten verzeichnen, eine Tatsache, die nicht zuletzt mit der Konzentration auf das Heilige Land und die Auseinandersetzung mit dem Islam zu erklären ist. Erst ab dem 15. Jahrhundert kommt es im Zuge der wieder auflebenden Bedeutung der Antike zu einer Renaissance der Ägypten-Rezeption. Inschriften und ägyptische Skulpturen in den Skizzenbüchern der Maler jener Zeit sind ein weiterer Beweis für den Hang zur ägyptischen Kunst, deren beliebtestes Objekt anscheinend die Sphinx war.

Boccaccio – mit ihm beginnt die moderne Kleopatra-Rezeption – erzählt in seinem als Frauenbuch des Humanismus bezeichneten Werk *De claris mulieribus* (1356–1364) in Anlehnung an Petrarcas *De viris illustribus* vom Leben berühmter Frauen, neben Penthesilea, Medea und Iulia auch von Kleopatra. Die Schönheit der ägyptischen Königin steht ebenso im Mittelpunkt seiner Betrachtungen wie ihre Gier, Lüsternheit und Grausamkeit. Renaissance und Barock erhoben Kleopatra zum Inbegriff der dämonischen Verführerin – weiterhin schwankt die Darstellung also zwischen der Herrscherin mit großen Gefühlen und der kalt berechnenden Egoistin.

In der Literatur beginnt die Reihe der Kleopatra-Dramen im Jahre 1552 mit zwei Tragödien: „Cleopatra" von De'Cesari und „Cléopâtre captive" von Jodelles. Beide behandeln nur die allerletzte Phase ihres Lebens im Anschluss an das Ende des Antonius. Während die Bearbeitungen des 16. Jahrhunderts ein weitgehend positives Bild der Königin vom Nil zeichnen, klingen im 17. Jahrhundert negative Züge an.[26] Als erster deutscher Autor greift Hans Sachs den Stoff auf, mit einem Titel, der Antonius fast als Gastarbeiter erscheinen lässt: *Die Königin Kleopatra mit Antonio dem Römer* (1560). Sachs ließ moralisierende Aspekte einfließen – Hochmut, Wollust und Treulosigkeit der Königin wurden als Charaktereigenschaften hervorgehoben.

Die berühmteste Fassung des Kleopatra-Motivs ist bis heute William Shakespeares *Antony and Cleopatra*, der sich vor allem auf die Thomas-North-Übersetzung von Plutarchs Antonius-Vita (1579) stützte. 1608 uraufgeführt, hat das Stück wie kein anderes Werk das Kleopatra-Bild jenseits fachwissenschaftlicher Grenzen geprägt.[27] Shakespeare zeigt den modernen Menschen in seiner Zwiespältigkeit, von Illusionen beraubt. *Antony and Cleopatra* steht in der Tradition der großen Tragödien, die mit *Julius Caesar* einsetzte. Bereits durch die ersten Worte des Stückes wird Kleopatra auf eine Zigeunerin und Dirne reduziert, gute und böse Eigenschaften sind zu einem hemmungslos leidenschaftlichen Charakter verschweißt, Antonius und Kleopatra ziehen sich gegenseitig geradezu dämonisch an.[28] Machtgier, hingebungsvolle Liebe bis zum Tod, aber auch Tücke und Launenhaftigkeit treten bei Shakespeare offen zu Tage. Antonius kämpft um die Weltherrschaft, Kleopatra für ihr Königreich, nur der Liebesrausch verbindet sie, diese zwei Liebenden, die im Spiel um die Macht verlieren und erst im Tod zueinanderfinden. Für die Zeitgenossen Shakespeares war Ägypten ein Land der Wahrsager, der Wunder und zugleich ein Symbol für orientalischen Luxus. Seine Kleopatra erscheint mysteriös, exotisch und sinnlich, herausfordernd und charmant – und bildet damit einen krassen Gegensatz zu den Frauen Roms.

Nach Shakespeare widmen sich dem Sujet unter anderem Thomas May (*The Tragedy of Cleopatra, Queen of Egypt*, 1626), John Dryden (*All for Love*, 1678), Charles Sedley (*Antony and Cleopatra*, 1677) und der Deutsche Daniel C. von Lohenstein (1661), wobei die drei Erstgenannten Kleopatra als treue und opferbereite Geliebte, Sedley und Lohenstein sie als heuchlerische Komödiantin präsentierten. Pierre Corneille baut in seinem Werk *La Mort de Pompée* (1644) im Wesentlichen auf die Wirkung des Gegensatzes zwischen der ehrgeizigen Kleopatra und der verlassenen Octavia. Keines der zahlreichen Stücke, die seit Shakespeares Meisterwerk auf den Markt kamen, erreichte mehr sein Niveau, aber einige konnten große Erfolge feiern und durchaus ihre jeweilige Epoche prägen, wie etwa das Werk von Victorien Sardou, der seine *Cléopâtre* (1890) der Schauspielerin Sarah Bernhardt auf den Leib geschrieben hatte.

Engländer, Franzosen und Italiener zehrten in ihren Dramen des 18. Jahrhunderts von den unzähligen Aspekten bereits veröffentlichter Werke über Kleopatra. Mal ist sie die entsagungsbereite Heldin (Jean-François Marmontel, *Antoine et Cléopâtre*, 1750) oder die große Liebende (Cornelius H. v. Ayrenhoff, *Kleopatra und Antonius*, 1803), dann wieder tritt sie uns kühl und rational entgegen. Aufbauend auf dem Reichtum an Leitgedanken sieht Vittorio Alfieri (*Antonio e Cleopatra*, 1775) in ihr eine verräterische Egoistin; in diese Richtung geht auch das Kleopatrabild August von Kotzebues (*Octavia*, 1799), der Kleopatra sogar zur Mörderin Octavias macht und sie mit einem leicht satirischen Zug versieht. Kotzebue beruft sich in seiner Darstellung auf Plutarch und Cassius Dio. Kleopatra ist für ihn herrschsüchtig, bösartig sowie machtbesessen und bekommt einen eindeutig negativen Charakter, wohingegen er Octavia zum Idealbild stilisiert.[29]

In getreuer Anknüpfung an Horaz wird die ägyptische Königin vielfach als *femme fatale* angesehen. Der literaturwissenschaftliche Begriff beschreibt eine Frau, wie Kleopatra sie in den Augen der Nachwelt verkörperte: Liebesgier verbunden mit Promiskuität und Prostitution kombiniert mit Machtgier, gesteuert von skrupellosem Kalkül, tödliche Schönheit und Verderben für Männer und zu guter Letzt die Inszenierung des eigenen Untergangs, das ist der Stoff, aus dem die (Alb-)Träume moderner Männer gestrickt sind.[30]

Die *femme fatale* ist keine einzelne historische Person, sie steht für mythische Figuren, die eines gemeinsam haben: Sie werden dem Mann, der in ihren Bannkreis gerät, zum Verhängnis. Im Anschluss an die frühromantischen Vorstellungen von sinnlichen und sagenhaften Frauengestalten wandelt sich der Begriff der *femme fatale* im Fin de siècle zu einem eher negativen Frauenbild – die dämonische Verführerin rückt wieder in den Vordergrund.[31]

Beeinflusst vom großen Erfolg der Dramen um Antonius und Kleopatra entstand bereits im 17. und 18. Jahrhundert eine erhebliche Anzahl einschlägiger Opern, darunter *Giulio Cesare in Egitto* von Georg Friedrich Händel, 1723/24 für das Londoner „King's Theatre" komponiert.[32] Caesar fungiert hier als weises und mildes, von Vernunft geleitetes Vorbild, dem sich Kleopatra unterordnet. Politische Intrigen, erotische Verführung, exotischer Orient, Wut und Trauer, Hass und Rührung – mit diesen „Zutaten" würzte Händel seinen *Cesare* und macht die Oper damit zu einem Antiken-Schlager. Kleopatra wird zur erotischen Chimäre. *Giulio Cesare in Egitto* wurde zur populärsten (!) Händel-Oper, Thema und Aufbereitung machten also wirklich etwas her. Das Rezept des Erfolgs: eine römisch-ägyptische Love- und Machtstory mit Happy-End.[33]

Mit dem Ägypten-Feldzug Napoleons 1798/99 beginnt die Entdeckung des Landes am Nil als Kunstlandschaft für das 19. Jahrhundert. Das zunehmende Interesse an Ägypten fällt mit Ereignissen wie der Weltausstellung in Paris (1867) zusammen sowie der Errichtung von Obelisken in Paris (1836), London (1878) und New York (1881). Die Eröffnung des Suez-Kanals 1869 leistete ebenso ihren Beitrag zur allgemeinen „Ägyptomanie" wie die Entzifferung der Hieroglyphen durch Jean-François Champollion 1822. Ägypten war „in", Kleopatra nicht minder![34]

Die monumentale Dokumentation ägyptischer Altertümer in der *Description de l'Éypte*[35] führte ab der Jahrhundertmitte in Frankreich, England und Deutschland zu einem neuem Streben nach Allgemeinbildung. Im Zuge dieser Entwicklung verfasste der Leipziger Schriftsteller und Ägyptologe Georg Ebers nicht nur das zweibändige Werk *Ägypten in Bild und Wort* (1879/80), sondern auch den Roman *Eine ägyptische Königstochter* (1864), der bis 1928 eine Auflage von 400000 Exemplaren in 16 Sprachen erreichte.[36] Viele Europäer gingen auf eine *voyage en Orient,* noch mehr flüchteten in Gedanken aus dem bürgerlichen und zivilisierten Okzident in die imaginierte, phantastische exotische Gegenwelt. Die Künstler der Epoche projizierten ihre Phantasien auf die Welt der Kleopatra, denn sie verkörperte das Fremde, das Andersartige. Die Romantik und der aufkommende Imperialismus begünstigten diesen Blickwechsel. Es setzte ein wahrer Orientboom ein, der etwa Gustave Flaubert 1849/50 nach Nubien und Ägypten führte.

In der Literatur wurde Kleopatra zum Sinnbild der verderblichen Sinnlichkeit für den Mann.[37] 1838 veröffentlichte die Tageszeitung *La Presse* Théophile Gautiers *Une nuit de Cléopâtre*. Kleopatra kann einen jungen Mann zu sich ins Bett locken, obwohl dieser weiß, dass er mit seinem Leben dafür wird bezahlen müssen. Kleopatra als gewalttätige und zugleich aber lüsterne Frau – der Orient als ein Ort von Gewalt: in jener Zeit ein durchaus gängiges Stereotyp.[38] Der Orient und insbesondere Ägypten repräsentierten einen Fluchtraum vor allem für die französische Gesellschaft – und zugleich ein Spiegelbild.[39] Man entfloh dem kleinbürgerlichen Alltag in exotische Phantasie- und Scheinwelten, in denen mit dem Begriff Weiblichkeit etwas ganz Unbürgerliches assoziiert wurde. Sinnlichkeit und Genuss – bis dato in der abendländischen Welt verpönt und tabuisiert – sind im zeitlich und räumlich entfernten Ägypten selbstverständlich statthaft. Gautiers Kleopatra leidet unter ihrer Stellung als Königin von Ägypten und der damit verbundenen Einsamkeit. Als Herrscherin hat sie kein Recht auf eine persönliche Existenz und so verführt sie den Sklaven Meiamun, der für diese Nacht mit dem Leben bezahlt.[40]

Die Episode von der grausamen Königin, die ihren Sklaven „vernascht", hat fast zwangsläufig Eingang in die Oper gefunden. Sowohl Wilhelm Freudenberg (*Kleopatra*, 1881) als auch Victor Félix Massé (*Une nuit de Cléopâtre*, 1884) griffen das von Gautier geschaffene Motiv auf. Kleopatras tödliche Schönheit wurde zu einem bestimmenden Element in der Literatur des 19. Jahrhunderts.

Ähnlich intensiv wie in der Literatur wirkte die Ägyptenbegeisterung auf die Musik. Für das 19. Jahrhundert lassen sich allein 25 Opern ausmachen, die Leben und Tod der ägyptischen Königin thematisieren. Aber auch Ballettstücke wie *Les Amours d'Antoine et de Cléopâtre* (Jean Aumer, 1808), Bühnenmusikinterpretationen zu Shakespeare von Anton Rubinstein (*Antonius und Kleopatra*, 1890), Kantaten und Operetten nahmen die beliebte Materie auf.[41] Der Schwerpunkt der Uraufführungen lag in Italien und Frankreich.

Am Ausgang des 19. und zu Beginn des 20. Jahrhunderts kamen Bestrebungen auf, neue Handlungsstränge zu erarbeiten. Henry Rider Haggard wurde durch eine Reise nach Ägypten zu seinem Roman *Cleopatra* inspiriert. Er gab der Königin – ganz die *femme fatale* – einen liebenden und verschmähten ägyptischen Priester zur Seite.

Als führender Dramatiker in England wandte sich George Bernard Shaw gegen veraltete Konventionen und Romantik, Verlogenheit und Vorurteile.

1899 griff er das Thema in *Caesar and Cleopatra* wieder auf und stellte – wie schon 1872 der Pole Norwid – Kleopatra als ein katzenhaftes Geschöpf dar, das an der Überlegenheit Caesars scheitert, aber schon als spätere Verderberin des Antonius zu erkennen ist. Shaws Kleopatra entspricht nicht mehr der *femme fatale* von einst, sondern einer entsexualisierten und verkindlichten Frau, die erst vom väterlichen Caesar belehrt und angelernt werden muss. Er zeigt den großen Römer nicht als überragenden Staatsmann, sondern als intelligenten Zivilisten, als humorvollen Pragmatiker, der sein Geschäft versteht. Sein Caesar ist ein schwacher, alter und einsamer Mann, ohne Illusionen. Kleopatra ist ein unreifes, zartes und launenhaftes Mädchen, das erst durch Caesar zur Herrscherin geformt wird. Caesar fungiert als Präzeptor und modelliert eine selbstbewusste Monarchin.

Thornton Wilder stellt Kleopatra in den *Iden des März* (1948) als intelligente, wortgewandte Frau dar, deren Charme sich der alternde Caesar nicht entziehen kann: „Ich bin ein Schwachkopf geworden. Ich kann nur noch an sie denken. Ich mache dumme Fehler bei meiner Arbeit [...] O ja, ich gehorche der Königin von Ägypten. Ich tue alles, was sie mich tun heißt." Ihrer Charakterschwächen und Skrupellosigkeit ist sich sein Caesar wohl bewusst: „Sie war ein bemerkenswertes junges Persönchen [...] Sie ist wohl eine noch viel bemerkenswertere Frau geworden. Gespräche zu führen, Gespräche! Wird wieder ein Vergnügen sein [...] Die Fragen, die sie stellt! [...] Und dabei ist sie verlogen, ränkevoll, unbeherrscht, gleichgültig gegen die eigentliche Wohlfahrt ihres Volks." Eine durch und durch rationale, aber dennoch faszinierende Geliebte tritt uns entgegen: „Cleopatra ist Ägypten. Kein Wort ... keine Liebkosung ist ohne politische Bedeutung. Jedes Gespräch ist ein Vertrag und jeder Kuss ein Pakt."[42]

Kleopatra als Romanfigur erfreut sich gar einer derart großen Beliebtheit, dass ein spezifisches Eingehen auf diesen Sektor der Literatur die vorliegende Darstellung sprengen würde. Allein in den letzten Jahren sind Dutzende einschlägiger historischer Romane erschienen, ein weiteres Beispiel für das ungebrochen starke Interesse am Alten Ägypten und der Königin vom Nil.[43]

## Kleopatra in der Kunst

Darstellende Künstler sind – wie sollte es anders sein – oft genug von den literarischen Interpretationen inspiriert worden. Mit antiken Vorbildern hat dies nur wenig zu tun. Umso mehr erfahren wir über den Geschmack der Zeit, ihre Tabus und wie man diese möglichst elegant im Gewand historischer Darstellung umging. Ein Grundproblem besteht allein schon darin, dass wir es bei den Malern und Bildhauern zumeist mit Männern zu tun haben, zumindest was Werke zu Kleopatra angeht. Damit kommt natürlich der männliche Blick auf das Kunstobjekt ins Spiel, und der ist im Allgemei-

Abb. 21: Illustrationen zu Boccaccios *Berühmten Frauen*: Antonius und Kleopatra (1473).

nen eher auf die körperlichen Vorzüge einer Frau gerichtet, die „Mann“ als erotisch attraktiv empfindet. Wo würde „Mann“ denn hinbeißen, wenn er eine Schlange wäre? Nun, ganz sicher nicht in den Arm. Der Busen einer Frau reizt Männer im Durchschnitt eben erheblich stärker als etwa die Armbeuge. Genau dort würde man aber eine Schlange anlegen, damit das Gift möglichst schnell über den Blutkreislauf seine Wirkung entfalten kann. Brüste sind zumindest für Schlangenbisse ein höchst unattraktiver Angriffspunkt.

Bei so viel Potential für die Darstellung nackter Haut – denn welche Schlange beißt schon gerne durch Kleider? – müssen wir uns nicht wundern, wenn über 180 Kleopatra-Maler sich für den Schlangenbiss in Rippennähe entschieden und nur circa 60 das berühmte Gastmahl mit der verspeisten Perle eines Gemäldes für würdig erachteten. *Oben ohne* lautet schließlich auch ein Erfolgstitel von Rainhard Fendrich.

Früh schon hat sich daher ein Darstellungstyp eingebürgert, der männlichen Wünschen auf Kosten von Quellennähe und medizinischer Logik entgegenkam. Ein Holzschnitt des 15. Jahrhunderts, auf dem zwei dicke Schlangen ihre Zähne in die Armbeugen der Königin schlagen, tritt in eine aussichtslose Konkurrenz ein mit einer etwa gleichzeitigen, brustfreien Version,

Abb. 22: Miniatur um 1470[44].

in der die Schlangen erheblich größeres Interesse für die nackten Brüste zeigen. Das entsprach doch eher Männerträumen!

In einer Boccaccio-Handschrift aus London (Abb. 22) steht Kleopatra dagegen bereits mit entblößten Brüsten in einer mit üppigem Grün bedeckten Gegend, den Blick auf den natürlich völlig bekleideten Antonius gerichtet, der noch mit seinem überlangen Schwert zu kämpfen hat. Die beiden Schlangen an ihren Brüsten wirken gefährlich und wohl genährt.

Aufs falsche Pferd setzte der Holzschneider bei der Ausgestaltung der von Johann Zainer 1473 in Ulm gedruckten Boccaccio-Ausgabe, als er zwei Nattern gegen die Armbeugen vorgehen ließ. Die erotischere Variante gewann für die folgenden Jahrhunderte eindeutig die Oberhand.[45]

Besonders norditalienische, holländische und französische Maler des 17. und 18. Jahrhunderts fingen so Feuer für die Ptolemäerin. Dabei verschoben

Abb. 23: Selbstmord der Cleopatra,
Gemälde von Giampietrino (um 1525).

sich schnell die Gewichte, die beiden Schlangen wurden auf eine reduziert und diese wiederum einer „radikalen Abmagerungskur" unterworfen, so dass sie keinesfalls mehr den Eindruck schöner Brüste stören konnte.

Ist die Schlange in einem Gemälde von Giampietrino (Abb. 23) immerhin noch so groß, dass sie einigermaßen in Relation zum Transportkorb steht, schrumpft sie im Lauf eines Jahrhunderts noch einmal erheblich zusammen, wie uns an diversen Werken des Guido Reni oder auch an einem Bild von Guercino (Abb. 24) sehr plastisch vor Augen geführt wird.[46]

Diese Tendenz setzt sich im Übrigen bis heute fort, das belegt ein aktuelles Bild von Don Doe aus dem Jahr 2003. Dort entdeckt man das Schlängelchen doch tatsächlich erst auf den zweiten Blick.

*Der* französische Historienmaler des Klassizismus, Nicolas Poussin, wählte oft antike Sujets aus Ägypten und malte naürlich auch Leben und Sterben der Kleopatra. Sein Zielpublikum kam in erster Linie aus dem eigenen Land, denn gerade in Frankreich zeigte man im 17. Jahrhundert ein gesteigertes Interesse an der fremdartigen ägyptischen Kunst. Nicht von ungefähr

Abb. 24 Selbstmord der Cleopatra, Gemälde von Guercino (1648).

schildert der Erzieher des Thronfolgers Jacques-Benigne Bossuet 1681 in seinem *Discours sur l'histoire universelle* ausführlich Ägypten und hebt dessen kulturelle Leistungen hervor.

Dennoch verlagerte sich die künstlerische Auseinandersetzung mit Ägypten von Paris nach Rom. Giambattista Tiepolo malte Kleopatra mehrfach seit den 1740er Jahren, unter anderem das erste Treffen mit Antonius in Tarsos und auch das berühmte Festmahl, bei dem eine blonde Kleopatra in einem für unsere Begriffe anachronistischen Kostüm am Tisch sitzt. Keinerlei ägyptische Elemente kennzeichnen diese Darstellung. Vielmehr ist sie gemäß dem Zeitgeschmack gekleidet. Ihre Aufmachung mit entblößter Brust verrät die Prostituierte.[47]

Anton Raphael Mengs gestaltete 1771/1773 den ägyptischen Raum für die Papyrussammlung des Papstes im Vatikan mit Motiven von Kleopatra und Oktavian, dem sie als Bittstellerin gegenübersitzt – und greift mit solchen Historienbildern die Tradition Poussins auf. Ein Ölgemälde von Louis Gauffier (Abb. 25) zeigt eine Kleopatra, dunkelhaarig und mit halb entblößter Brust, die nach Antonius' Tod noch versucht, den Sieger Oktavian zu verführen (1788). Ägyptische Elemente in großer Zahl und nicht zuletzt eine Caesar-Büste runden die Komposition ab.

Für die Zeit zwischen 1830 und der Mitte des 20. Jahrhunderts stellen wir eine Diskrepanz fest zwischen der starken Präsenz ägyptischer Themen in

Abb. 25: Treffen von Augustus und Kleopatra nach der Schlacht von Actium, Gemälde von Louis Gauffier (1788).

der Literatur und der deutlich geringeren Würdigung entsprechender Sujets in der Malerei. Erst in jüngster Zeit fand die europäische Kunst wieder zu einer intensiveren Begegnung mit dem Alten Ägypten. Dennoch verschwand das Thema Kleopatra nie ganz von den Staffeleien.[48]

Der französische Orientmaler Jean-Léon Jérôme (1824–1904), der seit 1856 mehrfach Ägypten bereiste, zeigte Kleopatra nur spärlich bekleidet (*Cléopâtre et César*, 1866). Die Herrscherin vom Nil entsteigt einem wertvollen persischen Teppich und bedient sich ihrer weiblichen Verführungskünste. John Collier schuf eine Darstellung von Kleopatras Tod (1890) und Lawrence Alma-Tadema versah seine Kleopatra mit Rosengirlanden, Leopardenfell und schweren Vorhängen (1883) – mit Elementen also, wie sie der zeitgenössischen Vorstellung vom Orient entsprachen.

Hans Makart, viel belächelter Professor für Historienmalerei an der Wiener Akademie, griff für seine Interpretation (*Kleopatras Tod*, 1875/76 und *Kleopatra*, 1875) das Motiv der Dienerinnen aus Shakespeares *Antony and Cleopatra* auf, die mit Kleopatra in den Tod gingen. Kleopatra, auf einer Liege lasziv auf den Unterarm gestützt, setzt sich die Viper an die Brust und bereitet ihrem Leben ein Ende. Der milchig-weiße Körper der Sterbenden ist überladen mit Schmuck, theatralisch erhellt und im Schatten tummeln sich ihre beiden farbigen Vertrauten.[49]

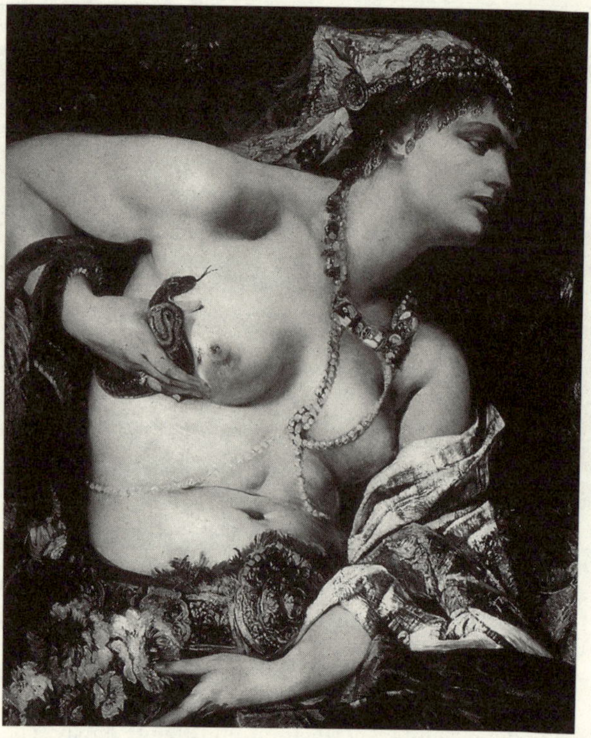

Abb. 26: Der Tod der Kleopatra,
Gemälde von Hans Makart 1875/76.

Man umgab Kleopatra mit Pylonen, Obelisken und den Reichtümern des Orients: Perlen, Damast, Mousselin, Gold, Elfenbein, Ebenholz, Straußenfedern und Leopardenfellen. Gustave Moreau, der in den Jahren 1880 bis 1890 von ihrer Person stark inspiriert war und eine ganze Serie von Kleopatra-Gemälden malte, zeigt Kleopatra in ihren letzten Momenten auf einer kleinen Terrasse des Palastes, die der Mond in bläuliches Licht taucht. Die Sphinx und die Pyramiden erinnern an das Plateau von Gizeh. Rosafarbener Lotus und die königliche Kobra in der Hand, sitzt Kleopatra spärlich bekleidet mit verträumtem Blick auf einem Thron, ihr Profil ist von makelloser Schönheit. Auch die Frisur und der Schmuck untermalen die legendäre Schönheit der Königin. So soll die ganze Melancholie ihrer letzten Nacht als Königin des Orients eingefangen werden.

Alexandre Cabanel (Abb. 27) fügte seinem Gemälde *Cléopâtre essayant des poisons sur des condamnés à mort* (1887) weitere ägyptische Motive wie Tempel, Obelisk und Sphinx hinzu, höchstwahrscheinlich inspiriert von der *Description de l'Égypte*. Eine dunkelhaarige, ägyptisch gekleidete Kleopatra

Abb. 27: Kleopatra testet Gifte an zum Tode Verurteilten, Gemälde von Alexandre Cabanel (1887).

ruht, einen Lotusstrauß in der Hand haltend, auf einem niedrigen Diwan, zu ihren Füßen ein Leopard, stolz und regungslos wie eine Sphinx. Das Bild ist überladen mit pharaonischen Elementen: Schmuck, Sandalen und nicht zuletzt der an ägyptischer Tempelarchitektur orientierte Hintergrund. Die Verurteilten probieren das Gift und werden weggetragen, während die Königin das Geschehen augenscheinlich gelangweilt verfolgt. Mit diesem Ausdruck verkörpert sie den orientalischen Despotismus, die jungen Männer sind die Opfer. Cabanels grausame, skrupellose Kleopatra entspricht ganz der in dieser Zeit in der Literatur aufkommenden *femme fatale*.

Nach dem ersten Weltkrieg brachte Howard Carters Entdeckung des Tut-anch-Amun-Grabes ab 1922 ein Wiederaufleben des Interesses an Ägypten. Von nun an erschien Kleopatra verstärkt als Kindfrau, so wie sie schon bei Shaw zum Ende des 19. Jahrhunderts gesehen wurde. Statuetten zeigen sie in kurzem Kleid, mit männlicher Frisur. Ihre rezeptionsgeschichtliche Wirkung entfaltete diese Mode jedoch vor allem in der Filmindustrie.[50]

## Kleopatra als Medienstar

Das neue Medium Film war wie geschaffen für die Präsentation solch dramatischer Stoffe, das Schicksal Kleopatras rührte die Massen. Anziehende Frauen, eine schwüle, von sexuellen Anspielungen und Erotik aufgeladene „orientalische“ Atmosphäre, die Möglichkeit, eine sehr offenherzige Darstellung unter Hinweis auf die Historie bieten zu können, da musste das Herz eines Regisseurs einfach höherschlagen. Erstmals wurde im Frühjahr 1899 in Frankreich ein Film mit dem Titel *Cléopâtre* produziert, auf den inzwischen über 90 weitere Verfilmungen des Sujets Kleopatra folgten. Sie lassen sich in unterschiedlichsten Genres verorten, das Spektrum reicht von der Literaturverfilmung bis zum Porno. Im Folgenden sollen nur die Historienfilme kurz skizziert werden, eine Literaturverfilmung wie die von George Bernard Shaws *Caesar and Cleopatra* mit Vivien Leigh und Claude Rains (1945) kann man mit ihnen nicht adäquat vergleichen.[51]

Schon früh wurden biographisch angelegte Kleopatraverfilmungen in Szene gesetzt. Ein zehnminütiger französischer Film von 1910 bringt bereits die meisten Merkmale mit, die wir in späteren Produktionen antreffen. Bereits damals griff man bei der Besetzung mit Madeleine Roch auf eine berühmte Schauspielerin zurück, die 26-Jährige gehörte immerhin schon etliche Jahre dem Ensemble der Comédie Française an. In ägyptisierender Ausstattung spielt Roch ganz die orientalische *femme fatale*, lockt mit ihrer Verderben bringenden Schönheit Antonius weg von seiner Frau Octavia, entfremdet ihm Rom und zieht ihn letztlich in den Untergang. Der Orient wird als Hort von Despotie, Laster und verführerischer Weiblichkeit präsentiert, ganz nach dem Weltbild einer Zeit, in welcher der „Kranke Mann am Bosporus“ und die Einmischung der Großmächte in Afrika und im Nahen Osten die politischen Schlagzeilen beherrschten.[52]

Die amerikanische Kleopatra-Produktion von 1912 kreist ganz um ihren Star Helen Gardner, die noch deutlich stärker als *femme fatale* herausgestellt wird, indem man der Begegnung mit Antonius in Tarsos eine Sequenz vorschaltet, die auf die erotische Verunglimpfung in der antiken Schrift *De viris illustribus* zurückgeht, wonach Kleopatra einen so starken Sexualtrieb gehabt habe, dass sie sich prostituierte, wobei sich wegen ihrer Schönheit viele Männer fanden, die für eine Nacht mit ihr den Tod in Kauf genommen hätten.[53]

Im Film wird ein junger, hübscher Fischersklave von besessener Liebe zur Königin gepackt. Die erhört ihn unter der Bedingung, er müsse sich danach das Leben nehmen, und verbringt mit ihm zehn heiße Tage. Danach kommt Antonius dran, Schönheit und Intelligenz von Gardner und Kleopatra werden miteinander verwoben, Luxus und Reichtum gebührend herausgestellt. Das schlimme Ende ist durch den Stoff vorprogrammiert. Im Übrigen wird der Film als das gewaltigste und schönste Epos aller Zeiten apostrophiert, ein Anspruch, der gerade bei Kleopatraverfilmungen wiederholt erhoben wurde, ein Qualitätsmerkmal für den historischen Stoff, „aus dem die Träume sind“.

Eine italienische Version von 1913 lief vor dem Hintergrund des zwei Jahre zuvor ausgebrochenen Konflikts zwischen Italien und dem türkischen Sultan an, in dessen Verlauf die osmanischen Gebiete in Libyen besetzt wurden. So bekam der Sieg des Westens über den Osten sogar eine tagespolitische Note. Wie die anderen Streifen vor dem ersten Weltkrieg bleibt auch dieser Film dem Motiv der *femme fatale* treu, eine gefährliche erotische Ausstrahlung paart sich mit lockerer Moral, Heidentum und einer gewissen Grausamkeit.[54]

Bei der 1917 von J. Gordon Edwards inszenierten Kleopatra, in der Hauptrolle Theda Bara, wurde ein klarer Bruch mit den Vorkriegsverfilmungen vollzogen. Erstmals wird Caesar in den Handlungsstrang einbezogen: Ausgehend von seiner schicksalhaften Begegnung mit der exotischen Verführerin folgt die Darstellung ihrer Biographie bis zum bitteren Ende.

Mittlerweile begnügte man sich nicht mehr mit Anleihen bei den Ausstattungsmerkmalen der Orientalistenmalerei, jetzt musste eine „echte" Darstellerin her. Daher lancierte die Produktionsgesellschaft Fox das Gerücht, ihr neuer Star sei die Tochter eines italienischen Künstlers oder eines Beduinenscheichs. Ihre Mutter sei eine französiche Schauspielerin, eine ägyptische Prinzessin oder aber eine arabischen Geliebte gewesen. So wurde aus Theodosia Burr Goodman, der Tochter eines jüdischen Schneiders polnischer Abstammung, Theda Bara, die Orientalin, der geheimnisvolle Vamp, das Sexsymbol bis zu ihrem Rückzug aus dem Filmgeschäft Mitte der zwanziger Jahre. Die Fox ließ durchsickern, sie sei von Schlangen genährt im Schatten der Pyramiden aufgewachsen und habe in einem Zelt bei dem Sphinx gelebt. Nie wurde eine Kleopatradarstellerin von einer exotischeren Aura umgeben.

Die begleitende Werbekampagne führte schließlich zu Auswüchsen, die dem Stoff des Films an Abenteuerlichkeit in nichts nachstanden, wurde doch verbreitet, in einem Grab in Theben gebe es eine 2500 Jahre alte Inschrift, die das Erscheinen Theda Baras vorhersage. Die solchermaßen Angekündigte erklärte sogar, sie sei die Reinkarnation einer ägyptischen Priestertochter aus pharaonischer Zeit. Schließlich identifizierte sie sich so intensiv mit ihrer Rolle, dass sie behauptete, selbst Kleopatra zu sein: „I live Cleopatra, I breathe Cleopatra, I am Cleopatra!"[55] PR-Gag oder nicht, Bara konnte sich der gespannten Aufmerksamkeit des Publikums sicher sein!

Während die Szenerie altägyptisch-orientalisch gehalten wurde, setzte man in der Produktion von 1917 viel extremer noch als bei den Vorläufern auf die orientalische Erotik, an Freizügigkeit ließ sich das Opus für die damalige Zeit kaum noch überbieten, wollte man nicht ins Pornographische abgleiten. Der Film glänzte dermaßen durch die gewagten Kostüme der Titelheldin, dass er ab den 30er Jahren als zu obszön eingeschätzt wurde und nicht mehr gezeigt werden durfte. Infolgedessen ist keine Kopie erhalten geblieben.[56]

Dem gegenüber nehmen sich die anderen großen Kinofilme mit Claudette Colbert und Elizabeth Taylor geradezu brav aus. 1934 drehte Cecil B. DeMille die erste Tonfassung von Kleopatra mit seinem Superstar Claudette Colbert. Jetzt endlich war man in die Lage versetzt, Geschichte in Wort und Bild zu erzählen, und genau darauf zielte der Film, was gelegentlich zu einem

Abb. 28: Theda Bara im Schlangen-Kostüm (1917).

etwas holprigen Zusammenspiel von Handlung und Dialogen und – nach heutigem Empfinden – zu unfreiwilliger Komik führte. Angelehnt an die vier Jahre zuvor erschienene Biographie von Oskar Wertheimer, gibt der Film in vielen Bereichen den Wissensstand seiner Entstehungszeit wieder, er ist also vergleichsweise eng am historischen Befund entlang entwickelt worden. Zieht man dazu noch die Zeitstellung in Betracht, dann relativieren sich einige grundlegende historische Fehler. Davon abgesehen, wirken die Darsteller, und das hat DeMille seinerzeit schon die *New York Herald Tribune* vorgeworfen, weniger wie Römer und Ägypter als vielmehr wie moderne Amerikaner, präpariert für einen Maskenball.[57]

Erstaunlicherweise bricht er grundlegend mit der Tradition der *femme fatale*, von der sowohl die Literatur als auch die bisherigen filmischen Interpretationen geprägt waren. Seine Kleopatra zeigt Schwächen und Mut, wirkt stellenweise jung und naiv, dann wieder entschlossen und forsch. Die Mär vom *fatale monstrum* lässt er die römische Seite, insbesondere Oktavian, propagieren. Man merkt ihr die Last der Regierung an, die doch eigentlich nicht Frauensache ist. Eigentlich sehnt sie sich mehr nach dem Glück in einer Beziehung als nach der Herrschaft. Ihre angebliche Grausamkeit wird umgedeutet in Milde, indem ihr von Seiten eines zum Tod Verurteilten, an dem sie die Wirkung von Gift erproben möchte, Dankbarkeit entgegenschlägt. Dieser Mann zieht verständlicherweise eine solche Todesart der langsamen und qualvollen Hinrichtung am Kreuz vor. Am Ende wird ihre emotionale Seite als liebende Frau betont, und ganz im Gegensatz zu den Stummfilmen verfallen ihr die Männer gerade nicht. In der Niederlage handelt sie entschieden und hebt sich dabei deutlich von Antonius ab. Wie ihre Vorgängerinnen in dieser Rolle wird sie kinderlos präsentiert, wohl nicht zuletzt mit Blick auf die tendenzielle Ungebundenheit junger Zuschauerinnen. Die amerikanischen Frauen konnten in Kleopatra ein Ideal an sexueller Freiheit und wirtschaftlicher Selbstständigkeit verwirklicht sehen. Kein Zweifel, Claudette Colbert verkörperte einen weitaus komplexeren Charakter als Theda Bara gut anderthalb Jahrzehnte zuvor. Damit prägte sie das Kleopatra-Bild in der Öffentlichkeit der dreißiger und vierziger Jahre mehr als jeder Historiker.

Begünstigt wurde dies natürlich auch durch ihre Person. Sie entsprach völlig dem weit verbreiteten Ideal einer energischen, aber dennoch liebenswürdigen Frau, sportlich und jung vermittelte sie sowohl einen kameradschaftlichen als auch einen verführerischen Eindruck. Hinzu kam ein noch nie da gewesener Werbefeldzug mit jeder Menge Merchandising-Produkten. Längst erwartete man von modernen Frauen ein gepflegtes Äußeres. Kleopatra und Colbert als ihre Leinwandinkarnation waren hinsichtlich Aussehen und Styling bei den Zeitgenossinnen über jeden Zweifel erhaben, kein Wunder, dass Erzeugnisse zu Schönheitspflege und Make-up, ja sogar Perücken im Kleopatra-Look reißenden Absatz fanden. Wie die Herstellerfirma versicherte, sei nicht zuletzt die Frisur Voraussetzung für Kleopatras Erfolge bei Männern gewesen. Warum also nicht wenigstens ein künstlicher Haarschopf? Schönheitsoperationen kamen schließlich erst Jahrzehnte später in Mode.[58]

Im Juni 1934 – also genau in dem Jahr, als *Cleopatra* in die Kinos kam – erklärte man den Hays- oder Production-Code mit den Regeln für eine ursprünglich *freiwillige* Selbstkontrolle zum verpflichtenden Standard für Filmschaffende in den USA. Damit waren die Türen für die Darstellung von Sex und Gewalt weitgehend verschlossen. Man musste sich also mit Anspielungen behelfen – oder zum Antikenfilm wechseln, wo man unter dem Deckmantel historischer Exotik noch eine gewisse Freiheit genoss. Dennoch war eine sexuell so aufgeladene Präsentation wie die mit Theda Bara ab Mitte der Dreißiger nicht mehr vorstellbar.

Mag dies für Cecil B. DeMille schon ein Anreiz für sein Kleopatra-Projekt gewesen sein, dann kann man dies sicher sagen für Spyros Skouras, den Präsidenten der 20th Century Fox, einen echten Fan der Bara-Verfilmung von 1917, als dieser 1958 an das Projekt eines neuen Monumentalfilms zu der reizvollen Ptolemäerin ging. Monumental war dann auch die Forderung der Hauptdarstellerin Elizabeth Taylor: Sie verlangte eine Million Dollar als Gage, genau die Hälfte des ursprünglich geplanten Budgets. Als Vorlage für das Drehbuch diente die gerade erschienene Kleopatra-Biographie von Carlo Maria Franzero. Als am 30. September 1960 in London die Dreharbeiten begannen, zeichnete sich schon ab, dass der Film ein gigantisches Finanz-

Abb. 29: Claudette Colbert in *Cleopatra* (1934).

volumen verschlingen würde. Nach nicht einmal zwei Monaten mussten die Aufnahmen wegen einer Erkrankung von Taylor unterbrochen werden, etwa das Dreifache des anfänglichen Etats war für ganze zwölf Minuten Film verbraucht worden. Regisseur Rouben Mamoulian warf das Handtuch und wurde durch Joseph L. Mankiewicz ersetzt, der bereits in einer Verfilmung von Shakespeares *Julius Caesar* mit Marlon Brando Erfahrung mit der Umsetzung einschlägiger Inhalte gesammelt hatte (1953). Als Oscar-prämierter Drehbuchautor bekam er zugleich die Aufgabe, das Drehbuch zu überarbeiten. Mankiewicz kannte die historischen Quellen, er war wild entschlossen, ein Epos mit einer auch historisch tragfähigen Interpretation des Stoffes zu schaffen. Der historischen Kleopatra sollte endlich Gerechtigkeit widerfahren. Und so schrieb er oftmals nächtens vor dem Dreh noch einzelne Passagen um, Cassius Dio und Plutarch in der Hand. Nach großen Schwierigkeiten durch Drehortwechsel, Stürme und eine weitere Erkrankung von Elizabeth Taylor konnte die Produktion im Frühjahr 1963 abgeschlossen werden, im Juni lief der Streifen in den Kinos an. Aber obwohl er zu den erfolgreichsten Filmen aller Zeiten zählt, bedeutete er für die Fox ein derartiges finanzielles Desaster, dass sogar Spyros Skouras geschasst wurde. Von den über 44 Millionen Dollar Produktionskosten wurden in den entscheidenden fünf Jahren nach dem Filmstart gerade einmal zwei Drittel wieder eingespielt. Man hatte dies zwar kommen sehen, war aber schon mitten in den Dreharbeiten nicht mehr in der Lage gewesen, die Produktion abzubrechen, denn das hätte den völligen Ruin für die Fox bedeutet. Mankiewicz hatte damit den kritischen Punkt überschritten, er war nicht mehr zu stoppen – bis zur Postproduction! Dort band ihm der neue Chef der Fox die Hände. Der auf dessen Anordnung wiederholt verkürzte Schnitt wirkte sich allerdings fatal aus, denn damit man den Film zweimal am Abend laufen lassen konnte, wurde er in mehreren Stufen von einer Länge von über vier Stunden auf gerade mal noch drei gecuttet. Dabei litt stellenweise die Stringenz der Handlung, außerdem wurde der althergebrachte orientalisch-leidenschaftliche Aspekt auf Kosten der politischen Interpretation jetzt stärker betont. Derart radikale Kürzungen führten zwangsläufig zu sehr unterschiedlichen Kritiken. In Deutschland, wo nur die dreistündige Kurzfassung in die Lichtspielhäuser kam, sprach der *Spiegel* gar von einer „späten Niederlage" für Kleopatra. „Historischer Dauerlutscher" lautete die Schlagzeile der *Frankfurter Rundschau*.

Dabei wirkt Mankiewicz's Produktion keineswegs pomadig oder angestaubt, ja die Dialoge sprühen manchmal regelrecht vor Geist und sind oft mit einer Prise Ironie gewürzt. Auch in Bezug auf die Erotik schöpft er das Potential des Themas im Rahmen der gesteckten Grenzen voll aus – der Hays Code war nach wie vor in Kraft, die sexuelle Revolution noch nicht in Sicht! In der deutschen Presse wurde seine Kleopatra folgerichtig als eine Mischung von „Lotterweib" und „Tingeltangeldiva" abqualifiziert!

Nun gab Liz Taylor in jeder Hinsicht auch im normalen Leben eine schillernde Figur ab und leistete durch ihre heiße Affäre mit Antonius-Darsteller Richard Burton dem Marketing des Films reichlich Vorschub – beide waren zu diesem Zeitpunkt noch mit jeweils anderen Partnern verheiratet, Taylor bereits zum vierten Mal –, aber Kleopatra, wie Mankiewicz sie verstand,

Abb. 30: Elizabeth Taylor in *Cleopatra* (1963).

musste auch so eine Herausforderung für das Frauenbild der Endfünfziger und frühen sechziger Jahre sein. Selbst ein Kind – Caesarion wird in die Story integriert – hindert Kleopatra nicht, Politik zu machen. Elizabeth Taylor spielt eine starke Frau mit einigen Schwächen, die Visionen hat und dennoch Gefühle zeigt, die ihren Reichtum ebenso zum Erreichen ihrer politischen Ziele in die Waagschale wirft wie ihre körperlichen Vorzüge, Sex und exotischen Luxus. Kleopatras Intelligenz und Sprachkenntnis wird angemessen Tribut gezollt, dabei lässt Mankiewicz Plutarch sogar wörtlich zum Publikum sprechen. Umgeben von hervorragenden Beratern, Wissenschaftlern und Intellektuellen legt sie politische Weitsicht an den Tag, Menschlichkeit und Machtwillen, lässt Kritik zu und zeigt Mut, wenn es darauf ankommt. Insgesamt entsteht so die komplexeste Kleopatra aller Filmdarstellungen, das Frauenbild mit seinen unterschiedlichen Facetten weist in die Zukunft, alte Rollenbilder werden durch den bewusst angelegten Kontrast zu Octavia durchaus problematisiert. Und zu alledem kam noch Mankiewicz' Bemühen um den historischen Gehalt der Szenen.

Kein Forschungsbeitrag hat je so viel für den Wissenstransfer zu Leben und Wirken der ptolemäischen Königin tun können wie er als Autor und Regisseur, ja die Verbindung von Hollywood und Historie erwies sich aus Sicht des Historikers keineswegs als schlechter Kompromiss. An manchen Stellen kommt Mankiewicz nämlich aus seiner Quellenkenntnis und Lebenserfahrung zu Urteilen, die sich später erst in der Forschung durchgesetzt haben und heute das *wissenschaftliche* Bild der Kleopatra prägen. Von Franzeros Einschätzungen hatte er sich längst emanzipiert! Insofern ist die Kleopatra von 1963 sicherlich die spannendste, monumentalste und vielschichtigste filmische Annäherung an die Königin vom Nil. Bezeichnenderweise stellt sie sogar heute noch manche, vergleichsweise lieblos gemachte Dokumentation für das Fernsehpublikum *inhaltlich* in den Schatten![59]

Konnte es denn nach Mankiewicz' Kleopatra noch besser werden? Nun, zumindest muss man festhalten, dass es eindeutig nicht besser geworden ist. Mit dem Fall der sexuellen Tabus Ende der 60er Jahre brach bei etlichen Filmen, die sich mit einer Ausnahme nicht zu besprechen lohnen, eindeutig das *regina meretrix*-Motiv durch, Kleopatra wurde zur königlichen Hure, zum Sexobjekt! Auch die jüngste einigermaßen ernsthafte Produktion von 1999 mit Leonor Varela in der Hauptrolle, flankiert von Billy Zane als Antonius und James-Bond-Darsteller Timothy Dalton als Caesar, steigt mit diesem Ansatz ins Geschehen ein. Hier lässt sich die gänzlich unbedarfte Kleopatra erst einmal von einer Prostituierten unterweisen, damit es nachher bei Caesar klappt. In der Folge glänzt die Königin vor allem durch sprunghafte Reaktionen, starke Emotionen, weibliche Unvernunft und Tatkraft auf der einen, Anschmiegsamkeit und heiße Erotik auf der anderen Seite. Immer ist sie für eine Überraschung gut, die allerdings keineswegs im Sinn ihres jeweiligen Partners sein muss. Kleopatra ist aufbrausend, oft genug ungerecht und entwickelt gelegentlich despotische Züge, kurz gesagt ein Girlie mit Anklängen an die orientalische *femme fatale*. Sie wirkt unreif und weder ihrer Stellung noch den Herausforderungen der Zeit gewachsen. Wiederholt wirkt die Atmosphäre des Films einfach nur schwül. In mancherlei Hinsicht erinnert die Königin an ihr Pendant in der Verfilmung von 1934 mit Claudette Colbert. Das fängt bei der Kleidung an, reicht über den Typus der mädchenhaften Hauptdarstellerin und die Betonung der erotischen Komponente bis hin zur Ausblendung der komplizierten politischen Konstellationen. Letztere werden gerade in der 1999er Produktion durch die Dominanz der liebestollen Verführerin allzu oft überdeckt. Dabei fällt auf, wie sehr gängige Maschen der Fernsehwerbung auf die Weiblichkeitsbilder durchschlagen und typische Klischees bedient werden. Eine schlüssige Entwicklung von Kleopatras Charakter ist hier nicht feststellbar, die Hauptfigur wird eher eindimensional wahrgenommen. Da mag es wenigstens ein Trost sein, dass heute in der Gesellschaft zahlreiche, weitaus unverbindlichere Frauenbilder nebeneinander existieren und von daher die Wirkung dieser jüngsten Verfilmung ungleich geringer ist als die ihrer großen Vorläufer. Die Chance, in drei Stunden Laufzeit Mankiewicz' Opus nach mehr als 35 Jahren eine aktuellere Interpretation der Kleopatra an die Seite zu stellen, hat man jedenfalls vertan.[60]

Durch das Medium Film wurden die dem Zeitgeschmack nach berühmtesten, interessantesten und zugleich schönsten Frauen wie Theda Bara (1917), Claudette Colbert (1932), Vivien Leigh (1945), Elizabeth Taylor (1963) oder Leonor Varela (1999) mit der ägyptischen Königin identifiziert und verkörperten dabei in exotischen Kostümen zugleich ein bestimmtes Image der Frau. Zur Ikone, zum Idol stilisiert, vermittelte die Filmfigur Kleopatra in manchen Produktionen ein konservatives, fast reaktionäres Frauenbild, in anderen wie der von 1963 trägt sie durchaus fortschrittliche Züge.

Mehr als alles andere prägen die Bilder der monumentalen Kino- oder Fernsehproduktionen inzwischen die Vorstellungen von Kleopatras Leben, Wesen – und Aussehen! Generationen denken bei der Nennung des Namens an Liz Taylor, einige neuerdings auch an Leonor Varela!

Welche Bilder von Kleopatra auch immer künftig in unserer Gesellschaft kursieren und transportiert werden, eines dürfte klar sein: Sie war und ist eine Frau, über die man spricht. Die Massenmedien ihrer Zeit hat sie virtuos genutzt, ihr Porträt kannte man, auch wenn so manches an den Darstellungstypen idealisiert gewesen ist. Ihre Ausstrahlung faszinierte nicht nur ihre direkte Umgebung, und so ist sie bis heute eine aufregende, prickelnde Persönlichkeit geblieben!

## Kleopatra als Werbeikone

Die Entstehung der modernen Werbeindustrie in den 20er Jahren des 20. Jahrhunderts ging auch an Kleopatra nicht ganz spurlos vorbei. Insbesondere einhergehend mit den großen Erfolgen der Kleopatra-Verfilmungen kann man eine zunehmende Kommerzialisierung ihres Namens konstatieren: Parfums, Seifen, Bodylotions, Enthaarungscremes, Schönheitsfarmen – diese Liste ließe sich endlos fortsetzen. Alle Artikel haben eines gemein: Sie rekurrieren auf das geheimnisvoll Weibliche, den Luxus, das Exotische und nicht zuletzt auf die Schönheit der Kleopatra. Selbst Spielzeug für Kinder und ein Kartenspiel sind inzwischen nach ihr benannt.[61]

Gibt man im Internet in bekannten Suchmaschinen den Begriff ‚Kleopatra' ein, so erhält man allein 3,3 Millionen Treffer aus allen Bereichen, vom Asteroiden bis zum Bordell ist alles dabei. In Werbeanzeigen finden sich Formulierungen folgender Art:

„Für Kleopatra und Nofretete war Aloe Vera der zentrale Bestandteil im täglichen Wellness-Programm, ihre Quelle der ewigen Jugend." Oder: „Der

Ruf der ägyptischen Königin Kleopatra ist eng mit Schönheit und ihrer Pflege verknüpft. Ein antikes Wellness-Programm – bestehend aus wenig Arbeit, viel Schlaf, frischer Luft, Sonne und Nilsand-Peelings – förderte ihr makelloses und verführerisches Aussehen."[62]

Die Aufzählung ließe sich nahezu endlos fortsetzen – eines wird dabei deutlich: Der Schönheitsbegriff scheint auf ewig mit Kleopatra verbunden zu sein, obwohl sie nach Plutarch ja gerade nicht von besonderer Schönheit gewesen ist! Kein einziger Werbespot lässt sich finden, in dem auf Kleopatras Intelligenz, Bildung und Redegewandtheit hingewiesen wird! Vielleicht haben gerade deswegen Kleopatra-Ausstellungen, -Bücher, -Vorträge und -Filme Konjunktur! Der Mythos lebt – das ist vielleicht Kleopatras größter Erfolg!

# Anmerkungen

## Vorwort des Autors

1 F. Goddio, Vorwort zu L. Foreman 2000, 22.

## I. Kleopatra und die Ptolemäer

1 Ursprünglich Kommandeur der Leibschwadron des makedonischen Königs, entwickelte sich der Chiliarch unter Alexander zu einer Art Wesir und Stellvertreter. Ausführlich zu Ptolemaios I. Soter J. Seibert, Untersuchungen zur Geschichte Ptolemaios' I., (Münchener Beiträge zur Papyrusforschung 56), München 1969. W. M. Ellis, Ptolemy of Egypt, London, New York 1994.

2 Vgl. J. Bergman, Ich bin Isis. Studien zum memphitischen Hintergrund der griechischen Isisaretalogien, Uppsala 1968, bes. 92ff.

3 Zu Wirtschaft und Religion im Ptolemäerreich Hölbl 1994, 57ff. u. 69ff.

4 Zum Ultimatum des C. Popillius Laenas Pol. 29,27,1ff. Vgl. G. Shipley, The Greek World after Alexander 323–30 BC, London, New York 2000, 291f. u. 374ff.

5 SEG IX,7. Vgl. E. Badian, The Testament of Ptolemy Alexander, RhM 110, 1967, 178ff. Hölbl 1994, 163f. Huß 2001, 573 u. Während Hölbl 1994, 191f. das Testament Ptolemaios' X. Alexander I. für echt hält, geht Huß 2001, 659ff., von einem fälschlich lancierten Gerücht aus.

6 Dziatzko, s. v. Bibliotheken, RE III,1, Stuttgart 1899, 410. Canfora 1990, 56f.

7 Zu Alexandria jetzt M. Clauss, Alexandria. Eine antike Weltstadt, Stuttgart 2003.

8 So auch M. Clauss in seiner Kurzbiographie, während etwa W. Huß Auletes erst kürzlich wieder als elften Ptolemäer ansieht. Im Kern geht es darum, ob man im Gefolge von W. Otto, Zur Geschichte der Zeit des 6. Ptolemäers, 1934, 128, Ptolemaios Neos Philopator, dem Sohn des 6. Ptolemäers, eine Mitregentschaft und kurzzeitig sogar eine selbständige Herrschaft zuerkennt. Letzteres wird heute wieder stark in Zweifel gezogen, weshalb W. Huß Euergetes II. konsequent als siebten Ptolemäer führt, was weiter zur Verwirrung beiträgt. Sinnvoller erscheint es, die Ordnungszahl VII unbesetzt zu lassen und besagten Euergetes II. auch weiterhin als Ptolemaios VIII. zu führen. Clauss 1995, 15. Huß 2001, 11 u. 537ff. Vgl. dazu auch H. Heinen, Der Sohn des 6. Ptolemäers im Sommer 145. Zur Frage nach Ptolemaios VII. Neos Philopator und zur Zählung der Ptolemäerkönige, in: B. Kramer u. a. (Hrsg.), Akten des 21. Internationalen Papyrologenkongresses Berlin, 13.–19. 8. 1995, (APF Beiheft 3), Stuttgart, Leipzig 1997, 449ff., bezugnehmend auf die These von W. Huß, Der makedonische König und die ägyptischen Priester. Studien zur Geschichte des ptolemäischen Ägypten, Stuttgart 1994, 10.

9 An der abweichenden Zählung hält auch Huß 2001, 11, 667ff. u. 673f., fest. Eine andere Variante bietet Whitehorne 2001, 182.

10 Strabo 17,1,11.

11 Zu Dionysos und seiner kultischen wie sozialen Bedeutung in diesem Zusammenhang A. D. Nock, Notes on Ruler Cult, I–IV, JHS 48, 1928, 30ff.

12 Hierzu die detaillierten Überlegungen von Huß 2001, 675f.

13 BGU VIII,1762,3f. Porphyrios FGrH 260 F 2 (14). In der Forschung wurde lange über ein Ableben Kleopatras VI. Tryphaina um 69/68 v. Chr. und eine imaginäre Tochter gleichen Namens spekuliert. Vgl. E. Bevan, House of Ptolemy, 354f. Dies wird inzwischen allerdings unter Hinweis auf Strabo 17,796, wo Ptolemaios XII. definitiv nur drei Töchter zugebilligt werden, weitgehend als Konstruktion abgelehnt. Vgl. Huß 1990, 192ff. L. M. Ricketts, A Dual Queenship in the Reign of Berenice IV, in: BASP 27, 1990, 58f. J. Whitehorne, The Supposed Co-Regency of Cleopatra Tryphaena and Berenice IV (58–55 B.C.), in: B. Kramer u. a. (Hrsg.), Akten des 21. Internationalen Papyrologenkongresses Berlin, 13.–19. 8. 1995, II, (APF Beiheft 3), Stuttgart, Leipzig 1997, 1009ff. D. Ogden, Polygamy, Prostitutes and Death. The Hellenistic Dynasties, London 1999, 99ff. Whitehorne 2001, 178ff.

14 Plut. Ant. 27,4f. Bei den Troglodyten oder richtiger Trogodytai handelt es sich um einen Nomadenstamm mit Frauen- und Kindergemeinschaft im Süden Libyens. Vgl. dazu W. W. How/J. Wells, A Commentary on Herodotus I, Oxford 1912, 362.

15 SEG IX,5. Prophyrios v. Tyros FGrH 260 F 2,12. Cic. leg. agr. 2,42. Vgl. Bloedow 1963, 3ff. Olshausen 1963, 30f. Huß 1990, 202f.

16 Cic. leg. agr. 2,1 u. 41f. E. Badian, The Testament of Ptolemy Alexander, in: RhM 110, 1967, 178ff. Vgl. aber auch D. C. Braund, Royal Wills and Rome, in: PBSR 51,1983, 24ff.

17 W. Huß, Ägypten, 673.

18 Sall. Hist. fr. incerta 2,2. App. civ. 1,111.

19 Suet. Iul. 11.

20 W. Huß, Ägypten, 681.

21 Cic. leg. agr. 2,42.

22 Plin. nat. 33,136.

23 Zum Kranz und zur ptolemäischen Gesandtschaft nach Damaskus Strabon von Amaseia FGrH 91 F 14. Zur Höhe des Haushalts Diod. 17,52,6.

24 J. Bergman, Ich bin Isis. Studien zum memphitischen Hintergrund der griechischen Isisaretalogien, Uppsala 1968, 110ff. Eve A. E. Reymond, From the Records of a Priestly Family from Memphis I, Wiesbaden 1981, 142. U. Verhoeven, Der Hohepriester des Ptah von Memphis, in: Ägypten, Griechenland, Rom 2005, 597f.

25 Bloedow 1963, 34.

26 Vgl. Schäfer 1998, 130f.

27 Vgl. E. Badian, Zöllner und Sünder, Darmstadt 1997, 211 Anm. 129. Ch. Schäfer, Die Funktionäre in den societates publicanorum, in: MBAH XX, 2, 2001, 72ff. U. Malmendier, Societas publicanorum. Staatliche Wirtschaftsaktivitäten in den Händen privater Unternehmer, (Forschungen zum Römischen Recht 49), Köln, Weimar, Wien 2002, 31ff.

28 Vgl. Schäfer 1998, 129ff. u. 230f.

29 Zu Pompeius geschäftlichen Interessen vgl. I. Shatzman, Senatorial Wealth and Roman Politics, Brüssel 1975, 391f. Schäfer 1998, 130.

30 Schäfer 2002, 146.

31 Caes. b. c. 3,107,2. Cic. Sest. 57. Cic. Rab. Post 6. Suet. Caes. 54,3. Plut. Caes. 48,8. Speziell zu Caesars Rolle Cic. Att. 2,16,2. Vgl. Gelzer 1960, Jehne 1987, 333. Zum Ausbleiben jeglicher Zahlungen an Caesar und Pompeius mit überzeugender Quellenkritik Heinen 1966, 78ff.

32 Cic. Sest. 57 ff. Cic. dom. 52 f. Plut. Cato min. 34 ff. App. civ. 2,23,86. Vgl. E. Badian, Cato and Cyprus, JRS 55, 1965, 110 ff. A.N. Sherwin-White, Roman Foreign Policy, London 1984, 268 ff. W. Will, Der römische Mob, Darmstadt 1991, 79 ff.

33 Cic. Sest. 57.

34 Cass. Dio 39,12,1–3.

35 Plut. Cato min. 35,4 ff. Zum Aufenthalt in Athen vgl. K. Zimmermann, Libyen. Das Land südlich des Mittelmeeres, (Vestigia 51), München 1999, 170, Anm. 715.

36 Cic. Rab. Post. 6. Cass. Dio 39,14,3. Vgl. M. Gelzer, Pompeius, 127 f.

37 Cic. Cael. 23. Cass. Dio 39,13 f. E. Gruen, The Last Generation, 306 f. W. Huß, Ägypten, 686 ff. Zur Regentschaft Berenikes IV. und dem Ableben der Tryphaina Huß 1990, 193 ff. Anders J. Whitehorne, The Supposed Co-Regency of Cleopatra Tryphaena and Berenice IV (58–55 B.C.), in: B. Kramer u. a. (Hrsg.), Akten des 21. Internationalen Papyrologenkongresses Berlin, 13.–19. 8. 1995, II, (APF Beiheft 3), Stuttgart, Leipzig 1997, 1009 ff.

38 Vgl. Olshausen 1963, 52 f.

39 Cass. Dio 39,15,2.

40 Cic. fam. 1,5a,2. Cass. Dio 39,15,3 f. Zu den Details der Auseinandersetzungen Huß 2001, 689 ff.

41 Cass. Dio 39,55,1 ff. u. 39,56,3 ff. Zur Konferenz von Lucca Gelzer 1960, 109 ff.

42 Cic. Rab. Post. 21 u. 30. Plut. Ant. 3,4 f. Cass. Dio 39,55,2 f. u. 39,56,3. Vgl. Olshausen 1963, 58, Anm. 77.

43 Strabon 17,1,11. Cass. Dio 39,57,1. Vgl. H. Heinen, Séleucos Cybiosactès et le problème de son identité, in: L. Cerfaux u. a. (Hrsg.), Antidorum W. Peremans Sexagenario ab alumnis oblatum, (Studia Hellenistica 16), Löwen 1968, 105 ff. Hingegen spricht Porphyrios nur von einer schweren Krankheit: FGrH 260 Porphyrios von Tyros F 32,28.

44 Strabon 12,3,34 u. 17,1,11. App. Mithr. 114.

45 Plut. Ant. 3,5 ff. Ios. bell. Iud. 1,176 ff. Ios. ant. Iud. 14,100. Cass. Dio 58,1 ff. Zum Vormarsch Huß 2001, 693 f. Zum Übertreten seiner Befugnisse Olshausen 1963, 58, Anm. 77.

46 Cic. Att. 4,10,1. Vgl. M. Siani-Davies, Ptolemy XII Auletes and the Romans, Historia 46, 1997, 333.

47 Caes. civ. 3,4,4.

48 Cass. Dio 39,58,3. Plut. Ant. 3,8. Strabon 17,1,11.

49 Zur Berufung ins Amt des Dioiketes Cic. Rab. Post. 22 u. 28. P. Med. inv. 68.53 r. C. Balconi, Rabirio Postumo dioiketes d'Egitto in P. Med. inv. 68.53?, Aegyptus 73, 1993, 3 ff., bes. 14 ff. C. Balconi, Rabirio Postumo dioiketes d'Egitto: prima testimonianza papiracea, in: A. Bülow-Jacobsen (Hrsg.), Proceedings of the 20th International Congress of Papyrologists Copenhagen, 23–29 August, 1992, Kopenhagen 1994, 219 ff.

50 Cic. Rab. Post. 28.

51 Schiffe des Postumus brachten die besagten Güter nach Puteoli. Cic. Rab. Post. 40. Zur griechischen Kleidung ebd. 25 f. u. 28.

52 Vgl. Huß 2001, 698 ff.

53 P. Med. inv. 68.53. Cic. Rab. Post. 22 u. 39. Vgl. M. Siani-Davies, Ptolemy XII Auletes and the Romans, Historia, 46, 1997, 335. M. Siani-Davies, Marcus Tullius Cicero. Pro Rabirio Postumo, Oxford 2001, 32 ff.

54 In Rom, wohin sich Postumus schließlich wandte, wurde er alsbald in die Prozesse gegen Gabinius hineingezogen, den man wegen Erpressung verurteilte. Rabirius Postu-

mus selbst wurde der Beihilfe bezichtigt und auf Herausgabe der Gelder des Gabinius verklagt. Kein Geringerer als Cicero übernahm die Verteidigung, die allerdings auf recht schwachen Füßen stand. Vgl. bes. Cic. Rab. Post. 19ff.

55 Im Mai 52 v. Chr. werden die Kinder des Königs mit dieser Titulatur in der Inschrift OGIS II,741, erwähnt. Vgl. Fraser 1972, 428. Zur Tradition des Titels und seiner Funktion vgl. L. Criscuolo, Philadelphos nella dinastia lagide, Aegyptus 70, 1990, 89ff. Hölbl 1994, 196.

56 Bei den Ptolemäern wurde die Geschwisterehe erstmals von Ptolemaios II. und Arsinoë II. praktiziert. Von Theokrit wurde sie als kultische Hochzeit nach dem Beispiel von Zeus und Hera propagiert und die Akteure selbst führten in aller Bescheidenheit den Kultnamen „Geschwistergötter", Theoi Adelphoi. Die Ägypter interpretierten den Inzest im Sinne des göttlichen Geschwisterpaares Isis und Osiris. Im pharaonischen Ägypten kannte man zwar die Geschwisterehe, eine derartige Verbindung zwischen Vollgeschwistern lässt sich für diese Epoche jedoch nicht belegen. Theokr. 17,131ff. Vgl. S. Allam, LÄ II, 1977, 568ff. G. Hölbl, Geschichte des Ptolemäerreiches, 88 u. 106. Weitere Beispiele lassen sich mühelos anführen, etwa der sechste Ptolemäer und seine Vollschwester Kleopatra II. oder auch Kleopatras VII. Vater Ptolemaios XII. und seine Gattin Kleopatra VI. Tryphaina.

57 Caes. civ. 3,108.

58 Quaegebeur 1991, 49ff., bes. 60f. u. 66. Ricketts 1992, 280f. Bianchi 2003, 13f. Werner Huß favorisiert unter Hinweis auf O. Theb. 30, Z. 9, und BGU VIII, 1806, Z. 6, einen Termin zwischen dem 4. März und dem 2. Mai 51 v. Chr. Allerdings scheint Ptolemaios XII. Auletes schon einige Zeit vorher aus dem Leben geschieden zu sein (s. u.). Vgl. Huß 2001, 705f. mit weiterer Literatur. J. Bingen, La politique dynastique de Cléopâtre, CRAI 1999, 54, hält die Samtdatierungen für ein pragmatisches Mittel der Legitimierung nach dem Tod des Königs.

59 Strab. 17,796. Buch. II,13. Vgl. D. J. Thompson, Memphis under the Ptolemies, Princeton 1988, 125. Zur Datierung besonders Bloedow 1963, 91f. Heinen 1966, 28.

60 E. Carney, The Career of Adea – Eurydice, Historia 36, 1987, 496ff. Zur Diskussion um das jugendliche Alter von Adea-Eurydike cf. H. Berve, Das Alexanderreich II, 12f., Nr. 23. S. B. Pomeroy, Women in Hellenistic Egypt, 176, Nr. 17. E. Carney, ebd., 499.

61 Zu Potheinos Caes. civ. 3,108,1ff. Cass. Dio 42,36,1. Plut. Pomp. 77,2f. Plut. Caes. 48,2. Vgl. Heinen 1966, 36ff. PP VI,14620. L. Mooren, The aulic titulature in Ptolemaic Egypt. Introduction and prosopography, Bd. 1, Brüssel 1975, 72f. Zu Achillas App. civ. 2,84. Caes. civ. 104,1f. Plut. Caes. 49,4. Cass. Dio 42,4,1. Vgl. PP II,2154. Mooren ebd., 73f. Achillas dürfte einheimischer Abstammung gewesen sein, was ihn aber keineswegs beeinträchtigte, wenn es um das Ausfüllen seiner Position ging. Plut. Pomp. 77,3. Heinen 1966, 41f. Zu Theodotus Plut. Pomp. 77,3 u. 80,9. Plut. Brut. 33,2ff. Liv. Per. 112. Vell. Pat. 2,53,2. Vgl. PP VI,14603. Während Plutarch als Theodotos Herkunftsinsel Chios angibt, behauptet Appian er sei ein Samier. App. civ. 2,84.

62 Neuerdings ist diese Geschwisterehe in Zweifel gezogen worden. Vgl. Criscuolo 1989, 330ff. Hölbl 1994, 205, folgt ihm in dieser Hinsicht. Man muss sich allerdings fragen, weshalb sonst Caesar darauf drängte, dass sie nach dem Tod ihres älteren Bruders den jüngeren ehelichte, wenn nicht hierdurch ihre Stellung abgesichert werden musste.

63 Hazzard 2000, 149, betont, dass die Männer um Ptolemaios XIII. mit Ausnahme der kurzen Regierungszeiten von Berenike II. und Berenike III. keine Phase der

Reichsgeschichte gekannt hätten, in der sich eine Königin über ihr männliches Pendant erhoben hätte. Demnach wäre der Konflikt aus dem unterschiedlichen Verständnis der Rollen von Mann und Frau hervorgegangen. Dies muss aber angesichts der Tatsache, dass der betroffene Herrscher noch ausgesprochen jung war und erst einige Jahre zuvor Kleopatras Stiefschwester Berenike eine Alleinherrschaft etabliert hatte, die nur mit Gewalt und römischer Hilfe zu stürzen war, relativiert werden. Es ging wohl schlicht um die Frage, wer die Macht im Reich an sich reißen und damit sein Leben noch etwas mehr absichern konnte.

64 Buch. II,13. Bloedow 1963, 91f. Heinen 1966, 25f. u. 28. Hölbl 1994, 205 u. 254. W. Huß, Der makedonische König und die ägyptischen Priester. Studien zur Geschichte des ptolemäischen Ägypten, (Historia-E. 85), Stuttgart 1994, 53.

65 Cic. fam. 8,4,5. Vgl. Bouché-Leclercq II, 1904, 172.

66 Noch am 21. Juni 51 trägt eine Eingabe an den Strategen Seleukos die Doppeldatierung. BGU VIII,1832. Vgl. Hölbl 1994, 205. Huß 2001, 706.

67 R. S. Bianchi, in: Kleopatra 1989, 216ff., Nr. 72. Clauss 2003, 118.

68 PSI X,1098b, Z.3.

69 Rostovtzeff II, 1955, 716. H. Maehler, Egypt under the last Ptolemies, BICS 30, 1983, 6f.

70 Huß 1990, 197. Ders. 2001, 706f.

71 Lucan. 10,366ff. Vgl. Ders., 10,92ff.

72 Heinen 1966, 37ff.

73 BGU VIII,1730 = C. Ord. Ptol. 73. Rostovtzeff II, 1955, 716f.

74 Vgl. Heinen 1966, 29.

75 Vgl. SB VI,9065, Z0.1f. P. Lond. 827 = P. Fay. 151, Z. 6f. Criscuolo 1989, 326. Zu den leicht chaotischen Datierungen, die in gewisser Weise die noch immer nicht endgültig geklärten Machtverhältnisse widerspiegeln, Heinen 1966, 30ff.

## II. Caesar in Ägypten – Kleopatra in Rom

1 Plut. Pomp. 62,2. Plut. Ant. 25,4. Caes. civ. 3,4,4 u. 3,111,3. App. bell. civ. 2,71.

2 Cic. Att. 10,8,4.

3 Zur Rundreise durch den Osten auch Lucan. 2,628ff.

4 Plut. Ant. 25,4.

5 Zu der von Pompeius angeordneten Eintreibung von Geldern im gesamten Osten Caes. civ. 3,3,2.

6 Die Details der Flottenhilfe mit den entsprechenden Quellenangaben sind überzeugend dargelegt bei Heinen 1966, 52ff. Zur Überführung der Reiter Caes. civ. 3,4,4. Zu den Operationen der Flotte vor der epirotischen Küste Caes. civ. 3,40. Cass. Dio 42,12.

7 Heinen 1966, 55ff., hat gezeigt, dass die inneren Spannungen keinen Einfluss auf die Einstellung beider Parteien hinsichtlich der Forderung des Pompeius hatten. Das Entgegenkommen rührt also nicht von einer besonderen Romfreundlichkeit Kleopatras her, die sich etwa von der Einstellung ihrer Gegner abgehoben hätte.

8 Caes. civ. 3,110,2 u. 10. Vgl. Heinen 1966, 48f.

9 Val. Max. 4,1,15. Vgl. Cic. Att. 6,5,3. Caes. civ. 3,110,6. Sen. Marc. 14,2. Bibulus war bekannt für seine Courage und Zähigkeit, aber auch für seinen Jähzorn und seine

Grausamkeit. Seine Standhaftigkeit wurde von weniger gutwilligen Zeitgenossen als Halsstarrigkeit ausgelegt. Er galt nicht unbedingt als einer der Klügsten, sehr wohl aber als bösartig. Vgl. Cic. Brut. 267. Cic. Phil. 13,29. Sall. Ep. ad Caes. 2,9,1. Caes. civ. 3,14,3 u. 3,16,3. Zum Charakter des Bibulus und zu seiner Haltung im Konsulat Gelzer 1984, 114ff. Gruen 1994, 55f. Canfora 2001, 87ff.

10 Von der 2000 Mann starken Reiterei wurden lediglich 500 Mann nach Griechenland geschickt. Ihre Kampfkraft muss nach wie vor ganz erheblich gewesen sein, was für den guten Zustand der Truppe spricht. Hierzu vor allem Heinen 1966, 49ff.

11 Caes. civ. 3,110,5.

12 Zum Ausweichen in die Thebais Malalas 9,279. Vgl. Criscuolo 1989, 328f. Zur Beliebtheit Kleopatras in Oberägypten Hölbl 1994, 206f. Zum Rückzug nach Palästina Strab. 17,796. App. civ. 2,84. Zur Münzprägung in Askalon A. B. Brett, A new Cleopatra Tetradrachm of Ascalon, AJA 41, 1937, 452–463, bes. 455. Zum Aufenthalt in Askalon auch Hazzard 2000, 150.

13 Caes. civ. 3,103,1f. Plut. Pomp. 77,1.

14 Zu Cn. Pompeius' Flottenoperationen Caes. civ. 3,40. Cass. Dio 42,12.

15 Lucan. 8,518f. Vgl. Lucan. 8,557ff. u. 8,594f.

16 Lucan. 5,56ff. Zur Anerkennung von Ptolemaios' Herrschaft und der Akzeptanz des Diadems H.-W. Ritter, Diadem und Königsherrschaft. Untersuchungen zu Zeremonien und Rechtsgrundlagen des Herrschaftsantritts bei den Persern, bei Alexander dem Großen und im Hellenismus, (Vestigia 7), München 1965, 154f.

17 Liv. per. 112. Ampelius 35,6. Eutrop. 6,21,3. Sen. ep. 4,7. Lucan. 8,448ff. Vgl. zur Tutela Heinen 1966, 11ff.

18 Zur Schlacht von Pharsalos C. B. R. Pelling, Pharsalus, Historia 23, 1973, 249ff. Gelzer 1984, 180ff. Christ 2004, 161ff. Y. Le Bohec, César chef de guerre. César stratège et tacticien, Paris 2001, 380ff.

19 Plut. Pomp. 68,2. Lucan. 7,7ff. App. civ. 2,68f. u. 76. Obseq. 65a. Flor. epit. 2,13,45.

20 So etwa Gelzer 1984, 199f.

21 Zur Funktion von Träumen und Traumdeutung in der Antike jetzt vor allem B. Näf, Traum und Traumdeutung im Altertum, Darmstadt 2004, hier bes. 103ff.

22 Plut. Pomp. 72ff. Caes. civ. 3,96,3f. u. 3,102,2ff. App. civ. 2,81ff.

23 Zu den Ereignissen nach der Schlacht von Pharsalos Gelzer 1984, 200ff.

24 App. civ. 2,84. Caes. civ. 3,103,1ff. Cass. Dio 42,3,1f. Lucan. 8,470f.

25 Plut. Pomp. 77,5ff. App. civ. 2,84. Vgl. auch Quint. 3,8,56.

26 Lucan. 8,503ff. Die Berücksichtigung des Akoreus lässt sich vielleicht auf Lukans Onkel Seneca zurückführen, dessen Werk *De situ et sacris Aegyptiorum* verloren gegangen ist. Vgl. B. Postl, Die Bedeutung des Nils in der römischen Literatur mit besonderer Berücksichtigung der wichtigsten griechischen Autoren, Wien 1962 (masch. Diss.), 81f. u. 109. Bouché-Leclercq II, 1904, 186.

27 Caes. civ. 3,103,4f. u. 3,104,1. Zu dem als „Freunde" des Königs bezeichneten Personenkreis, aus dem sich zugleich der Regierungsrat hellenistischer Könige rekrutierte G. Shipley, The Greek World after Alexander 323–30 BC, London, New York 2000, 76f.

28 Plut. Pomp. 79,4 u. 80,2ff. Zum Mordkomplott gegen Pompeius Caes. civ. 3,104,2f. Plut. Pomp. 78ff. Cass. Dio 42,4f. Vgl. Heinen 1966, 65ff. P. Greenhalgh, Pompey, the Republican Prince, London 1981, 256ff. Zum Grab des Pompeius P. Goukowsky, Sur les funérailles de Pompée, in: C. Brixhe (Hrsg.), Hellènika symmikta. Histoire, linguistique, épigraphie, Bd. II, Nancy 1995, 55ff.

29 Caes. civ. 3,104,3. Plut. Pomp. 80,4. Cass. Dio 42,5,7. Oros. 6,15,28.

30 Liv. per. 112. Plut. Pomp. 80,7. Eutrop 6,22,1. Als Datum wird in einem Großteil der Literatur fälschlicherweise der 2. Oktober genannt, obwohl doch schon Heinz Heinen überzeugend dargelegt hat, dass der Todestag des Pompeius nach römischem Brauch mitgezählt werden muss, wenn man gemäß der Angaben in den Quellen „post tertium diem" rechnet. Da der September des vorjulianischen Kalenders nur 29 Tage hatte, Pompeius aber schon am 28. dieses Monats ermordet wurde, kommt man folgerichtig auf den 1. Oktober! Heinen 1966, 70f.

31 Cass. Dio 42,8,1 ff. Lucan. 9,1036 ff.

32 Quint. 3,8,56.

33 Lucan. 9, 1014 ff.

34 Lucan. 9, 1081 ff.

35 Vgl. Th. Mommsen, Römisches Staatsrecht, Bd. I, Tübingen $^{4}$1952, 377f.

36 Caes. civ. 3, 106,4.

37 Caes. civ. 3,107,1. Bell. Alex. 1,1. Vgl. dazu bes. Heinen 1966, 77.

38 Caes. civ. 3,106,5. Cass. Dio 42,7,3. Lucan. 10,9 ff.

39 Lucan. 10,14 ff. App. civ. 2,89. Frontin. strat. 1,1,5.

40 Plut. Caes. 48,2.

41 Zu den Forderungen Caesars und den Reaktionen der Ägypter mit den entsprechenden Quellenangaben Heinen 1966, 78 ff.

42 Caes. civ. 3,107,2.

43 Lucan. 10,53 ff.

44 Zu den Vorgesprächen Cass. Dio 42,34,3.

45 Cass. Dio 42,34,3.

46 Cass. Dio 42,34,5f.

47 Plut. Caes. 49,1 ff. Whitehorne, Cleopatra's carpet, 2001, 1287 ff.

48 Die Theorie mit der Transportlist beim Hineinschmuggeln in den Königspalast wurde schon vertreten von Bevan 1927, 363, und später von Romanciers und Filmregisseuren bzw. deren Autoren weiter ausgeschmückt. Vgl. Heinen 1966, 84, Anm. 1. Clauss 1995, 28.

49 Lucan. 10,56 ff. O. Zwierlein, Cäsar und Kleopatra bei Lucan und in späterer Dichtung, in: A&A 20, 1974, 54 ff.

50 Lucan. 10,60 ff. Vgl. zur Präsentation ihrer weiblichen Reize Lucan. 10,141.

51 Suet. Iul. 49,4. Zu Bibulus' spitzen Bemerkungen Suet. Iul. 49,2.

52 Suet. Iul. 52,3 u. 50,1.

53 Lucan. 10,85 ff. Vgl. Heinen, 1966, 85f.

54 Cass. Dio 42,35,1 ff. Zum Diadem bes. H.-W. Ritter, Diadem und Königsherrschaft, München 1965, 155.

55 Cass. Dio 42,35,3 ff.

56 Lucan. 10,107 ff. u. 420 ff. Suet. Iul. 52,1. Plut. Caes. 48,3. Lukan verknüpft die Festlichkeiten sowohl mit dem Eintreffen der Königin im Palast als auch mit dem Angriff durch das Heer des Achillas. Wir haben es also mit einer ganzen Reihe festlicher Gelage zu tun, zu denen offenbar auch Größen der alexandrinischen Gesellschaft geladen waren.

57 Lucan. 10,353 ff. Vgl. auch Cass. Dio 42,36,2.

58 Caes. civ. 3,108,3. Vgl. Heinen 1966, 94.

59 Cass. Dio 42,36f. Zur Gesandtschaft des Serapion und Dioskorides Cass. Dio 42,37,1f. Caes. civ. 3,109,3ff. Heinen 1966, 99ff.

60 Caes. civ. 3,110,2 u. 3,103,4f. Cass. Dio 42,38,1

61 Caes. civ. 3,109,6.

62 Lucan. 10,443ff.

63 Caes. civ. 3,109,2 u. 3,111,1. Zu den Bauarbeiten an den Befestigungen Cass. Dio 42,37,3. Bell. Alex. 1f. Zur Ausdehnung des Palastes Strabo 17,1,8. Diod. 17,52. Vgl. Canfora 2001, 203f. Erst jüngst haben aufwändige Untersuchungen im heutigen Hafen neue Erkenntnisse über die Lage des zumindest teilweise im Meer versunkenen Palasts gebracht. Ein endgültiges Bild lässt sich allerdings noch nicht gewinnen. Vgl. F. Goddio u. a., Alexandria. The Submerged Royal Quarters, London 1998, bes. 1ff. u. 245ff.

64 Lucan. 10,478f. Zur Chronologie vgl. Judeich 1885, 66ff. Heinen 1966, 98f.

65 Caes. civ. 3,111f. Cass. Dio 42,38,1ff. Oros. 6,15,30ff. Lucan. 10,480ff. Vgl. Y. Le Bohec, César chef de guerre. César stratège et tacticien, Paris 2001, 395.

66 Plut. Caes. 49,6. Vgl. B. Scardigli, Die Römerbiographien Plutarchs, München 1979, 2ff. Ph. Stadter, Plutarch and the Historical Tradition, London, New York 1992, 4f. Trotzdem hat die Auffassung, die berühmte Bibliothek sei ganz oder teilweise durch den Brand der Flotte ein Raub der Flammen geworden, eine ganze Reihe von Anhängern gewonnen, so z. B. K. Dziatzko, s. v. Bibliotheken, RE III,1, 1897, 411. Gelzer 1960, 230. A. Bernand, Alexandrie la Grand, Paris 1966, 120f.

67 Cass. Dio 42,38,2. Vgl. Canfora 1990, 77.

68 Oros. 6,15,31f. Zur Lesart der Zahlenangaben bei Orosius und den abweichenden Informationen bei Gell. 7,17,3 und Amm. Marc. 22,16,13 Vgl. vor allem Fraser 1972, 2, 493f. Fehrle 1986, 57 u. 120.

69 Zum Museion Bernand 1966, 116. Fraser 1972, 1, 315 u. 2, 470, Anm. 74. Clauss 2003, 94ff.

70 Zu Caesars Plänen bezüglich der Errichtung einer öffentlich zugänglichen Bibliothek Suet. Iul. 44,2. Isid. or. 6,5,1. Vgl. Fehrle 1986, 57.

71 Sen. tranq. an. 9,5.

72 Lucan. 10,486ff.

73 Caes. civ. 3,111,3ff.

74 Oros. 6,15,31f. Vgl. Canfora 1990, 77f.

75 Zur Flucht der Arsinoë und zum Sturz des Achillas Caes. civ. 3,112,10ff. Bell. Alex. 4. Lucan. 10,520ff. Cass. Dio 42,39,1 u. 42,40,1. Vgl. Heinen 1966, 106ff.

76 Caes. civ. 3,112,12.

77 Lucan. 10,514ff.

78 Plut. Caes. 49,4f. Vgl. Vell. Pat. 2,54,1. Suet. Iul. 35,1. Eutrop. 6,22,1. Ausführlich dazu Heinen 1966, 95ff.

79 Cass. Dio 42,39,2ff.

80 Cass. Dio 42,40,1. Zu den philologischen Problemen und den Schwierigkeiten der historischen Interpretation bes. Heinen 1966, 113ff.

81 Cass. Dio 42,40,1. Bell. Alex. 4. Lucan. 10,521ff. Zu den Geldgeschenken Caes. civ. 3,112,11.

82 Bell. Alex. 5,1f.

83 Bell. Alex. 6,1ff.

84 Caes. civ. 3,112,6. Bell. Alex. 1,1.

85 Bell. Alex. 9 ff.

86 Bell. Alex. 13,2 ff.

87 Bell. Alex. 17 ff. Stark verkürzt auch Cass. Dio 42,40,3 ff. und Plut. Caes. 49,7 f. Lukan schildert zwar auch die gefährliche Lage, lässt aber Caesar weit weniger gut aussehen. Lucan. 10,530 ff. Zum Kampf um die Insel und den Damm vor allem P. Graindor, La guerre d'Alexandrie, Kairo 1931, 105 ff.

88 Cass. Dio 42,40,4 f. Vgl. auch Flor. epit. 2,13,59. Plut. Caes. 49,7 f. App. civ. 2,90. Oros. 6,15,34.

89 Suet. Iul. 64.

90 Bell. Alex. 23.

91 Bell. Alex. 24,2 ff.

92 Cass. Dio 42,41 f.

93 Zur Chronologie nach wie vor maßgeblich Heinen 1966, 125 f. Ein Großteil der Forschung verknüpft hingegen die Entlassung des Königs mit dem Eintreffen des Mithradates. So z. B. Baumann 2003, 42.

94 So zuletzt Huß 2001, 718, der sich wiederum auf die Argumentation von Heinen 1966, 120 ff., beruft.

95 Hölbl 1994, 211. Baumann 2003, 42, wertet Ptolemaios' Freilassung als politischen Mißerfolg für Caesar. Vgl. auch Huß 2001, 718.

96 Volkmann 1953, 67. Franzero 1958, 65 f.

97 Heinen 1966, 129 f.

98 Bell. Alex. 25,1 ff.

99 Ios. ant. Iud. 14,127 ff. Ios. bell. Iud. 1,187 ff. Die nach dem gleichnamigen Sohn des Hohenpriesters Onias III. benannte Gegend lag im *nomos* Heliopolis. Dorthin musste Onias fliehen, als man ihn der ihm zustehenden Nachfolge seines Vaters beraubte. Zu den Reitern Malchos' I. vgl. Bell. Alex. 1,1.

100 Hdt. 2,90. Zur Schlacht am Nil Y. Le Bohec, César chef de guerre. César stratège et tacticien, Paris 2001, 397 ff.

101 Liv. per. 112. Flor. epit. 2,13,60. Eutrop. 6,22,1. Oros. 6,16,2. Hieron. Chron. Ol. 183,2.

102 Cass. Dio 42,43,4. Plut. Caes. 49,9. Plut. Pomp. 80,8. App. civ. 5,9. Ausführlich zur Quellenlage Heinen 1966, 136 ff. Die Geschichte mit dem goldenen Panzer taucht u. a. auf bei Volkmann 1953, 68. Vgl. auch Southern 2003, 45.

103 CIL I,1$^2$, S. 212 (Fasti Caeretani) u. S. 223 (Fasti Maffeiani).

104 Bell. Alex. 33,1 f.

105 Zur Stationierung der römischen Truppen unter dem Kommando des Rufio Bell. Alex. 33,3. Suet. Iul. 76,3. Im einzelnen handelte es sich um die 27., die 37. und die 39. Legion, eine aus den Gabinianern neu aufgestellte Einheit. Dazu A. von Domaszewski, Die Heere der Bürgerkriege in den Jahren 49 bis 42 vor Christus, Neue Heidelberger Jahrbücher 4, 1894, 171 ff. Zur Person des Rufio P. Graindor, La guerre d'Alexandrie, Kairo 1931, 163 f. H. Solin, Die stadtrömischen Sklavennamen. Ein Namenbuch, Bd. I, Stuttgart 1996, 56. G. Geraci, Genesi della provincia romana d'Egitto, Bologna 1983, 26 f.

106 Cass. Dio 42,44,2 ff.

107 In der Forschung besteht weitgehend Konsens hinsichtlich der Ehe zwischen Kleopatra und ihrem zweiten Bruder. Vgl. Heinen, 1966, 143. Sonnabend 1986, 46.

Allerdings ist Dio unsere einzige Quelle für diese Maßnahme Caesars, daher hat etwa L. Criscuolo die Heirat der Geschwister wieder in Zweifel gezogen, sowohl die Interessenlage der Beteiligten als auch die äußeren Rahmenbedingungen sprechen jedoch eher für die Verlässlichkeit der Nachricht. L. Criscuolo, La successione a Tolemeo Aulete ed i pretesi matrimoni di Celopatra VII con i fratelli, in: Ders./G. Geraci (Hrsg.), Egitto e storia antica dall'Ellenismo all'età araba. Bilancio di un confronto. Atti del Colloquio Internazionale (Bologna 1987), Bologna 1989, 325ff.

108 Cass. Dio 42,45,1ff.

109 Suet. Iul. 52,1.

110 App. civ. 2,90.

111 Volkmann 1953, 70.

112 Franzero 1958, 74ff. Grant 1987, 117f. Huß 2001, 721f. Becher 1966, 15. Southern 1999, 48f. Für zutreffend halten die Berichte von der Nilfahrt auch Dahlheim 2005, 178, und Hölbl 1994, 112f.

113 Heinen 1966, 148ff. Clauss 1995, 31f. Vgl. Baumann 2003, 43.

114 Bezeichnenderweise erwähnt der zeitgenössische Verfasser des *Bellum Alexandrinum* keinerlei touristische Aktivitäten, vielmehr lässt er Caesar ohne Verzögerung aufbrechen, „nachdem alles abgetan und fest bestimmt war.“ Bell. Alex. 30,5.

115 Die chronologischen Details hat überzeugend Heinz Heinen (a. a. O.) herausgearbeitet. Vgl. auch E. L. Lord, The date of Julius Caesar's departure from Alexandria, JRS 28, 1938, 19ff. Dagegen räumt etwa Werner Dahlheim (a. a. O.) Caesar ganze zwei Monate Nilfahrt für die Fahrt mit der schwangeren Kleopatra ein.

116 Zur Lage an den verschiedenen Krisenherden Gelzer, 1960, 232ff.

117 Bell. Alex. 34ff. Cass. Dio 42,9,2f. u. 42,45f. App. Mithr. 591ff. Strab. 12,547. Zu Mithradates VI. Eupator und seinem Vorgehen gegen die römischen Positionen in Kleinasien Christ 1984, 199ff.

118 Zum Verlauf der Schlacht Gelzer 1960, 240. Zu *veni, vidi, vici* Plut. Caes. 50,3. App. civ. 2,91. Suet. Iul. 37,2 erwähnt eine Tafel mit den berühmten drei Worten, die beim pontischen Triumph mitgetragen worden sei.

119 Bell. Alex. 78,1ff. Canfora 2001, 228. Zur subtilen Bestrafung ehemaliger Meuterer durch Verwendung auf riskanten Posten. Cass. Dio 42,55,1ff. Vgl. auch Suet. Iul. 67,1 u. 70. Bell. Afr. 54,1ff.

120 Bell. Afr. 83ff. Liv. Per. 114. Plut. Caes. 53,4. App. civ. 2,96f. Cass. Dio 43,7f. Zu Catos Reaktion und dessen Selbstmord Plut. Cat. 58,13. 59,3 u. 70. Plut. Caes. 54,2. Bell. Afr. 86,3 u. 88,1ff. App. civ. 2,98f. Liv. Per. 114. Cass. Dio 43,11.

121 Caes. civ. 3,57,4. Zur Interpretation der Stelle Gelzer 1960, 213f.

122 Gelzer 1960, 257ff.

123 Plut. Caes. 49,10.

124 Étienne 1997, 64f. Für die Vaterschaft Caesars treten u. a. ein: Heinen 1969, 181ff. Hölbl 1994, 213. Deininger 2000, 221.

125 Zu Nikolaos' Person und Karriere J. Malitz, Nikolaos von Damaskus. Leben des Kaisers Augustus, (TzF 80), Darmstadt 2003, 1ff.

126 Nic. Dam. 20,68 (= FGrHist 90 F130).

127 In seiner einschlägigen Studie zum Testament Cäsars mutmaßt Walter Schmitthenner, Oktavian und das Testament Cäsars. Eine Untersuchung zu den politischen Anfängen des Augustus, München 1952, 16, Nikolaos habe eine literarische Vorlage missverstanden, nach der Caesar durch die Bestimmungen seines Testaments die

Existenz eines Sohnes von Kleopatra als Geschwätz entlarvt habe. Vgl. Schumacher 1999, 49f.

128 Suet. Iul. 52,2. Zu C. Oppius Schäfer 1998, 106f.

129 Plut. Pomp. 10,5.

130 Cass. Dio 47,31,5. Vgl. auch Cass. Dio 49,41,2. 50,1,5 und 50,3,5.

131 Suet. Aug. 17,5.

132 Suet. Iul. 52,1.

133 Lucan. 10,72ff. Zur Aussagekraft der Stelle Heinen 1969, 189f.

134 J. P. V. D. Balsdon, The Ides of March, Historia 7, 1958, 87. Zu seinen zahlreichen Affären und den Spottliedern seiner Soldaten Suet. Iul. 50ff., bes. 51, wonach die Soldaten beim gallischen Triumph gegrölt hätten: „Städter, passt auf Eure Frauen auf! Den kahlen Ehebrecher bringen wir mit. Gold hast Du in Gallien mit Huren durchgebracht, das Du hier Dir geborgt hattest.“ Zu Iulius Sabinus und seiner Genealogie Tac. hist. 4,55,2 u. 4,67,1. Vgl. Gelzer, 1960, 237f., bes. Anm. 306. Caesars Vaterschaft wird u. a. auch von Carcopino 1958, 32ff. Carcopino 1963, 363f. und von Étienne 1997, 64f., bestritten.

135 Suet. Iul. 52,2. Cass. Dio 50,1,5 und 50,3,5.

136 Text und Übersetzung H. Brugsch, Thesaurus Inscriptionum Aegyptiacarum, Abt. 5, Leipzig 1891, 889.

137 Die Stele und ihre Bedeutung für die Datierung von Caesarions Geburt hat Heinen 1969, 182ff., in Auseinandersetzung mit Carcopino 1958, 32ff. und 1963, 363f., überzeugend analysiert.

138 Suet. Iul. 52,2.

139 Suet. Iul. 83,2. Cass. Dio 46,47,5. App. civ. 3,94. Zum Testament Caesars und den juristischen Besonderheiten der Aufnahme Oktavians in die *gens Iulia* bes. Schumacher 1999, 49ff.

140 Suet. Iul. 52,3. Huß 2001, 725 bezweifelt die Existenz einer solchen Vorlage, weil C. Helvius Cinna aufgrund einer Verwechslung nach Caesars Leichenfeier von der aufgebrachten Menge gelyncht worden ist. In den fünf Tagen zwischen Caesars Ermordung und seiner Verbrennung war allerdings genug Raum eine derartige Äußerung, zumal Caesars Leben und Tod in dieser Phase das beherrschende Thema für die Menschen in Rom gewesen ist. Wann, wenn nicht jetzt, hätte Cinna über den geplanten Gesetzesantrag reden sollen?

141 Ausführlich zur Namensform Kaisarion mit weiteren Literaturhinweisen jetzt Deininger 2000, 221ff.

142 Cass. Dio 47,31,5.

143 Cic. Att. 14,20,2. Heinen 1969, 196ff. Schumacher 1999, 62 u. 70. Deininger 2000, 222f. Zur Diskriminierung über die Namensform Deininger 2000, 226.

144 SB I,1570 = IG Fay. I,14. G. Lefebvre, Annales du Service des Antiquités de l'Égypte 9, 1908, 240ff. Schrapel 1996, 286. Übersetzung nach Heinen 1998, 334. Zur Interpretation des Bildprogramms jetzt Heinen 1998, bes. 344.

145 Heinen 1998, 335f. Zur Nomenklatur auch Hölbl 1994, 213. Deininger 2000, 222. Huß 2001, 756.

146 Cass. Dio 43,19,2ff. App. civ. 2,101.

147 Suet. Iul. 52,1. Cass. Dio 42,27,3. Zur Datierung E. Van't Dack, La date de C. Ord. Ptol. 80–83 = BGU VI 1212 et le séjour de Cléopâtre VII à Rome, in: AncSoc 1, 1970, 53ff.

148 Heinen 1966, 162f. Zu den Gastgeschenken Suet. Iul. 52,1.

149 Suet. Iul. 52,1. Cass. Dio 43,36,1 u. 44,38,2.

150 Zu M. Tigellius Hermogenes Porph. in Hor. Sat. 1,2,1ff. Vgl. S. Treggiari, Roman Freedmen during the Late Republic, Oxford 1969, 269f. Zum Auftreten des Philostratos Anth. Graeca 7,645 (Krinagoras von Mytilene) Philostr. soph. 1,5. Fraser I, 1970, 490 u. 494. Becher 1966, 177. Zur Adaption der Haartracht R. Fleischer, Kleopatra Philantonios, MDAI(I) 1996, 46, 239f. Bezeichnenderweise endet dieser Trend mit Oktavians Sieg.

151 Cic. Att. 15,15,2.

152 Cic. Att. 14,8,1.

153 Cic. Att. 14,20,2. Vgl. Cic. Att. 15,4,4.

154 Cic. Att. 15,15,2. In seiner Antwort muss Atticus auf diese Tirade eingegangen sein, denn bereits am 14. Juni kann Cicero schreiben: „Dass Du wegen der Königin ohne Sorge bist …, freut mich." Cic. Att. 15,17,2. R. G. Böhme interpretiert die Passage … *cum esset trans Tiberim in hortis* … anders und schlägt stattdessen die Lesung … *cum isset trans Tiberi(m) Id(ibus)* … vor. Falls diese in keiner Handschrift überlieferte Lesart zuträfe, hätte sich die Königin an den Iden des März – nach Ciceros Reaktion zu urteilen – eine schwerwiegende Provokation erlaubt. R. G. Böhm, Wo war/Was tat Cleopatra an den Iden des März 44? (Cicero, ad Atticum XV,15,2), Gerión 3, 1985, 151ff.

155 Cic. Att. 13,49,1.

156 Zu den Gärten Caesars J. H. D'Arms, Between Public and Private: the *epulum publicum* and Caesar's *horti trans Tiberim*, in: M. Cima/E. La Rocca (Hrsg.), Horti Romani. Atti del Convegno Internazionale, Roma, 4–6 maggio 1995, Rom 1998, 34f. u. 40ff. M. T. Boatwright, Luxuriant Gardens and Extravagant Women: The *horti* of Rome between Republic and Empire, in: M. Cima/E. La Rocca (Hrsg.), a. a. O., 74f. Zur Rolle Ciceros nach den Iden des März auch Gotter 1996, 124ff.

157 Vgl. St. Weinstock, Divus Julius, Oxford 1971, 83ff. H.-J. Gehrke, Der siegreiche König. Überlegungen zur Hellenistischen Monarchie, Archiv für Kulturgeschichte 64, 1982, 247ff.

158 App. civ. 2,102. Cass. Dio 51,22,3. Gelzer 1960, 265f. Becher 1966, 20f. Hölbl 1994, 266. Huß 2001, 725. Zur Datierung der Einweihung E. Van't Dack, La date de C. Ord. Ptol. 80–83 = BGU VI 1212 et le séjour de Cléopâtre VII à Rome, in: AncSoc 1, 1970, 66f. Zum Kultbild der Venus Genetrix J. Overbeck, Geschichte der griechischen Plastik II, Leipzig 1870, 349f. St. Weinstock, Divus Julius, Oxford 1971, 85f.

159 Plin. nat. 8,4. Zum Triumph Caesars Hölbl 1994, 265. Zur Pompé Ptolemaios II. Philadelphos E. E. Rice, The Grand Procession of Ptolemy Philadelphus, Oxford 1983.

160 Jehne 1987, 313f.

161 Cass. Dio 44,6,2ff. 44,7,1 u. 44,8,1ff. Suet. Iul. 76,1 u. 78,1. App. civ. 2,106. Dazu auch Gelzer 1960, 292ff. Gesche 1976, 162ff. M. Clauss, Kaiser und Gott. Herrscherkult im römischen Reich, Stuttgart, Leipzig 1999, 49ff. Dobesch 2000, 100ff. E. Baltrusch, Pompeius und Caesar, Darmstadt 2004, 132f. Dahlheim 2005, 229ff.

162 Zur charismatischen Legitimation und ihrer Veralltäglichung M. Weber, Die drei reinen Typen der legitimen Herrschaft. Eine soziologische Studie, Preußische Jahrbücher 187, 1922, 9f.

163 Zu den „Testläufen" mit dem Diadem Jehne 1987, 316ff. H.-W. Ritter, Diadem

und Königsherschaft, München 1965, 84. Zu den *rex*-Rufen Cass. Dio 44,10,1 ff. App. civ. 2,108. Plut. Caes. 60,3.

164 Plut. Caes. 11,5 f. Suet. Iul. 7,1. Cass. Dio 37,52,2. Zum Problem der Glaubwürdigkeit dieser Überlieferung Canfora 2001, 31 f. Zum Fehlen der *imitatio Alexandri* bei Caesar Jehne 1987, 209 f.

165 So hält Ch. Meier das Projekt des Partherkrieges für eine Flucht wegen der allzu großen Schwierigkeiten in Rom. Ch. Meier, Res publica amissa. Eine Studie zur Verfassung und Geschichte der späten römischen Republik, Frankfurt a. M. [2]1980, 262. Ders., Caesar, Berlin 1982, 538 ff. Dagegen Jehne 1987, 447 ff. Zur Kalenderreform G. Radke, Fasti Romani. Betrachtungen zur Frühgeschichte des römischen Kalenders, Münster 1990, 62 ff. Zur Person des Sosigenes PP VI,16554.

166 Suet. Iul. 44,1 ff. Isid. orig. 6,5,1. Dazu ausführlich R. Fehrle, Das Bibliothekswesen im alten Rom, Wiesbaden 1986, 54 ff.

167 Zur Niederlage des Crassus bei Carrhae im Mai 53 D. Timpe, Die Bedeutung der Schlacht von Carrhae, MH 19, 1962, 104–129. A. M. Ward, Marcus Crassus and the Late Roman Republic, Columbia – London 1977, 287 ff.

168 Suet. Iul. 79,3. Nic. Dam. 20,68 (= FGrHist 90 F 130). Dobesch 2000, 107 u. 119.

169 Zu Caesars Eingriffen in den Staat und die Traditionen Jehne 1987, bes. 372 ff. u. 440 ff.

170 App. civ. 2,109. Vell. 57,1.

171 Cic. div. 2,23. Suet. Iul. 80 ff. Plut. Caes. 63 ff. Nic. Dam. 23,81 ff. (= FGrHist 90 F 130) Cass. Dio 44,13 ff. App. civ. 2,111 ff.

172 Cic. Att. 14,8,1.

173 Suet. Iul. 52,3. Vgl. Cass. Dio 44,7,3. Becher 1966,84. Heinen 1966, 163 f. Ders. 1969, 198.

174 Zur Polygamie bei den Ptolemäern D. Ogden, Polygamy, Prostitutes and Death. The Hellenistic Dynasties, London 1999, 67 ff.

175 Cic. Att. 14,20,2 (11. Mai 44).

176 Cic. Att. 15,1,5 (17. Mai 44). Vgl. Cic. Att. 15,4,4 vom 24. Mai 44. Tertulla (auch Iunia Tertia), eine von drei Halbschwestern des Brutus, war verheiratet mit dem Caesarmörder Cassius. Macurdy 1932, 191 f., plädiert für eine Schwangerschaft Kleopatras im Frühjahr 44. Clauss 1995, 35, hält sie zumindest für möglich. Heinen 1969, 199, lehnt die Schwangerschaft ab. Huß 2001, 726, geht davon aus, dass Kleopatra auf der Heimreise einer großen Gefahr entronnen sei.

## III. Rückkehr in die Heimat

1 P. Oxy. 14,1629. Es handelt sich dabei um einen Pachtvertrag über Katökenland, der ins 8. Jahr der Königsherrschaft Kleopatras und des Ptolemaios, der vaterliebenden Götter (theoì Philopátores), datiert wird. Dazu Heinen 1998, 336 f.

2 Ios. ant. Iud. 15,89. Ios. Ap. 2,57. Vgl. Porph. v. Tyros FGrHist 260 F 2,16 f. Zur Datierung von Ptolemaios' XIV. Tod Skeat 1954, 42. Zur Polemik wegen des Verwandtenmordes Ios. bell. Iud. 1,359.

3 Zur gemeinsamen Herrschaft Kleopatras mit Caesarion A. E. Samuel, The Joint Regency of Cleopatra and Caesarion, Etudes de Papyrologie 9, 1971, 73 ff.

[4] Zur Wasserbautechnik G. Garbrecht/H. Jaritz, Untersuchungen antiker Anlagen zur Wasserspeicherung im Fayum/Ägypten, (Mitteilungen aus dem Leichtweiß-Institut für Wasserbau der TU Braunschweig 107), Braunschweig 1990.

[5] Hölbl 1994, 205f.

[6] Zu Kleopatras Unbeliebtheit Bell. Alex. 33,3.

[7] Becher 1966, 174. Baumann 2003, 49. Zu alten, verschlammten Gräben Suet. Aug. 18,2. Cass. Dio 51,18,1.

[8] Plin. nat. 5,58.

[9] Zu Hunger und Krankheit in Ägypten App. civ. 4,61 u. 4,68. Zu Dioskurides PP 6,16595. Fraser I, 1972, 367 u. 372. Zum Ausbleiben der Nilflut Sen. nat. 4,2,16.

[10] Ios. c. Ap. 2,60. Hölbl 1994, 214.

[11] SEG XXIV,1217. R. Hutmacher, Das Ehrendekret für den Strategen Kallimachos, (Beiträge zur Klassischen Philologie 17), Meisenheim 1965, bes. 68ff. A. Bernand, La prose sur pierre dans l'Égypte hellénistique et romaine, Paris 1992, 106ff., Nr. 46.

[12] Zum Mammisi von Hermonthis K. R. Lepsius, Denkmaeler aus Aegypten und Aethiopien, Bd. IV, Berlin 1901, 59c–65. D. Budde, Ägyptische Kindgötter und das Orakelwesen in griechisch-römischer Zeit, in: Ägypten, Griechenland, Rom 2005, 339. Zu Dendera Quaegebeur 1989, 56f. Quaegebeur 1991, 49ff. Bingen 1999, 54ff. Bianchi 2003, 13ff. Vgl. auch Hölbl 1994, 245f. u. 249ff.

[13] Huß 2001, 750f.

[14] Zu Details Gotter 1996, 21ff. Bleicken 1999, 52ff.

[15] Zur Leichenfeier für Caesar St. Weinstock, Divus Julius, Oxford 1971, 348ff.

[16] Vgl. H. Botermann, Die Soldaten und die römische Politik in der Zeit von Caesars Tod bis zur Begründung des Zweiten Triumvirats, (Zetemata 46), München 1968, 23ff.

[17] Kienast 1992, 13f. u. 22ff. Bleicken 1999, 43ff. u. 64ff. Zu Caesars Testament Schmitthenner 1952, bes. 13ff. Schumacher 1999, 49ff.

[18] Zur Rolle von Caesars *procuratores* C. Oppius, C. Matius und L. Cornelius Balbus sowie der ebenfalls an der Finanzierung der *ludi Victoriae Caesaris* beteiligten C. Rabirius Postumus und Hostilius Saserna Schäfer 1998, 102ff. u. 150ff. Zum *sidus Iulium* M. Clauss, Kaiser und Gott. Herrscherkult im römischen Reich, Stuttgart, Leipzig 1999, 57f.

[19] Kienast 1992, 26ff. Gotter 1996, 56ff. Eck 1998, 14ff. Zu Cicero Ch. Habicht, Cicero der Politiker, München 1990, 93ff. u. 100ff.

[20] Zum zweiten Triumvirat und den Proskriptionen Syme 1992, 173ff. P. Wallmann, Triumviri rei publicae constituendae. Untersuchungen zur politischen Propaganda im zweiten Triumvirat 43–30 v. Chr., 1989. Kienast 1992, 32ff. Zu den verfassungsrechtlichen Details J. Bleicken, Zwischen Republik und Prinzipat. Zum Charakter des Zweiten Triumvirats, (AAWG 3,185), Göttingen 1990, 11ff.

[21] App. civ. 3,26. Vgl. Dettenhofer 1992, 312.

[22] Zu Cassius Rawson 1991, 488ff. Dettenhofer 1992, 293ff.

[23] Cic. fam. 12,11,1f.

[24] App. civ. 3,78. 4,59ff. u. 5,8.

[25] App. civ. 4,61.

[26] Zu Dolabellas Vorrücken nach Syrien und seinem Scheitern App. civ. 4,60ff. Cass. Dio 47,30,1ff. Cic. fam. 12,12,5. 12,14,4 u. 12,15,7.

27 App. civ. 4,63 u. 5,8. Zu den Geldern, die an Longinus geflossen sind, vgl. Plut. Ant. 25,2. Zum geplanten Einmarsch in Ägypten W. Huß, Die menschlichen und politischen Beziehungen zwischen Brutus und Cassius, WJA N. F. 3, 1977, 123f.

28 App. civ. 4,74 u. 82. Ders. 5,8.

29 Eck 1998, 20f. Bleicken 1999, 159ff.

## IV. Marcus Antonius

1 Goltz-Huzar 1978, 148ff.

2 Plut. Ant. 24,4f. Hölbl 1994, 266f.

3 Syll. II³,760.

4 Zur Affäre zwischen Antonius und Glaphyra Cass. Dio 49,32,3. App. civ. 5,7. Oktavians Verse zitiert Martial mit entsprechendem Kommentar (Mart. 11,20). Zur Lage in Kappadokien und der Unterstützung des Ariarathes Buchheim 1960, 54ff.

5 Plut. Ant. 24,4f.

6 Plut. Ant. 24,5f. App. civ. 5,4ff. Cass. Dio 48,24,1. Zu Antonius' Finanzpolitik in Kleinasien jetzt Benne 2001, 16ff.

7 Plut. Ant. 25,2ff. App.civ. 5,8.

8 Plut. Ant. 25,3ff. Zu Dellius' früherem Verhältnis zu Antonius Cass. Dio 49,39,2.

9 Zur Identifikation der Ptolemäer mit diesen Göttern L. Koenen, The Ptolemaic King as a Religious Figure, in: A. Bulloch u. a. (Hrsg.), Images and Ideologies. Self-definition in the Hellenistic World, Berkeley u. a. 1993, 70. Zu Priapos als Sohn des Dionysos und der Aphrodite Diod. 4,6,1 und Paus. 9,31,2.

10 Plut. Ant. 26,1ff.

11 Museo Nazionale di Napoli Inv. 152798. In der pompejanischen Plastik tauchen ähnliche Vergoldungen bei Darstellungen der Venus häufiger auf. Zu der Statuette Die großen Sammlungen II, Unter dem Vulkan. Meisterwerke der Antike aus dem Archäologischen Nationalmuseum Neapel, Hrsg. v. Kunst- und Austellungshalle der Bundesrepublik Deutschland, Köln 1995, 162, Abb. 53. Zu hellenistischen Vorlagen und der Einordnung der Statuette E. Künzl, Venus vor dem Bade – ein Neufund aus der Colonia Ulpia Traiana und Bemerkungen zum Typus der 'sandalenlösenden Aphrodite', BJ 170, 1970, bes. 117ff. u. 124ff.

12 Zur Darstellung der Aphrodite-Statue anlässlich eines von Arsinoë I., der Frau des zweiten Ptolemäers, veranstalteten Adonisfestes J. Overbeck, Geschichte der griechischen Plastik II, Leipzig 1870, 171.

13 Eine Art Perlentanga halten auch Clauss 1995, 51f., und Baumann 2003, 63, für wahrscheinlich.

14 Plut. Ant. 26,6f.

15 Athen. 147e–148b.

16 Zum „Zelt" Ptolemaios' II. Philadelphos F. Studniczka, Das Symposion Ptolemaios II., (Sächsische Abhandlungen 30,2), Leipzig 1914, passim, bes. 24–112. E. E. Rice, The Grand Procession of Ptolemy Philadelphus, Oxford 1983, 31ff.

17 Zur Tempelprostitution W. Fauth, Sakrale Prostitution im Vorderen Orient und Griechenland, JbAC 31, 1988, 24ff. Zu den Verhältnissen in Alexandria und dem „sündigen" Vorort Kanopos Clauss 2003, 32ff. Manfred Clauss vermutet, dass die Lustknaben aus Amüsiervierteln von Kanopos genommen waren. Clauss 1995, 52.

[18] App. civ. 5,8. Tarn/Charlesworth 1967, 65.

[19] Plut. Ant. 27,1.

[20] App. civ. 5,9. Ios. ant. Iud. 15,89. Vgl. Cass. Dio 48,24,2.

[21] App. civ. 5,9. Mit überzeugenden Argumenten zur Identifizierung des Grabmals und des Skelettes einer jungen, etwa 20-jährigen Frau vgl. H. Thür, Arsinoë IV, eine Schwester Kleopatras VII, Grabinhaberin des Oktogons von Ephesos? Ein Vorschlag, JÖAI 60, 1990, 41 ff., bes. 50 ff.

[22] Zur Lage in Syrien nach Cassius' Niederlage und Tod Buchheim 1960, 25 ff.

[23] App. civ. 5,7.

[24] App. civ. 5,8. R. F. Rossi, Marco Antonio nella lotta politica della tarda repubblica romana, Triest 1959, 112. Becher 1966, 87 ff. Brambach 1996, 56 u. 187.

[25] IG III,1309 = A. Wilhelm, Ein Grabgedicht aus Athen, in: Annuaire de l'Institut de Philologie et d'Histoire Orientales II, 1934 [Mélanges Bidez], 1007 ff. Volkmann 1953, 52. K. Zimmermann, Libyen. Das Land südlich des Mittelmeeres, (Vestigia 51), München 1999, 170, Anm. 715. Zum Libyenbegriff in Bezug auf Ägypten Zimmermann a. a. O., bes. 77 ff., 133 f. u. 201 f. Zu Antonius' Athenaufenthalt Plut. Ant. 2,7. Southern, Antonius 2003, 23 f.

[26] Cic. Att. 16,11,1. Cic. Phil. 2,3. 3,17 u. 13,23. Goltz Huzar 1978, 25, hält die polemische Aussagen Ciceros für echt. Anders Bengtson 1977, 18.

[27] Zum Cognomen Hybrida Plin. nat. 8,213.

[28] Zu Fulvia K. Christ, Die Frauen der Triumvirn, in: A. Gara/D. Foraboschi (Hrsg.), Il triumvirato constituente alla fine della repubblica romana. Scritti in onore di M. A. Levi, Como 1993, 139 ff. R. A. Baumann, Women and Politics in Ancient Rome, 1992, 83 ff. Zur Genealogie der Ptolemäer Hölbl 1994, 89 ff. Stewart 1993, 261.

[29] App. civ. 5,11.

[30] Plut. Ant. 28,1.

[31] Vell. 2,74,3. Zu Clodia E. Salza Prina Ricotti, Amori e amanti a Roma tra repubblica e impero, Rom 1992, 186 ff. Zu Fulvias Verhalten Pomeroy 1985, 284 f. Dettenhofer 1996, 139 f.

[32] CIL XI,6721,3–5 u. 13 f.

[33] Zum Einfluss der Windverhältnisse auf die Kommunikationswege Volkmann 1953, 99.

[34] Ausführlich zum *bellum Perusinum* E. Gabba, The Perusine war and triumviral Italy, in: HSPh 75, 1971, 139 ff. Kienast 1992, 37 ff. Bleicken 181 ff.

[35] Zu Herodes' Flucht Grant 1987, 180 f. Günther 2005, 60 ff.

[36] Zum Parthereinfall Buchheim 1960, 35.

[37] Zur Behauptung, Fulvia habe den Krieg aus Eifersucht provoziert, App. civ. 5,19.

[38] Zum Vertrag von Brundisium App. civ. 5,60 ff. Cass. Dio 48,28 ff. Plut. Ant. 30 f.

[39] Zu Octavia R. A. Fischer, Fulvia und Octavia. Die beiden Ehefrauen des Marcus Antonius in der Umbruchzeit zwischen Republik und Principat, Berlin 1999, 67 ff., bes. 79 ff.

[40] App. civ. 5,67 f. Cass. Dio 48,31,5 f.

[41] Ios. ant. Iud. 14,324 ff. Ios. bell. Iud. 1,243 f. Zu den vorangegangenen Machtkämpfen Buchheim 1960, 60 ff. Benne 2001, 51. Günther 2005, 51 ff.

[42] Ios. ant. Iud. 14,352 ff. Ios. bell. Iud. 1,248 ff.

[43] Ios. ant. Iud. 14,370 ff. Ios. bell. Iud. 1,276 ff.

[44] Ios. bell. Iud. 1,279.

45 Ios. ant. Iud. 15,97f. Vgl. P. Villalba i Varneda, The Historical Method of Flavius Josephus, Leiden 1986, 230f.

46 Zur Plausibilität des ursprünglichen Plans, einen Hasmonäer auf den Thron zu setzen, Buchheim 1960, 66. Zu Herodes Königtum Günther 2005, 67ff.

47 Zu M. Valerius Messalla Corvinus App. civ. 4,136.

48 Zu Decidius Saxa R. Syme, Roman Papers I, Oxford 1979, 31ff., bes. 37ff.

49 Zum Aufstieg des P. Ventidius Bassus Cic. fam. 10,18,3. Plin. nat. 7,135.

50 Zu Ventidius Bassus E. Badian, Notes on Roman Senators of the Republic, Historia 12, 1963, 141f. Syme 1992, 207f. R. Syme, Roman Papers I, Oxford 1979, 37.

51 Ios. ant. Iud. 14,469ff. Cass. Dio 49,22,3ff.

52 RPC 1,1453–1470.

53 Zu weiteren Einzelheiten Kienast 1992, 43f. Bleicken 1999, 204ff.

54 Roddaz 1984, 88f. F. Senatore, Sesto Pompeo tra Antonio e Ottaviano nella tradizione storiografica antica, Athenaeum 69, 1991, 103ff.

55 Cass. Dio 48,54,5. Plut. Ant. 35.

56 Zu Antonius Familienverhältnissen Gardthausen 1917, 158ff.

57 Vgl. Williams 2001,195f.

58 Zur Verleihung der Beinamen im Winter 37/36 Plut. Ant. 36,5.

## V. Der Orient im Umbruch

1 So z. B. Volkmann 1953, 119.

2 Ausführlich zur Neuordnung der Verhältnisse in Pontos, Kappadokien und Galatien sowie zur Datierung Buchheim 1960, 50ff.

3 Plut. Ant. 36,3ff.

4 Cass. Dio 49,32,1ff. Vgl. M. Reinhold, From Republic to Principate. An Historical Commentary on Cassius Dio's Roman History Books 49–52 (36–29 B. C.), Atlanta 1988, 6ff. u. 62ff.

5 Zur Kyrenaika und Kreta unter ptolemäischem Einfluss Schrapel 1996, 18ff. u. 66ff. Zur Einrichtung der römischen Provinz Cyrenae A. Laronde, Cyrène et la Libye hellénistique, Lybikai historiai de l'époque republicaine au principat d'Auguste, Paris 1987, 455ff. Zu L. Pinarius Scarpus auch Schumacher 1985, 194.

6 Cass. Dio 48,40,6. Huß 2001, 714 u. 721.

7 J. Pouilloux, Deux amis: le stratège Diogenes fils de Noumenios et le gymnasiarque Stasicrates fils de Stasicrates, in: Praktika tou protou Diethnous Kyprologikou Synedriou – Leukosia, 14–19 Απριλιου 1969, Bd. 1, Nikosia 1972, 141ff. Zur Datierung bes. H. Hauben/E. Van't Dack, A propos de quelques inscriptions de la Cyrénaïque, ZPE 8, 1971, 36, Anm. 12.

8 Strab. 14,5,3. Schrapel 1996, 92ff.

9 Zum Schiffsbau als Motiv für Antonius H. U. Instinsky, Bemerkungen über die ersten Schenkungen des Antonius an Kleopatra, in: G. E. Mylonas/D. Raymond, Studies presented to David Moore Robinson … on his 70th birthday, Bd. II, Saint Louis 1953, 977ff.

10 Ios. ant. Iud. 15,79.

11 Ios. ant. Iud. 15,92. Ios. bell. Iud. 1,361f. Cass. Dio 49,32,5. Zur Münzprägung von Chalkis Schrapel 1996, 178ff.

[12] Ios. bell. Iud. 1,361.

[13] Zum Bitumen und den Vorkommen am Toten Meer W. Helck, s. v. Bitumen, LÄ I, 825. P. R. S. Moorey, Ancient Mesopotamian Materials and Industries, Oxford 1994, 332ff.

[14] Ios. ant. Iud. 15,106f.

[15] Vgl. Buchheim 1960, 72. Clauss 1995, 59f.

[16] Ausführlich dazu mit der entsprechenden Forschungsdiskussion Schrapel 1996, 223ff. Dagegen nach wie vor Bingen 1999, 61ff. Huß 2001, 756. Zu den Veränderungen in ihrer Titulatur J. Bingen, Cléopâtre VII Philopatris, in: CE 74, 1999, Nr. 147, 119ff.

[17] Porphyrios von Tyros FGrH 260 F 2,17.

[18] Zur Forschungsdiskussion um die Doppeldatierung Schrapel 1996, bes. 149ff. u. 206f.

[19] So z. B. Volkmann 1953, 117f. Grant 1987, 199. Deutlich zurückhaltender Hölbl 217f. Clauss 1995, 64.

[20] Zur Münzprägung bes. Schrapel 1996, bes. 109ff. u. 255ff.

[21] Zu dieser Münze M. Crawford, Roman Republican Coinage, Bd. 1, Cambridge 1974, 539, Nr. 543,1.

[22] Iust. 42,5,1f. Plut. Ant. 37,1f. Cass. Dio 49,23,3f. u. 49,24,2ff. Zu Monaises und seinen Aktivitäten Buchheim 1960, 77f. Zur Rückgabe der Feldzeichen D. Timpe, Zur augusteischen Partherpolitik zwischen 30 und 20 v. Chr., WJA 1, 1975, 155ff. Schumacher 1985, 212. H. Sonnabend, Fremdenbild und Politik, Frankfurt 1986, 157ff. u. bes. 197ff. Bleicken 1999, 357ff.

[23] Zur Verleihung der Beinamen im Winter 37/36 Plut. Ant. 36,5. Zu Oktavians Annäherung an Apollon Kienast 49 u. 191ff. Zu den Vorstellungen vom Goldenen Zeitalter und den übrigen Anknüpfungspunkten Grant 1987, 201f.

[24] Ios. ant. Iud. 15,97f. Kleopatra dürfte schon beim Parther- und nicht, wie Josephus behauptet, beim Armenienfeldzug mit an den Euphrat gezogen sein. Da die „Landschenkungen“ bereits 37/36 vorgenommen wurden, passt das frühere Datum durchaus in die Chronologie der Ereignisse. Mit der Verpachtung der Landstriche konnte sie keinesfalls zwei Jahre warten, zu wertvoll waren die Einnahmen für das Flottenbauprogramm. Wenn es etwas auf der Rückreise vom Euphrat mit Herodes und Malchos zu regeln gab, dann im Frühjahr 36.

[25] Plut. Ant. 37ff. Cass. Dio 49,25f. Vell. 2,82,1ff. J. Kromayer, Kleine Forschungen zur Geschichte des zweiten Triumvirats IV: Der Partherzug des Antonius, Hermes 31, 1896, 70ff. Volkmann 1953, 122ff. Buchheim 1960, 82f. Zum Einsatz der Schleuderer bes. Plut. Ant. 41,7. Cass. Dio 26,2

[26] Plut. Ant. 51,2ff. Vgl. Cass. Dio 49,31,4.

[27] Plut. Ant. 53,1.

[28] Plut. Ant. 53,2ff. Schon Grant 1987, 213f., hat zu Recht darauf hingewiesen, dass Antonius Octavia nicht sofort zurückgeschickt hat.

[29] Plut. Ant. 53,5ff. Bei den als Schmeichler abqualifizierten Befürwortern einer Bevorzugung Kleopatras dürfte es sich um Männer aus Antonius’ engstem Führungsstab handeln. Wer anders hätte sonst in dieser höchst persönlichen Angelegenheit mit ihm in solcher oder ähnlicher Weise reden können?

[30] Plut. Ant. 54,1ff.

31 Zur Verleihung der *sacrosanctitas* an Octavia und Livia R.A. Fischer, Fulvia und Octavia. Die beiden Ehefrauen des Marcus Antonius in der Umbruchszeit zwischen Republik und Principat, Berlin 1999, 101.

32 Ios. ant. Iud. 15,25 ff.

33 Ios. ant. Iud. 15,46.

34 Ios. ant. Iud. 15,53 ff.

35 Ios. ant. Iud. 15,77 ff.

36 Ios. bell. Iud. 7,301. Zur Lage in Judäa und zum Eingreifen des Marcus Antonius Buchheim 1960, 63 ff. Günther 2005, 93 ff.

37 App. civ. 5,133 ff. Zu den diplomatischen Bemühungen des Sextus Pompeius und seiner endgültigen Niederlage Buchheim 1960, 88 ff. B. Schor, Beiträge zur Geschichte des Sextus Pompeius, Stuttgart 1978, 175 ff. u. 180 ff. P. Wallmann, Triumviri rei publicae constituendae. Untersuchungen zur politischen Propaganda im Zweiten Triumvirat, Frankfurt a. M. 1989, 262 ff. F. Senatore, Sesto Pompeo tra Antonio e Ottaviano nella tradizione storiografica antica, Athenaeum 69, 1991, 103 ff. Antonius' Gegenspieler Oktavian durfte auch mit diesem Ende der Flucht des Pompeius zufrieden sein, konnte er seinem Kollegen jetzt doch sogar vorwerfen, den alten Feind endgültig beseitigt zu haben. So erstaunt es nicht, dass nach Cassius Dio die Hinrichtung des Sextus in der Propagandaschlacht beim Ausbruch des Bürgerkriegs noch einmal eine Rolle spielte. Cass. Dio 50,1,4.

38 Plut. Ant. 52,1 ff. Zuvor zeichnet Plutarch Antonius als Nervenbündel zwischen seinen beiden Frauen, seine Berater hätten ihm signalisiert, Kleopatra könne ohne ihn nicht leben, und aus Angst, sie möchte sich etwas antun, sei er dann zurückgekehrt. – Erstens hätte Kleopatra ihn ruhig ziehen lassen können, denn in Medien war er schließlich weit weg von Octavia und der Rückweg führte nach Syrien, wo die Königin wiederum bestimmend war. Zweitens waren seine engen Vertrauten emotional keineswegs so an die Königin gebunden, dass sie nicht den fatalen Zeitverlust angemahnt hätten, wenn die Verzögerung denn wirklich an seinem Liebesverhältnis gelegen hätte. Plut. Ant. 53,5 ff. Vgl. Cass. Dio 49,33,3

39 Zur Titulatur des Partherkönigs F. Cumont, Nouvelles inscriptions grecques de Suse, CRAI 1930, 216 ff. Zum Götterpaar Helios und Selene T. Gantz, Early Greek Myth, Baltimore u. London, 1993, 34 ff.

40 Zur Vertröstung des Mederkönigs Plut. Ant. 53,11. Zu den Verhandlungen mit dem Armenier Artavasdes Cass. Dio 49,39,2. Die Forschung ist im Wesentlichen der Interpretation des Geschehens durch die antiken Autoren gefolgt. Volkmann 1953, 140. Huß 2001, 738. Oktavians Anschuldigungen bei Kriegsausbruch finden sich bei Cass. Dio 50,1,4. Zu den Kontakten zwischen Oktavian und Artavasdes Cass. Dio 49,41,5.

41 Cass. Dio 49,39,3 ff. u. 49,40,1. Vgl. Vell. 2,82,3.

42 Cass. Dio 49,40,2 u. 44,1 f.

43 Cass. Dio 49,41,4 f.

44 Vell. 2,82,4.

45 Während Volkmann 1953, 141, und Bengtson 1977, 216 ff., noch von einem Triumph nach römischer Art ausgehen, differenziert die neuere Forschung doch deutlich zwischen hellenistischen und römischen Formen. Kienast 1992, 53. Hölbl 1994, 219. Huß 2001, 739.

46 Cass. Dio 49,40,2 ff. Vgl. ebd. 49,41,5. Zonar. 10,27.

47 Zum Charakter des Prozessionszuges M. Reinhold, From Republic to Principate. An Historical Commentary on Cassius Dio's Roman History Books 49–52 (36–29 B.C.), Atlanta 1988, 76. Zur Frage eines zweiten Alexander als Motto D. Michel, Alexander als Vorbild für Pompeius, Caesar und Marcus Antonius, Brüssel 1967, 126ff. Zu ihrem Auftreten als Nea Isis vgl. Plut. Ant. 54,9.

48 Plut. Ant. 50,6f. Zu Bewirtung und Spenden E. Künzl, Der römische Triumph, München 1988, 84. J. Rüpke, Domi militiae. Die religiöse Konstruktion des Krieges in Rom, Stuttgart 1990, 224.

49 Plut. Ant. 54,6ff. Vgl. Clauss 1995, 68.

50 Zur angeblichen Landverteilung von 34 Plut. Ant. 54,7. Cass. Dio 49,41,2f. Zum Fehlen einer erneuten Landreform und zur Quellenlage in den ptolemäisch verwalteten Gebieten außerhalb Ägyptens, in denen einzig Kleopatra selbst faßbar wird, Schrapel 1996, bes. 259ff.

51 Liv. perioch. CXXXI.

52 Plut. Ant. 54,7. Cass. Dio 49,41,3. Auch in neueren Studien hat sich die historische Forschung den Darstellungen ohne weitere Prüfung schlichtweg angeschlossen. So z. B. Hölbl 1994, 219. Benne 2001, 116f. Huß 2001, 739f. Baumann 2003, 97.

53 Cass. Dio 49,41,4f. Zu Cn. Domitius Ahenobarbus Carlsen 2006, 68ff., hier bes. 72.

54 Cass. Dio 49,41,2.

55 So z.B. Huß 2001, 741.

56 IG 12,5,739. (Übersetzung nach Clauss 1995, 71f.)

57 G. Alföldy, Der Obelisk auf dem Petersplatz in Rom, (SHAW 1990,2), Heidelberg 1990, 38ff. Hölbl 1994, 268.

58 Plut. Ant. 28,3ff.

59 OGIS I,195. P. M. Fraser, Mark Antony in Alexandria – A Note, in: JRS 47, 1957, 72. Schrapel 1996, 240ff.

60 Ursprünglich wurde der Begriff *parásitos* durchaus positiv im Sinne von „neben oder bei einem anderen essend“ gebraucht, besonders im Hinblick auf Priester, die beim Opfer gemeinsam aßen. Bald aber wandelte sich die Bedeutung und so beschreibt er dann den Schmarotzer, der sich, um freie Bewirtung zu haben, als Schmeichler oder Possenreißer betätigt.

61 Plin. nat. 9,119ff.

62 Vell. 2,83,2.

63 Plut. Ant. 29,1ff. Zur zeitlichen Einordnung Clauss 1995, 55. Benne 2001, 24.

64 Plin. nat. 14,148. Dazu auch Sen. ep. 83,25 und Mart. 2,89. Vgl. K.-W. Weeber, Nachtleben im alten Rom, Darmstadt 2004, 92.

65 Prop. 3,11,56.

66 Hor. carm. 1,37,9ff.

67 Plut. Comp. Dem. cum Ant. 3 = Plut. Ant. 90,4. Zum Treiben in diesen berüchtigten Vororten Iuv. 15,45ff.

68 Zur Tryphè der Ptolemäer und ihrer Wirkung auf die Untertanen H. Heinen, Die Tryphè des Ptolemaios VIII. Euergetes II. Beobachtungen zum ptolemäischen Herrscherideal und zu einer römischen Gesandtschaft in Ägypten (140/39 v. Chr.), in: H. Heinen (Hrsg.), Althistorische Studien H. Bengtson zum 70. Geburtstag, (Historia Einzelschriften 40), Wiesbaden 1983, bes. 119ff.

## VI. Schlacht bei Actium und die Entscheidung

[1] Plut. Ant. 55,2f.

[2] Cass. Dio 50,1,3.

[3] Cass. Dio 50,1,4f. Zu Cassius von Parma Grant 1987, 261.

[4] Suet. Aug. 69,2. Der Ausdruck *uxor mea est*, taucht hier im Kontext von lauter Fragen auf und dürfte daher sowie aufgrund der Tatsache, dass Antonius sein Verhältnis zu Kleopatra in Rom eher herunterspielen musste, als Frage „Ist sie etwa meine Frau?" zu verstehen sein. Vgl. auch Becher 1966, 23. Benne 2001, 107.

[5] Plut. Comp. Dem. cum Ant. 4 = Plut. Ant. 91,1f. Besonders die ältere Forschung geht von einer ehelichen Verbindung Kleopatras mit Antonius aus, wohingegen in neueren Studien dies in der Regel entweder offen gelassen oder sogar für unwahrscheinlich gehalten wird. Für die ältere Meinung z. B. J. Kromayer, Kleine Forschungen zur Geschichte des Triumvirats III: Zeit und Bedeutung der ersten Schenkung Marc Antons an Cleopatra, Hermes 29, 1894, 582ff. Weigall 1924, 211f. Tarn/Charlesworth 1967, 66f. J. Lindsay, Cleopatra, London 1971, 288. Dagegen schon K. Kraft, Zu Sueton, Divus Augustus 69,2: M. Anton und Kleopatra, Hermes 95, 1967, 496ff. Zu den jüngeren Studien zählen u. a. Bleicken 1999, 256. Benne 2001, 106ff. Anders jedoch ohne nähere Begründung E. Olshausen, Kleopatra, in: K. Brodersen (Hrsg.), Große Gestalten der griechischen Antike, München 1999, 470.

[6] Die Lösung einer *celestial union* taucht in Ansätzen schon bei Weigall 1924, 211, auf. Vgl. dazu auch Grant 1987, 258. Zu Isis und Osiris in ihrer beider Herrschaftsrepräsentation F. E. Brenk, Antony-Osiris, Cleopatra-Isis, in: Ph. Stadter (Hrsg.), Plutarch and the historical tradition, London, New York 1992, 160ff.

[7] Suet. Aug. 63,2. Ob Antonius seine Tochter Antonia mit einem auswärtigen Fürsten, nämlich Pythodoros von Tralles, verheiratet hat, ist unsicher.

[8] Cass. Dio 24,5ff. u. 50,25,1.

[9] Zu seinem Philhellenentum App. civ. 5,11. Cass. Dio 50,5,1ff. Vgl. auch Sonnabend 1986, 50. Heinen 1995, 3156. Benne 2001, 99ff.

[10] Cass. Dio 50,25,2f.

[11] Cass. Dio 50,27,1.

[12] Cass. Dio 50,25,5. Plut. Comp. Dem. cum Ant. 3 = Ant. 90,4. Antonius führte sich auf den Heros Anton, den Sohn des Herakles, zurück. Zu seiner Anknüpfung an Herakles Bengtson 1977, 13 u. 35 Goltz Huzar 1978, 194.

[13] Or. Sib. 3,46ff.

[14] Or. Sib. 3,75ff. H. Merkel, Sibyllinen, (Jüdische Schriften aus hellenistisch-römischer Zeit V,8: Apokalypsen),1998, 1084f.

[15] Or. Sib. 3,350ff.

[16] Or. Sib. 3,360ff. Zu den Orakelsprüchen Grant 1987, 241ff. Merkel a. a. O., 1062f.

[17] So etwa Grant 1987, 245.

[18] Zur Verkündung von Vorzeichen und Orakeln durch Oktavian gerade in kritischen Phasen seines politischen Lebens und den Umgang mit Orakelbüchern V. Rosenberger, Gezähmte Götter. Das Prodigienwesen der römischen Republik, (HABES 27), Stuttgart 1998.

[19] Zum Motiv der Wegnahme römischen Besitzes bes. Cass. Dio 50,28,5. Vgl. ebd. 50,25,4f. Zur fortschreitenden Eskalation des Konflikts zwischen den Triumvirn und zu Kleopatras Instrumentalisierung Clauss 1995, 76f.

[20] Sen. epist. 83,25.

[21] Plin. nat. 33,50. Zu M. Valerius Messalla Corvinus und den Proskriptionen von 43 v. Chr. App. civ. 4,38.

[22] Cass. Dio 50,27,6.

[23] Suet. Aug. 68f.

[24] Suet. Aug. 69,1.

[25] Kienast 1992, 44. Eck 1998, 24f.

[26] Suet. Aug. 69,1.

[27] Plut. Ant. 55,4.

[28] Zum Illyrerkrieg Oktavians Bleicken 1999, 250ff.

[29] Plut. Ant. 56,1f. Zur Reiseroute der beiden auch Oros. 6,19,4. Vgl. Huß 2001, 741.

[30] Zu Einzelheiten V. Fadinger, Die Begründung des Prinzipats. Quellenkritische und staatsrechtliche Untersuchungen zu Cassius Dio und der Parallelüberlieferung, Berlin 1969, 214ff. P. Wallmann, Zur Zusammensetzung und Haltung des Senats im Jahre 32 v. Chr., Historia 25, 1976, 305ff. Vgl. auch Eck 1998, 33.

[31] Zu einzelnen Dynasten W. Hoben, Untersuchungen zur Stellung kleinasiatischer Dynasten in den Machtkämpfen der ausgehenden Republik, Mainz 1969, 121ff. (Amyntas von Galatien), 169ff. (Archelaos von Kappadokien), 39ff. (Polemon von Pontos) u. 195ff. (Tarkondimotos).

[32] Ios. ant. Iud. 15,109ff.

[33] Ios. ant. Iud. 15,116 und zu Athenions Rolle sowie zum weiteren Verlauf der Kämpfe Ios. ant. Iud. 15,117ff.

[34] Ios. bell. Iud. 1,385. Ausführlich zum Nabatäereinfall sowie der Rolle von Malchos und Athenion Günther 2005, 124ff. Trotz der guten Quellenkritik zieht sie jedoch die angeblich vorausgegangene Intrige der Königin nicht in Zweifel.

[35] Plut. Ant. 56,6ff.

[36] Zum attischen Volksbeschluss Plut. Ant. 57,3f. Vgl. den Kommentar von Klaus Bringmann in K. Bringmann/H. von Steuben (Hrsg.), Schenkungen hellenistischer Herrscher an griechische Städte und Heiligtümer I, Berlin 1995, 48f., Nr. 19. Die Statuen sollen später als schlechtes Omen für den Ausgang des Krieges von Blitzen getroffen und von der Akropolis ins Theater hinabschleudert worden sein. Cass. Dio 50,15,2. Sen. suas. 1,6f. Kleopatra und Antonius ließen sich mit göttlichen Attributen sowohl malen wie plastisch darstellen. Cass. Dio 50,5,3. Zum Staatskult der Isis in Athen SEG XXII, 114. Vgl. J.H. Oliver, Attic Text Reflecting the Influence of Cleopatra, GRBS 6, 1965, 291ff. Huß 2001, 743.

[37] Zum Vorschlag des Cn. Domitius Ahenobarbus und seiner persönlichen Ehrung durch Kleopatra jetzt Carlsen 2006, 131 u. 145f.

[38] Hinweise dazu und kollegialen Rat verdanke ich vor allem Dieter Hagedorn.

[39] P. Bingen 45. Übersetzung nach A. Jördens, Griechische Texte aus Ägypten, VIII,10, in: Texte aus der Umwelt des Alten Testaments. Neue Folge, Bd. 2: Staatsverträge, Herrscherinschriften und andere Dokumente zur politischen Geschichte, Gütersloh 2005, 383. Für die Identifikation mit Canidius Crassus P. van Minnen, An Official Act of Cleopatra (With a Subscription in Her Own Hand), AncSoc 30, 2000, 29ff. Ders., Further Thoughts on the Cleopatra Papyrus, APF 47, 2001, 74ff. Für Q. Cascellius als Begünstigten und vor allem für Caesarion als Adressaten plädiert K. Zimmermann, P. Bingen 45: Eine Steuerbefreiung für Q. Cascellius, adressiert an Kaisarion, ZPE 138, 2002, 133ff. Offen lassen diese Frage wie Jördens ebd. auch R. S. Bagnall/

P. Derow, The Hellenistic Period. Historical Sources in Translation, Oxford 2004, 109f., Nr. 63.

40 Plut. Ant. 56,3ff.

41 Plut. Ant. 57,4f. Liv. per. 132. Cass. Dio 50,3,2. Zur Scheidung Gardthausen 1917, 158ff. Fischer 1999, 102ff.

42 Plut. Ant. 58,1f. Zu Oktavians Sondersteuer Bleicken 1999, 275.

43 Plut. Ant. 59,2ff.

44 Plut. Ant. 59,6ff.

45 Plut. Ant. 58,9ff. Zu P. Calvisius Sabinus R. Syme, The Augustan Aristocracy, Oxford 1986, 33f.

46 Plut. Ant. 58,3. Cass. Dio 50,3,2f. Zu Titiopolis jetzt Carlsen 2006, 145f.

47 Cass. Dio 50,3,2.

48 So aber ein Gutteil der modernen Forschung, vgl. Kienast 1992, 57. Huß 2001, 743.

49 Vell. 2,83,1ff.

50 Suet. 17,1. Plut. Ant. 58,6ff. Cass. Dio 50,3,3ff. Vgl. Kienast 1992, 57ff. J. R. Johnson, Augustan Propaganda. The Battle of Actium, Mark Antony's Will, the Fasti Capitolini Consulares, and Early Imperial Historiography, Los Angeles (Diss.) 1976.

51 Zu Sullas Gesetz Marc. Dig. 48,10,1,5 u. 48,10,1,13. Paul. Dig. 48,10,2.

52 Plut. Ant. 58,6f.

53 Plut. Ant. 58,8. Cass. Dio 50,3,5. Die Bestätigung der Abstammung des Caesarion von Caesar, die Cassius Dio in diesen Kontext einfügt, wirkt eher wie ein Fremdkörper im Testament. Antonius hatte dessen Herkunft längst beglaubigt, und für Oktavian wäre es wohl kaum vorteilhaft gewesen bei einer so heiklen Gelegenheit wie der widerrechtlichen Öffnung des Testaments indirekt auf seine weniger enge Blutsverwandtschaft mit Caesar hinzuweisen. Schließlich gab es in Rom und auch im Senat noch genug Kritiker an seiner Person.

54 Cass. Dio 50,3,4. Auch Clauss 1995, 83, lässt die Frage nach der Echtheit der überlieferten Bestimmungen offen. Letztlich scheiden sich hieran die Geister, daher nur zwei Beispiele: Grant 1987, 267, hält den Passus über die Beisetzung für eine Fälschung, Hölbl 1994, 221, glaubt an die Echtheit.

55 Cass. Dio 50,5,4.

56 Zur Kriegserklärung an Kleopatra Cass. Dio 50,4,2ff. u. 50,6,1. Plut. Ant. 60,1. Zur Rolle des *consensus universorum* auch Cass. Dio 50,11,5. RGDA 34. Kienast 1992, 59. Zu den *fetiales* J. Rüpke, Domi militiae. Die religiöse Konstruktion des Krieges in Rom, Stuttgart 1990, 105ff.

57 Macr. Sat. 2,4,29.

58 Vgl. Clauss 1995, 83f.

59 RGDA 25. Cass. Dio 50,6,6. Zum Charakter der Eidesleistungen des Jahres 32 vgl. P. Herrmann, Der römische Kaisereid. Untersuchungen zu seiner Herkunft und Entwicklung, (Hypomnemata 20), Göttingen 1968, 78ff.

60 Plut. Ant. 60,1. Zu Charmion PP VI, 14736, zu Eiras PP VI, 14720, und zu Mardion PP VI, 14615. Vgl. auch H. Heinen, Onomastisches zu Eiras, Kammerzofe Kleopatras VII., ZPE 79, 1989, 243ff. Ein in diesem Zusammenhang ebenfalls genannter Potheinos, dessen Name an den kastrierten Regenten und Berater Ptolemaios' XIII. erinnert, hat wahrscheinlich nicht existiert. Vgl. Huß 2001, 744.

61 Plut. Ant. 61,1ff. Zu den Flottenstärken und den Schiffstypen vor allem Roddaz 1984, 166ff. u. 169ff.

62 Zur Doppelschlacht bei Philippi Bleicken 1999, 159ff.

63 So beispielsweise Hölbl 1994, 222. Von Plutarch stammt die – allerdings auch chronologisch sehr schwer einzuordnende – Behauptung, nur um Kleopatra zu gefallen, habe Antonius trotz seiner großen Überlegenheit zu Land den Wunsch gehabt, dass die Entscheidung zur See fallen solle. Plut. Ant. 62,1.

64 Plut. Ant. 58,1 ff.

65 Cass. Dio 50,11,3. Strab. 8,4,3.

66 Plut. Ant. 68,7 f. B.X. de Wet, Contemporary Sources in Plutarch's Life of Antony, Hermes 118, 1990, 82 f.

67 Cass. Dio 50,11,4 ff. u. 50,12,1 ff.

68 Plut. Ant. 62,6. Cass. Dio 50,13,1. Für echt hält Plutarchs Bemerkung Grant 1987, 283. Bengtson 1977, 233, zögert und lässt die Frage offen.

69 Plut. Ant. 63,1 f.

70 Zur Bucht von Gomaros J. Kromayer, Kleine Forschungen zur Geschichte des zweiten Triumvirats VII: Der Feldzug von Actium und der sogenannte Verrath der Cleopatra, in: Hermes 34, 1899, 17.

71 Zur Einnahme von Leukas und Patrai vgl. Vell. 84,2. Cass. Dio 50,13,5.

72 Zu Deiotaros Philadelphos W. Hoben, Untersuchungen zur Stellung kleinasiatischer Dynasten in den Machtkämpfen der ausgehenden Römischen Republik, Mainz 1969, 130. Zu Ahenobarbus' Überlaufen bes. Suet. Nero 3,2.

73 Plut. Ant. 63,5 ff.

74 Cass. Dio 50,15,1 ff.

75 Plut. Ant. 63,8 u. 64,4. Zur Forschungsdiskussion hinsichtlich des Charakters der Schlacht Roddaz 1984, 164 ff.

76 Flor. 2,21,6. Insbesondere Jean-Michel Roddaz hat mit diesem Vorurteil gründlich aufgeräumt. Roddaz 1984, 166 ff. Nur etwa 70 Einheiten aus der Orientflotte wurden wieder zu Antonius zurückgeschickt.

77 App. Illyr. 46 ff.

78 Zur Bauweise, Manövrierfähigkeit und den Vorteilen der vorherrschenden Schiffstypen in beiden Flotten Cass. Dio 50,23,2 u. 50,29,1 ff. D. Kienast, Untersuchungen zu den Kriegsflotten der römischen Kaiserzeit, Bonn 1966, 16. J. Haussen, Schiffbau in der Antike, Herford 1979, 161. Roddaz 1984, 166 ff.

79 Aufschluss über die Segeleigenschaften antiker Kriegsschiffe geben vor allem Untersuchungen aus dem Bereich der experimentellen Archäologie. Auch wenn dem bislang einzigen Nachbau einer Triere ein älteres Entwicklungsstadium zugrunde liegt, liefern die Testfahrten doch wertvolle Anhaltspunkte für die Leistungsdaten auch der römischen Epoche. Dazu J. S. Morrison/J. F. Coates/N. B. Rankov, The Athenian Trireme. The History and Reconstruction of an Ancient Greek Warship, Cambridge ²2000. Vgl. O. Höckmann, Antike Seefahrt, München 1985, 102 ff.

80 Cass. Dio 50,33,5–50,35,4.

81 Zu Kleopatras angeblicher Flucht Cass. Dio 50,33,1 ff. Vgl. Plut. Ant. 66,5. Schon Dios abwertende Bemerkung zu ihrem Wesen als Frau und Ausländerin zeigt Züge der Oktavianischen Propaganda.

82 Ausführliche Darstellungen der Schlacht von Actium bieten Kromayer 1933, 361 ff. J. M. Carter, Die Schlacht bei Actium. Aufstieg und Triumph des Kaisers Augustus, Wiesbaden 1972, 251 ff. Roddaz 1984, 164 ff.

83 Plut. Ant. 66,7.

84 Verg. Aen. 8,671 ff. Grant 1987, 295 ff.

85 Zu Oktavians Verhalten bei Mylae und Naulochos Bleicken 1999, 227. Zu den Siegesfeierlichkeiten und zu Propaganda M. Sehlmeyer, Die Siegesmonumente Oktavians nach Actium. Zur Lokalisierung des bronzenen Viersäulendenkmals (Serv. Georg 3, 29), in: J. Spielvogel (Hrsg.), Res publica reperta. Festschrift für Jochen Bleicken zum 75. Geburtstag, Stuttgart 2002, 216 ff. P. Zanker, Augustus und die Macht der Bilder, München [3]1997, 85 ff.

86 Plut. Ant. 69,1 ff. Cass. Dio 51,5,6. Zur Kombination der beiden Stellen Huß 2001, 745.

87 Cass. Dio 51,5,3 ff. Ios. c. Ap. 2,58. Zonar. 10,30.

88 Zum Kanalverlauf K. W. Butzer, Kanal, Nil–Rotes Meer, LÄ III, 1980, 312 f. H. Goedicke, Wadi Tumilat, LÄ VI, 1986, 1124 ff. Zur Wiedereröffnung des versandeten Kanals und der Nutzung in ptolemäischer Zeit auch Hölbl 1994, 55 f.

89 In Cass. Dio 51,7,1 geht es zwar um Schiffe, die am Arabischen Golf für die Fahrt ins Rote Meer gebaut worden seien, man muss diese Nachricht aber wohl in Verbindung setzen mit der Verlegung von Flotteneinheiten durch den Kanal. Vgl. Plut. Ant. 69,3 ff. Zonar. 10,30.

90 Cass. Dio 51,6,3.

91 Cass. Dio 51,7,2 ff. Ios. ant. Iud. 15,195.

92 Zum Abmarsch und der Kapitulation des Heeres Cass. Dio 51,1,4,f. Den Tod des Canidius schildern Vell. 2,87,3 und Oros. 6,19,20.

93 Plut. Ant. 69, 6 f. Strab. 17,794. Zum Timoneion Fraser 1972, I, 22 u. II, 66 f., Anm. 153. Grimm 1998, 26 u. 147.

94 Plut. Ant 71,3. Cass. Dio 51,6,1.

95 So aber beispielsweise Volkmann 1953, 188 f. u. Grant 1987, 300. Vgl. Cass. Dio 51,6,2. Zum Selbstverständnis Oktavians RGDA 1,1.

96 Plut. Ant. 71,6 ff.

97 Cass. Dio 51,11,2.

98 P. Herc. 817. Erst vor wenigen Jahren hat Franz Brunhölzl die Fälschung aufgedeckt und dem mutmaßlichen Urheber Ciampitti gleich mehrere Motive hierfür nachweisen können. Vgl. Brunhölzl 1998, 3 ff. Zu den Editionen, Kommentaren und Interpretationen des bislang für echt gehaltenen Papyrus vgl. H.W. Benario, The ‚Carmen de bello Actiaco' and Early Imperial Epic, ANRW II,30,3, 1983, 1656 ff. G. Marasco, Cleopatra e gli esperimenti su cavie umane, Historia 44, 1995, 317 ff., bes. 318.

99 Zu Recht hat sich schon Volkmann 1953, 188, gegen diese Fama gewandt.

100 Plut. Ant. 72,1 ff.

101 Plut. Ant. 73,1. Die Forschung ist hier durchaus gespalten. Während Clauss 1995, 99, zweifelt, ist Huß 2001, 747, ebenso wie schon Stein 1915, 47 f., von der Authentizität der Anfrage überzeugt.

102 Plut Ant. 73,2. Vgl. Cass. Dio 51,8,6 f. u. 51,9,5 f.

103 Cass. Dio 51,8,6 f. u. 51,9,5 f.

104 Suet. Aug. 17,3. Cass. Dio 51,4,2 ff. Vgl. Bleicken 1999, 288 f. Zur berechtigten Befürchtung, Kleopatra würde ihre Schätze zerstören, Cass. Dio 51,8,5 f.

105 Ios. ant. Iud. 15,187 ff.

106 Ios. ant. Iud. 15,190 ff.

107 Ios. ant. Iud. 15,193 u. 199. Zu seiner alten und neuen Stellung vgl. Günther 2005, 123.

108 Plut. Ant. 74,1 ff. Cass. Dio 51,9,1 ff. Plutarch unterstellt ihr zwar, Seleukos habe Pelusion nicht ohne ihre Zustimmung ausgeliefert, kann aber selbst nur auf ein ominöses Gerücht verweisen. Auch Cassius Dio wirkt nicht sonderlich glaubwürdig, wenn er ihr unterstellt, sie habe die Festung übergeben, weil sie an die angeblichen Liebesschwüre Oktavians geglaubt habe und sich Hoffnung machte, „nicht nur Begnadigung und die Herrschaft über Ägypten, sondern auch noch das römische Reich (!) zu erlangen."

109 Plut. Ant. 74, 4 u. 75, 1.

110 Vom Überlaufen des hochdekorierten Soldaten erzählt Plut. Ant. 74,5 f. Zum Ablauf der letzten Kämpfe Bengtson 1977, 249.

## VII. Kleopatras Tod

1 Plut. Ant. 77,3 ff. Zu Antonius' Selbstmord Bengtson 1977, 249. Goltz Huzar 1978, 226.

2 Ausführliche Überlegungen zur Konstruktion und einen Rekonstruktionsversuch bietet Pfrommer 1999, 143.

3 Plut. Ant. 78,4 ff. und 79,1 ff. Vgl. Cass. Dio 51,11,3 ff.

4 Plut. Ant. 82,1 ff. Vgl. Cass. Dio 51,11,5.

5 Plut. Ant. 83,5 f.

6 Cass. Dio 51,12,1 ff. Plut. Ant. 83,1 ff.

7 Suet. Aug. 17,5. Plut. Ant. 81,1 ff. Cass. Dio 51,15,5. Zur Zuflucht des Antyllus im alexandrinischen Kaisareion Heinen 1995, 3152 ff.

8 Cass. Dio 51,13,4 f. und 51,14,1 ff.

9 Plut. Ant. 85,1 ff.

10 Plut. Ant. 86,1 ff. Zum Giftpflaster Strab. 17,795.

11 E. Hornung, Das Totenbuch der Ägypter, Zürich, München 1979, 367, Spruch 175,35.

12 Zur Wiedergeburt der irdischen *Isis regina* als himmlische vgl. Hölbl 1994, 269. Clauss 1995, 102, hebt zu Recht hervor, sie sei schon zu Lebzeiten mehrfache Gottheit gewesen, daher sei es nicht darum gegangen, die Unsterblichkeit zu gewinnen. Zum Endzeitgedanken in Kombination mit der Uräusschlange Pfrommer 1999, 144. Zu Alexanders Schlangenkult bei der Gründung Alexandrias R. Merkelbach, Die Quellen des griechischen Alexanderromans, (Zetemata 9), München [2]1977, 36 f.

13 A. Phelps, Poisonous Snakes, Poole 1981, 164 ff. H. W. Parker, Snakes of the World. Their Ways and Means of Living, New York 1963, 72 ff. u. 132 ff. S. A. Minton/M. R. Minton, Venomous Reptiles, New York 1969, besonders 52 ff. u. 78 ff. Ausführlich und mit weiterer Literatur Tronson 1998, 34 ff. Besonders D. Mebs, Gifttiere. Ein Handbuch für Biologen, Toxikologen, Ärzte und Apotheker, Stuttgart [2]2000, 284 ff. Für spezifische Informationen zur ägyptischen Kobra (*Naje haje*) und den Folgen eines Bisses danke ich Herrn Kollegen Dietrich Mebs (Zentrum der Rechtsmedizin, Klinikum der Universität Frankfurt)!

14 Die Forschungsliteratur zu Kleopatras Tod sprengt den Rahmen dieser Darstellung. Weiterführende Hinweise finden sich bei C. B. R. Pelling, Plutarch. Life of Antony, Cambridge 1988, 318 ff. Hölbl 1994, 330, Anm. 125. Huß 2001, 748 f. Zum Begräbnis an der Seite des Antonius vgl. Pfrommer 1999, 144.

15 Verg. Aen. 8,697. J. G. Griffiths, The death of Cleopatra VII, JEA 47, 1961, 113ff., bes. 116f. Johnson 1967, 393ff. Hölbl 1994, 269. Zum Tod des Eunuchen Cass. Dio 51,14,3.

16 Zur Beisetzung im Mausoleum E. Bickel, Das Mausoleum der Kleopatra und des Antonius in lateinischer Dichtung, in: RhM 93, 1950, 191f.

17 Plut. Ant. 87,1ff. Cass. Dio 51,15,6. Suet. Aug. 17,5. Zu den Spekulationen um einen natürlichen Tod der beiden Jungen an den Folgen des sommerlichen oder winterlichen Klimas in Rom jetzt D. W. Roller, The World of Juba II and Kleopatra Selene. Royal Scholarship on Rome's African Frontier, New York, London 2003, 83f. Speziell zu Kleopatra Selene Roller a. a. O., 77ff. Whitehorne 2001, 197ff.

18 Plut. Ant. 81,4f. Zu Caesarions Hinrichtung und dem angeblichen Ausspruch des Areios auch Heinen 1998, 337.

19 Zur Einbindung Oktavians in den ägyptischen Herrscherkult Heinen 1995, 3164ff.

20 Ios. bell. Iud. 1,397. Zu den übrigen Regelungen Kienast 1992, 64f.

21 Cass. Dio 51,15,2ff.

22 Cass. Dio 51,15,4.

23 Hor. carm. 1,37,1ff. Zum Umgang der augusteischen Dichter mit der toten Königin Wyke 1992, 103ff.

## VIII. Darstellung und Rezeption

1 Cass. Dio 42,34,4f.

2 Lucan. 10,136ff.

3 E. Brunelle, Die Bildnisse der Ptolemäerinnen, Frankfurt 1976, 99ff. Smith 1988, 133.

4 Zur Melonenfrisur D. Ziegler, Frauenfrisuren in der römischen Antike, Berlin 2000, 45–58.

5 Zu einer frühen Variante aus Askalon mit den Venusringen Walker/Higgs 2001, 234, Nr. 219. Vgl. die spätere Prägung aus der gleichen Münzstätte ebd. 234, Nr. 220.

6 Walker/Higgs 2001, 178, Nr. 186.

7 Die lange Zeit strittige Datierung wird durch die Bronzemünzen des Jahres 37/36 v. Chr. aus Damaskus erhärtet. Hier ist allerdings immer noch Vorsicht angebracht. vgl. Smith 1988, 133. Walker/Higgs 2001, 234.

8 Vgl. die Charakterisierung durch Smith 1988, 133.

9 Clauss 2004, 126. Zur Angleichung der Porträttypen R. Fleischer, Kleopatra Philantonios, MDAI(I) 1996, 46, 237ff.

10 La Rocca 1988, 306. Zum Marmorkopf in den Vatikanischen Museen vor allem L. Curtius, Ikonographische Beiträge zum Porträt der Römischen Republik und der Julisch-Claudischen Familie, IV: Kleopatra VII. Philopator, in: MDAI(R) 48, 1933, 182ff. G. M. A. Richter, The Portraits of the Greeks, London 1965, 269. Kyrieleis 1975, 185. R. S. Bianchi, in: Kleopatra 1989, 212f. Walker/Higgs 2001, 218f.

11 Zum Berliner Porträtkopf vor allem K. Vierneisel, Zwei Neuerwerbungen des Antikenmuseums, Jahrbuch der Stiftung preußischer Kulturbesitz 13, 1976, 246f. K. Vierneisel, Die Berliner Kleopatra, JbBerlMus 22, 1980, 5ff. Bianchi 1988, 187f. B. Andreae, Schönheit des Realismus, Mainz 1998, 250. Walker/Higgs 2001, 220.

An eine Fälschung glauben etwa G. Ortiz, Connoisseurship and Antiquity, in: M. True, J. Podany (Hrsg.), Small Bronze Sculpture from the Ancient World. Papers

Given at a Symposium, J. Paul Getty Museum, 16–19 March 1989, Malibu 1990, 257ff. G. Weill Goudchaux, Cleopatra, Archeo, Dez. 2000, 53ff.

12 La Rocca 1988, 306f. meint, die Anastolé zu sehen.

13 Vgl. Zum Marmorkopf von Cherchel Fittschen 1983, 168ff. P. Moreno, Scultura Ellenistica, Bd. 2, 1994, 730ff. Walker/Higgs 2001, 219. S. Albersmeier, Die Statuen der Ptolemäerinnen, in: Ägypten, Griechenland, Rom 2005, 256.

14 K. Fittschen/P. Zanker, Katalog der römischen Porträts in den Capitolinischen Museen und den anderen kommunalen Sammlungen der Stadt Rom, Bd. 3, Mainz 1983, 38, Nr. 40. Walker/Higgs 2001, 230. C. Maderna, Hermenbüste einer Römerin, in: Ägypten, Griechenland, Rom 2005. 743f., Nr. 361. Fittschen und Zanker rücken den Kopf angesichts der großen Augen, voller Lippen und fleischiger Darstellungsform in die Nähe der vatikanischen Kleopatra.

15 B. Lundgreen, A Female Portrait from Delos, Acta Hyperborea 4, 1992, 59ff. Smith 1988, 134. Susan Walker sieht eine Paralelle zu der Münze aus Askalon, auf der Kleopatra deutliche Venusringe am Hals zeigt; Walker/Higgs 2001, 143.

16 Fittschen 1983, 168ff., plädiert eben unter Verweis auf die Münzbilder für eine Zuweisung zu Kleopatra VII. Andreae 2001, 216, lässt dies offen.

17 L. Glori, Cleopatra "Venere Esquilina", Rom 1955. Dazu jetzt Andreae 2001, 215f.

18 P. Moreno, Scultura ellenistica II, Rom 1994, 746ff. P. Moreno, Cleopatra dall'Esquilino, Archeo 9, Heft 10, 1994, 18ff. G. Traversari, Nuovo ritratto di Cleopatra VII Philopator e rivisitazione critica dell'iconografia dell'ultima regina d'Egitto, RdA 21, 1997, 45f. Higgs 2001, 208f. Andreae 2001, 211ff. u. Taf. 205f. Vgl. dazu auch die Rezension von H. Meyer, GFA 7, 2004, 1048. (http://www.gfa.d-r.de/7–04/meyer.pdf [23.03.2006]).

19 Plut. Caes. 49,2. Whitehorne, Cleopatra's Carpet, 2001, 1287ff. Zu Ptolemaios VIII. Athen. 12,549e.

20 Plut. Ant. 53,5.

21 B. Pascal, Pensées, hrsg. v. Ph. Sellier, Paris 2000, S 32 (= B 162). Vgl. Clauss 2004, 124.

22 Vgl. M. Clauss, Asterix und Kleopatra, in: K. Brodersen (Hrsg.): Asterix und seine Zeit. Die große Welt des kleinen Galliers, München 2001, 76f.

23 A. Reischert, Kompendium der musikalischen Sujets. Ein Werkkatalog, Bd. 1, Kassel u. a. 2001, 578ff.

24 D. Syndram, Das Erbe der Pharaonen, in: Sievernich, G./Budde, H., Europa und der Orient 800–1900, Gütersloh, München 1989, 23. Zu C. Cestius Epulo PIR[2] C 686. Zur Cestius-Pyramide R. T. Ridley, The Praetor and the Pyramid. The Tomb of Gaius Cestius in History, Archaeology and Literature, BA 13–15, 1992, 1ff.

25 Zu den Obelisken und ihrer Verbringung nach Rom L. Habachi/C. Vogel, Die unsterblichen Obelisken Ägyptens, Mainz 2000, 67ff. Zum Horologium Augusti E. Buchner, Die Sonnenuhr des Augustus, Mainz 1982. E. Buchner, Horologium solarium Augusti, in: Kaiser Augustus und die verlorene Republik, Berlin 1988, 240ff. G. Alföldy, Der Obelisk auf dem Petersplatz in Rom, (SHAW 1990.2), Heidelberg 1990, 55ff.

26 E. Frenzel, Stoffe der Weltliteratur, Stuttgart 1988, 419f.

27 Einen umfassenden Vergleich zwischen Plutarch und Shakespeare bietet Ruth Underhill: http://www.engl.uvic.ca/Faculty/MBHomePage/ISShakespeare/Resources/Plutarch/Cleopatra.html [26.03.06]. Belege auch im Vorwort von Adolphe Boschot in Théophile Gautier, „Le Roman de la Momie", Paris 1955, 9.

28 E. Frenzel, Stoffe der Weltliteratur, Stuttgart 1988, 420. Wenzel 2005, 70f.

29 Hilmes 1994, 104f.

30 C. Hilmes kennzeichnet Kleopatra ausdrücklich als „wolllüstiges Machtweib". C. Hilmes, Die Femme fatale: Ein Weiblichkeitstypus in der nachromantischen Literatur, Stuttgart 1990, 229. Vgl. auch J. Blänsdorf, Die *femme fatale* im Drama: Heroinen – Verführerinnen – Todesengel, Tübingen 1999, 8ff.

31 H. Kreuzer (Hrsg.), Don Juan und Femme fatale, München 1994, 9. Hilmes, a. a. O., 33.

32 Bis 1800 wurden insgesamt 33 Stücke komponiert. Hierzu Reischert, a. a. O., 579f.

33 Georg Friedrich Händel, „Giulio Cesare in Egitto", Oper, Libretto von Nicola Haym, Uraufführung London 1724.

34 Zu den Begriffen „Ägyptomanie" und „Ägyptologie" vgl. J. Endrödi, Die Ewigkeit der Ägyptomanie, in: W. Seipel (Hrsg.), Ägyptomanie – Europäische Ägyptenimagination von der Antike bis heute, Wien 2000, 161ff. M. Haja, Die Gesichter des Sphinx – Aspekte der ägyptomanen Malerei im 19. Jahrhundert, in: W. Seipel (Hrsg.), Ägyptomanie, Wien 2000, S. 144f.

35 Ein Unternehmen der französischen "Commission de l'Égypte" unter der Leitung von Edmé François Jomard, herausgegeben in 24 Foliobänden 1809–1813, mit einer Bestandsaufnahme der altägyptischen Denkmäler und einer Darstellung des zeitgenössischen Ägypten.

36 Haja, a. a. O., 157.

37 J. Blänsdorf, Die *femme fatale* im Drama: Heroinen – Verführerinnen – Todesengel, Tübingen 1999, 10.

38 Wenzel 2005, 80.

39 Hilmes, a. a. O., 135f.

40 «Une Reine, c'est quelque chose de si loin des hommes, de si élévé, de si séparé [...] Ce n'est plus qu'une femme, c'est une figure auguste et sacrée qui n'a point de sexe, et qu'on l'adore à genoux sans l'aimer, comme la statue d'une déesse.» (Théophile Gautier, 1978, 323)

41 Reischert, a. a. O., 582f.

42 Thornton Wilder, The Ides of March, New York 1948, 2.Buch, XXXVI. Ebd., XXIII 942 u. XXX 991.

43 U. a. M. George, Kleopatra. Roman ihres Lebens, 2 Bde., Bergisch Gladbach 2000. F. Macdonald/Ch. Molan, Kleopatra. Königin der Könige Hildesheim 2001. C. McCullough, The October Horse. A novel of Caesar and Cleopatra, New York 2002. M. Pfrommer, Kleopatra und die goldene Schlange, Gaggenau 2005. W. Lewin, Wenn die Nacht am tiefsten. Caesar und Keopatra – eine historische Liebe, Bindlach 2005.

44 C. Reynolds, Illustrated Boccaccio Manuscripts in the British Library (London), Studi sul Boccaccio 17, 1988, 153ff., bes. 157, c. 339r.

45 Ausführlich zu dem Holzschnitt in der Boccaccio-Edition Clauss 2004, 132f.

46 Zu Guido Reni u. a. vgl. Clauss 2004, 138ff.

47 Zu Tiepolos Bankett der Kleopatra, 1742/43, Walker/Higgs 2001, 351 mit weiterer Literatur.

48 H. A. Schlögl, Einflüsse Altägyptens auf die europäische Malerei, in: E. Staehelin/B. Jaeger (Hrsg.), Ägypten-Bilder, Freiburg 1997, 172.

49 Zu Hans Makart auch Clauss 2004, 140.

50 Wenzel 2005, S. 83.

51 Wenzel 2005, 92ff.

52 Wenzel 2005, 140ff. Zur Politik der Großmächte W. Baumgart, Vom Europäischen Konzert zum Völkerbund. Friedensschlüsse und Friedenssicherung von Wien bis Versailles, Darmstadt $^{2}$1987.

53 Vir. ill. 86,2.

54 Zu Cleopatra, USA 1912, mit Helen Gardner, Wenzel 2005, 150ff. Zu Marcantonio e Cleopatra, Italien 1913, ebd. 163ff.

55 E. Golden, Vamp. The Rise and Fall of Theda Bara, New York 1996, 130.

56 R. Genini, Theda Bara. A Biography of the Silent Screen Vamp, Jefferson, London 1996, 16ff. Wenzel 2005, 177ff.

57 Wenzel 2005, 198ff.

58 Vgl. auch A. Wieber-Scariot, Herrscherin und doch ganz Frau. Zur Darstellung antiker Herrscherinnen im Film der 50er und 60er Jahre, Metis 7. 14. 1998, 85. Zur Kinderlosigkeit A. Wieber, Hauptsache Helden? Zwischen Eskapismus und Identifikation – Zur Funktionalisierung der Antike im aktuellen Film, in: M. Korenjak, K. Töchterle (Hrsg.), Pontes II. Antike im Film, Innsbruck u. a. 2002, 21.

59 M. Junkelmann, Hollywoods Traum von Rom, Mainz 2004, 106ff. Wenzel 2005, 217ff. Als Grundlage für das ursprüngliche Drehbuch diente C. M. Franzero, The Life and Times of Cleopatra, London 1958. Zur den Verhandlungen und Drearbeiten mit Elizabeth Taylor sowie ihrer Affäre mit Richard Burton D. Spoto, Ein leidenschaftliches Leben. Elizabeth Taylor, Berlin 1996, 202ff. Zu den Pressestimmen Der Spiegel 26, 1963, 62. Frankfurter Rundschau vom 9. 11. 1963. Bezüglich des angesprochenen Plutarch-Zitats vgl. Plut Ant. 27,4.

60 Zur filmischen „Verarbeitung" der *regina meretrix* Wenzel 2005, 280ff. Zum historischen Motiv G. Grimm, Regina meretrix oder Kleopatra als königliche Hure, Antike Welt, 31. 2. 2000, 127ff.

61 Playmobil – Spezialfigur Kleopatra, 2006. Caesar und Kleopatra – Kartenspiel für zwei Spieler, Kosmos Verlag, Stuttgart 1998.

62 www.institut-fresenius.de [26.03.2006]

# Literatur


Ägypten, Griechenland, Rom. Abwehr und Berührung, Ausstellung Städelsches Kunstinstitut und Städtische Galerie 26. November 2005–26. Februar 2006, hrsg. v. H. Beck u. a., Frankfurt, Tübingen 2005.

Andreae, B., Skulptur des Hellenismus, München 2001.

Baumann, U., Kleopatra, Reinbek 2003.

Becher, I., Das Bild der Kleopatra in der griechischen und lateinischen Literatur, Berlin 1966.

Benne, S., Marcus Antonius und Kleopatra VII. Machtausbau, herrscherliche Repräsentation und politische Konzeption, (Göttinger Forum für die Altertumswissenschaft, Beih. 6), Göttingen 2001.

Bengtson, H., Herrschergestalten des Hellenismus, München 1975.

Bengtson, H., Marcus Antonius. Triumvir und Herrscher des Orients, München 1977.

Benoist-Méchin, J., Kleopatra oder der entschwundene Traum, Frankfurt 1980.

Berve, H., Das Alexanderreich auf prosopographischer Grundlage, Bd. I–II, München 1926.

Bevan, E. R., The house of Ptolemy: A history of Egypt under the Ptolemaic Dynasty, Chicago 1927.

Bianchi, R. S., Images of Cleopatra VII Reconsidered, in: Cleopatra Reassessed 2003, 13–23.

Bingen, J., La politique dynastique de Cléopâtre VII, in: CRAI 1999 (1), 49–66.

Bleicken, J., Augustus. Eine Biographie, Berlin [3]1999.

Bloedow, E., Beiträge zur Geschichte des Ptolemaios XII., Diss. Würzburg 1963.

Brambach, J., Kleopatra: Herrscherin und Geliebte, München [2]1996.

Brunhölzl, F., Zum sogenannten *Carmen de bello Actiaco* (P. Herc. 817), Codices manuscripti 22, 1998, 3–10.

Bouché-Leclercq, A., Histoire des Lagides, 4 Bde., Paris 1903–1907.

Buchheim, H., Die Orientpolitik des Triumvirn M. Antonius. Ihre Voraussetzungen, Entwicklung und Zusammenhang mit den politischen Ereignissen in Italien, (AHAW 1960, 3), Heidelberg 1960.

Canfora, L., Die verschwundene Bibliothek, Berlin 1990.

Canfora, L., Caesar, der demokratische Diktator. Eine Biographie, München 2001.

Carcopino, J., Passion et politique chez les Césars, Paris 1958.

Carcopino, J., Notes sur deux passages d'Appien concernant Antoine et Cléopâtre, RH 229, 1963, 363–364.

Carlsen, J., The Rise and Fall of a Roman Noble Family: The Domitii Ahenobarbi 196 BC–AD 68, Odense 2006.

Chauveau, M., Cléopâtre au-delà du mythe, Paris 1998.

Chauveau, M., Egypt in the Age of Cleopatra. History and Society under the Ptolemies, Ithaca 2000. (= Ders., L'Egypte au temps de Cléopâtre, Paris 1997.)

Christ, K., Krise und Untergang der Römischen Republik, Darmstadt [2]1984.

Christ, K., Pompeius. Der Feldherr Roms. Eine Biographie, München 2004.

Clauss, M., Kleopatra, München 1995.

Clauss, M., Asterix und Kleopatra, in: Brodersen, Kai (Hrsg.), Asterix und seine Welt. Die große Welt des kleinen Galliers, München 2001, 72–87.

Clauss, M., Alexandria. Eine antike Weltstadt, Stuttgart 2003.

Clauss, M., Kleopatra. Die Genese einer Schönheit, in: A. Hartmann/M. Neumann (Hrsg.), Mythen Europas. Schlüsselfiguren der Imagination, Bd. 1: Antike, Regensburg 2004, 122–146.

Criscuolo, L., La succesione a Tolemeo Aulete ed i pretesi matrimoni di Cleopatra VII con i fratelli, in: L. Criscuolo/G. Geraci (Hrsg.), Egitto e storia antica dall'Ellenismo all'età araba. Bilancio di un confronto. Atti del Colloquio Internationale, Bologna, 31 agosto – 2 settembre 1987, Bologna 1989.

Dahlheim, W., Julius Cäsar. Die Ehre des Kriegers und die Not des Staates, Paderborn u. a. 2005.

Deininger, J., Kaisarion. Bemerkungen zum alexandrinischen Scherznamen für Ptolemaios XV., in: ZPE 131, 2000, 221–226.

Dettenhofer, M. H., Perdita Iuventus. Zwischen den Generationen von Caesar und Augustus, (Vestigia 44), München 1992.

Dettenhofer, M. H., Frauen in politischen Krisen, in: dies. (Hrsg.), Reine Männersache? Frauen in Männerdomänen der antiken Welt, München 1996, 133–157.

Dobesch, G., Caesars monarchische Ideologie, in: L'ultimo Cesare. Scritti riforme progetti poteri congiure. Atti del convegno internazionale, Cividale del Friuli, 16–18 settembre 1999. A cura di Gianpaolo Urso, Rom 2000, 89–123.

Eck, W., Augustus und seine Zeit, München 1998.

Étienne, R., Jules César, Paris 1997.

Fehrle, R., Das Bibliothekswesen im alten Rom. Voraussetzungen, Bedingungen, Anfänge, Wiesbaden 1986.

Fittschen, K., Zwei Ptolemäerbildnisse in Cherchel, in: Alessandria e il mondo ellenistico-romano. Studi in honore di Achille Adriani, Bd. 1–3, 1983–85, 165–171.

Foreman, L., Kleopatras versunkener Palast. Suche nach einer Legende, München 2000.

Franzero, C. M., Kleopatra, Gütersloh 1958.

Fraser, P. M., Ptolemaic Alexandria, 3 Bde., Oxford 1972.

Gardthausen, V., Die Scheidung der Octavia und die Hochzeit der Kleopatra, in: Neue Jahrbücher für das klassische Altertum, Geschichte und deutsche Literatur 20, 1917, 158–169.

Gelzer, M., Caesar. Der Politiker und Staatsmann, Wiesbaden 1960.

Gelzer, M., Pompeius. Lebensbild eines Römers, bearbeitet von E. Herrmann-Otto, Stuttgart $^{3}$1984.

Gesche, H., Caesar, Darmstadt 1976.

Goltz Huzar, E., Mark Antony. A Biography, Minneapolis 1978.

Gotter, U., Der Diktator ist tot! Politik in Rom zwischen den Iden des März und der Begründung des zweiten Triumvirats, (Historia Einzelschriften 110), Stuttgart 1996.

Grant, M., Kleopatra, Bergisch Gladbach $^{2}$1987.

Grimm, G., Alexandria. Die erste Königsstadt der hellenistischen Welt. Bilder aus der Nilmetropole von Alexander dem Großen bis Kleopatra VII., Mainz 1998.

Gruen, E. S., The Last Generation of the Roman Republic, Berkeley, Los Angeles, London $^{2}$1994.

Günther, L.-M., Herodes der Große, (Gestalten der Antike), Darmstadt 2005.

Hamer, M., Signs of Cleopatra. History, Politics, Representation. London 1993.
Hamer, M., The myth of Cleopatra since the Renaissance, in: Walker/Higgs 2001, 302–311.
Hazzard, R. A., Imagination of a Monarchy. Studies in Ptolemaic Propaganda, (Phoenix Suppl. 37), Toronto, Buffalo, London 2000.
Heinen, H., Rom und Ägypten von 51 bis 47 v. Chr., Untersuchungen zur Regierungszeit der 7. Kleopatra und des 13. Ptolemäers, Tübingen 1966.
Heinen, H., Cäsar und Kaisarion, in: Historia 18, 1969, 181–203.
Heinen, H., Vorstufen und Anfänge des Herrscherkultes im römischen Ägypten, ANRW II,18,5, 1995, 3144–3180.
Heinen, H., Eine Darstellung des vergöttlichten Iulius Caesar auf einer ägyptischen Stele? Beobachtungen zu einem missverstandenen Denkmal (SB I 1570 = IG Fay. I 14), in: Kneissl, Peter/Losemann, Volker (Hrsg.), Imperium Romanum. Studien zu Geschichte und Rezeption. Festschrift für Karl Christ zum 75. Geburtstag, Stuttgart 1998, 334–345.
Higgs, P., Searching for Cleopatra's image: classical portraits in stone, in: Walker/Higgs 2001, 200–209.
Hilmes, C., Kleopatra. Das versteinerte Frauenbild und die Geschichten eines verteufelten Eros. In: H. Kreuzer (Hrsg.): Don Juan und Femme fatale, München 1994, 99–116.
Hölbl, G., Geschichte des Ptolemäerreiches. Politik. Ideologie und religiöse Kultur von Alexander dem Großen bis zur römischen Eroberung, Darmstadt 1994.
Hughes-Hallet, L., Cleopatra. Histories, Dreams and Distortions, London 1990.
Huß, W., Die Herkunft der Kleopatra Philopator, in: Aegyptus 70, 1990, 191–203.
Huß, W., Ägypten in hellenistischer Zeit 332–30 v. Chr., München 2001.
Jehne, M., Der Staat des Dictators Caesar, Köln, Wien 1987 (Passauer historische Forschungen 3).
Johnson, W. R., A Queen, A Great Queen? Cleopatra and the Politics of Misrepresentation, Arion 6, 1967, 387–402.
Judeich, W., Caesar in Ägypten (48/47 v. Chr.). Kritische Übersicht der Ereignisse vom 9. August 48 bis October 47, Leipzig 1885.
Kienast, D., Augustus. Prinzeps und Monarch, Darmstadt $^{2}$1992.
Kleopatra. Ägypten um die Zeitenwende (Ausstellung in der Kunsthalle der Hypo-Kulturstiftung, München 16. Juni–10. Sept. 1989) = Cleopatra's Egypt. Age of the Ptolemies, Mainz 1989.
Kromayer, J., Actium. Ein Epilog, in: Hermes 68, 1933, 361–383.
Kyrieleis, H., Bildnisse der Ptolemäer, Berlin 1975.
La Rocca, E., Porträts der Kleopatra VII, in: SMPK (Hrsg.), Kaiser Augustus und die verlorene Republik. Eine Ausstellung im Martin-Gropius-Bau, Berlin 7. Juni–14. August 1988 (1988) 306–308.
Macurdy, G. H., Hellenistic Queens. A Study of Woman-Power in Macedonia, Seleucid Syria, and Ptolemaic Egypt, Oxford 1932.
Meadows, A., Sins of the fathers: the inheritance of Cleopatra, last queen of Egypt, in: Walker/Higgs 2001, 14–31.
Olshausen, E., Rom und Ägypten von 116 bis 51 v. Chr., Diss. Erlangen/Nürnberg 1963.

Pelling, Ch., Anything truth can do, we can do better: the Cleopatra legend, in: Walker/Higgs 2001, 292–301.

Pomeroy, S. B., Frauenleben im klassischen Altertum, Stuttgart 1985.

Pomeroy, S. B., Women in Hellenistic Egypt: from Alexander to Cleopatra, New York 1984.

Quaegebeur, J., Kleopatra VII. und der Kult der ptolemäischen Königinnen, in: Kleopatra 1989, 45–58 = Cleopatra VII and the cults of the Ptolemaic queens, in: Cleopatra's Egypt. The Age of the Ptolemies, Brooklyn N. Y. 1988, 41–54.

Quaegebeur, J., Cléopâtre VII et le temple de Dendara, GöttMisz 120, 1991, 49–72.

Rawson, E., Roman Culture and Society. Collected Papers, Oxford 1991.

Ricketts, L. M., The Administration of Late Ptolemaic Egypt, in: J. H. Johnson (Hrsg.), Life in a Multi-Cultural Society: Egypt from Cambyses to Constantine and beyond (Studies in Ancient Oriental Civilization 51), Chicago/Ill. 1992, 275–281.

Ricketts, L. M., The administration of Ptolemaic Egypt under Cleopatra VII, Minnesota (Diss.) 1980.

Roddaz, J.-M., Marcus Agrippa, (Bibliothèque des Écoles Françaises d'Athènes et de Rome 253), Rom 1984.

Rostovtzeff, M., Gesellschafts- und Wirtschaftsgeschichte der hellenistischen Welt, 3 Bde., Darmstadt 1955–1956 (ND 1998).

Samuel, A. E., The Joint Regency of Cleopatra and Caesarion, Études de Papyrologie 9, 1971, 73–79.

Schäfer, Ch., Spitzenmanagement in Republik und Kaiserzeit. Die Prokuratoren von Privatpersonen im Imperium Romanum vom 2. Jh. v. Chr. bis zum 3. Jh. n. Chr., (Pharos 10), St. Katharinen 1998.

Schäfer, Ch., Eumenes von Kardia und der Kampf um die Macht im Alexanderreich, (Frankfurter Althistorische Beiträge 9), Frankfurt 2002.

Schmitthenner, W., Oktavian und das Testament Caesars. Eine Untersuchung zu den politischen Anfängen des Augustus, München 1952.

Schrapel, Th., Das Reich der Kleopatra: quellenkritische Untersuchungen zu den „Landschenkungen" Mark Antons, (Trierer Historische Forschungen 34), Trier 1996.

Schumacher, L., Die imperatorischen Akklamationen der Triumvirn und die Auspicia des Augustus, Historia 34, 1985, 191–222.

Schumacher, L., Oktavian und das Testament Caesars, ZRG 116, 1999, 49–70.

Skeat, T. C., The Reigns of the Ptolemies, (Münchener Beiträge zur Papyrusforschung und antiken Rechtsgeschichte 39), München 1954.

Smith, R. R. R., Hellenistic Royal Portraits, Oxford 1988.

Sonnabend, H., Fremdenbild und Politik. Vorstellungen der Römer von Ägypten und dem Partherreich in der späten Republik und frühen Kaiserzeit, Frankfurt a. M. 1986.

Southern, P., Marcus Antonius. Ein Lebensbild, Essen 2003. (= Dies., Mark Antony, Stroud 1998.)

Southern, P., Kleopatra. Ein Lebensbild, Essen 2003. (= Dies., Cleopatra, Stroud 1999.)

Stahr, A., Kleopatra, Berlin [2]1879.

Stein, A., Untersuchungen zur Geschichte und Verwaltung Ägyptens unter römischer Herrschaft, Stuttgart 1915 (Hildesheim, New York 1974).

Stewart, A., Faces of Power. Alexander's Image and Hellenistic Politics, (Hellenistic Culture and Society 11), Berkeley – Los Angeles – Oxford 1993

Syme, R., Die römische Revolution, München/Zürich 1992 (engl. Originalausgabe Oxford 1939).
Tarn, W. W./Charlesworth, M. P., Oktavian, Antonius und Kleopatra, München 1967.
Tronson, Adrian, Vergil, the Augustans, and the Invention of Cleopatra's Suicide – one Asp or two?, in: Vergilius 44, 1998, 31–50.
Volkmann, H., Kleopatra. Politik und Propaganda, 1953.
Walker, S., Cleopatra's images: reflections of reality, in: Walker/Higgs 2001, 142–147.
Walker, S./Ashton, S.-A. (Hrsg.), Cleopatra Reassessed, (The British Museum Occasional Paper 103), London 2003
Walker, S./Higgs, P. (Hrsg.), Cleopatra of Egypt: From History to Myth, Princeton, London 2001.
Weigall, A., The Life and Times of Cleopatra, Queen of Egypt. A Study in the Origin of the Roman Empire, London [2]1924.
Weill Goudchaux, G., Cleopatra's subtle religious strategy, in: Walker/Higgs 2001, 128–141.
Weill Goudchaux, G., Was Cleopatra beautiful? The conflicting answers of numismatists, in: Walker/Higgs 2001, 210–214.
Wenzel, D., Kleopatra im Film. Eine Königin Ägyptens als Sinnbild für orientalische Kultur, (Filmstudien 33), Remscheid 2005.
Wertheimer, O. von, Kleopatra, Rastatt 1980 (ND der Erstauflage 1930).
Whitehorne, J. E. G., Cleopatras, New York, London 2001.
Whitehorne, J. E. G., Cleopatra's carpet, in: I. Andorlini u. a. (Hrsg.), Atti del XXII congresso internazionale di papirologia, Firenze, 23–29 agosto 1998, Vol. II, Florenz 2001, 1287–1293.
Wildung, D., Mythos Kleopatra, in: Kleopatra. Ägypten um die Zeitenwende (Ausstellung in der Kunsthalle der Hypo-Kulturstiftung, München 16. Juni–10. Sept. 1989), Mainz 1989.
Williams, J. H. C., „Spoiling the Egyptians": Octavian and Cleopatra, in: Walker/Higgs 2001, 190–199.
Wyke, M., Augustan Cleopatras: Female Power and Poetic Authority, in: A. Powell, (Hrsg.), Roman Poetry and Propaganda in the Age of Augustus, Bristol 1992, 98–140.

# Register

## Personen

## Orte

# Abbildungsnachweis

Abb. 1, 2, 3, 6: aus: Kleopatra, Ägypten und die Zeitenwende, Ausstellung 16. Juni–10. September 1989, Philipp von Zabern, Mainz 1989.
Abb. 4: Dia von Manfred Clauss.
Abb. 5: Geldmuseum der Bundesbank.
Abb. 7: akg-images/Hilbich.
Abb. 8: Geldmuseum der Bundesbank.
Abb. 9: Staatliches Museum zu Berlin – Preußischer Kulturbesitz; Münzkabinett (Aufnahme von R. Saczewski).
Abb. 10: Geldmuseum der Bundesbank.
Abb. 11: Zeichnungen von Gertrud Seidensticker.
Abb. 12: Archiv Vatikanische Museen Nr. XXXIV.27.35.
Abb. 13, 15, 18: Sandro Vannini/CORBIS.
Abb. 14, 23, 24, 27, 30: akg-images.
Abb. 16: Staatliches Museum zu Berlin – Preußischer Kulturbesitz; Münzkabinett (Aufnahme von R. Saczewski).
Abb. 17: Photo: Hellner, DAI Athen, Neg.-Nr. 1970/989.
Abb. 19: Araldo de Luca/CORBIS.
Abb. 20: DARGAUD FILMS/ALBUM/AKG
Abb. 22: akg-images/British Library.
Abb. 25: © National Gallery of Scotland, The Bridgeman Art Library London.
Abb. 26: Dia von Manfred Clauss.
Abb. 28: FOX FILMS/AKG.
Abb. 29: PARAMOUNT PICTURE/ALBUM/AKG.

